LA
CITÉ DE DIEU.

DE L'IMPRIMERIE DE J. B. C. SOUCHOIS.

LA CITÉ DE DIEU

DE

SAINT AUGUSTIN

TRADUITE EN FRANÇAIS.

NOUVELLE ÉDITION,

REVUE ET CORRIGÉE PAR DEUX HOMMES DE LETTRES.

TOME PREMIER.

A BOURGES;
CHEZ GILLE, LIBRAIRE, RUE DE PARADIS.

1818.

A Monseigneur

Desgallois de la Tour,

Archevêque nommé de Bourges, etc.

Monseigneur,

L'hommage que nous offrons à Votre Grandeur n'était pas moins dû aux talens et aux vertus qui la distinguent si éminemment, qu'au titre qu'a daigné lui conférer la divine Providence, en l'appelant à la tête de cette antique église des Aquitaines à laquelle nous nous honorons d'appartenir. D'ailleurs, Monseigneur, quel nom pouvions-nous placer plus convenablement à la tête d'un ouvrage entrepris dans des vues de charité, qu'un nom qui est celui de la Charité même ?

Permettez-nous de saisir cette occasion de vous offrir ce témoignage public du profond respect avec lequel nous sommes,

Monseigneur,

De Votre Grandeur,

Les très humbles et très obéissans serviteurs,

Les Éditeurs de la Cité de Dieu.

AVIS AU LECTEUR

SUR CETTE NOUVELLE ÉDITION.

Saint Augustin est un des plus beaux génies que la nature et la grace aient formés. Les vingt-deux livres de la Cité de Dieu sont le chef-d'œuvre de ce Père. La meilleure traduction que nous en ayons est celle de Lombert, imprimée à Paris, en 1675, 2 vol. *in*-8º; mais cette édition étant épuisée, il est devenu très difficile de se la procurer. Ce sera donc une entreprise agréable aux amis de la Religion d'en donner une édition nouvelle, et de rendre à la lecture publique un si précieux ouvrage. La Cité de Dieu est une des plus riches sources où puisent ceux qui, après saint Augustin, combattent les ennemis du christianisme. On y admire cette consolante vérité, si éloquemment développée par l'évêque de Meaux : Que la Religion chrétienne est sortie parfaite des mains de son divin auteur, et qu'on n'a pas besoin d'inventer de nouvelles armes; mais qu'il suffit, pour la défendre victorieusement, de remonter à la tradition et d'étudier les premiers docteurs de l'Eglise. Avec quelle satisfaction le fidèle instruit retrouve dans la Cité de Dieu les sophismes et les reproches que l'impiété réchauffe et reproduit aujourd'hui, confondus et pulverisés par saint Augustin, il y a treize cents ans!

Les personnes qui cherchent sur-tout à s'édifier y trouvent les plus beaux principes de morale établis avec autant de force que d'onction, des réflexions admirables sur la conduite de Dieu, cette éloquence vive et douce qui remue le cœur, le console par l'espérance, et le fait soupirer vers la Cité de Dieu, vrai séjour de la paix, le prix de la victoire que remportent les saints, nous dit le saint docteur lui-même. « C'est la paix éternelle,

» la fin de cette Cité céleste où l'on pos-
» sède le souverain bien ; c'est la paix
» dans la vie éternelle, ou la vie éternelle
» dans la paix. La paix est un si grand
» bien, que même dans les choses passa-
» gères et mortelles on ne peut rien en-
» tendre de plus agréable, rien désirer de
» plus doux, rien découvrir de meilleur.
» Eh! quel est donc le but et la fin de
» toutes les choses de ce monde ? n'est-ce
» pas de procurer la paix temporelle dans
» la cité de la terre, et la paix éternelle
» dans la cité des cieux ? »

On a cru utile de joindre à cette nouvelle édition la vie de saint Augustin, avec une analyse de ses œuvres : le tout extrait des vies des Pères, de Godescard.

AVERTISSEMENT
DU TRADUCTEUR (1).

Tout ce qu'a écrit saint Augustin est si estimé dans l'Eglise, et sa Cité surtout a un si grand nom entre tous ses autres ouvrages, que ce que j'en pourrais dire serait toujours bien au-dessous de l'idée qu'on en a. Je ne pense donc pas qu'il soit besoin de relever par des éloges une chose qui se relève assez par son propre mérite ; la seule lecture de ce livre en est la plus grande recommandation. Le sujet et le plan général de cet ouvrage sont compris aussi d'une manière fort claire et fort succinte dans l'argument que j'ai fait imprimer à la tête et qui est de saint Augustin ; avec cela et un peu d'attention, il ne sera pas difficile d'en découvrir toute la suite. Sans m'arrêter donc à ces considérations, je passe à d'autres qui concernent uniquement cette traduction.

La première sera touchant quelques endroits en fort petit nombre qui regardent les mystères

---

(1) Ce traducteur est Pierre Lombert, avocat, né à Paris. Peu de mots suffiront à son éloge : il fut lié avec MM. de Port-Royal, et demeura quelque temps dans leur maison.

AVERTISSEMENT.

des payens, et la génération des enfans dans le paradis terrestre, si Adam n'en fut point sorti. Comme les infamies que saint Augustin a été obligé de découvrir dans les uns, et la honte qui depuis le péché accompagne les devoirs les plus légitimes du mariage, rendent ces matières délicates et difficiles à traiter, je me serais peut-être dispensé de les traduire, si je n'avais considéré, surtout, que tous ceux qui ont traduit cet ouvrage avant moi en notre langue n'ont point eu ce scrupule. La version de Gentien Hervet est entre les mains de tous les fidèles, et a été si bien reçue, qu'on l'a réimprimée pour le moins jusqu'à trois fois; car j'en ai une de la troisième édition, sans qu'il se soit rencontré personne qui lui ait su mauvais gré de n'avoir pas fait ces retranchemens. Monsieur Cerisier en a usé de même, et M. Giry, de l'académie, qui a traduit les dix premiers livres, où se trouvent ces abominations des mystères des payens, ni les docteurs qui ont approuvé sa version, n'ont pas cru non plus qu'on dût supprimer ces endroits. Ayant donc devant moi l'exemple de tant de personnes habiles, j'ai pensé que je ne pouvais manquer de les suivre en ce point, et qu'il y aurait même quelque espèce de présomption de prétendre être plus sage qu'eux; mais j'ai considéré encore que c'était vouloir être plus sage que saint Augustin même, puisque c'est lui qui le premier a traité ces matières, et qui, s'il y a de la faute en cela, en serait le premier coupable, les autres n'étant que ses truchemans. Et il ne faut point dire que la nécessité de réfuter les erreurs du paganisme, qui est le principal sujet de cet ouvrage, l'a engagé à entrer dans ces sortes de discussions; mais qu'elles sont devenues inutiles, aujourd'hui que nous n'avons plus à combattre ces erreurs. A cela il est aisé de répondre premièrement, que cette raison irait aussi à prouver l'inutilité de la plus grande partie des dix premiers livres de la Cité, et à en faire rejeter la lecture comme n'étant plus maintenant de saison. En second lieu, qu'il n'est peut-être pas si inutile que l'on pense de connaître les ordures du paganisme, dont il a plu à Jésus-Christ de nous délivrer en venant au monde; et que cela nous doit porter à rendre des actions de graces immortelles à notre libérateur, et à nous faire aimer davantage notre Religion, par l'opposition de sa pureté à l'impureté de celle des gentils. Et enfin, que si saint Augustin eût été de ce sentiment, que la connaissance de ces sortes de choses était inutile et nuisible à la postérité, il n'aurait pas manqué d'en avertir dans ses rétractations, de peur de tendre ce piége à ceux qui viendraient après lui ; et lui, qui a été assez humble pour se dédire de certaines choses où la méprise était assez indifférente, n'aurait eu garde d'oublier celles qui pouvaient être d'une conséquence si dangereuse. Je supplie de considérer que la langue en laquelle ce Saint a écrit était celle de son pays et de tout l'empire romain : c'était la langue vulgaire de ce temps-là ; c'était celle des filles et des religieuses ; et ses ouvrages étaient entre les mains de ces sortes de personnes qui, bien loin de s'en scandaliser, en étaient extrêmement édifiées. Croira-t-on qu'un homme, si retenu pour les moindres choses qui concernent la chasteté, qu'il ne parlait jamais à aucune femme qu'en la présence de quelqu'un de ses clercs, quelque affaire importante qu'il eût à lui communiquer, comme le rapporte l'évêque de Calame, son disciple (1), qui a écrit sa vie, et qui n'usait pas même de la permission que les canons donnent aux évêques et aux prêtres de retirer leurs sœurs chez eux, comme le remarque le même auteur et saint Gregoire-le-Grand après lui (2); croira-t-on, dis-je, qu'un homme de la sorte manquât dans ses écrits d'une

---

(1) Possidius, vitâ August., cap. 26.
(2) Lib. 7 epistolar., epist. 39.

discrétion qu'il observait si exactement dans ses actions ? Ce qu'il dit même au quatorzième livre de cet ouvrage, chapitre seizième, qu'il n'y a point de véritable chrétien qui ne dût souhaiter que la génération des enfans fût exempte de toute volupté, est un sentiment si beau et si honnête qu'il ne peut tomber que dans une ame parfaitement pure, et qu'il suffit tout seul pour inspirer l'amour de la pureté. Tout ce qu'on pourrait dire contre cela, c'est que notre langue est plus chaste que la latine ; car c'est une pensée qui me semble être assez commune ; et qu'ainsi ce qui est honnête en l'une peut ne l'être pas en l'autre. Mais, quand cela serait vrai, cela n'aurait lieu tout au plus que pour les mots. En effet, je crois qu'on ne disconviendra pas qu'il n'y a point de langue qui n'ait des manières pour exprimer aussi honnêtement les mêmes choses, en gardant les bienséances de la langue : tellement que demeurant dans ces bornes des expressions honnêtes de chaque idiôme, on ne peut pas dire qu'une chose soit plus honnête en l'un qu'en l'autre. Or, j'espère qu'on ne trouvera pas qu'en aucun des endroits dont je parle, je me sois écarté de ces bornes. A examiner même cette opinion de plus près, que la langue française est plus chaste que la latine, je ne pense pas qu'elle se trouve véritable; car l'on ne veut dire autre chose par là, sinon que la latine parle des choses déshonnêtes plus librement que ne fait la nôtre, qui est bien plus retenue. C'est, à mon avis, ce qui fait voir au contraire que la latine est plus chaste que la française, puisque, parlant avec plus de liberté de ces sortes de choses, les idées qu'elle en donne sont cependant moins vives : preuve évidente qu'elle est plus honnête que la nôtre qui, pour peu qu'elle en parle, à moins que d'être bien ménagée, fait de plus fortes impressions. S'il m'est permis de dire ma pensée là-dessus, je ne crois pas que notre langue soit ni plus ni moins chaste que la langue latine, mais qu'elle est seulement plus délicate; c'est-à-dire que nous ne marquons pas tant les choses que nous voulons dire, et laissons davantage à suppléer à l'esprit; ce qui, en passant, est une des raisons pour lesquelles, dans les versions, on est souvent obligé d'omettre certaines choses qui sont bonnes exprimées en latin, mais qui seraient grossières à exprimer en français. De sorte que l'esprit étant accoutumé à suppléer ainsi aux expressions, pour peu qu'on s'exprime dans les choses où la corruption de la nature se met encore de la partie et nous ouvre malheureusement les yeux pour voir notre nudité, on ne s'exprime d'ordinaire que trop. Mais, quoi qu'il en soit, cela, comme j'ai dit, ne regarde que les expressions et les manières de dire les choses, et non les choses mêmes, qui se peuvent dire honnêtement en toutes sortes de langues. Autrement, quel moyen de reprendre les vices contre l'honnêteté, si l'on ne pouvait parler honnêtement de ces vices? Ces ménagemens même, dont on use pour le faire sans blesser la pudeur, ne servent-ils pas à la mettre à couvert et à inspirer la vertu par la peine que l'on témoigne en cela? En effet, comme le caractère de libertinage que portent à découvert les discours des personnes débauchées, est ce qui les rend le plus dangereux, la retenue au contraire qui paraît dans ceux des honnêtes gens, quoiqu'ils traitent les mêmes sujets, est comme un voile qui en dérobe la laideur et la turpitude; la disposition sainte et honnête de leur esprit, s'imprimant en quelque sorte dans leurs paroles, et passant de là dans l'esprit de ceux qui les lisent ou qui les entendent. Disons donc avec Tertullien (1): *Ne pudeat necessariæ interpretationis. Natura verenda est, non erubescenda:* paroles d'autant plus remarquables qu'elles sortent de la plume d'un homme qui a péché

_____

(1) Lib. de Anima, cap. 27.

même, pour ainsi dire, par un excès de chasteté, s'étant porté jusqu'à condamner les secondes noces comme une espèce d'adultère; et ajoutons avec saint Augustin, qui nous a fourni lui-même des armes dans cet ouvrage pour le défendre : « Quiconque lit ceci avec
» une méchante disposition d'esprit, qu'il se
» blâme lui-même, et non la nature; qu'il con-
» damne l'impureté de son cœur, et non les
» paroles dont la nécessité nous oblige de
» nous servir. Celui qui n'est point scandalisé
» d'ouïr saint Paul parler de l'impudicité monstrueuse de ces femmes, qui changeaient l'usage qui est selon la nature en un qui est
» contre la nature, lira ceci sans scandale, vu
» particulièrement que nous ne parlons pas ici
» comme lui de cette abominable infamie; mais
» qu'en expliquant, selon notre pouvoir, ce qui
» se passe dans la génération des enfans, nous
» évitons comme lui toutes les paroles déshon-
» nêtes. » J'espère qu'on ne trouvera pas mauvais que je me sois un peu étendu sur cet article, puisque la vertu et le zèle de ceux qui pourraient faire cette objection méritent bien qu'on tâche de les satisfaire en une chose de si grande conséquence et où l'on ne saurait être trop réservé. Mais qui pourrait croire qu'un aussi grand évêque que saint Augustin ne l'eût

pas été assez, et qu'il fallût mutiler ses ouvrages dans une traduction, comme on est souvent obligé de le faire à l'égard de ceux des payens? En un mot, que ce que ce père a écrit en sa langue ne fût pas bon en toutes sortes de langues, en y observant les précautions que j'ai marquées? On se peut gâter dans un bourbier; mais qui serait assez malheureux pour se salir dans les claires sources des écrits des pères? Toutefois, quoique ces raisons me persuadent, et qu'il me semble même qu'elles tendent à l'honneur de saint Augustin, comme tout le monde n'y entrera peut-être pas, et qu'il se peut faire que je me trompe, ceux qui ne les croiront pas suffisantes peuvent passer ces endroits-là, qui ne doivent pas empêcher le profit qu'on peut tirer de tout le reste de cet ouvrage, le chef-d'œuvre de ce savant évêque.

Reste une courte réflexion à faire sur les remarques et sur les notes dont j'ai accompagné cette version. Elles sont principalement destinées à rendre raison de quelques libertés que j'ai cru devoir prendre pour conserver la grace et l'élégance, attendu que la diversité des langues fait que ce qui est beau dans l'une est souvent ridicule ou languissant dans l'autre. Mais comme je n'aurais jamais fini de marquer tous les endroits que je tranche et abrège selon que je le

AVERTISSEMENT.

juge à-propos, sans toutefois rien altérer du sens de l'auteur, je me suis contenté de le faire en quelques-uns, afin que cela serve pour tous les autres. C'est pour cette raison que je n'ai fait de remarques que sur les dix ou onze premiers livres. Je me suis contenté, pour les autres, de marquer aux notes ce que portait la lettre, aux endroits surtout où elle pourrait être de quelque conséquence. Mais ce qu'il y a de plus considérable dans ces remarques et dans ces notes, c'est qu'on y verra des corrections importantes de plusieurs lieux du texte que j'ai corrigés sur dix ou douze anciens manuscrits de France et sur quelques manuscrits du Vatican, dont les reverends pères bénédictins de l'abbaye de Saint-Germain-des-Prés m'ont fait la grace de me prêter les diverses leçons qu'ils ont recueillies. Je n'ai suivi que celles qui m'ont paru considérables et nécessaires, mais en assez grand nombre néanmoins pour rétablir beaucoup de passages corrompus et rendre le texte de l'auteur bien plus pur, tellement qu'on le peut lire maintenant à l'aide de ces corrections sans plus rien trouver qui arrête. Ce sera comme un avant-goût de ce grand et laborieux ouvrage de la correction de toutes les œuvres de saint Augustin, que ces reverends pères préparent sur une infinité d'excellens manuscrits, et qu'ils doivent bientôt donner au public dans une nouvelle édition de saint Augustin.

Nota. C'est d'après cette édition, imprimée à Paris, en 1685, que nous avons corrigé dans la traduction de Lombert divers passages qui n'étaient pas rendus d'une manière fort exacte, et que notre édition présente une distribution de chapitres un peu différente de celle suivie dans l'édition de 1645, dont il est parlé dans l'avis aux lecteurs. (*Note des nouveaux éditeurs.*)

APPROBATION

DES DOCTEURS.

L'incomparable docteur saint Augustin nous fait voir dans ce grand ouvrage des deux Cités, qu'il faut nécessairement que nous soyons ou citoyens de la Cité de la terre ou citoyens de la Cité du ciel, et montre comment tous les hommes travaillent à se bâtir une de ces deux Cités, en nous représentant leur naissance, leur progrès, leur fin et leur différence. L'amour de nous-mêmes jusqu'au mépris de Dieu, dit ce grand saint, nous fait bâtir la Cité de la terre, et l'amour de Dieu jusqu'au mépris de nous-mêmes nous fait bâtir la Cité du ciel. Il faut sans doute brûler du feu de ce divin amour, si nous voulons nous bâtir la Cité du ciel, selon l'idée que nous en donnent ces livres admirables où l'erreur et l'impiété sont heureusement réfutées et convaincues, l'orgueil et les vains raisonnemens des philosophes entièrement renversés, et la vérité fortement défendue et très solidement établie. Et comme cette traduction en notre langue nous représente très parfaitement et avec toute la pureté et la netteté possibles l'esprit et les sentimens de l'original, on en doit être fort obligé à l'auteur qui, outre son éloquence ordinaire, a encore employé un très grand travail à lire et conférer le texte qui nous reste sur les anciens manuscrits, pour nous éclaircir et aplanir les difficultés, et remédier aux défauts qui s'y étaient glissés ou par l'injure des temps ou par la négligence des copistes. C'est pourquoi nous croyons que cet ouvrage sera non seulement très agréable, mais encore très utile au public, et de très grande édification pour tous les fidèles; car les plus grands pécheurs même y trouveront des instructions solides qui pourront, avec la grace du Seigneur, les faire sortir de leurs désordres et les faire commencer à se bâtir la Cité du ciel, qui est la véritable Cité de Dieu. C'est le témoignage que nous soussignés docteurs de la faculté de Paris sommes obligés de rendre à la vérité, après avoir lu ces livres très exactement et n'y avoir rien trouvé qui soit contraire à la foi ni aux bonnes mœurs.

Fait à Paris, ce vingt-deuxième jour de novembre mil six cent soixante et quatorze.

N. PETITPIED, *docteur de la société de Sorbonne et curé de S. Martial;* PH. DUBOIS, *docteur de la faculté de théologie de Paris;* J. LEFÈVRE, *docteur de la faculté de théologie de Paris.*

VIE
DE SAINT AUGUSTIN,
DOCTEUR DE L'ÉGLISE,

Tirée de ses ouvrages et de sa vie écrite par Possidius, évêque de Calame, son disciple (1).

L'AN 430.

LES papes, les conciles, l'Eglise entière, ont eu dans tous les siècles tant de vénération pour la mémoire du saint docteur dont nous écrivons la vie, que ce serait prendre une peine inutile que de donner une liste de ses panégyristes. On ne nous pardonnerait pas non plus de copier les louanges que les plus habiles critiques ont données à son savoir extraordinaire et à ses émi-

---

(1) Voyez l'excellente histoire du saint docteur que Tillemont a donnée dans le tome 13 de ses mémoires; Cellier, tomes 11 et 12; Orsi, tomes 8, 9, 10, 11 et 12. Voyez encore les vies du même saint par Lancelot, et par Voodhead : la première est en latin, et la seconde en anglais. Le savant Voodhead, membre de l'université d'Oxford, se fit catholique vers l'an 1666, et mourut de la mort des justes dans sa retraite de Hoxton, près de Londres, en 1678.

nentes vertus. Le nom seul d'Augustin est un éloge : il fait naître l'idée la plus sublime, et commande le respect le plus profond.

Ce parfait modèle des vrais pénitens, ce glorieux athlète de la foi, ce fléau des hérétiques, cette brillante lumière de l'Eglise, naquit le 13 novembre 354. Il eut pour patrie Tagaste, petite ville de Numidie en Afrique, qui était peu éloignée d'Hippone. Il sortait d'une famille peu riche, mais d'une condition très honnête. Patrice, son père, était idolâtre, et d'un caractère fort violent. Il apprit cependant, à l'école de Monique, sa femme, ce que c'était que la douceur et l'humilité chrétiennes, et reçut le baptême quelque temps avant sa mort. Il eut, outre Augustin, un fils nommé Navigius, qui laissa des enfans, et une fille qui se consacra à Dieu dans la retraite.

Augustin, dans sa jeunesse, suivit tous les désirs d'un cœur corrompu. Il représente, dans les premiers livres de ses *confessions*, l'abyme affreux de misère dans lequel il s'était plongé. Son but en cela a été de s'humilier, de déplorer son aveuglement, d'exalter les richesses infinies de la miséricorde divine, d'instruire les autres par l'exemple de sa chute, de leur apprendre à découvrir et à éviter les piéges auxquels on est exposé dans cette vie, et de les porter efficacement à s'attacher au service de Dieu. Il commence ses confessions par adorer l'incompréhensible majesté de Dieu, par louer son ineffable bonté, par reconnaître « qu'il ne sait » d'où il est venu en ce monde, ni si la vie » dont il jouit doit être appelée, ou vie mor- » telle, ou mort vivante. » Il remercie son créateur de lui avoir donné un corps et une ame, si parfaits chacun dans leur genre, et d'avoir si constamment pourvu à tous ses besoins, sans exiger autre chose de sa part, sinon qu'il fût reconnaissant pour tant de bienfaits, qu'il bénît et louât le saint nom de celui qui s'appelle le TRÈS-HAUT (1). Il s'écrie, dans un autre endroit (2): « Seigneur, que votre misé- » ricorde me permette de parler. Qui suis-je » à votre égard, pour me faire un comman- » dement exprès de vous aimer, sous peine d'en- » courir votre colère, et de tomber dans une » horrible misère, comme si ce n'en était point » une assez grande, que de ne point vous » aimer? » Il confesse avec douleur qu'il a commencé à offenser Dieu dans un âge qu'on appelle, par un abus de termes, l'âge de l'innocence, qui s'était échappé sans avoir laissé au-

(1) Conf., l. 1, c. 6 et 7; tom. 1, p. 72.
(2) Ibid., c. 5, p. 71.

cune trace dans sa mémoire, et qui était, par rapport à lui, comme le temps qu'il avait passé dans le sein de sa mère. Il s'accuse de ce qu'il remarquait dans les autres enfans qui, quelques jeunes qu'ils fussent, paraissaient susceptibles de jalousie, de colère et de vengeance. On voit en effet les enfans demander avec larmes ce qui leur serait nuisible, si on le leur accordait ; ils deviennent furieux contre leurs supérieurs, et veulent les assujétir à leurs caprices ; ils montrent de fort bonne heure des sentimens d'orgueil et de vanité. Saint Augustin blâme la coutume où l'on est d'excuser, sur la faiblesse de l'âge, ce qu'il y a de répréhensible dans les enfans ; d'où il arrive qu'un excès de complaisance laisse former en eux des habitudes qui deviennent criminelles, lorsqu'ils commencent à faire usage de leur raison : au lieu qu'il n'y a point d'âge où l'on ne soit, du moins jusqu'à un certain point, capable de quelque correction sensible, qui, si on l'emploie à propos, étouffera les premières passions dans leur germe (1). Il rapporte, en gémissant, comment, après avoir appris à parler, il entra dans la carrière orageuse de la société humaine, et comment il multiplia

---

(1) Ibid., c. 7, p. 73.

ses péchés et ses misères, quoique toujours soumis à ses parens, et assujéti à la volonté de personnes plus âgées que lui.

Sa mère l'instruisit des mystères de la Religion chrétienne, et lui apprit à prier (1). On le fit cathécumène, en formant sur lui le signe de la croix, et en lui mettant du sel béni dans la bouche, comme cela se pratiquait ordinairement. Tandis qu'il fréquentait les écoles de Tagaste, il eut une maladie dangereuse, pendant laquelle il demanda le baptême. Sa mère mit tout en œuvre pour le disposer à ce sacrement. On différa cependant de le lui administrer, parce qu'il se trouva tout-à-coup hors de danger (2). La raison de ce délai fut fondée sur ce que l'on craignait que la fougue des passions de la jeunesse ne lui fît perdre la grace reçue dans le sacrement de la régénération. Cette coutume de différer le baptême par un semblable motif, est condamnée, à juste titre, par saint Augustin. Aussi l'Eglise a-t-elle ordonné depuis long-temps de baptiser les enfans immédiatement après leur naissance ; elle s'en repose sur le zèle des pasteurs, du soin d'instruire les fidèles de la grandeur et de l'é-

---

(1) Ibid., c. 11, p. 76.
(2) Ibid., c. 11, p. 76.

tendue des obligations qu'ils ont contractées, et de leur apprendre les moyens de conserver l'innocence baptismale, qui est aujourd'hui, plus que jamais, exposée à mille dangers.

Patrice, père d'Augustin, qui était toujours idolâtre, ne négligea rien pour cultiver les excellentes dispositions qu'il voyait dans son fils. Il lui fit apprendre les sciences, dans l'espérance qu'il pourrait par-là se frayer une route aux honneurs. Le saint condamna dans la suite les vues et les motifs qui avaient fait agir son père. Il remercia Dieu de ce qu'on l'avait forcé d'étudier dans son enfance. « Il est vrai, ajou-
» tait-il, qu'on ne se proposait autre chose,
» sinon de me mettre en état de satisfaire un
» jour la passion insatiable des biens et des
» honneurs, qui ne sont au fond qu'indigence
» et opprobre; mais vous avez permis, ô mon
» Dieu, que les fautes de ceux qui me faisaient
» étudier soient devenues pour moi le prin-
» cipe de plusieurs avantages (1). » Il s'accuse en même temps des péchés qu'il commettait en n'étudiant qu'avec contrainte, en désobéissant à ses parens et à ses maîtres, ou en ne s'acquittant pas de ses devoirs de la manière qu'on l'exigeait de lui; et cela, non

---

(1) Ibid., c. 12, p. 76.

par défaut de capacité ou de dispositions, mais par amour du jeu. La peur qu'il avait des châtimens était excessive, et il priait Dieu, dans l'âge le plus tendre, de l'en délivrer. Cette peur, qui lui attirait souvent la raillerie de ses parens et de ses maîtres, était fondée sur ce qu'il regardait la punition comme le plus grand de tous les maux (1).

Quoique les enfans soient en général indociles (2), et qu'il faille les contenir, on peut dire cependant qu'il vaut mieux les gouverner par des motifs de vertu, et que communément on réussit plus auprès d'eux en leur inspirant un respect filial, qu'une crainte servile. Ainsi saint Augustin semble-t-il se plaindre de ces maîtres austères qui surchargent les enfans de travail, et qui leur aggravent la peine à laquelle toute la postérité d'Adam est condamnée. On peut, jusqu'à un certain point, leur adoucir l'amertume que leur cause l'application, et la leur faire insensiblement aimer par principe d'honneur et de vertu. « Personne, dit saint » Augustin, ne fait bien ce qu'il fait malgré

(1) Ibid., c. 9, p. 74.

(2) Nec dulcis ulli disciplina infantiæ est. S. Prudent. de Cor., hymn. 12 de S. Cassiano, v. 28.

» lui (1) ». Le saint docteur représente ensuite les misères de la nature humaine. Ses maîtres si sévères étaient eux-mêmes coupables de ce qu'ils punissaient dans leurs élèves, avec cette seule différence, que ce qu'on appelait *jeu* dans les enfans changeait de nom par rapport à eux, et s'appelait *affaires* (2). Ils donnaient eux-mêmes l'exemple de plusieurs vices à ceux dont l'instruction leur était confiée. On les voyait, pour avoir perdu l'avantage dans une dispute de peu de conséquence, s'emporter contre leurs collègues avec moins de ménagement que ne le faisait un enfant contre son condisciple, qui l'avait gagné à la paume. (3).

Augustin reconnaît avec humilité qu'étant enfant, il tombait souvent dans la vanité; qu'il avait l'orgueil de vouloir l'emporter au jeu sur ses condisciples; qu'il était singulièrement passionné pour les louanges (4). Une curiosité dangereuse le fit lier avec des personnes plus âgées que lui, et le conduisit aux jeux publics, ainsi qu'au théâtre. Il avoue, d'après l'expérience,

---

(1) Ibid., c. 12, p. 76.
(2) Majorum nugæ negotia vocantur. Conf., l. 1, c. 9.
(3) Ibid., c. 9, p. 75.
(4) Tantillus puer, et tantus peccator. Ibid., c. 12, p. 76. Talis vita mea. Numquid vita erat, Deus meus? Ibid., L 2, c. 2, p. 89.

que Dieu permet que le péché trouve son châtiment en lui-même; que le plaisir laisse toujours dans le cœur un aiguillon importun, et qu'il remplit l'ame de fiel et d'amertume. « O » mon Dieu! s'écrie-t-il, tel est l'ordre que vous » avez établi, que l'esprit déréglé est son » bourreau (1) ».

Il acquit une parfaite connaissance de la langue latine, qu'il apprit d'abord des nourrices et des autres personnes avec lesquelles il conversait; mais il avait dans son enfance une grande aversion pour le grec, dont la grammaire lui paraissait hérissée de difficultés insurmontables; et c'était pour ne pas entendre suffisamment cette langue, qu'il ne pouvait alors goûter les beautés d'Homère. Quant aux poëtes latins, il en faisait ses plus chères délices. Il se condamne d'avoir rempli sa mémoire des aventures d'Enée, tandis qu'il oubliait ses propres erreurs, et d'avoir donné des larmes à la mort de Didon, tandis qu'il ne pleurait point la perte de Dieu. « Quelle plus grande misère, dit-il, » que d'être insensible à sa propre misère, et » de pleurer la mort que Didon se donne, pour » trop aimer Enée, et de ne point pleurer celle

---

(1) Jussisti, Domine, et ita est, ut pœna sua sibi sit omnis inordinatus animus. Ibid, l. 1, c. 12, p. 76.

» qu'on se donne, faute de vous aimer, ô mon
» Dieu (1) ! » La lecture des poëtes lui fut
cependant d'une grande utilité; non-seulement
elle perfectionna son langage, mais elle développa encore les facultés de son esprit, surtout
celle de l'invention qui fait les génies créateurs : elle lui communiqua aussi cette sublimité
de pensées et d'expressions qui élève la nature
au-dessus d'elle-même; cette facilité à s'exprimer avec élégance, et à rendre les choses
de la manière qui convient; ce talent d'employer dans l'occasion les traits forts et hardis,
et les images pittoresques. Il remercie Dieu des
avantages qu'il retira de son enfance, et de ses
progrès dans les lettres (2) : il le prie de les
lui faire rapporter à son service; en sorte qu'il
ne se propose jamais que sa gloire dans ses
paroles, ses écrits, ses lectures, et l'usage de
ses connaissances (3).

Il demande pardon à Dieu du trop grand
plaisir qu'il avait pris à l'étude, de l'abus qu'il
avait fait de son esprit, de la passion avec laquelle il avait recherché dans ses exercices les
applaudissemens des hommes, qu'il compare

---

(1) Ibid., c. 13, p. 77.
(2) Ibid., c. 20, p. 81.
(3) Ibid., c. 15, p. 78.

au vent et à la fumée, tandis que sa langue et toutes les facultés de son ame n'auraient dû être employées qu'à louer le Seigneur (1). Il gémit sur l'extravagance de quelques gens de lettres, qui craignent moins d'offenser Dieu que de déplaire aux hommes en péchant contre la pureté du langage, et sur l'aveuglement de ces orateurs si attentifs à bien parler, mais qui ne se faisaient aucun scrupule de déchirer, en présence d'un juge mortel, la réputation de leurs ennemis (2). Entraîné par ces exemples, il craignait plus de laisser échapper *un solécisme* dans le discours, que de se rendre coupable d'envie, que de tromper ses supérieurs par des mensonges, surtout lorsqu'il s'agissait de satisfaire sa passion pour le jeu (3); péchés qu'il déteste avec amertume. Il déplore aussi différens vols qu'il faisait à ses parens, soit par gourmandise, soit par complaisance pour ses condisciples. Il rapporte à ce sujet que lui et une troupe d'enfans dérobèrent, pendant la nuit, des fruits à un voisin, uniquement pour faire le mal, puisque ces fruits n'étaient pas bons à manger (4). Il prend de là occasion de

---

(1) Ibid., c. 15, p. 79.
(2) Ibid., c. 18, p. 80.
(3) Ibid., c. 19.
(4) Ibid., l. 2, c. 4, 5, 6, 7, 8, 9; p. 88, 89.

faire sentir le danger des mauvaises compagnies. « Que l'un dise, allons, faisons ceci ; les
» autres rougissent de lui céder en impu-
» dence (1). » Le plus funeste écueil qu'Augustin rencontra, fut le vice abominable de l'impureté. Il y tomba à l'âge de seize ans ; il y fut entraîné par la lecture des comédies de Terence, par l'oisiveté, par la fréquentation du théâtre, par les compagnies dangereuses, et par les mauvais exemples.

Lorsqu'il eut appris les premiers élémens des lettres dans sa patrie, on l'envoya à Madaure, ville voisine, où il étudia la grammaire, la poésie et la rhétorique. A l'âge de seize ans, il se rendit à Tagaste, d'où il devait aller à Carthage, pour y achever ses études ; mais, avant que de partir pour cette dernière ville, il resta un an dans la maison paternelle. Les bons avis que lui donna sa mère ne firent sur lui aucune impression. Bientôt il se lia d'amitié avec les libertins ; il fut conduit dans leur société par l'oisiveté et par l'indulgence de son père, dont toute l'ambition était de le voir habile. Ce père aveugle ne voulait point comprendre qu'il faut occuper la jeunesse, que l'inaction énerve les forces de l'ame, qu'elle

---

(1) Et pudet non esse impudentem. L. 2, c. 9, p. 88.

détruit en peu de temps les bonnes habitudes et le fruit de plusieurs années ; et que souvent le mal en vient à un point qu'il n'y a plus de remède.

Durant l'année qu'Augustin passa dans sa famille, après son retour à Tagaste, il n'eut d'ardeur que pour le plaisir ; il s'abandonna en même temps à toute l'impétuosituė de ses passions. Son père s'inquiétait peu qu'il fût vertueux, pourvu qu'il devînt éloquent. Les avertissemens secrets que lui donnait sa mère n'étaient point écoutés. « Je traitais, dit-il, ces
» avertissemens de discours de femme, aux-
» quels j'aurais eu honte de déférer. C'était
» pourtant, ô mon Dieu, vos propres avertis-
» semens qu'elle me portait, et je l'ignorais (1)...
» Ma mère était l'organe dont vous vous ser-
» viez pour me parler, et je vous méprisais en
» elle ; mais j'ignorais tout cela, et je cou-
» rais dans le précipice avec un tel aveugle-
» ment que, quand mes camarades faisaient en
» ma présence le détail de leurs infamies, j'a-
» vais honte d'être moins corrompu qu'eux,
» et je me portais au mal, non-seulement pour

(1) Mihi monitus muliebres videbantur, quibus obtemperare erubescerem : illi autem tui erant, et ego nesciebam. Conf., l. 2, c. 3, p. 83.

» le plaisir de le faire, mais encore par celui
» de pouvoir m'en vanter (1). »

Augustin alla à Carthage vers la fin de l'an 370, et au commencement de la dix-septième année de son âge. Il y étudia la rhétorique, et y fit les plus rapides progrès. Il trouvait alors tant de plaisir à l'étude, qu'il était obligé de se faire violence pour la quitter. Mais il n'étudiait que par des vues d'ambition et de vanité ; en sorte que les connaissances qu'il acquérait ne servaient qu'à nourrir et augmenter son orgueil. Il haïssait cependant cette arrogance grossière qui se montre à découvert, et ne pouvait souffrir ces prétendus beaux-esprits, qui faisaient métier de se moquer des autres, uniquement pour satisfaire leur malignité. Ses ennemis reconnaissaient qu'il avait aimé la décence jusques dans ses déréglemens (2) ; mais ce n'était qu'une décence mondaine et extérieure, qui ne l'empêcha pas de se livrer au plus honteux libertinage. Il ne se fit aucun scrupule de se permettre ce qu'il voyait faire aux autres. Aussi s'écriait-il, après sa conversion : « Malheur à toi, torrent funeste

---

(1) Ibid., l. 2, c. 3, p. 83.
(2) Ap. S. Aug. ep. ol. 48, nunc 94, n. 51. T. 2, p. 252, édit. Ben.

» de la coutume ! Qui peut te résister ? Ne
» tariras-tu jamais (1) ? » La force de l'exemple
l'entraîna dans les mauvaises compagnies. Il
prit du goût pour les amusemens dangereux.
Il se passionna pour la représentation des pièces
de théâtre, qui, en lui retraçant l'image des
passions les plus infâmes, entretenaient le feu
impur qui avait déjà commencé à le brûler (2).

L'année suivante il perdit son père, qui avait
reçu le baptême quelque temps avant que de
mourir. Il continua toujours ses études à Carthage. Il lut un ouvrage de Cicéron, intitulé
Hortensius, que nous n'avons plus présentement.
C'était une exhortation à la philosophie : il en
fut singulièrement touché. Il se sentit enflammé
d'un désir ardent de chercher la sagesse, et
rempli de mépris pour les honneurs et les
richesses. Depuis ce temps-là il ne pensa plus
à s'élever aux places distinguées. Ayant entendu, à l'âge de vingt ans, ses maîtres faire l'é-

(1) Væ tibi flumen moris humani ! Quis resistet tibi, etc.
l. 6, c. 16, p. 78.

(2) Il prit alors une concubine, qu'il ne quitta qu'en
385, lorsqu'il se convertit à Milan. Il la renvoya en Afrique, où elle fit vœu de continence. Il eut d'elle un fils, nommé Adeodat, qui fut baptisé en même temps que son
père, et mourut à l'âge d'environ dix-huit ans. C'était une
espèce de prodige pour l'esprit et le génie.

loge du livres d'Aristote sur les *catégories*, il eut envie de le lire, et il l'entendit facilement. Cette lecture le conduisit à placer Dieu dans la catégorie de la subsistance, et à raisonner de l'Être suprême, comme s'il eût été corporel (1). Les ouvrages des philosophes païens lui déplurent à la longue, parce qu'il n'y trouvait point le nom de Jésus-Christ, dont il avait, pour ainsi dire, sucé la connaissance avec le lait de sa mère. Il se mit donc à lire l'Ecriture; mais il ne put souffrir le style simple des livres divins; son orgueil l'empêcha d'en pénétrer l'esprit (2). Peu de temps après il tomba dans l'hérésie des manichéens, et y persista environ neuf ans (3). Sa chute fut principa-

(1) Conf., l. 4, c. 16, p. 106.
(2) Ibid., l. 3, c. 4, 5, p. 91.
(3) Bayle a feint de prendre le parti de saint Augustin et de vouloir faire son apologie à l'occasion de sa chute dans cette hérésie monstrueuse. Ainsi, au lieu de donner l'histoire critique du manichéisme, comme la nature de son ouvrage l'exigeait, il s'est attaché servilement à extraire les actes d'Archélaüs sur Manès. Lorsqu'il parle des manichéens anciens et modernes, par exemple, des pauliciens, etc., il emploie toute la subtilité de son esprit à faire valoir les argumens de ces hérétiques contre les mystères de notre foi par rapport à l'origine du mal, etc. Il est visible qu'il se proposait d'établir un pyrrhonisme universel et de saper les fondemens de toute religion. On en a une nouvelle

lement causée par l'impureté, vice dont le pro-
preuve dans la manière sacrilège avec laquelle il traite David, les autres prophètes, et un grand nombre de personnages distingués par leur sainteté, ainsi que dans cette fureur avec laquelle il entasse des sophismes captieux pour ébranler la créance des mystères de la Trinité, de l'Incarnation, etc. Il ne se contente pas de se faire l'avocat de l'impiété, il parsème encore son dictionnaire d'obscénités; en sorte que ses lecteurs courent risque de perdre également la foi et l'innocence des mœurs.

L'histoire que le judicieux Tillemont a donnée du manichéisme est claire et méthodique; mais elle est principalement appuyée sur l'autorité d'Archélaüs, Fleury, du Pin, Ceillier, et plusieurs autres modernes, qui ont puisé dans la même source. Cet Archélaüs, évêque de Cascar en Mésopotamie, eut en 277 une dispute publique avec Manès, en présence de Marcellus, seigneur d'une probité et d'une sagesse reconnues, ainsi que de plusieurs autres personnes de distinction, et d'une grande foule de peuple. Il paraît que Marcellus, appelé Marcellin par Zozime, était gouverneur de la Mésopotamie sous Aurélien. On assure que lui et les autres juges donnèrent gain de cause à Archélaüs. On dit qu'il y eut peu de temps après une seconde dispute dans le château de Diodoride. Tillemont observe (not. 4 sur les manich., p. 779) qu'on trouve dans la relation de cette dispute certaines circonstances qui la rendent incroyable. Cette relation ne fut point écrite par Archélaüs, comme quelques auteurs l'ont avancé. Saint Jérôme croyait qu'elle avait été traduite en grec par Hégémoine; mais Photius prouve, cod. 85, par le témoignage d'Héraclien, évêque de Calcédoine, qui composa vingt livres contre les manichéens,

pre est de dégrader l'homme, d'aveugler son

qu'Hégémoine lui-même en est l'auteur. Ce point d'histoire a été fort bien éclairci par M. Joseph Assemani, Bibl., or. tom. 1, p. 555. Le même savant observe, *app. ad tom.* 1, *Bibl. orient.*, *p.* 45, que cet Hégémoine vivait quelque temps après Archélaüs, et qu'il paraît avoir retranché de son récit plusieurs choses qui s'étaient dites à la conférence, et y en avoir ajouté d'autres de son chef. Cette circonstance infirme beaucoup l'autorité des actes donnés sous le nom d'Archélaüs : on ne voit point d'ailleurs comment on pourrait les défendre en plusieurs endroits. Tillemont, Fleury et le père Alexandre en ont tiré la plus grande partie de ce qu'ils ont dit de Manès et de sa doctrine : aussi leur histoire est-elle défectueuse à cet égard.

Nous n'avons rien dans le genre dont il s'agit que l'on puisse comparer à l'histoire de Manichée et du manichéisme, donnée par Isaac de Beausobre : ce savant protestant, né en Poitou, fit ses études à Saumur, fut huit ans chapelain de la princesse d'Anhalt-Dessau, et devint, en 1694, pasteur des Français réfugiés à Berlin, où il mourut en 1738. Il prétend que les actes de la conférence dont nous avons parlé plus haut sont apocryphes, soit qu'Hégémoine les ait écrits, soit qu'il ait puisé sa narration dans quelque autre auteur. Il reconnaît pourtant l'authenticité de la lettre de Manès à Marcellus, qui y est insérée, et qui a été copiée par Fleury, l. 8, n. 10. Il aurait pu regarder aussi comme authentique ce qui est rapporté de l'habillement de Manès, et de plusieurs autres particularités relatives à sa personne. On ne peut douter qu'Hégémoine n'eut sur ces objets de bons mémoires syriaques, quoiqu'une partie de son ouvrage mérite peu de créance. (Voyez Beaus., l. 1, c. 12.)

esprit, d'endurcir son cœur, de lui ôter le goût

Les objections que fait Beausobre contre l'histoire de la conférence ont été réfutées par le P. Cacciari dans ses *Exercitationes in S. Leonis M. opera de manichæis*, liv. 1, c. 8, 9, 10, 13.

La ville de Cascar, dont on fait Archélaüs évêque, était sur les frontières de la Mésopotamie, comme nous l'apprenons de saint Jérôme et de quelques autres anciens. Le P. Le Quin, or. Cher., tom. 2, p. 1173, la met au même endroit. Les villes de ces contrées changeaient souvent de maîtres, et il aurait été bien difficile à Beausobre de prouver que Cascar ou Carcar n'était point alors soumise aux Romains : elle était entièrement différente de la ville connue sous le nom de *Carrhæ* ou *Hara*. Les autres objections de Beausobre ont peu de solidité. Nous observerons, pour l'éclaircissement de ce point d'histoire, qu'il y a des raisons pour révoquer en doute l'authenticité des actes d'Archélaüs. La conférence dont il parle n'a été connue ni d'Eusèbe ni de saint Ephrem, ni de tous les anciens auteurs syriaques qui sont parvenus à la connaissance d'Herbelot et de M. Jos. Assemani. Il y en a eu cependant beaucoup de copies en Orient du temps de saint Jérôme, et avant lui saint Philastre les avait lus, saint Cyrille de Jérusalem les a cités, et saint Epiphane en a eu quelque connaissance.

Beausobre marque un grand mépris pour les pères grecs, et paraît ne vouloir pas recevoir leur témoignage. Il ne ménage pas plus saint Augustin. Mais comment persuadera-t-il qu'un docteur si éclairé, qui a vécu huit ans parmi les manichéens, n'a point entendu leur doctrine, et qu'il leur attribue des erreurs qui n'étaient qu'à lui ? L'historien du manichéisme ne peut assurément manquer de plaire à ses lecteurs; mais

des choses spirituelles, d'éteindre les lumières

il faut le lire avec précaution; et les esprits désintéressés conviendront qu'il se serait fait plus d'honneur s'il eût été plus modéré dans sa critique, et s'il eût traité les pères avec plus de décence. L'ardeur de son imagination lui a fait commettre des fautes et adopter des calomnies qu'on ne lui reprocherait pas, si, comme il le pouvait et le devait, il eût pris soin de se mieux instruire. (Voyez surtout tome 2, livre 9, chapitres 4, 5, 9.) Il défigure, tome 1, page 2, la notion que les catholiques donnent de la tradition apostolique par rapport à la foi, laquelle ne regarde que les vérités révélées. Il s'en faut bien que Tillemont, cet excellent critique, ait suivi le même plan; les pères ont été communément ses guides, et sa sincérité est une preuve de son ardent amour pour la vérité, dès qu'elle se montrait à lui.

Beausobre, livre 5, chapitres 3, 4, 5, tome 2, page 182, etc., prétend qu'on ne peut prouver par l'écriture la création proprement dite du monde ou de la matière. Cette assertion est fort bien réfutée dans l'ouvrage intitulé: *La Religion révélée, établie sur les principes de la vraie philosophie et sur la divinité des écritures, ou dissertations philosophiques, théologiques et critiques contre les incrédules.* Paris, 1756; Diss. 4.

Ces observations ne nous empêchent pas de rendre à Beausobre la justice qui lui est due pour l'exactitude avec laquelle il a tracé l'histoire de Manès, d'après les auteurs syriaques, arabes et persans. C'est dans les mêmes sources qu'a puisé le célèbre Mosheim, chancelier de l'université de Gœttingen (Voyez son *Commentarius de rebus ecclesiæ antè Constantinum*. M. Helmstadii 1753, p. 728, et ses *Institutiones hist. ecc.*, sec. 3. On doit lire principalement sur ce sujet

de la raison, de pervertir sa volonté et toutes

le P. *Cacciari*, *Exercitat. in S. Leonis M. Opera*, *Romæ*, 1751, *Diss.* I, *de manichæorum heresi*.)

Il faut, pour donner une notice raisonnée du manichéisme, remonter à l'origine de cette hérésie. Scythien, né en Arabie, et non dans la Scythie, comme quelques-uns l'ont cru, en fut le premier auteur. C'était un riche marchand adonné à la magie et en même temps fort versé dans la médecine, ainsi que dans l'astronomie et les mathématiques. Saint Cyrille de Jérusalem, saint Epiphane et Photius disent qu'il ne professa jamais le christianisme; Beausobre assure le contraire, mais sans preuves. Après avoir voyagé en Egypte, il passa dans la Palestine afin de pouvoir converser à Jérusalem avec les disciples des apôtres : d'anciens auteurs infèrent de là qu'il vivait avant la fin du premier siècle. Voyez saint Cyrille de Jérusalem, *catec.* 6; S. Epiphane, *Hær.* 66; Photius, *l.* 1, *contra manichæos*; et Wossius, *not. ibid.*, p. 38. Térébinthe, disciple de Scythien, appelé aussi Buddas, se retira dans la Perse. Sa veuve, qui avait hérité des livres de Scythien, les laissa en mourant, avec ses autres effets, à Manès, jeune esclave qu'elle avait affranchi. Photius a conservé une lettre de Manès à Scythien, laquelle a été publiée par Fabricius, *Bibl. gr.*, *tom.* 5, *p.* 283. Cette circonstance a fait conclure à Beausobre que Scythien vivait, ainsi que Manès, dans le troisième siècle : mais Tillemont et Cacciari, p. 20, distinguent un second Scythien, qu'ils supposent avoir été de beaucoup postérieur au premier.

Manès était de Chaldée, selon saint Ephrem, *hymn.* 14. La chronique d'Edesse, publiée par M. Joseph Assemani, *Bibl. or.*, *tom.* 1, *p.* 393, met sa naissance en 240. Il se nommait Corbicius ou Cubricus; il prit depuis le nom de Males autres facultés de l'ame. L'orgueil fut une

nès ou Manichée, non du mot grec *Manès*, mais de quelque mot chaldaïque. Ussérius et Beausobre pensent que *Manès* est la même chose que *Manaem* ou *Manahem*, qui veut dire *paraclet* ou *consolateur*. Pagninus, Junius et Pocock prononcent *Manachem*, mot que les Grecs, qui n'ont point de terminaison en *m*, ont changé en ceux de *Manès* et de *Manichœus*.

On assure que Manès était fort versé dans les différentes parties de la philosophie et qu'il excellait dans la peinture. Il était chrétien, et fut même ordonné prêtre ; selon Abulpharage et d'Herbelot, ayant été excommunié pour ses erreurs, il se retira à la cour du roi Sapor I, fils d'Ardezhir, que les Grecs appellent Artaxercès, et qui fut le fondateur de la seconde monarchie des Perses. Il fut en grande faveur auprès de ce prince, qu'il suivit dans ses différentes guerres, plutôt en qualité de magicien que de médecin. Il mit la dernière main à son système, qu'il avait puisé dans les écrits de Scythien, et qui était un composé de notions empruntées des philosophes payens, des mages de Perse et des évangélistes. Sous prétexte que toutes les nations avaient eu leurs prophètes, il préférait ceux des anciens Perses et des gentils (il donnait ce nom à plusieurs philosophes payens) à ceux des juifs qu'il rejetait. Il imagina, d'après les mages, deux premiers principes, l'un bon, et l'autre mauvais, dont il fit la base de son système.

Anciennement les mages admettaient deux principes coéternels : le *bon* ou la *lumière* s'appelait Oromazes, ou plutôt Hormisdas, selon Hyde, qui montre que les Perses écrivent te mot avec une aspiration : quelques-uns lui donnent une origine chaldaïque, et le traduisent *lumière bril-*

des autres causes de la perte d'Augustin. « Je

lante ou *feu*; il est plus naturel de le faire venir des mots persans *oro*, bon, et *Mazd*, Dieu. Le second principe, qui était mauvais, se nommait *Arimanes*, ou plutôt *Abreman*, c'est-à-dire *le méchant*. On lui attribuait tous les maux. (Voyez Plutarque, *de Iside et Osiride*, Agathias, etc.)

Il est certain que les Perses n'adorèrent jamais le mauvais principe, et qu'ils ne l'appelaient point *Dieu*, quoique quelques auteurs grecs, en rendant compte de leur système, lui donnent ce nom; mais les autres idolâtres avaient leur dieu méchant ou vengeur, qu'ils apaisaient par des sacrifices et des supplications. Les Perses, cités par Hyde, p. 5, soutiennent que leurs pères ne rendaient point le culte suprême aux planètes, au feu, ou même à Mithra, c'est-à-dire au feu céleste du soleil. A la vérité ils ne les égalaient point au dieu souverain; mais nous voyons, par les actes des martyrs de ce pays, et par d'autres monumens, que les mages en général adoraient les quatre élémens comme des divinités inférieures.

Zerdusht ou Zardash, plus connu sous le nom de Zoroastre, qui réunit la philosophie à l'imposture, et qui conversa, selon toutes les apparences, avec Daniel et avec Esdras, réforma la religion des mages. Il ne reconnaissait qu'un Dieu, comme on le voit dans plusieurs endroits du fameux livre intitulé, *Sad-der*. Cet ouvrage n'est autre chose qu'un recueil de maximes tirées des écrits de Zoroastre, que nous n'avons plus et dont la plupart sont apocryphes. (Voyez une note sur saint Milles, *ad diem* 30 *novembris*.) Le docteur Hyde a publié le *Sad-der* à la fin de son savant traité de la religion des anciens Perses.

Zoroastre prétendait que son dieu avait formé le bon et

» cherchais, dit-il (1), avec orgueil, ce que

le mauvais principe, causes subalternes de toutes choses, sans cependant qu'ils lui fussent coéternels. Il disait en effet que le diable, ou le mauvais principe, sortit du chaos de la matière lorsque Dieu la tira du coin de l'espace infini où elle avait été cachée jusqu'alors. Telle est l'idée que nous donnent de son système Abulpharage dans son histoire que Pocock a traduite, p. 143, *Ibn Shahna*, cité par Hyde et plusieurs autres écrivains orientaux. (Voyez aussi Théodore de Mopsuette, *Tr. de magia Persanum, ap. Phot.*)

(1) Serm. 51, fol. 63, de Div., n. 6, tom. 5, p. 286.

Prideaux s'est trompé en avançant, l. 4, tom. 1, que le mauvais principe des Perses était une pure négation : les mages le regardaient comme un être réel qui était la cause efficiente de la plupart des choses de cet univers.

Ramsay, dans ses *Voyages de Cyrus*, dans sa *Mythologie*, et dans ses *Pensées philosophiques sur la Religion*, représente sous de belles couleurs la religion des anciens Perses et celle de la plupart des idolâtres; mais c'est aux dépens de la vérité, et pour adapter leur système à l'idée extraordinaire qu'il s'était faite d'une religion universelle.

Zoroastre enseignait la résurrection des morts, l'existence d'un ciel et d'un enfer, et plusieurs autres vérités importantes; mais, ne pouvant expliquer comment le mal et son premier principe ne venaient point de Dieu, il les lui faisait tirer du chaos. Pocock observe, p. 149, que les mages ont toujours été fort divisés entre eux sur cet article. Hyde remarque, p. 126, qu'il y avait parmi eux plus de soixante-dix sectes, qui toutes étaient partagées de sentimens sur la nature et la propriété du mauvais principe. Ceux qui, quelque temps après Zoroastre, s'attachèrent à la doctrine des

» l'humilité seule pouvait me faire trouver.

anciens mages, furent appelés *Magusiens*, c'est-à-dire *disciples des mages*. Saint Epiphane, Bardesane et saint Basile en ont parlé, *ap. Euseb. Præpar.*, l. 6, c. 10.

Shahristani, dans son livre publié par Hyde, nous apprend, p. 282, que Manès tenait pour la secte populaire, dont la doctrine avait pour article fondamental que les deux principes de la lumière et des ténèbres sont coéternels, qu'ils existent l'un et l'autre nécessairement, et qu'ils produisent nécessairement toutes les choses qui sont produites, c'est-à-dire tout le bien et tout le mal. Telle fut l'origine du manichéisme.

Sapor et les mages, attachés à l'ancienne doctrine de Zoroastre, furent très irrités de l'innovation de Manès. Ce qui les offensa le plus, c'est que celui-ci prétendait qu'il avait appris sa nouvelle doctrine dans une extase, qu'il avait reçu sa mission immédiatement du Ciel, et qu'il était inspiré par le paraclet que le Christ avait promis d'envoyer. Le roi voulut le faire mettre à mort, et il ne sauva sa vie que par la fuite : il se retira dans le Turquestan, pays situé à l'orient de la mer Caspienne. (Voyez Condemir, *ap. Hyde*, *p.* 282, et d'Herbelot, *Bibl. or.*, *p.* 549.) Il y écrivit dans une grotte son évangile cité souvent par les pères, de la même manière que Zoroastre avait composé son *Zend-Avesta* dans la solitude. Cascar était la capitale du pays où il vivait; ainsi il peut y avoir eu la conférence dont nous avons parlé et qu'Hégémoine met dans la Mésopotamie. Il avait envoyé avant lui, dans la province du Turquestan, qui n'était soumise ni aux Romains, ni aux Perses, Addas, son disciple, qui lui fit quelques prosélytes.

Sapor I mourut en 272, selon d'Herbelot, et son fils Hor-

« Insensé que j'étais, je m'imaginai que je
misdas lui succéda. Ce prince avait favorisé secrètement le
prétendu prophète. Manès retourna en Perse avec le livre qui
contenait son évangile : il l'avait orné de belles peintures et
y avait écrit ses propres révélations. Non-seulement Hormisdas se déclara son protecteur, mais il embrassa encore
sa doctrine, comme nous l'apprenons de Megiddi, historien
persan, *ap. Hyde*, *p.* 184. Il fit même bâtir une forteresse
pour Manès afin qu'il pût s'y retirer en cas de danger. Varane I, qui succéda à son père Hormisdas, dont le règne ne
fut pas tout-à-fait de deux ans, favorisa d'abord Manès ;
mais il le persécuta depuis, et il est même probable que ce
fut lui qui le fit mourir. D'autres attribuent sa mort à Varane II, fils adoptif et successeur de Varane I. On lit dans
les actes d'Archélaüs qu'il fut condamné pour n'avoir pas
guéri le fils du roi, comme il l'avait promis ; mais Condemir
et Ibn Shahna, *ap. Hyde*, *p.* 281, ainsi que d'autres auteurs
cités par Hottinger, *Hist. orient.*, *p.* 254, 279, etc., attribuent sa mort à son impiété, qui lui faisait nier surtout
la résurrection des morts, l'un des dogmes principaux de
la doctrine de Zoroastre. (Voyez Diogène-Laerce, *Proem.*,
et les auteurs persans et arabes ; Hyde, *de Rel. vet. Pers.
in app.*, *p.* 537.) Condemir, *ap. Hyde*, *p.* 283, dit qu'il
fut crucifié près de la porte de la ville. Selon Smirconduo,
ap. Renaud., *Hist. patr. Alex.*, *p.* 43, il fut écorché vif,
et l'on suspendit à un gibet sa peau remplie de foin. On lit
dans Abulpharage qu'on ne l'écorcha qu'après sa mort. Tous
s'accordent à dire que son corps fut abandonné aux bêtes et
aux oiseaux de proie. Hyde prouve que les Perses en agissaient de la sorte pour ne pas souiller l'élément de la terre.
Il y avait encore une autre raison de cette pratique, c'est

» pouvais prendre l'essor, et je tombai à terre ».

que l'on croyait que les créatures vivantes étaient le plus noble des tombeaux. (Voyez M. Etienne Assemani *in Act. Mart. Orient.*) Les rois et les grands hommes avaient le privilège exclusif d'être enterrés dans des monumens de pierre. (Voyez Hyde, c. 34, p. 410.) Les manichéens célébrèrent la fête de leur apôtre le jour de sa mort, qui arriva au mois de mars de l'année 277, et l'appelèrent *Bema*, mot grec qui signifie *chaire* ou *tribunal*. (Voyez saint Augustin, *l.* 18, *Contra Faustum*, c. 5, et *l. contra Ep. fondamenti*, c. 8.)

Manès mourut à Gandi-Sapor, ville bâtie par Sapor I sur les ruines de Persépolis, dans la province d'Elam. Ce prince et ses successeurs, dans la seconde monarchie des Perses, y firent leur résidence, et abandonnèrent Ctésiphon et Séleucie, où les rois parthes établirent le siège de leur empire. (Voyez M. Jos. Assemani, *Bibl. or.*, tom. 3, part. 2, p. 43.) Barhebræus, *ibid.*, dit que ce fut dans cette ville que Sapor garda l'empereur Valérien prisonnier. Les Syriens l'appellent souvent Lapeta et Beth-Lapeta. Ils lui donnèrent aussi le nom d'Élymaïde, quoique l'ancienne Élymaïde fût à quelque distance.

Manès se choisit douze apôtres, dont les trois principaux étaient Thomas, Addas et Hermas. L'un d'entre eux, nommé Lucius, écrivit de faux actes des apôtres de Jésus-Christ, et un *livre de la nativité de la Sainte-Vierge*. La secte des manichéens devint fort nombreuse; elle se répandit dans la Perse, la Mésopotamie, la Syrie, l'Égypte, la Grèce, l'Afrique et l'Espagne. Leur doctrine pénétra dans l'Arménie au septième siècle, puis la Bulgarie, la Lombardie et le Languedoc; mais ils ont été par tout l'exécration des payens, des juifs, des mahométans et des chrétiens.

Les manichéens flattèrent sa vanité, en se van-

Nous avons observé que tout le système de Manès était principalement fondé sur la distinction des deux principes de lumière et de ténèbres : cette doctrine des deux principes avait premièrement été introduite parmi les chrétiens par Basilide. Cet hérésiarque voyagea en Perse, et commença à domagtiser dans Alexandrie au commencement du second siècle. Les pères l'ont accusé de magie : il est certain qu'il débitait des notions extravagantes et qu'il enseignait des pratiques superstitieuses par rapport aux éons ou anges. Son fameux symbole, appelé Abraxas, était une petite figure ou un talisman, qui représentait ou signifiait, non pas, comme Tertullien et saint Jérôme l'ont imaginé, le Dieu suprême qui, selon lui, n'avait point de nom ; mais le prince des éons, c'est-à-dire des 365 cieux, ou plutôt des 365 anges qu'il plaçait dans un égal nombre de cieux. (Voyez saint Irénée, *l.* 1, *c.* 23, et D. Massuet, *Diss. et not. ibid.*)

Scaliger, Wendelin, le père Hardouin, et quelques autres savans ont cru découvrir dans le mot *Abraxas* des allusions à Jésus-Christ; mais il est certain qu'un talisman de ce nom, auquel on attribuait la vertu de chasser les démons et de guérir les maladies, était en usage chez les Egyptiens, et qu'ils entendaient par-là un dieu imaginaire qui présidait dans les cieux. C'est de ces peuples que Basilide avait emprunté cette superstition. On trouve dans les cabinets des antiquaires plusieurs de ces petites figures, appelées *Abraxas* ; elles sont de pierre et de forme monstrueuse. Jean Macarius et Jean Chifflet, chanoines, l'un d'Aire et l'autre de Tournai, prétendent que toutes ces figures viennent des basilidiens; mais Chifflet en a fait graver cent vingt dans le livre qu'il a composé sur cette matière, lesquels représentent certainement

tant de lui faire connaître les choses dans leur différentes idoles égyptiennes. (Voyez Jablonsky, *Diss. de nomine Abraxas, in Miscel. lipsiens. novis*, t. 7 ; et Monfaucon, *Palæograph. græc.*, l. 2, c. 8, p. 177.) Passeri est porté à croire, *l. de gemmis stelliferis, Diss. de gemmis basilidianis*, tom. 2, p. 221, *Florentiæ*, an. 1750, que toutes ces figures sont idolàtriques et ont une origine égyptienne; mais comme il y en a plusieurs qui, comme il l'avoue lui-même d'après l'évidence, font une allusion expresse à Jésus-Christ, celles-ci doivent être attribuées aux basilidiens. (Voyez, sur Basilide et sur ses dogmes impies, saint Irénée, Clément d'Alexandrie, etc.)

Marcion, contemporain de Basilide, enseigna la doctrine des deux principes dans le Pont et à Rome. Il rejetait l'ancien Testament et niait la résurrection de la chair. Bardesane, philosophe chrétien d'Edesse, tomba dans les mêmes erreurs, et s'unit de sentimens avec Appellès, Marcion et les Docètes, qui niaient la réalité de l'incarnation et de la passion de Jésus-Christ. (Voyez saint Ephrem, Eusèbe, Clément d'Alexandrie, etc.)

Manès adopta les dogmes monstrueux de ces hérétiques, et y ajouta ses propres idées : il enseignait que le bon et le mauvais principe, c'est-à-dire que Dieu avec ses puissances célestes et le diable avec ses anges avaient originairement chacun leur empire divisé par certaines bornes. Selon lui l'empire du second était composé de cinq régions distinctes, formées d'un élément différent ; à chaque région présidait une puissance mauvaise avec plusieurs démons qui lui étaient subordonnés ; et tous étaient sous la domination du grand prince ou du diable. Dieu connaissait les ténèbres, mais les ténèbres ne le connaissaient point, jusqu'à ce que

nature, et en se moquant de ceux qui défé-

par leur augmentation et par l'effet de leur guerre intestine, les mauvais anges furent jetés sur les frontières de la lumière et attaquèrent son empire. La lumière, voyant cette attaque, forma le premier homme des cinq élémens de la substance céleste, qui étaient contraires à ceux de la matière ou des ténèbres, et l'envoya pour s'opposer à ses ennemis : il le fit secourir dans ce combat par une autre puissance, appelée l'Esprit vivant. Les démons cependant se saisirent d'une partie de la substance céleste, et depuis ce temps-là le bien et le mal sont mêlés, et c'est de ce mélange que résulta notre monde. En effet, l'esprit vivant, l'une des premières intelligences ou émanations de la lumière, enchaîna les démons dans les airs après les avoir vaincus, et de deux substances, l'une bonne et l'autre mauvaise, présentement mêlées ensemble, il forma notre univers. Il fit avec la substance spirituelle, qu'il put sauver de la corruption de la matière, le soleil et les cieux suprêmes; la partie qui resta corrompue à quelques degrés servit à la formation de la lune et des planètes inférieures, et ce qui continua d'être trop confondu avec la matière fut employé à former tout ce qui compose le monde sublunaire, où chaque chose est plus ou moins parfaite à proportion qu'elle participe plus ou moins de la substance céleste. Telle est l'histoire de l'origine du mal, selon Manès. (Voyez cet hérésiarque cité par saint Augustin, *l. contra Ep. fundam.*; Titus, évêque de Bostres ou Bosra en Arabie, qui florissait en 362, *l. 1, contra Manich. Bibl. Patr.*, tom. 4, part. II, p. 882 ; Théodoret, saint Jean Damascène, etc.)

Quelques modernes pensent que par l'esprit vivant Manès entendait Dieu le fils ; d'autres soutiennent que c'était le saint

raient à l'autorité de l'église catholique, et qu'ils accusaient de tenir par-là leur raison dans

Esprit, ou plus probablement une intelligence inférieure. Par le premier homme, il entendait l'ame humaine avant son union au corps : il la faisait d'une substance matérielle. Cette notion était fondée sur la doctrine de la préexistence des ames qu'avaient adoptée Platon, plusieurs anciens philosophes et quelques hérétiques ; et c'était conformément à cette doctrine que quelques-uns prétendaient que les ames étaient envoyées dans les corps en punition des fautes précédemment commises. Selon Manès, le premier homme était une émanation médiate de Dieu, c'est-à-dire une partie, non de son essence, mais de la substance céleste : il assurait que dans la nature chaque chose était animée ou douée, à certain degré, d'un ame ou d'un esprit. (Voyez Tite de Bostres et saint Augustin, *ib.*, etc.) Il disait que les anges présidaient à chaque astre ; que les démons dans l'air étaient cause des tempêtes ; que voyant que les ames humaines étaient la partie la plus excellente de la substance céleste, ils imaginèrent, pour les retenir, de former deux corps organisés de matière sur le modèle du premier homme, afin de les attirer, et se servirent des amorces de la concupiscence pour les incliner à perpétuer leur captivité. Fauste, manichéen, ne dit point crûment à saint Augustin que le diable était l'auteur de la différence des sexes, ce qui aurait été trop révoltant, il lui dit seulement que Dieu avait fait le premier homme, ou l'ame, et la nature le second homme avec la différence des sexes. (Voyez saint Augustin, *contra Faustum, l.* 4, *c.* 1, *l.* 29, *c.* 2, etc.) En conséquence de ces principes, Manès avançait qu'il y a deux ames dans chaque homme, l'une céleste, où sont les

des entraves. Ils le séduisirent par cet artifice,

semences de vertu, l'autre charnelle, qui vient du diable et qui est le siége du vice. (Voyez saint Augustin, *l. de duabus animabus contra manichæos.*)

Beausobre prétend contre saint Augustin que les manichéens n'étaient point fatalistes. Il est vrai qu'ils soutenaient que les ames étaient libres dans l'état d'innocence; mais ils leur refusaient dans l'état de captivité une liberté proprement dite; ils enseignaient encore que Jésus-Christ nous avait mérité la grace de surmonter le mal, et que nous étions obligés d'y résister; ce qui ne les empêchait pas de croire que l'empire du mal est souvent irrésistible, comme on le voit par les livres de saint Augustin contre ces hérétiques, ainsi que par les ouvrages des autres pères et des historiens.

Les manichéens, suivant S. Augustin, *de mor. manich.*, c. 19. *op. imperf.*, l. 3, c. 172, faisaient consister le péché d'Adam et d'Ève dans l'usage du mariage : ils pensaient apparemment que l'espèce humaine pouvait se perpétuer par une autre voie. Quoi qu'il en soit, Manès condamnait l'usage du mariage comme criminel en soi, et il avait emprunté cette doctrine des anciens gnostiques. Ses raisons étaient qu'il est fondé sur la concupiscence, et qu'il perpétue l'ouvrage du diable en renfermant les ames humaines dans des corps de matière. (Voyez S. Augustin, *contra Faust.*, l. 22, c. 30 ; l. 30, c. 6 ; *l. contra Secund.*, c. 21, *l. de hæres.*, c. 46 ; *l. de mor. manich.*, c. 18 ; saint Léon, *ep.* 15, c. 7.) Il permettait, au rapport de saint Augustin, *locis cit.*, les impuretés contre nature; il tolérait, selon le même père, *ibid.*, la fornication, qu'il regardait cependant comme un fruit du diable, *ap. acta Archel.*, p. 30. Il louait la chasteté, et appelait ses élus *des hommes vierges.* Ceux qu'on nommait *au-*

et le firent tomber dans le piége qu'ils lui

diteurs parmi les manichéens avaient la liberté de se marier, de manger de la viande. S. Aug., *ep.* 74, *ad. deuter.* On leur passait ces prétendues imperfections à cause de la condition de la nature, ou plutôt de sa captivité. Mais les *élus* ou les *parfaits* ne mangeaient d'aucune créature vivante, ne pouvaient boire de vin, ni posséder des richesses, ni se mêler d'affaires, parce que toutes ces choses leur paraissaient des œuvres du diable ou de la matière.

La transmigration des ames était un des dogmes de Manès. La mort, selon lui, était leur véritable naissance; elle les affranchissait de l'empire de la matière et du diable. Celles des infidèles et des pécheurs étaient punis en enfer, mais pour un temps seulement; elles passaient ensuite dans d'autres corps suivant leurs démérites : les ames des meurtriers allaient animer les corps des lépreux ou des ânes. Après diverses transmigrations, elles étaient transportées dans la lune, puis dans le soleil, jusqu'à ce qu'étant entièrement purifiées elles allaient du soleil dans le royaume de lumière.

Manès niait la résurrection de la chair, parce qu'il la regardait comme un mal; mais il enseignait qu'il y aurait un jugement général, que le monde serait détruit par le feu lorsque la substance céleste aurait été délivrée de la matière et entièrement purgée; qu'alors les démons seraient renfermés dans les ténèbres, dont les bords seraient gardés afin qu'ils n'entrassent plus dans le royaume de Dieu.

De ce principe il concluait que le Christ ou le fils de Dieu, en venant délivrer les ames et leur communiquer sa grace, c'est-à-dire sa connaissance et son secours, avait pris la forme extérieure de l'homme et non sa nature, qui est mauvaise et qui vient du diable : il niait conséquemment qu'il se

avaient tendu. Ils lui promirent des démons-

fût incarné, qu'il fût né d'une vierge, qu'il eût mangé, qu'il eût souffert, qu'il fût mort et ressuscité. Il disait qu'il avait fait toutes ces choses en apparence pour tromper et vaincre le diable. Son Jésus passible naissait et mourait tous les jours dans chaque légume, chaque fruit, chaque arbre, en un mot dans tout ce qui était produit ou détruit. (Voyez Fauste, ap. S. Aug., l. 20, c. 2 et 11; Evod. de fide, ap. S. Aug., c. 24.) Il semble qu'il entendait par là que Jésus laissait quelque émanation des élémens célestes qu'il apportait sur la terre, pour communiquer à chaque chose une vigueur spirituelle contre le pouvoir du diable.

Manès tronquait ou interposait le nouveau Testament, et rejetait l'ancien comme l'ouvrage des mauvaises puissances. Il ne reconnaissait point l'inspiration des prophètes, ou du moins il leur refusait une autorité supérieure et leur opposait les philosophes chaldéens. Il appuyait ses erreurs extravagantes sur certains livres apocryphes qu'il produisait.

Selon lui, Dieu était étendu et corporel; car il n'admettait rien de purement spirituel, et il prétendait qu'il n'y avait point d'être qui ne fût composé de parties physiques. Il soutenait cependant que Dieu n'était point *matériel*, appliquant ce mot à la mauvaise substance; il niait qu'il fût présent partout où elle était, quoique étendu partout. Il supposait la matière douée de sentiment et de perception, mais sans aucune bonne qualité morale : c'était d'elle qu'il faisait sortir le diable et ses anges, non pas cependant de toute éternité. En admettant une trinité et une espèce de consubstantialité des trois personnes, il croyait que ces trois personnes étaient aussi réellement distinctes que trois hommes; que le fils et le saint Esprit étaient inférieurs au père; qu'ils étaient

trations sur chaque chose, assurant qu'il n'y avait point de mystères; que la foi n'était que

des émanations immédiates d'une partie de son essence, lesquelles lui étaient subordonnées; que depuis la formation du monde matériel le fils résidait dans le soleil et dans la lune, et le saint Esprit dans l'air, d'où il assiste les ames par ses salutaires influences, et produit dans les êtres sublunaires le Jésus passible. Fauste, *ap. S. Aug.*

Les manichéens, comme l'observent Tite de Bostres et d'autres auteurs, haïssaient le mauvais principe et ne l'adoraient point. Fauste déclare, *ap. Aug.*, *l.* 20, *c.* 1, qu'ils n'adoraient que la divinité du père tout-puissant, du Christ, son fils, et du saint Esprit. Saint Augustin, *contra Faust.*, *l.* 20, *c.* 3, les accuse de rendre un culte idolâtrique au soleil, à la lune et aux puissances célestes; mais Beausobre tâche de les venger de ce reproche, ainsi que les anciens Perses. Hyde, *de Relig. vet. Pers.*, *in Sad-der*, p. 513, pense aussi que les mages n'adoraient point le soleil et la lune; que seulement, dans leurs prières, ils se tournaient vers le soleil dans le jour, et vers la lune dans la nuit, regardant ces deux astres comme les grands témoins de Dieu qui aime la lumière et hait les ténèbres. Cet auteur prouve son assertion par l'autorité des Guèbres des Indes, qui suivent la religion des anciens mages (*de hodierno statu Persiæ*, p. 108, etc.). Quoi qu'il en soit, on ne peut douter que toutes ces sectes n'attribuassent aux intelligences qui présidaient dans ces planètes certaines perfections qui ne conviennent qu'à la divinité. Il y a d'ailleurs de la superstition à rendre un culte religieux aux créatures sous l'autorité divine; elle est encore plus grande si ce culte a pour objet des êtres imaginaires, tels que les fées, les silphes et les gnômes. Les martyrs de Perse regardaient comme

faiblesse, et la crédulité, qu'ignorance. « Ils idolâtrique le culte que les mages rendaient au soleil et aux élémens.

Les manichéens rejetaient les pseaumes de David, et y substituaient des hymnes de leur façon ; ils invoquaient de prétendues intelligences célestes, auxquelles ils donnaient des formes et des fonctions ridicules ; l'une, nommée Atlas, portait la terre ; une autre avait la dispensation des cinq élémens célestes, etc. (Voyez saint Augustin, *contra Faust.*, *l.* 15, *c.* 5 *et* 6, *l.* 20, *c.* 10) Ils n'avaient ni idoles, ni autels, ni sacrifices ; ils célébraient les fêtes de Pâques et de la Pentecôte, ainsi que le dimanche ; mais ils jeûnaient les dimanches et les lundis, parce qu'ils croyaient que la fin du monde arriverait l'un de ces deux jours. Beausobre pense qu'ils faisaient la fête des mages, dont parle Agatias, et dont la fin était de faire mourir toutes les créatures venimeuses : pratique qu'ils pensaient déplaire beaucoup au diable. Ils admettaient le péché originel et baptisaient les enfans. (S. Augustin, *op. imp.*, *l.* 3, *n.* 187.) Ils célébraient l'eucharistie avec de l'eau, parce que le vin était défendu à leurs *élus*. Ces *élus* étaient les parfaits qui observaient tous les conseils : c'était de leur corps que l'on tirait les évêques, les prêtres et les diacres. Saint Aug., *de hæres.* p. 46. Nous avons déjà observé que les auditeurs possédaient des biens, buvaient du vin, mangeaient de la viande, se mariaient, etc. Ils détruisaient les serpens venimeux et les animaux malfaisans ; mais ils se faisaient un crime de tuer les créatures vivantes, qui par leur nature ne font point de mal (S. Augustin, *contra Faustum*, *l.* 6, *c.* 5, etc.) ; et les élus ne mangeaient jamais leur chair. Plusieurs anciens idolâtres des Indes, qui croyaient à la métempsycose, enseignaient que c'était un crime de tuer quelque

» prétendaient, dit-il, qu'en mettant à part

créature vivante que ce fût; ce que les banians étendent encore aujourd'hui jusqu'aux serpens, aux insectes venimeux, etc., pour lesquels ils ont des hôpitaux. Les manichéens s'interdisaient surtout l'usage du poisson, et ils auraient mieux aimé mourir de faim que d'en manger. S. Augustin, *loc. cit.*, *l.* 16, *c.* 9. Ils appelaient le vin le fiel du prince des ténèbres. *Id., de hæres. et de mort. manich.*, *c.* 16. Ils étendaient quelquefois la transmigration des ames jusqu'aux brutes et aux plantes, pensant que les arbres et les plantes sont susceptibles de sentiment, qu'elles ont une ame raisonnable, ou peut-être des particules de la substance céleste dont les ames sont des émanations. De là ils concluaient qu'un arbre ressent de la peine et pleure lorsqu'on le coupe ou qu'on arrache son fruit. *Id., contra Faustum*, *l.* 6, *c.* 4; *l.* 16, *c.* 28; *l. de hæres.*, etc. Ils pensaient, suivant saint Augustin, *de hæres. et l.* 20 *contra Faust.*, *c.* 16, etc., qu'on se rendait coupable de plusieurs meurtres en moissonnant le blé et en cueillant des fruits, quoique ces meurtres cependant fussent moins griefs que l'homicide. Dans le cas de nécessité, leurs auditeurs pouvaient faire toutes ces choses, et leurs élus pouvaient manger du pain, etc.; mais ils priaient Dieu auparavant de faire tomber sa malédiction sur ceux qui avaient semé et moissonné le blé, et non sur ceux qui en mangeaient par nécessité. (S. Epiphane, *n.* 28.) Ils ne se baignaient point dans l'eau de peur de souiller cet élément; et l'un d'entre eux porta si loin la superstition à cet égard, qu'il ramassa de la rosée sur l'herbe pour se laver les mains et le visage.

Ces hérétiques condamnaient la guerre, permettant cependant une juste défense. Les élus ne pouvaient bâtir de mai-

» une autorité *terrible*, ils conduisaient les sons, exercer le commerce ni posséder des biens. Ils se vantaient d'une grande continence ; mais saint Augustin traite leur charité d'hypocrisie, et les accuse de plusieurs abominations contre nature : saint Léon et d'autres pères leur font le même reproche.

Les manichéens ne se faisaient point de scrupule de dissimuler ou de renier leur religion pour éviter la persécution (Photius, *l. adv. manich. repuls.*, *l.* 1, *c.* 8) ; et c'était d'eux que les priscillianistes avaient emprunté ce principe dangereux : *Jura, perjura, secretum prodere noli*. Ceux qui se répandirent dans l'Arménie et dans les autres contrées de l'Orient, au septième siècle, furent appelés *pauliciens*, d'un certain Paul qui était leur chef. Ils excitèrent alors une révolte contre l'impératrice Théodore, et une autre, dans le neuvième siècle, contre l'empereur Basile le macédonien. Ayant été vaincus et chassés du pays, ils portèrent leurs erreurs dans la Bulgarie, et pénétrèrent dans l'Allemagne, la Lombardie et le Languedoc.

Les Albigeois de France étaient sans contredit les mêmes que ceux qu'on appelait en Arménie *Bogomili* ou implorateurs de la miséricorde divine ; en Grèce, *cathari* ou purs, à cause de cette pureté dont ils se glorifiaient ; en Allemagne, *Gassari* ou *Gazzari*, par corruption du nom *cathari* ; en Lombardie, *Montifortiens*, du château de Montfort, près de Turin, où quelques-uns de leurs chefs furent arrêtés par Héribert, archevêque de Milan, en 1040. Leurs évêques et leurs diacres, qu'ils appelaient *filii majores* et *filii minores*, vivaient, ainsi que leurs *élus* ou *parfaits*, dans une chasteté perpétuelle ; ils ne mangeaient ni viande, ni œufs, ni poisson, la transmigration des ames étant un des articles de leur

» hommes à Dieu, et les affranchissaient de croyance. Ils jeûnaient et priaient beaucoup ; ils s'abstenaient de tout plaisir charnel et mettaient leur bien en commun. Les élus permettaient aux autres qui portaient le nom de *croyans* de se marier, etc. ; mais ils s'imaginaient qu'ils seraient éternellement damnés, à moins qu'ils ne renonçassent à l'usage du mariage, etc., quelque temps avant leur mort. Ils enseignaient que le mariage avait été institué par le diable ou le mauvais principe, et que c'était lui qui formait principalement les corps humains, sans en excepter celui du Christ : quelques-uns d'entre eux disaient cependant que le Christ ne prenait qu'un corps fantastique.

Voyez, sur les pauliciens ou manichéens de l'Orient, Pierre le Sicilien, qui écrivait dans le onzième siècle, *Hist. de vanâ et stolidâ manichæorum hæresi*; et sur ceux de l'Occident, le chap. 27 du liv. 1 de l'histoire de Milan, composé dans le onzième siècle *ap. Muratori script. ita., tom.* 4; l'ouvrage que le savant et pieux Moneta écrivit dans le treizième siècle contre les cathares et les vaudois, et que Ricchinius fit imprimer à Rome en 1743; la *Conradi Fuessini Helveto-Tigurini dissertatio de Fanaticis seculo XI in Italiâ detectis, ad card. Passioneum*, dans le journal de Berne, en 1761, tom. 1, p. 80; Bossuet, Hist. des Variat., l. 11; Raderus, *hist. de manich.*

Voyez, sur les anciens manichéens, Beausobre, Hist. de Manichée et du manichéisme ; et Mosheim, *l. de rebus christian. antè Constantin., m. séc.* 3, *p.* 734; *item Instit. hist. sec.* 3, *c.* 5, *p.* 133. Photius a donné un abrégé des erreurs des mêmes hérétiques dans sa *narrat. de manich. rediv.*, qui a été publiée par le père de Montfaucon, *Bibl. coisl., à p.* 349 *ad p.* 375.

» toute erreur, par le seul secours de la
» raison (1). Leur historien infère de là que,
du temps de saint Augustin, les catholiques
faisaient sonner bien haut l'autorité de l'E-
glise (2); mais il devait ajouter que le saint
docteur ayant depuis examiné sérieusement les
choses, reconnut qu'il était souverainement
raisonnable de s'en tenir, par rapport aux vérités surnaturelles, au témoignage de Dieu,
manifesté par l'autorité de l'Eglise, dont il est
le fondateur, et dans laquelle son esprit, qui ne
peut errer, conserve dans toute sa pureté le
dépôt de la révélation divine; témoignage d'ailleurs dont cette même révélation fournit les
preuves les plus solides, et qui est confirmé
par des miracles évidens, ainsi que par d'autres motifs de crédibilité auxquels doit se
rendre tout homme sage et désintéressé.

Ce que saint Augustin remarqua dans les
manichéens, s'est rencontré dans les sociniens
et dans d'autres hérétiques de ces derniers

---

(1) Nosti, Honorate, non aliam ob causam nos in tales homines incidisse, nisi quòd dicebant terribili auctoritate separatâ, et merâ et simplici ratione, eos qui se audire vellent introducturos ad Deum, et errore omni liberaturos. S. Aug., de utilit. credendi, n. 2, tom. 8, p. 46.

(2) Beausobre, Hist. de Manich., l. 1, c. 8, tom. 1, p. 94.

temps. Ils se sont vantés de n'avoir d'autre guide que la raison ; mais ils ont été forcés, par leurs propres principes, d'admettre les absurdités les plus monstrueuses, et ils sont tombés dans les inconséquences les plus révoltantes. La raison, lorsqu'on en fait un usage légitime, nous conduit comme par la main à la révélation, qui, loin de lui être opposée, découvre son insuffisance dans les choses qui sont au-dessus de sa portée, et lui offre une lumière bienfaisante pour arriver à la connaissance des vérités les plus nécessaires et les plus importantes.

Ce fut pour n'avoir pas suivi une méthode aussi sure et aussi raisonnable, qu'un génie tel qu'Augustin tomba dans les pièges des manichéens. Il en convient dans un ouvrage adressé à Honorat, son ami, qui, à sa sollicitation, se trouvait engagé dans les mêmes erreurs. « Vous savez, lui dit-il (1), sur quel fondement » nous sommes attachés à ces sortes de gens.... » Je renonçai pendant neuf ans à la religion » qu'on m'avait enseignée dans mon enfance, » sur le reproche qu'ils nous faisaient de nous » laisser entraîner par la superstition, et d'a- » dopter, contre les lumières de la raison, ce

---

(1) L. de utilit. credendi, c. 1, p. 45.

» que nous appelons la foi; tandis que chez
» eux on était obligé de ne croire que les choses
« que l'on avait examinées, et de la vérité des-
» quelles on avait de bonnes preuves. Comment
» n'aurais-je pas été séduit par de semblables
» promesses; moi surtout qui étais jeune, qui
» désirais connaître la vérité, et qu'une cer-
» taine réputation dans les écoles avait rempli
» d'orgueil.... Ils se moquaient de la simplicité
» des catholiques, qui doivent croire, sans
» qu'on les mette par l'évidence à portée de
» comprendre les vérités qu'on leur propose. »
Saint Augustin remarque ailleurs que la méthode des manichéens, qui a été suivie par les
autres hérétiques, a toujours été une source
d'erreurs dans la foi. « C'est, dit-il (1), une règle
» commune parmi tous les hérétiques, de se
» prévaloir des lumières de la raison, et de
» tâcher de la mettre en opposition avec l'auto-
» rité de l'église, qui est solidement établie;
» et ils sont forcés d'agir de la sorte, parce
» qu'ils voient bien le ridicule et le mépris qui re-
» jailliraient sur eux, si l'on venait à comparer
» leur autorité avec celle de l'Eglise. Tous les
» hérétiques, dit-il dans un autre endroit (2),

---

(1) Ep. 118, ol. 56, n. 32, tom. 2, p. 242.
(2) L. 3 de lib. arbitr., c. 25. *Voyez Voodhead, c. 1;*
p. 284.

» trompent en général par une orgueilleuse
» ostentation de science, et par des railleries
» de la simplicité de ceux qui croient ».

Il nous apprend que les principales questions qui l'embarassaient, et auxquelles les manichéens promettaient une solution, avaient pour objet l'origine du mal, et la difficulté de comprendre ce que c'est qu'un esprit : ce qui lui avait fait imaginer que Dieu était corporel. Ses nouveaux maîtres le conduisirent d'absurdités en absurdités, au point de croire que quand on cueillait une figue, la figue, qui était sa mère, et l'arbre, versaient des larmes de lait ; et si quelqu'un du nombre des saints ou élus d'entre les manichéens mangeait cette figue sans avoir participé au crime qu'il y avait à la cueillir, les particules des bonnes intelligences, ou plutôt de la divinité, qui y étaient emprisonnées, recouvraient la liberté (1).

Comme il s'apercevait cependant que ces hérétiques, qui montraient beaucoup de subtilité dans la dispute, ne prouvaient pas solidement la vérité de leur doctrine, il resta toujours dans la classe des auditeurs, sans vouloir se faire initier parmi les élus. Son orgueil fut extrêmement flatté du succès qu'il eut dans plusieurs

---

(1) S. Aug. Conf., l. 1, c. 10, p. 95.

disputes avec les orthodoxes ; il attira même, dans le parti des manichéens, plusieurs des catholiques, entr'autres, Alipius, et Romanin, son bienfaiteur, qui l'avait logé chez lui pendant qu'il étudiait à Carthage.

Il avait à peine atteint l'âge de vingt ans que déjà il possédait toutes les parties des belles lettres. Mais que lui servait son savoir, comme il le remarque lui-même (1), puisqu'il lui était nuisible par le mauvais usage qu'il en faisait ? Ayant quitté Carthage, pour retourner dans sa patrie, il y établit une école de grammaire et de rhétorique. Sa mère, qui était une catholique zélée, pleurait sur les égaremens de son fils, et ne cessait de demander à Dieu sa conversion. Elle refusa de manger avec lui, à cause de son hérésie, dans l'espérance qu'une telle conduite le ferait rentrer en lui-même. Quelque temps après, voyant ses efforts inutiles, elle alla trouver un évêque, et le conjura, les larmes aux yeux, d'entreprendre la conversion de son fils. Le prélat lui répondit qu'il n'était pas temps encore, alléguant pour raison qu'Augustin n'était point alors susceptible d'instruction, à cause de son attachement à la nouveauté de son hérésie, et de la bonne opinion que lui avait fait con-

(1) Conf., l. 4, c. 16, p. 106.

cevoir de lui-même l'avantage remporté sur quelques catholiques, plus zélés qu'éclairés, qui avaient eu l'imprudence de disputer avec lui. « Contentez-vous, dit-il à Monique, de prier » Dieu pour lui; il découvrira peu à peu son » erreur et son impiété. « Comme elle continuait de le presser de voir son malheureux fils: « Allez, lui dit-il, que le Seigneur vous bénisse; » un enfant de tant de larmes ne peut périr. » Monique regarda ces paroles comme un oracle du ciel (1). Elle eut ensuite un songe, pendant lequel il lui sembla voir un jeune homme qui, après lui avoir demandé la cause de sa douleur, lui dit de prendre courage, parce que son fils était où elle était elle-même. Regardant aussitôt à côté d'elle, elle y vit Augustin. Cette vision, jointe à la confiance qu'elle avait en la miséricorde divine, la consola pour le moment; mais elle fut encore bien des années sans voir accomplir ses désirs. Elle ne cessa d'importuner le ciel par ses prières et ses larmes, tant qu'elle vit Augustin éloigné de son Dieu, qu'elle aimait infiniment plus que son fils et qu'elle-même.

Augustin avait un ami qu'il chérissait tendrement, et qui avait été plusieurs années le

---

(1) S. Aug. Conf., l. 3, c. 11, p. 95, et c. 12, p. 96.

compagnon de ses études. Il avait coutume de verser dans son sein toutes ses peines et ses inquiétudes. Cet ami, dans la fleur de l'âge, s'était fait manichéen à sa persuasion. Etant tombé malade, il se convertit, et reçut le baptême. Augustin l'ayant voulu railler, il lui dit avec une généreuse liberté, qu'il devait parler autrement, s'il était jaloux de conserver son amitié, et que, s'il ne le faisait, il le fuirait avec horreur, et le regarderait comme son ennemi. Sa maladie, qui parut d'abord diminuer, redoubla peu de temps après, et il mourut dans les plus vifs sentimens de piété. Augustin ressentit une douleur inexprimable de la perte de son ami ; son cœur fut plongé dans l'amertume, sans pouvoir recevoir de consolation ; il lui semblait voir par-tout l'image de la mort ; son pays et sa propre maison ne lui offraient que des objets d'horreur ; tout ce qui rappelait l'idée de son ami lui en rendait la privation plus douloureuse ; il le cherchait partout des yeux, quoiqu'il ne put le trouver ; tout lui était insupportable, parce que rien ne lui rendait celui qu'il avait perdu, et qu'il ne pouvait plus dire, comme auparavant, lorsqu'il était absent : *le voilà qui va venir.* Il ne trouvait de douceur que dans ses larmes ; et comme elles avaient pris la place de son ami, elles faisaient toutes ses délices (1).

Rien n'étant capable de le consoler, il se retira à Carthage, où le temps et de nouvelles liaisons firent disparaître sa douleur. L'ambition le conduisit aussi dans cette ville, qui, étant capitale de l'Afrique, lui offrait un théâtre plus vaste et plus digne de ses talens. Il y ouvrit une école de rhétorique, et y parut avec de grands applaudissemens. Il remporta les premiers prix d'éloquence et de poésie. Il était également séduit par l'orgueil et par la superstition. L'orgueil le rendait passionné pour les louanges, pour les acclamations du théâtre, pour les combats où l'on se dispute une couronne fragile. La superstition, déguisée sous le masque de la religion, lui faisant désirer d'être purifié de ses souillures, il portait à manger aux élus et aux saints des manichéens, afin que, dans l'atelier de leurs estomacs, ils fabriquassent des anges et des dieux qui pussent l'en délivrer (2). Considérant depuis cette extravagance, il s'écriait, dans un vif sentiment de sa faiblesse : « Que suis-je » sans vous à moi-même, qu'un guide qui

---

(1) Conf., l. 4, c. 4, 5, 6.

(2) S. Aug., Conf., l. 4, c. 1.

» conduit au précipice (1)? » Il voulut aussi étudier l'astrologie judiciaire ; mais il renonça bientôt à cette prétendue science, dont il reconnut la vanité et la folie. A l'âge de vingt-six ou vingt-sept ans il fit un traité *de ce qui est beau et convenable dans chaque chose.* Cet ouvrage n'est point parvenu jusqu'à nous. Il commença vers le même temps à se dégoûter des histoires que les manichéens débitaient sur le système du monde, sur les corps célestes et sur les élémens. « Cette espèce de connaissance, » dit-il à ce sujet, n'est point essentielle à la » religion ; mais il est essentiel de ne point » mentir, et de ne pas se vanter de connaître » ce que l'on ignore. »

Il y avait alors en Afrique un évêque manichéen, nommé Fauste. Ceux de sa secte le regardaient comme un homme extraordinaire, et parfaitement versé dans toutes sortes de sciences. Augustin attendait avec impatience le

---

(1) *Quid ego sum mihi sine te nisi dux in præceps.* Conf., l. 4, c. 1, p. 97. Il s'exprimait ainsi en parlant des ravages que le vice avait fait dans son ame : *Refluxi abs te ego, et erravi, Deus meus, et factus sum mihi regio egestatis.* Conf., l. 2, c. 10, p. 88. Il s'excitait à l'humilité par la considération des péchés même dans lesquels il aurait pu tomber, et dont la miséricorde divine l'avait préservé. Ib., l. 2, c. 7, p. 86, tom. 1.

moment où il viendrait à Carthage, dans l'espérance qu'il éclaircirait tous ses doutes. Il alla donc le trouver dès qu'il fut dans cette ville. La conférence qu'ils eurent ensemble le convainquit que c'était un beau parleur ; mais il n'en tira pas plus de lumières que des autres manichéens ; il remarque seulement qu'il s'exprimait avec plus de grace et de facilité. Il voulait autre chose que des mots ; et il avait trop de solidité dans l'esprit pour se contenter d'une pure forme. Le peu de satisfation qu'il eut de sa conférence avec Fauste, lui désilla les yeux ; il se sentit dès-lors beaucoup d'éloignement pour la secte des manichéens. Ses préjugés cependant contre la doctrine catholique l'empêchèrent de s'y attacher ; en sorte que, désespérant de découvrir la vérité dans sa propre secte, et ne sachant où trouver rien de meilleur, il se détermina à rester comme il était, jusqu'à ce qu'il pût rencontrer quelque chose qui lui parût plus raisonnable et plus satisfaisant (1). Il avait alors vingt-neuf ans.

Au milieu de ses perplexités, il quitta Carthage pour aller à Rome, où les étudians étaient plus traitables et d'une conduite plus régulière. Il entreprit ce voyage sans avoir consulté sa

---

(1) Conf., l. 5, c. 10, p. 115.

mère. Il loue à cette occasion la miséricorde divine, qui se servit de ses désordres mêmes pour l'en corriger. Monique, voyant que son fils s'était embarqué malgré elle, redoubla ses prières et ses larmes, afin d'obtenir sa conversion, qu'elle demandait depuis si long-temps.

Lorsqu'Augustin fut à Rome, il entretint toujours des liaisons avec les manichéens, et logea chez un d'entre eux, mais simplement à cause de l'ancienne connaissance, et parce qu'il ne savait encore à quelle religion s'attacher. Peu de temps après il tomba dans une maladie qui fit craindre pour ses jours. « Si je fusse alors » parti de ce monde, disait-il depuis (1), je ne » pouvais que tomber dans les flammes et dans » les supplices, que j'avais mérités par mes » crimes. » Mais la santé lui fut rendue par les prières de sa mère, qui, quoiqu'absente et ignorant le danger où se trouvait son ame, encore plus que son corps, sollicitait sa conversion auprès de Dieu. Il ouvrit à Rome une école de rhétorique, qui fut bientôt fréquentée par tout ce qu'il y avait de plus spirituel dans cette ville. On ne pouvait l'entendre sans admirer son savoir et ses talens que la douceur de son caractère rendait infiniment aimables :

---

(1) Conf., l. 5, c. 9, p. 114.

d'autres voyaient avec envie la gloire qu'il acquérait dans la dispute. Mais l'injustice des étudians, qui changeaient souvent de maîtres, pour priver de leur salaire ceux qui les instruisaient, le dégoûta de Rome. Sur ces entrefaites, il arriva des députés de Milan, où l'empereur Valentinien le jeune tenait sa cour. Ils venaient trouver Symmaque, préfet de Rome, qui était lui-même un grand orateur, pour lui demander un habile maître de rhétorique. Augustin ayant été fortement recommandé par plusieurs personnes de considération, et ayant d'ailleurs donné à Symmaque des preuves de sa capacité, fut choisi et envoyé à Milan.

On le reçut dans cette ville avec de grandes marques de distinction, et il justifia bientôt la haute idée que l'on avait conçue de ses talens. Saint Ambroise lui témoigna en particulier l'estime qu'il faisait de lui. Augustin de son côté désira faire connaissance avec lui, non comme un prédicateur de la vérité, qu'il n'imaginait pas trouver parmi les catholiques, mais comme avec un homme qui lui témoignait de l'amitié, qui passait pour très éclairé, et qui avait une très grande réputation. Il allait souvent à ses sermons par curiosité, pour voir par lui-même si son éloquence répondait à ce qu'on lui en avait dit. Il l'écoutait avec une attention singulière ; il trouvait dans ses discours plus d'élégance et de savoir que dans ceux de Fauste le manichéen ; mais il remarquait en même temps qu'il avait moins de grace dans le débit. Quoiqu'il ne cherchât que ce qui flatte l'oreille, la doctrine qu'annonçait le saint archevêque de Milan faisait insensiblement impression sur son cœur, et y jetait des semences de vertu, qui devaient germer dans le temps. Il commença à sentir qu'il y avait de bonnes preuves en faveur de ce qu'il entendait, et que les manichéens avaient tort de mépriser les écrits de la loi et des prophètes ; mais il n'était point encore convaincu que la cause des catholiques était la meilleure ; et quoiqu'il vit que les manichéens défiguraient leur doctrine (1), il restait toujours dans le doute, par la crainte de tomber dans un précipice. En même temps, le désir d'acquérir de la réputation et des richesses, joint aux peines qu'il se donnait pour se procurer un établissement avantageux dans le monde, le jetaient souvent dans des inquiétudes cruelles. Il conserva toujours, après sa conversion, le souvenir de cet état, et il s'en servait pour s'attacher plus intimement à Dieu, qui, par sa miséricorde, l'avait enfin tiré des bras de la

---

(1) Conf., l. 6, c. 4, p. 121.

mort. Le trait suivant peint au naturel l'impression que faisait sur son ame l'amour d'une gloire fragile. Devant prononcer, aux calendes de janvier de l'année 385, le panégyrique de l'empereur, et du consul nouvellement élu, qu'il devait avoir pour auditeur, il ne pouvait goûter aucun repos à cause de l'incertitude du succès. Comme il passait par une des rues de Milan, il vit un mendiant qui était fort joyeux et qui se divertissait : il porta envie au sort de ce pauvre homme. « Toutes nos folies, dit-il
» à quelques amis qui l'accompagnaient, n'ont
» d'autre but que de nous procurer une satis-
» faction à laquelle nous ne parviendrons peut-
» être jamais, et dont ce misérable paraît
» jouir, au moyen de quelques aumônes qu'il a
« ramassées aujourd'hui. Sa joie, s'écriait-il
» depuis, n'était pas réelle ; mais celle que
» mon ambition cherchait l'était-elle d'avan-
» tage (1)? »

Augustin éprouvait toujours de grandes perplexités par rapport à l'origine du mal, et ressentait des peines secrètes, dont Dieu seul était témoin. Il dit lui-même que le temps et les expressions lui manquent pour représenter le

---

(1) L. 3 contra Petil., c. 25, tom. 9, p. 311 ; Conf., l. 6, c. 6, p. 123.

trouble intérieur où son ame était alors (1). Il avait aussi beaucoup de difficulté à concevoir que Dieu était un pur esprit, s'étant accoutumé à le regarder comme un être corporel et étendu partout par l'empire de sa bonté, conformément au systême des manichéens, différens en ce point des antropomorphites, qui se figuraient la substance divine semblable à un corps humain. Il réforma cette fausse idée qu'il avait de Dieu, en lisant les ouvrages de Platon et des autres philosophes de la même secte, où il était parlé du verbe éternel et des substances incorporelles d'une manière plus claire et plus intelligible (2). Bientôt il en vint à admettre des substances spirituelles, quoique nous ne les concevions qu'imparfaitement, et que nous les exprimions par des termes analogiques, tirées des images corporelles. Il reconnut que Dieu est un pur esprit ; qu'il est éternel, infini, incompréhensible, immuable, et qu'il n'y a rien d'absolument mauvais dans la création (3). Il crut entendre une voix qui lui criait du haut du ciel : « Je suis la viande des forts et des hommes » faits. Croissez, et vous vous nourrirez de

---

(1) Conf., l. 7, c. 7, p. 137.
(2) Ibid., l. 7, c. 1, 9, 10, 17, 20.
(3) Ibid., c. 13, 14, 16, etc.

» moi; mais vous ne me changerez pas en
» vous, comme il arrive aux alimens dont votre
» corps se nourrit ; ce sera vous qui serez
» changé en moi (1). »

Il trouva que les écrits des philosophes platoniciens nourrissaient l'orgueil de son ame; qu'ils lui inspiraient le goût d'une fausse sagesse, et qu'ils le laissaient rempli de vices, sans lui apprendre à sortir de sa propre misère. N'y trouvant rien touchant le mystère de la rédemption de l'homme, il se mit à lire le nouveau Testament, surtout les épîtres de saint Paul ; et il commença à y prendre un grand plaisir. Il y vit le rapport admirable de l'ancien Testament avec le nouveau, la gloire du ciel déployée dans toute sa magnificence, et la voie qu'il faut suivre pour y arriver. Il y apprit ce qu'il ressentait depuis long-temps, qu'il avait *dans ses membres une loi opposée à celle de l'esprit* ; et qu'il n'y avait que la grace de Jésus-Christ qui pût le délivrer de ce *corps de mort*. Il aperçut une différence infinie entre la doctrine de celui qui se nommait le dernier des apôtres et celle de ces philosophes orgueilleux qui se regardaient comme les plus grands des

(1) Ibid., l. 7, c. 10, p. 139.

hommes (1). Il ne doutait plus de la vérité et de l'excellence de la vertu prescrite par la loi divine dans l'église catholique; mais ses anciens préjugés lui faisaient penser qu'il ne pouvait la pratiquer.

Dans cette incertitude, il s'adressa à Simplicien, prêtre de Milan, que le pape Damase avait envoyé à saint Ambroise, afin qu'il l'instruisit. Simplicien, alors avancé en âge, aimait le saint évêque comme son père, et lui succéda depuis sur son siége. Augustin lui découvrit ce qui s'était passé en lui, et lui dit qu'il s'était mis à lire les livres des philosophes platoniciens, que Victorin avait traduits en latin. Ce Victorin avait été professeur de rhétorique à Rome, et était mort chrétien. Simplicien le loua de cette lecture, et lui raconta comment il avait lui-même contribué à la conversion du professeur, et de quelle manière ce savant homme, qui était le maître de la plupart des sénateurs de Rome, et auquel on avait élevé une statue dans le forum, avait embrassé le christianisme. La crainte de déplaire à ses amis, et de s'attirer des persécutions de la part des sénateurs, qui adoraient encore les idoles, lui fit différer quel-

---

(1) Ibid., l. 7, c. 21, p. 144.

que temps son baptême ; mais Simplicien l'ayant encouragé, il vainquit cette tentation, foula le monde aux pieds, se fit instruire, et reçut le sacrement de la régénération. Lorsque Julien l'Apostat eut défendu aux chrétiens d'enseigner les lettres et les sciences, il quitta son école avec joie. Augustin, frappé de cet exemple, envia le bonheur de Victorin plus qu'il n'admira son courage ; mais il était encore esclave de ses passions.

« Je soupirais, dit-il, après la liberté, et j'étais
» arrêté, non par des liens étrangers, mais par
» ma propre volonté. L'ennemi s'en était rendu
» maître et en avait fait une chaîne de fer
» dont il me tenait lié ; car cette volonté, en
» se déréglant, était devenue passion. Cette
» passion s'était tournée, avec le temps, en
» habitude, et cette habitude en nécessité,
» faute d'y avoir résisté ; et c'était autant d'anneaux, engagés les uns dans les autres, qui
» composaient la chaîne avec laquelle le démon
» me tenait dans la servitude (1)...... Je ne pou-

(1) Suspirabam ligatus, non ferro alieno, sed meâ ferreâ voluntate. Velle meum tenebat inimicus.... dùm consuetudini non resistitur, facta est necessitas.... Non erat omninò quid responderem, nisi tantùm verba lenta et somnolenta.

» vais plus, Seigneur, recourir au prétexte
« sur lequel je m'étais endormi autrefois, en
» croyant que tout ce que j'avais pu aper-
» cevoir de la vérité était trop incertain pour
» renoncer au monde et m'attacher à vous.
» J'avais de ce côté là toute la certitude que
» je pouvais avoir. Ainsi je succombais avec
» plaisir sous le fardeau du siècle, comme on
» se laisse aller au charme du sommeil ; et les
» pensées dans lesquelles je voulais m'occuper
» de vous étaient comme ces efforts que font
» ceux qui voudraient s'éveiller, et qui, ne pou-
» vant surmonter l'envie qu'ils ont de dormir,
» se replongent dans le sommeil. J'étais comme
» un homme qui, sachant qu'il ne faut pas tou-
» jours dormir, connaît les avantages qu'a,
» selon les gens sensés, celui qui veille sur
» celui qui dort ; mais qui, l'heure de se lever
» étant venue, négligerait de s'évertuer, et, au
» lieu de chasser le sommeil, se rendrait au
» plaisir d'y succomber...... Je ne savais que
» vous répondre, quand vous daigniez me dire :
» *Sortez du sommeil où vous êtes : tirez-vous*
» *d'entre les morts, et Jésus-Christ vous éclai-*

Modò, ecce modò, sine paululùm ; sed modò et modò non
habebat modum, et sine paululùm in longum ibat. Conf.,
l. 8, c. 5, p. 149.

» *rera* (1). Et comme vous me faisiez voir de
» toutes parts que vous ne me disiez rien que
» de vrai, la conviction que j'avais de la vérité,
» me réduisait à vous dire, comme ces pares-
» seux qui ne sauraient s'arracher du lit : *Tout-*
» *à-l'heure, tout-à-l'heure ; laissez-moi encore*
» *un moment.* Mais cette heure ne venait point,
» et ce moment durait toujours. »

Il arriva dans le même temps qu'un Africain, nommé Pontitien, qui avait à la cour un emploi honorable, et qui était fort religieux, vint rendre visite à Augustin et à Alipius. Ayant trouvé sur la table les épîtres de saint Paul, il prit de là occasion de parler à l'un et à l'autre de la vie de saint Antoine ; mais il fut fort étonné de voir que jusqu'à ce jour ils n'avaient pas même connu le nom de ce saint. Eux, de leur côté, marquèrent beaucoup de surprise au récit des miracles très bien attestés qui avaient été récemment opérés dans l'église catholique. Ils ne savaient pas non plus, avant leur entretien avec Pontitien, qu'il y avait, hors des murs de la ville qu'ils habitaient, un monastère rempli de serviteurs de Dieu qui vivaient dans une grande ferveur sous la conduite de saint Ambroise. Pontitien les voyant fort attentifs

---

(1) Eph., v. 14.

aux discours qu'il leur tenait sur ce sujet, leur raconta que la cour de l'empereur étant à Trèves, et le prince assistant aux spectacles du cirque qu'on donnait après midi, il prit ce temps, avec trois de ses amis, pour aller jouir du plaisir de la promenade dans les jardins contigus à la ville ; que le hazard fit qu'ils se promenèrent deux à deux ; et que lui, avec son compagnon, prit d'un côté et les deux autres d'un autre ; que ceux-ci ne tenant aucun chemin assuré, étaient venus tomber auprès d'une espèce de cabane où logeaient quelques serviteurs de Dieu qui pratiquaient cette pauvreté d'esprit à laquelle le royaume des cieux est promis ; qu'ils y avaient trouvé la vie d'Antoine ; que l'un d'eux s'étant mis à la lire, se sentit si embrâsé et si rempli d'admiration, qu'à mesure qu'il lisait, il formait le dessein d'embrasser le même genre de vie. Il était du nombre de ceux qu'on appelait *agens*, et dont la fonction consistait à ramasser les impôts, à faire les provisions pour la cour et à exécuter certaines commissions particulières que donnait ou l'empereur ou le préfet du prétoire. Pontien ajouta que cet officier, cédant à la violence de ses remords, rougit de son état, entra dans une sainte colère contre lui-même, se tourna vers son ami, et lui dit ; « Dites-moi,

» je vous prie, où prétendons-nous arriver
» par toutes les fatigues que nous prenons? Que
» cherchons-nous? Qu'est-ce qui nous attache
» à la cour? y pouvons-nous espérer quelque
» chose de plus grand que l'amitié de l'Empereur?
» Mais quoi de plus fragile qu'une telle fortune!
» En est-il même qui soit exposée à plus de
» périls? Combien de dangers faut-il courir
» pour arriver à un état encore plus périlleux?
» Quand puis-je enfin espérer d'y arriver?
» Au lieu que si je veux, je suis ami de Dieu
» dès ce moment même (1). » Il tournait sans
cesse les yeux vers ce livre, éprouvant des
agitations intérieures sur le choix qu'il avait à
faire. En même temps son cœur changeait
intérieurement et se dégageait de l'amour du
monde. Souvent il poussait de profonds soupirs.
Enfin, son ame cédant aux impressions de la
grace, il prit une ferme résolution de mener
une meilleure vie. « C'en est fait, dit-il à son
» ami, j'ai rompu pour toujours avec ce qui
» était l'objet de nos espérances. Je suis résolu
» de servir Dieu, et cela dans ce lieu, et dès
» ce moment; si vous ne vous sentez pas la
» force d'en faire autant, au moins ne vous

---

(1) Per quot pericula pervenitur ad grandius periculum; et quandiù istud erit? Amicus autem Dei si voluero, ecce nunc fio. Conf., l. 8, c. 6, p. 151.

» opposez pas à mon dessein. » L'autre lui répondit qu'il ne l'abandonnerait point, et qu'il voulait partager la récompense qu'il espérait.

Sur ces entrefaites, Pontitien et son compagnon arrivèrent, et dirent aux deux autres qu'il était temps de s'en retourner. Mais étant instruit de la résolution qu'ils avaient prise, ils les en félicitèrent et se séparèrent d'eux, après s'être recommandés à leurs prières. Ceux qui restèrent dans la cabane étaient sur le point de se marier; celles qu'ils devaient épouser suivirent leur exemple et consacrèrent à Dieu leur virginité.

Le récit de Pontitien toucha singulièrement Augustin. Il vit, comme dans un miroir, sa honte et sa confusion, et il se faisait horreur à lui-même. Il avait autrefois demandé à Dieu la grace de la continence; mais c'était, pour ainsi dire, en craignant d'être sitôt exaucé. « Seigneur, dit-il, tout vicieux et tout méchant
« que j'étais dans ma première jeunesse, je ne
» laissais pas de vous demander la chasteté.
» Donnez-moi, vous disais-je, le don de conti-
» nence, mais que ce ne soit pas encore. Je
» craignais que vous ne fussiez trop prompt à
» m'exaucer, et que vous ne vous hâtassiez de
» me guérir, parce que j'aimais mieux satis-

» faire les ardeurs de la concupiscence que de
» les voir éteintes (1). » Il commença alors à
rougir et à s'attrister de ce que sa volonté
avait été si faible et si partagée. Pontitien ne
fut pas plutôt parti, qu'il adressa ces paroles
à Alipius : « Comment pouvons-nous souffrir
» que des ignorans s'élèvent et emportent le
» ciel, tandis qu'avec toute notre science nous
» sommes sans cœur, et croupissons dans la
» chair et le sang ? Rougirons-nous de les
» suivre, parce qu'ils nous précèdent ? N'y
« aurait-il point plus de honte à ne vouloir pas
» même les suivre ? » Il prononça ces paroles
avec un ton de voix extraordinaire, et son
visage parut entièrement changé. Il se retira
ensuite, et entra dans un jardin dont il avait
l'usage. Alipius, étonné de son discours, ainsi
que de la manière pathétique avec laquelle il
s'était exprimé, et de l'agitation violente où
il le voyait, ne le quitta point, et passa dans
le jardin avec lui. Ils s'assirent le plus loin de
la maison qu'ils purent. Augustin, frémissant
d'indignation contre lui-même, ne se possédait
point. Mais nous ne saurions mieux peindre
l'état où se trouvait son ame, qu'en emprun-
tant ses propres paroles.

(1) Conf., l. 8, c. 7, p. 151.

« J'étais, dit-il, transporté d'indignation
» contre moi-même de ce que je n'avais pas
» le courage de faire ce que ma raison me
» montrait être si avantageux et si nécessaire ;
» je voulais et je ne voulais pas ; j'étais, pour
» ainsi dire, divisé entre moi-même et moi-
» même. Je secouais la chaîne dont j'étais
» serré, sans pouvoir la rompre, quoiqu'elle
» ne tînt presqu'à rien. Cependant, ô mon
» Dieu ! votre miséricorde, usant d'une rigueur
» salutaire, me pressait au fond du cœur, et
» redoublait les coups que me portaient la
» crainte et la confusion dont j'étais rempli ;
» elle ne voulait pas que je cessasse de com-
» battre, de peur que ma chaîne ne se forti-
» fiât et ne me serrât encore plus qu'auparavant.
» Je disais au-dedans de moi-même : *C'est*
» *dans ce moment, c'est tout-à-l'heure que je*
» *vais la briser......* Je me voyais presqu'au
» point où je voulais venir, j'étais près d'y
» toucher ; cependant je n'y touchais pas encore,
» puisque j'hésitais de mourir à tout ce qui
» est une véritable mort pour vivre de la
» véritable vie..... Ces amusemens frivoles, ces
» vanités des vanités, en un mot, mes an-
» ciennes amies me tenaient encore au cœur ;
» il me semblait les voir me prendre par la
» robe, et me dire tout bas : Quoi donc, vous

» nous dites adieu? Dès ce moment nous n'al-
» lons plus être à vous? dès ce moment telle et
» telle chose vous seront interdites à jamais?....
» Au reste, ce n'était pas en face qu'elles s'op-
» posaient à mon dessein; mais, murmurant
» d'une voix sourde à mesure que je m'éloi-
» gnais, elles me tiraient par derrière pour
» me faire tourner la tête. Ainsi, parce que
» je n'avais pas la force de me retirer brus-
» quement, de les laisser là, et de me rendre
» au plus vite où j'étais appelé, mon ardeur se
» ralentissait; car la voix tyrannique de l ha-
» bitude me disait encore: *Penses-tu pouvoir*
» *te passer toujours d'elles* (1)? Mais la vue
» de la continence se présentait à moi du côté
» où je portais mes regards, où je craignais de
» me rendre..... Elle m'invitait d'aller à elle;
» elle me tendait les bras pour m'embrasser
» et m'incorporer dans cette multitude de
» saints dont elle me proposait l'exemple, et
» qu'elle tenait aussi embrassés. J'y voyais une
» infinité de personnes de tout âge, des enfans,
» des jeunes gens, des filles, des veuves res-
» pectables, et des vierges qui avaient vieilli
» dans la chasteté. Je remarquais surtout que
» dans ces saintes ames la continence n'était
» pas demeurée stérile; mais que l'honneur,

(1) Putasne sine istis poteris? Conf., l. 8, c. 11

» ô mon Dieu! qu'elles ont de vous avoir pour
» époux, était le germe céleste des délices dont
» elles sont inondées; d'où la continence prenait
» occasion, d'un ton ironique, propre à m'en-
» courager : *Quoi ! vous ne pourrez pas ce
» qui est possible à tant d'autres que vous
» voyez* (1)? *Est-ce par eux-mêmes, plutôt
» que par la grace du Seigneur, leur Dieu,
» qui m'a donné à eux, qu'ils le peuvent?
» Pourquoi vous appuyez-vous sur vous-même,
» puisqu'il n'y a aucun fonds à faire sur
» vous? Jetez-vous entre les bras du Sei-
» gneur ; ne craignez point qu'il se retire et
» vous laisse tomber. Jetez-vous-y hardiment,
» il vous recevra, et guérira vos plaies.* Je
» rougissais de honte de ce que je balançais
» encore, et des murmures que les niaiseries
» qui me retenaient toujours excitaient au
» fond de mon cœur. Sur quoi la continence
» me dit : *N'écoutez point ces monstres im-
» purs ; les délices qu'ils vous promettent ne
» sont point comparables à celles que vous
» trouverez dans la loi de votre Dieu.* »

La tempête croissant de plus en plus dans
son ame, par la considération de ses misères,
dont il voyait toute la difformité, il sentit qu'un

---

(1) Tu non poteris quod isti et istæ ? Conf., c. 11, p. 155.

torrent de larmes allait couler de ses yeux. Et
comme on pleure plus librement lorsqu'on est
seul, il se leva d'auprès d'Alipius, qui le regardait avec un grand étonnement. Il s'éloigna
de lui autant qu'il le fallait pour n'être pas
contraint. Puis, s'étant jeté par terre sous un
figuier, il donna un libre cours à ses larmes,
qui coulèrent avec beaucoup d'abondance :
« Jusques à quand, Seigneur, s'écriait-il; jus-
» ques à quand serez-vous irrité contre moi ?
» Ne vous souvenez plus de mes iniquités
» passées. » Sentant ce qui le retenait encore,
il poussait de profonds soupirs, et se faisait à
lui-même le reproche suivant : « Jusques à
» quand, jusques à quand dirai-je à demain,
» à demain ? Pourquoi ne sera-ce pas aujour-
» d'hui ? Pourquoi, dès ce moment, ne met-
» trai-je pas fin à mes infamies ? » Tandis qu'il
parlait de la sorte, le cœur percé de douleur
et pleurant amèrement, il entendit, dans une
maison voisine, une voix comme celle d'un
enfant, qui disait en chantant : PRENEZ ET
LISEZ; PRENEZ ET LISEZ (1). Aussitôt il changea de visage, et se mit à penser s'il n'y aurait
pas quelque jeu où les enfans avaient coutume
de chanter ces paroles; et comme il ne lui vint

(1) Conf., l. 8, c. 12, p. 156.

pas dans la pensée d'avoir entendu parler de rien de semblable, il arrêta le cours de ses larmes, et se leva dans la pensée que c'était un avertissement du ciel. Il se rappela en même temps que saint Antoine s'était converti en entendant lire un passage de l'Evangile. Il retourna donc promptement à l'endroit où Alipius se tenait encore, et où il avait laissé les épîtres de saint Paul. Ayant pris le livre, il l'ouvrit, et lut en silence ces paroles, sur lesquelles il porta d'abord les yeux (1) : *Ne passez pas votre vie dans les festins et l'ivrognerie, ni dans la débauche et l'impureté, ni dans un esprit d'avarice et de contention ; mais revêtez-vous de notre Seigneur J. C., et gardez-vous de satisfaire les désirs déréglés de la chair.* Il n'en voulut pas lire davantage ; aussi cela n'était-il pas nécessaire. En effet, il n'eut pas plutôt achevé la lecture de ce verset, qu'un rayon de lumière vint rétablir le calme dans son cœur et dissiper tous les nuages qui causaient ses doutes.

Ayant fermé le livre, après avoir toutefois marqué l'endroit où était le passage, il se tourna vers Alipius avec un visage tranquille, et lui dit ce qui lui était arrivé. Alipius voulut voir

(1) Rom. XIII, 18.

le passage; il le lut, ainsi que ces paroles qui viennent ensuite : *Recevez avec charité celui qui est encore faible dans la foi ;* et il se les appliqua à lui-même. Comme il était d'un caractère heureux et naturellement porté à la vertu, il entra, sans hésiter, dans la résolution que venait de prendre son ami.

Ils se retirèrent tous deux, et allèrent raconter à Monique ce qui venait d'arriver. Cette sainte en fut transportée de joie. Elle avait suivi son fils en Italie, et était venue à Milan peu après que son fils eut quitté le manichéisme, mais avant qu'il se fût déclaré pour la doctrine de l'Église catholique. Augustin avait pensé jusques-là que la vie était insupportable sans les plaisirs des sens (1). Quand il fut devenu catholique, et qu'il eut pris la résolution de mener une vie vertueuse, il pensa à s'engager dans le mariage, dans la persuasion que la chasteté conjugale était la seule possible pour lui. Alipius, qui n'avait jamais suivi les désirs corrompus de la chair, ne pouvait revenir de sa surprise à la vue de la grossièreté des inclinations de son ami. Mais cette surprise même devint pour lui le principe d'une tentation délicate, dont il fut délivré par la miséricorde di-

---

(1) Conf., l. 6, c. 12, p. 129.

vine. Monique avait ménagé à son fils un parti avantageux, et son choix était tombé sur une personne qui ne pouvait manquer de lui plaire. Mais quand Augustin fut parfaitement converti, il résolut de vivre dans une continence absolue; et l'expérience lui fit connaître la vérité de ces maximes : « Ce n'est point parce que
» les choses sont difficiles que nous n'osons y
» tendre; mais elle nous paraissent difficiles,
» parce que nous n'avons pas le courage de
» les entreprendre (1)...... Commencer, c'est
» avoir fait la moitié de l'ouvrage (2). »

Transporté depuis d'une sainte joie de ce qu'il avait été affranchi de ses chaînes, il faisait ainsi éclater sa reconnaissance : « Quelle volupté ne
» trouvai-je pas tout-à-coup à me priver de
» celles qui n'étaient que de vains amusemens
» et dont la privation, qui avait d'abord causé
» mes craintes, s'était changée en plaisirs ! Vous
» les chassiez vous-même de mon cœur, dou-
» ceur véritable et souveraine, vous les chas-
» siez, et vous entriez à leur place, suavité su-
» périeure à toutes les voluptés, mais inconnue
» à la chair et au sang (3) ! lumière qui éclip-

(1) Seneca, ep. 104.
(2) Horat., l. 1, ep. 2. Ovid.
(3) Quàm suave mihi subitò factum est carere suavitatibus nugarum, et quas amittere metus fuerat jàm amittere

» sez toutes les autres, et qui êtes intime à
» tout ce qu'il y a de plus intime! grandeur,
» qui êtes inaccessible à ceux qui sont grands
» à leurs propres yeux! Alors mon esprit était
» libre des soins cuisans qui déchirent ceux qui
» courent après les honneurs, les biens et les
» plaisirs des sens; et je faisais mes délices de
» m'adresser à vous qui êtes ma gloire, mes ri-
» chesses, mon sauveur, mon seigneur et mon
» Dieu. »

L'exemple d'Augustin prouve que personne ne doit désespérer de son salut. Le pécheur, gémissant sous le poids de l'habitude la plus invétérée, ne doit point se décourager. Il faut, il est vrai, résister à la corruption de la nature; mais ce combat se change à la fin en une heureuse liberté et en une joie inexprimable. Le véritable chrétien veille sur lui-même, pour ne pas contracter d'habitude vicieuse; il sait que la moindre étincelle peut produire un grand embrasement, et qu'une passion dont on a suivi les premières saillies finit par exercer sur le cœur l'empire le plus tyrannique.

Augustin se convertit au mois d'août ou de septembre de l'année 386, dans la trente-deuxiè-

---

gaudium erat!... Ejiciebas eas, et intrabas pro eis, omni voluptate dulcior., etc. Conf., l. 9, c. 1.

me année de son âge. Il se détermina dès-lors à quitter son école et à cesser d'enseigner la rhétorique ; mais il différa l'exécution de ce dessein jusqu'aux vacances, qui devaient arriver dans quelques semaines. Il se retira à la campagne, près de Milan, avec son ami Vérécundus, qui était professeur de grammaire dans cette ville, et qui, peu de temps après, renonça au paganisme et reçut le baptême. Il fut encore accompagné dans sa retraite par sainte Monique sa mère, par Navigius son frère, par Adéodat son fils, par Alipius son principal confident, par Tigère et Licentius ses disciples, et par Lastidien et Rustique ses parens. Là il s'occupait uniquement de la prière et de l'étude ; et ces deux exercices unis ensemble se soutenaient mutuellement : son étude était même une espèce de prière, par les pieux sentimens qui régnaient dans son cœur. Pour soumettre parfaitement ses passions, détacher son ame des choses créées, et devenir une créature nouvelle en Jésus-Christ, il pratiquait les austérités de la pénitence, veillait sur son cœur et sur ses sens avec la plus grande exactitude, et priait avec autant d'assiduité que de ferveur. Il pleurait amèrement sur ses misères spirituelles, et conjurait le Seigneur de lui tendre une main secourable et de guérir ses plaies. « O mon

» Dieu, s'écriait-il, toute mon espérance est
» dans la grandeur de votre miséricorde.... Vous
» me commandez la continence; donnez-moi
» ce que vous me commandez, et commandez-
» moi ce que vous voulez (1). Je sais que per-
» sonne ne peut avoir cette vertu, si Dieu ne
» la lui donne (2). » Le principal objet de ses
prières était la pureté du cœur et la divine charité. Il désirait aimer Dieu de toute sa force et
de tout son pouvoir, à chaque moment de sa
vie, et l'aimer de plus en plus, afin de réparer,
autant qu'il lui serait possible, le temps précieux qu'il avait perdu. « Que j'ai commencé
» tard à vous aimer, disait-il, ô beauté si an-
» cienne et si nouvelle! que j'ai commencé
» tard!... Vous étiez avec moi, et je n'étais point
» avec vous.... Vous avez bien voulu m'appeler,
» et le cri que vous avez fait a forcé ma sur-
» dité.... Vous m'avez touché, et mon cœur tout
» en feu n'a cherché que vos embrassemens (3)...
» Ce n'est point vous aimer assez que d'aimer
» avec vous quoi que ce soit qu'on n'aime point
» à cause de vous. O amour, dont le feu brûle
» toujours et ne s'éteint jamais! ô charité, qui

(1) Conf., l. 10, c. 29, p. 184.
(2) Sap., 8.
(3) Conf., l. 10, c. 27, p. 184.

» êtes mon Dieu, embrasez-moi (1). » En un mot, il mesurait la ferveur de son amour pour Dieu sur la grandeur des misères dont la grace l'avait délivré.

Son humilité n'était pas moins admirable, et tous ses écrits portent l'empreinte de cette vertu. On voit, dans le dixième livre de ses Confessions, que sa principale étude était de se prémunir contre l'orgueil et contre cet amour de la vaine gloire qui se trouve quelquefois, même dans les efforts que l'on fait pour l'éviter. Il s'appliquait sans relâche à contenir, dans les bornes les plus étroites du devoir, sa langue, ses yeux, ses oreilles, ses autres sens, et surtout celui du goût. « L'excès du vin, dit-il (2),
» est un défaut où je ne tombe point; et j'es-
» père que votre grace voudra bien toujours
» m'en préserver. Pour l'excès des viandes, j'y
» donne quelquefois (3); mais j'espère que vous

----

(1) Ibid., c. 29, p. 184.
(2) Ibid., c. 31, p. 187.
(3) D'Andilly et Cousin, *Journ. des sav.*, prétendent que l'excès dont il s'agit a pour objet ceux qui mangent pour le seul plaisir et non par nécessité, et pour la conservation de la santé; ce que saint Augustin condamne souvent. Le plaisir attaché à l'action de manger n'est point criminel de lui-même, et peut être sanctifié par le motif; mais il devient péché si on le recherche pour lui-même et non pour l'entre-

» ne permettrez plus que je m'y laisse aller....
» Un soldat de la milice céleste dit : *Je puis*

tien de la santé du corps. Saint Augustin se plaint, c. 31, n. 2, du piège que nous tend ce plaisir, qui va souvent avant le motif tiré du devoir. On aurait tort d'inférer que le mot *crapula*, qui se lit dans le passage que nous discutons, signifie autre chose qu'un petit excès qui fait aller au-delà des bornes de l'absolue nécessité ; excès que notre saint pénitent craignait quelquefois, malgré sa grande sobriété. En un mot, S. Augustin fait ici allusion au passage de S. Luc, XXI, 34, où se trouve le mot *crapula*. Il lui prête donc la même signification que l'évangéliste : or, chez saint Luc les interprètes l'ont toujours entendu de la même manière que nous.

Petit, dans une dissertation imprimée à Utrecht, et Bayle, ont prétendu que *crapula* signifiait un excès dans le vin ; mais on trouve la réfutation de ce paradoxe dans les excellentes notes que D. Martin, bénédictin de la congrégation de Saint-Maur, a jointes à sa traduction française des Confessions de saint Augustin. Cet auteur observe, entre autres choses, que les moines d'alors (et saint Augustin l'était) ne buvaient point de vin pur ; que la vie du saint docteur était singulièrement austère ; que saint Césaire, *Serm.* 294 *in App.*, saint Basile et les autres pères, sans en excepter saint Augustin lui-même, jugent coupables de péché mortel ceux qui, par une habitude d'intempérance, boivent une quantité immodérée de liqueur, même sans danger de perdre la raison. « On loue
» ces sortes de gens, dit S. Augustin, *Serm.* 135, n. 6,
» p. 730, *tom.* 5, d'avoir une bonne tête ; mais ils sont d'au-
» tant plus criminels qu'il est plus difficile de les vaincre à
» force de boire. *Viri fortis accipit nomen ; tantò nequior,*
» *quantò sub poculo invictior.* »

» *tout en celui qui me fortifie* (1). J'en ai en-
» tendu un autre faire cette prière : *Eloignez*
» *de moi l'intempérance de la bouche* (2)....
» Quel est celui, ô mon Dieu, qui ne passe pas
» un peu les bornes de la pure nécessité ? Quel
» qu'il soit, il est grand ; qu'il glorifie votre
» nom. Pour moi, qui suis un pécheur, je ne
» suis point arrivé là. » Il ne perdait jamais de
vue la maxime de l'Évangile et de saint Paul,
fortement inculquée par saint Jean Climaque,
par saint Isidore (3), et par les autres maîtres
de la vie spirituelle, qu'il faut retrancher toutes
les passions charnelles, et préparer l'ame à recevoir les affections célestes par la pratique de
l'abstinence et de la sobriété. « Comme une
» source divisée en plusieurs canaux se répand,
» dit saint Basile (4), sur toute la surface d'un
» jardin, et couvre de verdure tous les lits de
» gazon, de même l'appétit de la gourmandise,
» s'il se répand dans les veines du cœur, y fait
» croître une foule de mauvais désirs, et fait
» de l'ame un repaire de bêtes sauvages. »
Augustin avait contracté dans le monde l'ha-

---

(1) Philip., 4.

(2) Eccle., 23.

(3) De summo bono, l. 2, c. 44.

(4) Serm. de abdic. rerum, tom. 2, p. 324, édit, Ben.

bitude de jurer : après sa conversion, il exhortait les autres à ne pas tomber dans ce vice horrible ; il les en détournait par son propre exemple, et leur racontait de quelle manière il s'en était corrigé. « Nous étions, dit-il, au-
» trefois engagés dans cette basse et criminelle
» habitude ; mais quand nous commençâmes à
» servir Dieu et à sentir toute l'énormité du
» jurement, nous fûmes saisis d'une grande
» crainte, et cette crainte nous servit de frein....
» Inutilement diriez-vous que l'habitude vous
» entraîne ; veillez sur vous-mêmes, et vous
» vous en corrigerez : plus elle est invétérée,
» plus elle mérite d'attention. La langue est
» un membre très mobile : soyez donc atten-
» tifs à contenir sa mobilité... Si vous la ré-
» primez aujourd'hui, il vous sera plus facile
» de la réprimer demain. Je parle d'après l'ex-
» périence. Si votre victoire n'est pas complète
» demain, vous aurez du moins acquis de la fa-
» cilité à vaincre par les efforts que vous aurez
» faits la veille. Le vice meurt en trois jours (1).
» Nous nous réjouirons du grand fruit que nous
» retirerons et de l'avantage d'être délivrés
» d'un tel mal.... Je sais, dit-il ailleurs (2), qu'il

(1) Triduò moritur pestis. Serm. 180 (olim 25 de verbis apost.), tom. 5, p. 864.

(2) Serm. 307, tom. 5, p. 1245.

» est difficile de rompre une habitude ; je l'ai
« éprouvé moi-même ; mais, par la crainte de
» Dieu, nous avons rompu celle de jurer. Quand
» je lisais sa loi, j'étais saisi de frayeur, je com-
» battais contre mon habitude, j'invoquais le
» Seigneur en qui je mettais ma confiance, et
» il m'accordait son secours, afin que je ne
» jurasse plus. Présentement rien ne me paraît
» plus facile que de ne point jurer. »

Augustin avait la coutume, après la prière
du matin, de se promener avec ses amis, auxquels il faisait des conférences sur des sujets
importans, et il les rédigeait ensuite par écrit
pour l'utilité de ses disciples. Monique, qui avait
soin de l'intérieur de la maison, y assistait et
y donnait souvent des preuves de la beauté et
de la solidité de son esprit. Le but que s'y
proposait Augustin était d'accoutumer peu-à-
peu ses amis à s'élever, dans toutes leurs études, des choses sensibles aux choses spirituelles.
Il avait un grand soin de leur apprendre à
mourir à eux-mêmes : en voici un exemple.
Trigèce, en disputant, avait avancé quelque
chose qui ne lui faisait point d'honneur, et il
demanda qu'on ne l'écrivît point ; Licentius,
son antagoniste, voulait au contraire qu'on le
mît par écrit, afin de mieux constater la victoire qu'il avait remportée. Augustin ne put

retenir ses larmes à la vue de leur vanité : il blâma la conduite de l'un et de l'autre, et pria Dieu de guérir l'enflure de leurs cœurs. Trigèce et Licentius, confus de leur faute, voulurent que l'on écrivît toute leur dispute, afin de faire connaître le tort qu'ils avaient eu l'un et l'autre (1).

L'amour des richesses et des honneurs était entièrement éteint dans le cœur d'Augustin ; il n'était pas même tenté de désirer de manger ce qu'il s'était interdit. Il s'était déterminé, entre autres choses, à fuir la compagnie des femmes : il éprouvait cependant encore quelquefois des tentations par rapport au vice honteux dont il avait été si long-temps l'esclave ; mais aussitôt qu'elles se faisaient sentir il était pénétré d'une grande confusion ; il versait un torrent de larmes et se jetait entre les bras de celui qui pouvait le guérir (2). Lorsque dans sa solitude il vaquait aux exercices de la pénitence et de la prière, Dieu par sa grace le délivrait de l'orgueil de l'esprit et de la vanité de ses pensées, et lui faisait sentir de plus en plus la la grandeur de sa misère et la profondeur des plaies dont il avait été délivré. Il lisait les

(1) Aug., l. 1 de ord., c. 10, tom. 1, p. 326.
(2) Conf., l. 9, c. 4, p. 160.

pseaumes de David avec une dévotion singulière : chaque mot de ces divins cantiques était comme un trait de feu qui pénétrait son ame, qui la remplissait de force, de douceur et de consolation. Brûlant alors d'amour pour Dieu, il eût voulu faire entendre la voix du prophète roi à tous les hommes, afin de les guérir de leur orgueil. Il aimait particulièrement à réciter le pseaume quatrième, dont il a donné une paraphrase très pieuse dans ses Confessions. Il ne pouvait assez déplorer l'aveuglement et le malheur des manichéens, qui se privaient des avantages que procurent les hymnes dictés par le saint Esprit. Que ne pensait-il pas de ceux qui les récitent sans penser à Dieu, dont la bouche est souvent démentie par le cœur, et qui sont tous remplis de présomption et d'orgueil, tandis qu'ils font des protestations de douceur et d'humilité ! Ils attirent sur eux les malédictions prononcées contre les amateurs de la vanité et de l'iniquité ; au lieu d'honorer Dieu, ils l'insultent, puisque leurs prières ne partent point du cœur. Augustin, toujours embrasé d'amour, et le cœur brisé de componction, trouvait dans chaque mot des pseaumes une nouvelle lumière et une douceur supérieure à celle du miel ; il s'attristait sur le sort de ceux qui étaient sourds et morts spirituellement ; semblable au psalmiste, il séchait de douleur à la vue des ennemis de la vérité, et désirait ardemment qu'ils rentrassent dans le vrai chemin.

Vers le même temps, il fut pris d'un mal de dent qui, par degrés, devint si violent, qu'il lui était impossible de parler; il écrivit sur ses tablettes qu'il conjurait ses amis de demander pour lui à Dieu la santé du corps et de l'ame. Il se mit à genoux pour prier avec eux; et à peine la prière fut-elle commencée, qu'il se sentit tout-à-coup délivré de son mal. Cette manifestation extraordinaire de la puissance céleste le transporta de la plus vive reconnaissance. Il espéra plus que jamais que Dieu, qui peut nous tirer de l'abyme de la misère, le purifierait de ses péchés dans le sacrement du baptême qu'il devait bientôt recevoir (1).

Il se rendit à Milan au commencement du carême de l'année 387, afin de se faire inscrire parmi les *compétens*, ou ceux qui se préparaient à la régénération. Il ne le cédait point à Alipius, qui, selon lui, vaquait avec une ferveur extraordinaire aux exercices usités en pareille circonstance, et qui affligeait son corps par diverses macérations (2). Il fut baptisé par saint Am-

---

(1) Ibid., l. 9, c. 4, p. 161.
(2) Ibid., c. 6, p. 162.

broise, le 28 avril, veille de Pâques de la même année, et partagea ce bonheur avec Alipius et avec son fils Adéodat, qui était alors âgé de d'environ quinze ans. Il n'eut pas plutôt reçu le baptême, qu'il se sentit délivré de toute inquiétude par rapport à sa vie passée. La considération des conseils de Dieu touchant le salut des hommes le remplissait d'étonnement et de joie, le chant des hymnes de l'église l'attendrissait souvent jusqu'aux larmes (1); et dans ces momens, le saint Esprit opérait quelquefois en lui des effets extraordinaires (2).

Peu de temps après la découverte des reliques de saint Gervais et de saint Protais, où il fut témoin de plusieurs guérisons miraculeuses (3), il résolut de retourner eu Afrique, pour se consacrer entièrement au service de Dieu dans la solitude; mais il voulut, avant de quitter l'Italie, faire un voyage à Rome; et il resta dans cette ville avec sa mère et plusieurs de ses amis, depuis le mois d'avril jusqu'au mois de septembre suivant. De là, il se rendit à Ostie dans l'intention de s'embarquer pour l'Afrique; mais il en fut empêché par la mort de sa mère, qui arriva

(1) Ibid., l. 9, c. 6 et 7; l. 10, c. 33.
(2) Ibid., l. 19, c. 40.
(3) Ibid., l. 9, c. 7, p. 162.

avant le 13 novembre 387. Il retourna à Rome et y resta jusqu'à l'année suivante. Il y commença divers ouvrages qu'il acheva depuis dans sa patrie.

Il n'arriva à Carthage que vers le mois de septembre de l'année 388. Il logea quelque temps chez un avocat d'une grande vertu, qui se nommait Innocent. Celui-ci était attaqué d'une fistule dont plusieurs opérations n'avaient pu le délivrer: on devait lui en faire une nouvelle qui était fort dangereuse. Innocent demandait instamment à Dieu la grace d'être délivré de ce danger. Saturnin, évêque d'Uzale, Aurélius, qui fut depuis élevé sur le siége de Carthage, et plusieurs autres ecclésiastiques qui lui rendaient de fréquentes visites, et qui étaient alors présens, se mirent à genoux pour prier avec lui. Augustin, qui était dans la compagnie, rapporte (1) que les chirurgiens étant venus le lendemain, celui qui devait faire l'opération défit les bandages, trouva la plaie parfaitement guérie et couverte d'une cicatrice très ferme.

Le séjour du saint à Carthage ne fut pas long; il se retira dans une maison qu'il avait à la campagne, avec quelques amis qui étaient animés des mêmes sentimens que lui. Il

(1) De Civ. Dei, l. 22, c. 18.

passa près de trois ans dans un entier détachement des choses de la terre, dans la pratique de l'oraison, du jeûne, et des autres exercices de la pénitence, méditant nuit et jour la loi du Seigneur, et instruisant les autres par ses discours et ses ouvrages (1). Il donna son patrimoine à l'église de Tagaste, à condition seulement que l'évêque lui fournirait annuellement ce qui était nécessaire pour sa substance et pour celle de son fils dans l'état qu'ils avaient embrassé. Tout était en commun parmi ces nouveaux religieux, et la maison se chargeait de pourvoir aux besoins de chacun. Augustin n'avait absolument rien en propre; il avait aliéné jusqu'à la maison dans laquelle il demeurait. L'ordre des hermites, dits *de saint Augustin*, date de là son origine (2).

(1) Possid., c. 3 et 5.
(2) Quelques auteurs la font remonter au temps où saint Augustin reçut le baptême. (Voyez Berti, *de rebus gestis S. Aug.*, c. 13, 23, 24, 25, 26, 27, 28. Cet ouvrage, format *in-4.°*, fut imprimé à Venise en 1756.

L'institut dont nous parlons se répandit en Afrique, et y subsista jusqu'à l'invasion des Vandales. On le vit depuis revivre en Europe dans plusieurs congrégations, qui toutes furent unies en 1254, par le pape Alexandre IV, pour ne plus faire qu'un seul ordre. Les constitutions que l'on y suit aujourd'hui furent rédigées en 1287.

L'ordre des hermites de saint Augustin compte présente-

Lorsque Augustin eût été ordonné prêtre, il se retira à Hippone, et plusieurs de ses religieux l'y suivirent. Il fonda dans cette ville, avec le

ment (au temps qu'écrivait l'auteur anglais, traduit par Godescard.) quarante-deux provinces, sans y comprendre celle des *augustins déchaussés*. Ces derniers vont nus pieds, pratiquent de grandes austérités et vivent dans un recueillement perpétuel. La réforme qu'ils suivirent fut établie en 1532 par le père Thomas de Jésus. Ce religieux, né à Lisbonne, était un grand serviteur de Dieu; il est l'auteur d'un excellent ouvrage intitulé : *Les souffrances de Jésus-Christ* ; il le composa tandis qu'il était en prison dans le royaume de Maroc. Il avait suivi le roi Sébastien dans son expédition de Barbarie ; et il eut la douleur de voir, en 1578, périr ce bon prince avec la fleur de la noblesse de Portugal, à la vingt-cinquième année de son âge, en combattant contre Abdemelec, roi de Fez et de Maroc : pour lui, il fut fait prisonnier et vendu à un marabut ou moine mahométan, qui, n'ayant pu lui faire abjurer le christianisme par les voies de la douceur, employa pour y réussir les rigueurs de la prison et la cruauté des tourmens. Il fut délivré des mains de ce maître barbare par l'ambassadeur du roi Henri, son protecteur; mais il employait l'argent que la comtesse de Linarez, sa sœur, et les rois Henri et Philippe II lui envoyaient pour son usage, à racheter les autres esclaves. Au lieu de profiter de sa liberté, il resta dans la prison avec deux mille chrétiens de différentes nations, auxquels il procurait tous les secours du corps et de l'ame. Il ramena à la foi plusieurs apostats de considération, et les exhorta à souffrir généreusement le martyre. Il mourut le 17 avril 1582, après avoir sanctifié les années que dura sa captivité par la pratique des vertus les plus

secours de l'évêque Valère, une nouvelle communauté, et saint Paulin en salua les membres dans la lettre qu'il écrivit à Augustin en 394.

héroïques. La réforme qu'il introduisit dans son ordre lui fit éprouver de grandes contradictions de la part de ses propres frères; elle fut cependant adoptée, et s'affermit de plus en plus après sa bienheureuse mort. (Voyez Alleaume, Hélyot et la dernière édition de Moréry.) Les hermites ou augustins réformés ont présentement cinq provinces en Espagne, et trois en Italie et en France. Leur institut est beaucoup plus austère que celui des autres augustins; ils sont gouvernés par deux différens vicaires généraux. En 1567, le pape Pie V associa les augustins aux privilèges des ordres mendians.

Saint Augustin institua sans doute le travail des mains dans son monastère, puisqu'il écrivit vers l'an 400 son livre *du travail des moines*. Son but était de prouver que l'obligation de travailler faisait partie de la pénitence à laquelle on s'engageait dans l'état monastique. Il permettait cependant de substituer des études utiles et les fonctions spirituelles au travail des mains, par rapport à ceux qui avaient des talens ou qui étaient appelés au ministère de l'autel. On voit en effet qu'il étudiait, ainsi que plusieurs de ses collègues, quand il suivait son premier institut, avant qu'il eût été élevé à l'épiscopat, ou qu'il eût établi les chanoines réguliers, qui s'occupaient uniquement des fonctions spirituelles du ministère.

Les chanoines réguliers et les chanoinesses régulières de saint Augustin avaient cent quinze maisons en Angleterre avant la suppression des monastères dans ce royaume, et les augustins y en avaient trente-deux. (Voyez Tanner, *notit. mon. præf.*)

Lorsque saint Augustin fut évêque, il forma de son clergé

Il sortit de ce monastère un grand nombre d'évêques qui, par leur savoir et par la sainteté de leur vie, furent l'ornement de l'église d'Afrique : tels furent entre autres Alipius de Tagaste, Evode d'Uzale, Possidius de Calame, Profuturus et Fortunat de Cirthe, Sévère de Milève, Urbain de Sicca, Boniface et Perrégrin.

Le saint fonda aussi un monastère de religieuses, et il en confia le gouvernement à sa sœur, qui renonça au monde lorsqu'elle fut devenue veuve. Après la mort de cette première abbesse, Félicité, la plus âgée des reli-

une communauté régulière. Tous donnèrent aux pauvres ce qu'ils possédaient, ou le mirent en commun ; et le prevôt que l'on choisissait tous les ans fournissait à chacun ce qui lui était nécessaire. Le saint refusait les legs que l'on faisait à son église, au préjudice des enfans ou des héritiers des testateurs. Il n'en exhortait pas moins les fidèles à regarder Jésus-Christ comme un de leurs enfans, et à lui donner une partie de leurs biens dans la personne des pauvres. Si quelqu'un de la communauté abandonnait son état, il était regardé comme un homme qui avait violé son vœu, et puni comme coupable d'apostasie. (Voyez les deux discours de saint Augustin sur la vie et les mœurs des clercs, tom. 5 : ce sont les sermons 355 et 356. Voyez aussi Possidius.)

Nous venons de rapporter l'origine des chanoines réguliers de saint Augustin, qui est un ordre bien différent de celui des hermites du même nom. (Voyez, sur les chanoines réguliers de saint Augustin, le *Gallia chr. nova*, tom. 7, p. 778, 787, 790.

gieuses, fut désignée par le plus grand nombre pour lui succéder. Les dissidentes voulant une autre supérieure, la division se mit dans la communauté; mais Augustin l'apaisa dans sa naissance par deux lettres qu'il adressa à Félicité, à Rustique, directeur du monastère, et à toutes les religieuses (1). Dans la première, il exhortait fortement les sœurs à l'union, à la régularité, à l'exercice de la prière publique, au jeûne, à la pauvreté; et il leur recommandait une prompte obéissance à l'abbesse et au prêtre. La seconde contient un corps de règles monastiques, qui a été aussi adopté par les religieux qui regardent saint Augustin comme le fondateur de leur ordre, tels que les hermites et les chanoines réguliers de son nom: les uns et les autres y ont cependant ajouté quelques constitutions particulières (2).

Le saint fondateur insiste spécialement sur la pauvreté, l'obéissance et la modestie. Il défend aux personnes qui suivent sa règle de se regarder fixement les uns les autres, fussent-

(1) Ep. 210, 211.

(2) Ce corps de règles fut encore adopté par d'autres religieux peu de temps après la mort de saint Augustin, comme on le voit par la règle de Tarnate et par celle de saint Césaire, qui l'une et l'autre la renferment, ainsi que par un manuscrit de Corbie qui a plus de mille ans d'ancienneté.

elles du même sexe, parce que ces sortes de regards annoncent une espèce d'immodestie et d'impudence ; il veut que l'on punisse cette faute avec sévérité, mais que l'on traite cependant avec plus de douceur les coupables qui s'accuseront eux-mêmes. Il insiste beaucoup sur l'humilité : « L'orgueil, dit-il, cherche à se mêler
» à nos bonnes œuvres pour nous en ôter le
» mérite. Et de quoi nous servira-t-il de don-
» ner notre bien aux pauvres, et de devenir
» pauvres nous-mêmes, si notre ame devient
» plus orgueilleuse en méprisant les richesses
» qu'elle ne l'était en les possédant. »

Durant sa retraite, Augustin perdit son fils Adéodat, jeune homme qui donnait les plus belles espérances ; il ne se consola de sa mort que par l'espérance qu'elle lui avait servi de passage à une meilleure vie, et qu'elle était arrivée dans la ferveur du sacrifice qu'il avait fait de lui-même au Seigneur. Notre saint joignait à la prière l'étude de l'écriture. Il en avait trouvé le style bas dans sa jeunesse, où il ne pouvait souffrir aucun livre écrit en latin, à moins qu'il n'y trouvât l'élégance de Cicéron. Mais à force de la lire, il changea de sentiment, et désavoua sa fausse délicatesse. Il reconnaît dans ses livres *de la doctrine chrétienne*, qu'il y a un sens plus profond dans les prophètes et dans saint Paul, que dans les plus sublimes orateurs de l'antiquité ; que l'apôtre est infiniment plus persuasif qu'eux, et que le torrent de son éloquence entraîne les lecteurs qui font la moindre attention. Il observe qu'il y a cette différence entre saint Paul et les plus célèbres orateurs, que ceux-ci couraient après les ornemens étudiés, au lieu que la sagesse de l'apôtre ne les recherchait jamais ; qu'ils s'offraient eux-mêmes, et qu'ils suivaient naturellement sa sagesse, lorsqu'il dédaigne de faire usage de l'art oratoire et qu'il déclare que sa prédication n'est point appuyée sur le langage persuasif de la sagesse humaine (1). Il le fait avec une noble simplicité ; mais où l'on trouve quelque chose d'infiniment plus sublime que dans les plus grands efforts du génie des hommes (2).

(1) I, Cor., XI, 4.
(2) Quoique les écrivains inspirés soient inimitables par la noble simplicité, par l'énergie, la force, la noblesse de leur style, ils parlaient cependant le langage du siècle et du pays où ils vivaient, et saint Augustin observe que l'on chercherait inutilement dans leurs écrits la pureté de diction et cet atticisme si vanté des anciens. Il en faut juger, non par quelques passages détachés, comme a fait Blackwoll, mais par l'ensemble de tout le contexte.

Selon quelques historiens modernes, saint Augustin disait

Il y avait près de trois ans qu'il vivait retiré dans le voisinage de Tagaste, lorsqu'un des agens de l'empereur, à Hippone, ville maritime et peu éloignée du lieu de sa retraite, le pria de venir le voir pour conférer avec lui sur l'état de son ame. Augustin ne pouvait guère lui refuser cette grace, parce que c'était un homme de grande considération, et qu'il était fort estimé pour sa probité. Il avait soin de ne point aller dans les villes dont les siéges étaient vacans, de peur qu'on ne l'élût pour les remplir. Mais dans cette circonstance, il ne paraissait pas qu'il dût avoir d'inquiétude à cet égard, parce qu'il y avait un évêque à Hippone. Il partit donc sans s'imaginer qu'il eût rien à craindre. On vit bientôt l'effet d'un discours que Valère, évêque d'Hippone, avait fait au peuple sur la nécessité où il se trouvait d'ordonner un prêtre, pour l'aider dans ses fonctions.

que trois choses sur la terre lui auraient fait grand plaisir : la première, de voir l'ancienne Rome dans sa gloire; la seconde, d'entendre Cicéron parler dans la tribune aux harangues; la troisième, d'entendre saint Paul prêcher les vérités divines avec cette ardeur de zèle, cette force, cette sublimité d'éloquence, et ce feu tout céleste qui le caractérisaient. *Romam triumphantem, Tullium perorantem, et Paulum prædicantem.*

Un jour donc qu'Augustin entrait dans l'Eglise, les fidèles se saisirent de lui et le présentèrent à Valère, demandant, avec de grands cris, qu'il lui imposât les mains. Le saint fondit en larmes à la vue du danger qui accompagne l'exercice des fonctions du sacerdoce; mais il fut obligé d'acquiescer à la demande du peuple; et il reçut la prêtrise vers la fin de l'année 390. Les désordres de sa jeunesse l'auraient rendu inhabile à la réception des saints ordres, s'ils n'avaient été antérieurs à son baptême; mais, depuis sa conversion, il était devenu un homme tout nouveau, et il se distinguait alors encore plus par sa piété que par son savoir

Revenu de sa surprise, il engagea ses amis à demander à Valère qu'il lui permît de respirer quelque temps, et de se préparer dans la solitude à l'exercice des fonctions sacerdotales; il lui en fit lui-même la prière dans une belle lettre, où il condamne indirectement la présomption et la témérité de ceux qui osent s'ingérer eux-mêmes dans le ministère. « Il n'y
» a rien, dit-il, de plus agréable, selon le
» monde, que la charge d'évêque, de prêtre
» ou de diacre, lorsqu'on s'en acquitte sans
» zèle et par routine; mais devant Dieu, il
» n'y a rien de plus misérable en soi, rien de

» plus criminel, de plus injuste. D'un côté, il
» n'y a rien dans la vie où il se rencontre plus
» de difficulté, de travail et de dangers ; mais
» il n'y a rien aussi qui plaise tant à Dieu,
» si l'on s'y comporte de la manière qu'il le
» demande. » Il avoue que quoiqu'il eût été
persuadé précédemment de cette vérité, elle
le frappait beaucoup plus que quand il la considérait dans le lointain. Il craignait que Dieu
n'eût permis son élévation au sacerdoce, pour
le punir de ses péchés (1). « O Valère ! mon
» père, continue-t-il, vous voulez donc me
» faire périr ? Où est votre charité ? M'aimez-
» vous ? Aimez-vous votre Église ? Mais je suis
» sûr que vous m'aimez et votre Église aussi...
» Il me manque bien des choses pour remplir
» mes devoirs, et je ne peux me les donner
» à moi-même ; mais on les obtient, selon
» l'avis de Notre Seigneur, en demandant, en
» cherchant et en frappant ; c'est-à-dire, par
» la prière, par la lecture et par les larmes. »
Il paraît que Valère eut égard à sa demande,
et qu'il le laissa sans l'employer jusqu'à la fête
de Pâques suivante ; du moins ce fut dans ce

---

(1) Pondere peccatorum meorum.... Jubes ut peream, pater valeri ? ubi est charitas tua ? Ep. 21 (ol. 14), tom. 2, p. 26.

ce temps-là qu'il prononça son premier sermon.

Valère était Grec de naissance, et ne parlait latin qu'avec beaucoup de difficulté. Ce fut ce qui le détermina à charger Augustin du soin de prêcher en sa présence. Les évêques orientaux avaient coutume d'en agir de la sorte; mais jusques-là leur exemple n'avait point été suivi en Occident. Valère cependant ne laissait pas de prêcher quelquefois lui-même.

Augustin voulant continuer le genre de vie qu'il avait embrassé depuis sa conversion, l'évêque d'Hippone lui donna ses jardins qui étaient contigus à l'église, et l'on y bâtit une maison pour ses moines. Il ne faut point confondre cette communauté avec celle des clercs-réguliers qu'il établit dans son propre palais, lorsqu'il fut évêque.

Persuadé que l'instruction du troupeau est le principal devoir d'un pasteur, il ne cessa, depuis ce temps-là, de prêcher jusqu'à sa mort. Nous avons de lui près de quatre cents sermons : il est vrai qu'il y en a eu plusieurs qu'il n'a point écrits, mais ils le furent par les auditeurs (1). Ce sont moins des discours réguliers et composés selon toutes les règles de

(1) Voyez Possidius, c. 7, 9, 31 ; et Ceillier, tom. 11, p. 425.

l'art, que des instructions familières, où il y a peu de préparation de la part de celui qui les débitait. Le saint proposait simplement la vérité, la revêtait d'expressions agréables, et l'imprimait dans l'esprit par le moyen de quelques pensées vives et subtiles. Cette espèce d'éloquence était de beaucoup inférieure à celle des pères Grecs du même siècle ; mais elle était adaptée au génie des Africains : ils écoutaient de semblables discours avec de grandes acclamations, et en étaient souvent touchés jusqu'aux larmes (1).

Saint Augustin connaissait parfaitement les règles essentielles de l'éloquence. Il dit (2), dans les instructions qu'il donne aux orateurs sacrés, qu'un discours doit être simple et naturel ; que l'art ne doit point s'y montrer, et que, s'il est trop travaillé, il fait tenir les auditeurs sur leurs gardes. Il s'exprime avec beaucoup de justesse sur la nécessité d'être simple et familier ; qualités qui ne sont point incompatibles avec cette dignité qu'exige la Religion. Il distingue trois sortes de styles : le style *simple*, qui présente les choses d'une manière familière ; le style *tempéré*, par lequel l'orateur

---

(1) S. Aug., l. 4, de doct. chr., c. 24, tom. 3, p. 87.
(2) Ibid., l. 4, c. 4, 20, etc.

s'insinue doucement dans le cœur pour y porter l'amour de la vertu; le style *sublime*, qui, par la force et la hardiesse de ses traits, enlève l'auditeur et l'arrache à la tyrannie de ses passions (1). Cette sublimité, qui consiste dans les mouvemens pathétiques, lui paraissait préférable à toutes les fleurs et à tous les ornemens du discours. Au reste, un orateur qui suit l'impression du génie ne cherche point les termes propres à rendre ses pensées ; il se sert de ceux qui naissent naturellement du sujet qu'il traite (2). Si saint Augustin ne parle pas la langue latine aussi purement qu'on la parlait du temps d'Auguste, c'était la faute de son siècle. Au moins ceux qui le jugeront avec impartialité, conviendront-ils qu'il avait un talent rare pour persuader. Il annonce partout

(1) Submissè, temperatè, granditer, de doctr. chr., l. 4. (*Voyez Gilbert, Jugement des sav.*, tom. 2, tit. *S. Aug.*).

(2) On ne trouve guère dans les discours de saint Augustin d'autres figures que l'interrogation, l'antithèse et la cadence des mots, auxquels la vivacité de son esprit le portait, et qui passaient pour de grandes beautés chez les Africains de son temps ; mais son imagination à cet égard était corrigée par l'ingénieuse simplicité de ses pieux sentimens; ce qui rendait partout son discours tendre et persuasif. Ses expressions montrent combien son ame était remplie de l'amour de Dieu, et combien il possédait l'art de faire passer dans les autres ce qu'il sentait lui-même.

une grande pénétration ; on admire en lui la noblesse des pensées et l'élévation des sentimens. Sa manière de s'exprimer est touchante et affectueuse. Il se montre habile dans la connaissance du cœur humain, et ses raisonnemens sont en général pleins de force. Il est vrai que, dans ses discours de morale, il explique souvent l'Écriture dans un sens allégorique, qui est toujours arbitraire, et qui sert plutôt à éclairer les vérités qu'à les prouver : en quoi il suivait Origène, les Thérapeutes et les juifs des derniers temps. Aussi estime-t-on plus à cet égard les discours de saint Chrysostôme et ceux des autres pères qui ont expliqué les livres saints dans le sens littéral. Saint Augustin donna dans les interprétations allégoriques, par la facilité qu'il y trouvait d'appuyer les instructions qu'il jugeait nécessaires à son peuple. Quant à certains défauts qu'on reproche aux orateurs de son temps, il les connaissait lui-même ; mais supérieur aux règles ordinaires, il se conforma au goût de son siècle, afin d'insinuer plus sûrement les vérités de la Religion dans l'esprit de ses auditeurs, en se faisant écouter d'eux avec plaisir (1). Au reste, quelque familier

---

(2) Meliùs est ut nos reprehendant grammatici quàm ut non intelligant populi. S. August., enar. in ps. 138.

qu'il soit dans ses discours, il est presque toujours sublime.

L'éloquence de Cicéron ne produisit jamais des effets aussi surprenans que celle de saint Augustin. Nous en citerons deux exemples. Le saint rapporte le premier dans une lettre à son ami Alipius. On avait coutume de célébrer les agapes dans les églises ou dans les cimetières, sur les tombeaux des martyrs ou des autres saints; mais il arrivait souvent que l'on ne gardait pas les règles de la sobriété chrétienne dans ces repas que la charité avait primitivement introduits. Les pasteurs gémissaient de ces abus, et saint Augustin écrivit avec beaucoup de force à Aurélius, archevêque de Carthage, afin de l'exhorter à le faire proscrire par un concile (1). Le peuple d'Hippone était fort attaché à la célébration de ces agapes, et s'appuyait sur l'ancienneté de cette cérémonie; saint Augustin, qui était alors prêtre, lui lut les menaces les plus terribles des prophètes. « Il conjura ensuite ses
» auditeurs par les ignominies, les souffrances,
» la croix et le sang de Jésus-Christ, de ne pas
» se perdre eux-mêmes, d'avoir pitié de celui
» qui leur parlait avec tant d'affection, et de
» montrer quelque respect pour leur vénérable
» évêque, qui, par tendresse pour eux, l'avait

(1) Ep. 22 (ol. 64), tom. 2, p. 27.

» chargé de leur annoncer la vérité. Je ne les
» excitai point à pleurer, dit-il, en pleurant
» moi-même le premier; leurs larmes prévin-
» rent les miennes. Je ne fus plus maître de
» moi quand nous eûmes pleuré ensemble, je
» les entretins de l'espérance que je concevais
» de leur changement (1). » Il eut effectivement
la satisfaction de voir le peuple corrigé dès ce
jour.

L'autre exemple est encore plus remarquable, et c'est aussi le saint qui le rapporte (2). Il y avait à Césarée, en Mauritanie (3), une coutume contraire aux lois de la nature et de l'humanité; les pères et les enfans, les frères et les proches parens se battaient plusieurs jours à coups de pierres dans un certain temps de l'année. Ce combat, qui se faisait publiquement, était un spectacle auquel le peuple prenait un grand plaisir; il était conséquemment bien difficile de l'en détourner. « Je me servais, dit saint Au-
» gustin, de tout ce que j'avais d'habileté ;
» j'employais les expressions les plus touchantes
» pour extirper un abus aussi cruel et aussi

---

(1) Ep. 29 ad Alip., tom. 2, p. 48 scripta, *au* 395.

(2) L. 4 de doct. chr., c. 24, tom 3, p. 87.

(3) Cette ville s'appelle aujourd'hui Tenez, et est soumise au dey d'Alger.

» ancien. Je pensais n'avoir rien fait, tandis que
» je n'entendais que des acclamations. Ils n'é-
» taient point persuadés, tant qu'ils s'amusaient
» à donner des applaudissemens au discours
» qu'ils entendaient; mais leurs larmes me fi-
» rent concevoir quelque espérance, et me
» montrèrent que leurs esprits étaient changés.
» Lorsque je les vis pleurer, je crus que cette
» horrible coutume serait abolie..... Il y a pré-
» sentement huit ans que, par la grâce de Dieu,
» il ne s'est rien fait de semblable. »

Ce père, dans les sermons que contient le cinquième tome de ses œuvres, revient souvent sur la nécessité de méditer assidument sur les fins dernières. « Que savez-vous, dit-il, si vous
» êtes éloigné ou non du jour de votre mort (1)? »
Il exhorte fortement à la pénitence. « Le péché,
» dit-il, doit être puni par le pécheur pénitent,
» ou par Dieu, vengeur du crime (2). Dieu qui
» a promis le pardon au pécheur pénitent, ne
» lui a point promis de délai pour se convertir,
» ni de lendemain pour faire pénitence (3). »
Il parle souvent de l'obligation de faire l'au-

---

(1) Serm. 17, c. 1, tom. 5, p. 94.

(2) Serm. 19, serm. 351, n. 7, p. 137; Enar. 1 in ps. 58, n. 13, tom. 4, p. 565.

(3) Serm. 39, p. 200.

mône, et des avantages qu'elle procure. Il ajoute que la violation de ce précepte est la cause de la damnation du plus grand nombre de ceux qui périssent, puisque Jésus-Christ ne parle que de ce crime dans la sentence qui, au dernier jour, fixera éternellement le sort des élus et des réprouvés (1). Il fait une mention fréquente du Purgatoire, et recommande la prière et le sacrifice pour le repos de l'ame des fidèles défunts (2). Il parle d'images qui représentaient le Sauveur, saint Etienne (3), saint Pierre et saint Paul (4), le sacrifice d'Abraham (5), et du respect qui est dû au signe de la Croix (6). Il rapporte des miracles opérés par ce signe sacré (7), ainsi que par les reliques des martyrs (8). Dans la plupart de ses sermons sur les saints, il traite souvent de l'honneur que nous devons rendre

(1) Serm. 60, tom. 5, p. 350.
(2) Serm. 172; Enar. in ps. 37, n. 3, tom. 3, p. 295; Enchir., c. 69 et 110; L. de cura pro mortuis, c. 1, n. 3, c. 4, n. 6, n. 22; de Civ., l. 11, c. 24, etc.
(3) Serm. 316, n. 5.
(4) L. 1 de consens. Evang., c. 10, 11, tom. 3, p. 8.
(5) L. 22 contra Faustum, c. 73.
(6) Serm. 88, c. 9 Tr. 117, in Joann., n. 3; Enar. in ps. 54, n. 12.
(7) L. 22 de Civ., c. 8, n. 3.
(8) Serm. 218, 317, 319; l. 22 de Civ., c. 8, l. 20, contra Faustum, c. 21, etc.

aux martyrs; mais il a soin de remarquer que c'est à Dieu seul que nous élevons des autels, et que nous offrons des sacrifices (1). Il s'adresse lui-même à saint Cyprien (2) et aux autres serviteurs de Dieu qui avaient versé leur sang pour la foi, afin d'implorer le secours de leur intercession; la raison qu'il en apporte, « C'est que » les martyrs qui sont avec Jésus-Christ intercèdent pour nous, et que nous ressentons » l'effet de leurs prières tant que nous continuons nos soupirs (3). »

Il prêchait toujours en latin, langue qui était entendue à Hippone. Il y avait cependant des paysans à la campagne qui n'entendaient que le punique; ce qui rendait leur instruction difficile, parce qu'on avait beaucoup de peine à trouver des prêtres qui pussent parler leur langue (4). Son assiduité au ministère de la parole était continuelle; il prêchait quelquefois tous les jours, et souvent deux fois par jour. Il n'interrompait point cette fonction, même quand il était si faible qu'il pouvait à peine parler; mais il ranimait alors ses forces, et le zèle dont

---

(1) L. 7 de bapt., n. 1.
(2) Enar. in ps. 85, n. 24.
(3) Ep. 84, p. 207, tom. 2.
(4) S. Aug., serm. 42, tom. 5.

il brûlait pour le salut des ames lui faisait oublier ses peines (1). S'il allait dans d'autres diocèses, on le priait de rompre au peuple le pain de la parole de vie ; on courait en foule à ses sermons, et on l'écoutait toujours avec admiration ; on battait même souvent des mains, selon la coutume de ce siècle ; mais le saint n'était content qu'autant que ses sermons produisaient du fruit. Entre autres conversions extraordinaires qu'il opéra, on compte celle d'un nommé Firme : c'était un des principaux appuis des manichéens. Il entra dans l'église au moment où Augustin faisait une sortie véhémente contre ces hérétiques. Il fut si touché, qu'immédiatement après le sermon il vint se jeter aux pieds du saint, fondant en larmes, et abjura ses erreurs. Il mena toujours depuis une vie fort édifiante et fut élevé au sacerdoce.

Cependant Valère se sentait accablé sous le poids des années et des infirmités qui étaient la suite de son âge. Il craignait toujours qu'Augustin ne fût enlevé à son église, et que quelque autre ville ne le demandât pour évêque. Il résolut donc de le faire son coadjuteur dans l'épiscopat, après avoir obtenu secrètement le consentement d'Aurélius, archevêque de Car-

---

(1) Serm. 42, tom. 5, p. 210 (ol. 29) ex Hom. 50.

thage, ainsi que l'approbation de son peuple, et celle des évêques de la province de Numidie. Augustin s'opposa fortement à l'exécution de ce projet; mais il fut obligé de se rendre à la voix du Ciel, qui s'expliquait d'une manière si visible; et on le sacra au mois de décembre de l'année 395 et au commencement de la quarante-deuxième année de son âge. Valère mourut l'année suivante.

Augustin se vit obligé de demeurer dans la maison épiscopale, tant à cause de l'hospitalité que pour l'exercice de ses fonctions; mais il engagea les prêtres, les diacres et les sous-diacres de son église, à renoncer à toute propriété et à suivre la règle qu'il établissait. Il n'admettait aux ordres que ceux qui promettaient d'embrasser le même genre de vie. Plusieurs évêques imitèrent son exemple, et ce fut là l'origine de chanoines réguliers, comme nous l'avons déjà observé.

Le saint, au rapport de Possidius, était vêtu et meublé simplement, mais avec décence et propreté. Il n'y avait chez lui d'autre argenterie que des cuillers; sa vaisselle était de terre, de bois ou de marbre. Il exerçait l'hospitalité; mais sa table était frugale; on y servait des légumes avec un peu de viande pour les étrangers et les malades; la quantité du vin y était réglée pour tous les hôtes. Pendant le repas, on lisait ou l'on s'entretenait sur quelque matière importante, afin de bannir les discours inutiles. Il avait fait écrire au-dessus de sa table un distique dont le sens était que les médisans ne devaient point paraître chez lui (1). Si quelqu'un blessait la réputation du prochain en sa présence, il l'en avertissait sur-le-champ; et pour mieux marquer l'horreur que lui causait ce vice, il se levait tout-à-coup et se retirait dans sa chambre. Tous les clercs mangeaient avec lui, et portaient comme lui des habits faits d'une étoffe commune. Il ne recevait aucune femme dans sa maison, pas même sa sœur et ses deux nièces, qui cependant servaient Dieu toutes les trois dans la retraite : il disait à ce sujet qu'à la vérité on ne soupçonnerait pas sa conduite pour le voir converser avec une sœur ou une nièce, mais que quelquefois elles attireraient chez lui des personnes de leur sexe. Lorsqu'il était obligé de parler à des femmes, c'était toujours en présence et à la vue de quelques-uns de ses clercs. Il se reposait du soin de son temporel sur des intendans tirés de son

---

(1) Quisquis amat dictis absentûm rodere vitam,
    Hanc mensam indignam noverit esse sibi.
Possid. in vit. August., c. 22, tom. 10; op. S. Aug. ap. p. 272, edit. B.

clergé, et il leur faisait rendre compte de leur administration à la fin de l'année : pour éviter tout ce qui pouvait le distraire, il chargeait quelques personnes intelligentes de présider aux établissemens qu'il formait pour les pauvres et pour la gloire de Dieu. On le pressait inutilement de recevoir des donations ; il les refusait dès qu'il paraissait que les héritiers légitimes pourraient en être lésés : son désintéressement a servi de modèle à tous les siècles qui ont suivi celui dans lequel il a vécu. Il était extrêmement en garde contre l'avarice, qui se glisse imperceptiblement dans le cœur, et qui corrompt les meilleures actions si elle les infecte de son souffle empesté. Ce qu'il épargnait des revenus de son église était employé au soulagement des pauvres, auxquels il avait donné précédemment son patrimoine. Il lui arriva quelquefois de faire fondre une partie des vases sacrés pour racheter les captifs ; en quoi il imitait plusieurs saints évêques, notamment saint Ambroise. Il veillait soigneusement à l'observation de la pieuse coutume qui était établie de son temps, d'habiller tous les ans les pauvres de chaque paroisse, comme on le voit par plusieurs de ses lettres et de ses sermons.

Son zèle pour le bien spirituel de son trou-

peau était sans bornes. « Je ne désire point, lui
» disait-il, d'être sauvé sans vous (1); pourquoi
» le désirerais-je? que dirai-je? Pourquoi suis-je
» évêque? pourquoi suis-je dans le monde? C'est
» pour vivre seulement en Jésus-Christ, mais
» avec vous. C'est là ma passion, mon honneur,
» ma gloire, ma joie; ce sont là mes richesses. »
Il n'y a peut-être jamais eu d'ame plus sensible
que celle d'Augustin; mais cette sensibilité était
ennoblie par des motifs surnaturels et perfectionnée par l'influence de la divine charité. Il conversait volontiers avec les infidèles, et les invitait même à sa table (2); mais il refusait de manger avec les chrétiens publiquement scandaleux,
et les obligeait de subir les peines portées par
les canons de l'Église (3). Il s'opposait à l'iniquité avec un courage inflexible, quels que fussent
les coupables; il n'oubliait cependant jamais
les règles de la charité, de la douceur et de la
bienséance (4).

Les abus que la coutume avait rendus uni-
versels donnaient bien de l'exercice à sa sollicitude : il les condamnait ouvertement; mais il

(1) Serm. 17, c. 2, tom. 5.
(2) In ps. 100, n. 8.
(3) Serm. 392, c. 5, in ps. 61, n. 23, etc.
(4) Ep. 211, p. 321, tom. 2.

n'osait s'y opposer avec trop de roideur, dans la crainte qu'il n'en résultât un plus grand mal; d'un autre côté, il tremblait de se rendre coupable de trop de ménagemens pour les désordres. « Malheur, s'écriait-il, malheur aux hom-
» mes qui ne craignent que les crimes qui sont
» rares! quant à ceux qui sont devenus com-
» muns par la force et l'universalité de la cou-
» tume, quoiqu'ils soient énormes par eux-
» mêmes et qu'ils excluent du royaume du ciel,
» nous sommes forcés de les tolérer, et, en les
» tolérant, nous craignons de nous en rendre
» coupables. Faites, Seigneur, par votre mi-
» séricorde, que nous ne soyons pas condam-
» nés pour n'avoir point fait ce que nous pou-
» vions faire pour les empêcher (1). » Dans ces perplexités, il avait recours à la prière et aux conseils des personnes sages et éclairées.

Esrame, considérant les travaux immenses et le zèle infatigable de saint Augustin pour le salut des ames, s'exprime ainsi (2) : « Quelle
» piété, quelle charité, quelle douceur, quelle
» aménité, quelle politesse, quel amour de la
» concorde, quel zèle pour la maison de Dieu
» ne remarque-t-on pas dans les épîtres et dans

(1) In Galat., tom. 3, part. 2, p. 386.
(2) Præf. in epist. S. August.

» les autres écrits de ce grand homme ! Que
» n'entreprend-il pas ? De quels travaux ne
» se charge-t-il pas ? Combien de formes diffé-
» rentes ne prend-il pas, s'il a la moindre es-
» pérance de gagner un payen à Jésus-Christ,
» ou de ramener un hérétique dans le sein de
» l'Église ? Quelle attention à *changer de voix*,
» et pour ainsi dire de ton ?........ Avec quelle
» sollicitude n'intercédait-il pas pour les cir-
» concellions, qui étaient des misérables indi-
» gnes de toute grace ? Qui eut jamais plus de
» zèle pour ses amis qu'il n'en avait pour ses
» ennemis ? Quels efforts ne fait-il pas pour
» enfanter tous les hommes en Jésus-Christ ?
» Quel soin pour les sauver tous et pour em-
» pêcher qu'aucun ne périsse ? De quelle dou-
» leur n'est-il pas pénétré à la vue des scan-
» dales ? Il me semble voir la poule dont il est
» parlé dans l'Évangile, ramasser ses petits
» sous ses ailes..... On voit en lui, comme dans
» un miroir, le modèle de cet évêque parfait
» dont saint Paul trace le caractère. »

Comme c'était alors l'usage d'appeler des juges séculiers aux évêques, il entendait les parties contendantes avec beaucoup de bonté et de patience ; il employait toutes sortes de moyens pour les accommoder et pour les enga- ger à servir Dieu, soit qu'elles professassent le christianisme, soit qu'elles fussent engagées dans l'infidélité. Il se plaignait cependant des distractions que lui causait cet emploi, qu'il exerçait toutefois par charité.

Il ne faisait de visites qu'aux orphelins, aux veuves, aux malades et aux personnes affligées. Il pratiquait trois maximes de saint Ambroise : la première, de ne se point mêler de mariages, de peur qu'ils ne fussent malheureux; la seconde, de ne persuader à personne de prendre le parti des armes; la troisième, de ne jamais assister aux fêtes qui se donnaient à Hippone, de peur qu'elles ne devinssent fréquentes ; ce qui aurait pu le faire tomber dans l'intempérance, et lui occasionner une grande perte de temps (1).

Saint Augustin, comme tous les grands hommes, s'est peint dans ses lettres, et l'on y trouve une infinité de traits qui servent à faire connaître sa personne et son ame : nous y apprenons qu'il était en général d'une constitution faible et sujet à de fréquentes indispositions. Étant retenu au lit, où il souffrait beaucoup, il mandait à Profuturus : « Quoique je souffre, » je suis cependant bien, parce que je suis » comme Dieu veut que je sois. Quand nous

---

(1) Possid., c. 27, tom. 10; Op. S. Aug. app., p. 256.

» ne voulons pas ce qu'il veut, nous sommes
» coupables, puisqu'il ne peut rien faire ou
» permettre qui ne soit juste. »

Sa trente-sixième lettre roule sur le jeûne du samedi, que l'Église observait en jeûnant le mercredi et le vendredi. Cette dévotion avait pour objet d'honorer la passion du Sauveur, que les juifs avaient fait mourir le vendredi, en exécution du projet qu'ils en avaient formé le mercredi. Quant au jour du samedi, il veut que l'on suive l'usage des lieux où l'on est, conformément à la règle de saint Ambroise, qui disait à sa mère : « Quand je suis à Milan,
» je ne jeûne point le samedi ; mais je jeûne
» ce jour-là lorsque je suis à Rome. » S'il y avait de la vanité dans les usages des églises de quelques provinces, il était d'avis que l'on fît ce qui avait été prescrit par l'évêque du lieu où l'on se trouvait.

Dans sa cinquante-quatrième lettre, adressée à Januarius, il loue ceux qui communient tous les jours, pourvu qu'ils le fassent dignement et avec l'humilité que montra Zachée, lorsqu'il reçut Jésus-Christ dans sa maison ; mais il y donne aussi des éloges à ceux qui se privent de la communion à certains jours, afin de se disposer à recevoir le Sauveur avec plus de dévotion. Il établit pour principe qu'une coutume reçue par l'Église vient des apôtres ou d'un concile général; telle qu'est, par exemple, de célébrer la Pâques, la Pentecôte, l'Ascension et la Passion de Jésus-Christ. Il dit que primitivement les fidèles communiaient après souper; mais que les apôtres, par respect pour un aussi grand sacrement que l'Eucharistie, ordonnèrent qu'à l'avenir on communierait à jeun. Sa cinquante-cinquième lettre est aussi adressée à Januarius. Il y parle du carême et des autres lois de l'Église; puis il dit de certains usages, qui sont seulement tolérés, que les particuliers peuvent quelquefois s'y conformer; mais que quelquefois aussi il vaut mieux les rejeter que les suivre. Il serait trop long de rapporter tous les traits intéressans sur la foi et la discipline que l'on trouve dans ses lettres. Nous citerons quelques-unes de ses maximes touchant les vérités chrétiennes.

Avec quelle tendresse de charité ne console-t-il pas (1) un nommé Chrysinus, qui avait essuyé de grandes pertes et qui éprouvait les malheurs les plus accablans! Il lui rappelle que Dieu est notre seul bien et un bien qui ne peut nous manquer, si nous faisons tous nos efforts pour lui appartenir. S'il permet, dit-il,

---

(1) Ep. 244 (ol. 83).

que nous soyons affligés en ce monde, ce n'est que pour notre plus grand avantage.

Il trace à Ecdicia, dans la lettre qu'il lui adresse, les devoirs d'une femme chrétienne envers son mari (1). Vous êtes obligée, lui disait-il, de vous conformer, par condescendance, à l'humeur de votre mari, quelque difficile qu'elle soit, non-seulement dans les devoirs essentiels, mais même dans les choses indifférentes. Vous ne devez point porter d'habits qui lui déplaisent, et vous souvenir que l'humilité n'est point incompatible avec de riches habillemens auxquels le cœur n'est point attaché, et qui d'ailleurs n'ont rien de contraire à la modestie recommandée par l'apôtre. Suivez sa volonté dans les choses raisonnables, par rapport à l'éducation de vos enfans, dont vous devez même lui laisser le soin, s'il le demande. Il la reprend sévèrement d'avoir fait des largesses aux pauvres à l'insu de son mari, et veut qu'elle lui en demande pardon, quoique le refus qu'il fait de consentir à ces aumônes *extraordinaires* vienne d'un motif frivole ou imparfait. Il l'exhorte à gagner sa confiance par la douceur, et à employer tous les moyens qui dépendront d'elle, et sur-tout la prière,

---

(1) Ep. 262 (ol. 199).

pour le retirer de ses désordres. « Priez pour
» lui, dit-il, du fond de votre cœur. Les larmes
» que l'on verse dans la prière sont, pour ainsi
» dire, le sang d'un cœur percé de douleurs. »
Après avoir parlé des devoirs des femmes, il
insiste sur ceux des maris, auxquels il recommande principalement le respect, la tendresse
et la complaisance pour leurs épouses. Il n'oublie pas non plus les devoirs des autres états.

Les instructions qu'il donne à Proba sont
plus générales. Proba - Falconia, veuve de
Probus, qui avait été préfet du prétoire et
consul en 371, s'était retirée en Afrique avec
Julienne, sa belle - mère, et Démétriade, sa
fille, après la prise et le pillage de Rome, par
Alaric, roi des Goths : persuadée que la prière
était son principal devoir, elle conjura saint
Augustin de lui envoyer par écrit quelques instructions sur la manière de prier. Sachez, lui
dit le saint (1), que vous devez apprendre à
mépriser le monde avec ses plaisirs et soupirer
après la possession de la grace et de la charité,
qui sont l'objet principal de toutes nos prières ;
que la vraie prière est le cri du cœur, et qu'elle
doit être continuelle par les brûlans désirs de
l'ame, qui cherche Dieu sans cesse ; qu'il faut

(1) Ep. 130 ad Probam, p. 382.

avoir tous les jours des heures réglées pour ses exercices de piété ; qu'à l'exemple des moines d'Égypte, on doit élever son cœur à Dieu dans la journée par de fréquentes aspirations. Il lui donne une explication de l'oraison dominicale, et il ajoute que nous devons recommander à Dieu, non-seulement les besoins de notre ame, mais encore ceux de notre corps, et surtout notre santé, afin que nous puissions la consacrer au service du Seigneur ; et la raison qu'il en apporte, c'est que, sans la santé, tous les autres biens temporels nous sont de peu d'utilité ; mais il veut en même temps que nous ne demandions les biens de cette vie qu'avec résignation à la volonté divine, et seulement dans la vue de notre avantage spirituel, de peur qu'en punition de notre impatience, Dieu ne nous les accorde, lorsqu'ils sont pernicieux à nos ames, comme il accorda aux juifs murmurant dans le désert les viandes qu'ils lui demandaient, et dans l'usage desquelles ils trouvèrent le châtiment de leur gourmandise et de leur révolte (1) ; au lieu qu'il refusa d'exaucer saint Paul et de le délivrer d'une épreuve qui lui était utile (2).

(1) Num. XI, 33 ; Ps. LXXVII, 30, 31.
(2) II Cor., XII, 7.

On admirera toujours la douceur et l'humilité que saint Augustin fit paraître dans la dispute qu'il eut avec saint Jérôme. Ce dernier, dans son explication de l'épître aux Galates, donnait un sens nouveau au passage où il est dit que saint Paul reprit saint Pierre de ce qu'à l'arrivée des juifs convertis il avait cessé de manger avec les gentils (1); il prétendait que c'était une pure collusion entre les deux apôtres pour empêcher les deux partis de se scandaliser, et que saint Pierre et saint Paul pensaient de la même manière, puisque l'un et l'autre permettaient alors l'observance des cérémonies légales. Saint Augustin n'étant encore que prêtre réfuta cette explication dans une lettre qu'il écrivit en 395 (2). Il y montrait qu'à la vérité les deux apôtres étaient d'accord sur la doctrine, mais que, dans la circonstance dont il s'agissait, on ne pouvait excuser saint Pierre, qui avait donné une occasion de scandale aux gentils convertis; que si saint Paul n'eût point agi sérieusement, il se serait rendu coupable d'un mensonge officieux; et qu'en admettant une pareille défaite, il n'y a point de passage de l'Écriture dont on ne

---

(1) Gal. II, 11.
(2) Ep. 28 (ol. 8), tom. 2, p. 46.

puisse éluder la force. Cette lettre ne parvint point à la personne à laquelle elle était adressée, par la mort de celui qui en était le porteur. Saint Augustin, étant alors évêque, en écrivit une seconde sur le même sujet en 397 (1); un autre accident fit qu'elle tomba entre les mains de plusieurs personnes d'Italie; et ce fut de là qu'on l'envoya en Palestine à saint Jérôme, qui en fut offensé. Les deux saints s'écrivirent différentes lettres sur ce sujet (2). Saint Augustin y montre que les apôtres tolérèrent quelque temps les cérémonies de la loi judaïque, afin de les laisser tomber insensiblement et *d'enterrer la synagogue avec honneur.* Il conjure saint Jérôme, par la douceur de Jésus-Christ, d'oublier l'offense qu'il a pu recevoir de lui; il se soumet à son jugement; il lui proteste qu'il le regarde comme son maître; il le prie d'exercer à son égard l'office de censeur; il veut renoncer à la dispute, si la rupture de leur amitié doit en être la suite, et s'il doit en résulter des inconvéniens pour leur salut (3). « Je vous conjure instamment, lui dit-il dans » une autre lettre (4), de me relever avec con-

---

(1) Ep. 40 (ol. 9).
(2) Vid. S. Aug., ep. 71, 72, 73, 74, 75, 81, 82.
(3) Ep. 73 (ol. 15.)
(4) Ep. 82 (ol. 19); Inter op. S. Hier., ep. 97.

» fiance quand vous voyez que je me trompe ;
» car quoique l'office d'un évêque soit de beau-
» coup au-dessus de celui d'un prêtre, cepen-
» dant, à bien des égards, Augustin est infé-
» rieur à Jérôme. » Il s'attribue à lui-même
tout le blâme de cette dispute et le rejète principalement sur ce qu'il n'avait pas eu l'attention d'observer que la tolérance des cérémonies
légales n'appartenait qu'au temps où la loi nouvelle commença à être promulguée (1). Saint
Jérôme revint depuis à l'opinion de saint Augustin (2), qui est celle qu'ont adoptée les
théologiens.

Notre saint fut affligé de la vivacité que saint
Jérôme et Rufin mirent dans la dispute qu'ils
eurent ensemble ; il les conjura l'un et l'autre
par les motifs les plus puissans de s'interdire
les invectives. « Si je pouvais vous rencontrer
» ensemble, leur disait-il, je me jeterais à vos
» pieds, je verserais des larmes, je vous prie-
» rais selon l'étendue de l'amour que j'ai pour
» vous ; je parlerais tantôt à l'un en faveur de
» lui-même, tantôt à l'autre en faveur de son
» adversaire, tantôt à tous les deux en faveur
» de plusieurs autres, surtout des faibles pour

(1) Ibid.
(2) S. Hier., l. 1, contra Pelag., c. 8.

» lesquels Jésus-Christ est mort (1). » Il craignait toujours que la vaine gloire ne glissât dans les contestations littéraires. « Quand les hommes, » dit-il, aiment une opinion, non parce qu'elle » est vraie, mais parce qu'elle est à eux, on » dispute moins pour la vérité que pour la vic-» toire. » Il se tenait tellement en garde contre cet écueil, qu'il ne montrait jamais plus de charité et d'humilité que dans ces occasions.

Cette même humilité lui faisait extrêmement craindre cette secrète complaisance pour soi-même, que produisent ordinairement les louanges des hommes. Il parle aussi de cette tentation dans ses confessions (2). « Tous les jours, » Seigneur, nous sommes exposés à ces sortes » de tentations; elles ne nous donnent aucun » relâche. Les langues des hommes sont comme » une fournaise dans laquelle nous sommes jour-» nellement éprouvés.... Vous connaissez les » gémissemens que je pousse et les larmes que » je verse en votre présence sur ce sujet; car » j'ai bien de la peine à discerner ce que j'ai » de moins de cette maladie contagieuse, et je » crains fort pour mes péchés secrets que je

(1) Ep. 73 (ol. 15), p. 66.
(2) Conf., l. 10, c. 37.

» ne vois pas, mais qui n'échappent point à
» vos regards. C'est que cette sorte de tentation
» ne fournit presque aucune lumière pour voir
» où l'on est à cet égard, tandis que les autres
» nous mettent à-peu-près au fait de nos pro-
» pres dispositions. » Il se plaint amèrement des
effets de cette tentation dans une lettre à Aurélius, archevêque de Carthage. « Je vous dé-
» couvre mes maux, lui dit-il, afin que vous
» puissiez savoir en quoi vous devez prier Dieu
» pour moi. » De là vient qu'il fait si fréquemment l'aveu de son ignorance, et qu'il en revient toujours à dire *qu'il ne sait rien* (1). Pour
peu que l'on ait de connaissance des hommes,
on ne peut ignorer ce que coûte un pareil
aveu (2). Saint Augustin déférait volontiers au
sentiment des autres, leur demandait humblement leur avis pour se conduire dans le chemin de la vertu, et soumettait avec docilité
ses ouvrages à leur censure. Il souffrait ex-

(1) L. de orig. animæ, c. 2, de correp. et gr. ; c. 8 de
Civ. Dei, l. 20, c. 19. L. 8 quæst. ad Dulcit. qu. 3 ; ep. ad
Oros. contra priscill., c. 11, ep. 143, etc.

(2) Voyez ce que dit à ce sujet le P. D. Bonaventure
d'Argone, en parlant de l'humilité du savant cardinal Bellar-
min, dans son excellent traité *de la lecture des Pères*, dont
la meilleure édition est celle de 1692.

traordinairement de se voir estimer pour son savoir (1).

Ce fut son humilité qui le détermina à publier ses Confessions. Il les écrivit vers l'an 397, peu de temps après qu'il eut été fait évêque, et lorsqu'il était universellement admiré pour la sainteté de sa vie. Son dessein en composant cet ouvrage était, au rapport de Possidius, de s'exercer à l'humiliation, et de tâcher de donner aux autres une idée de sa personne telle qu'il l'avait lui-même. Il divulgua, dans les neuf premiers livres, tous les péchés de sa jeunesse, et fit connaître, dans le dixième, les imperfections auxquelles il était encore sujet, afin d'engager tous les chrétiens à prier Dieu pour lui. « Les caresses de ce monde, dit-il au comte » Darius en lui envoyant ses Confessions, sont » beaucoup plus dangereuses que les persé- » cutions. Voyez par ce livre ce que je suis : » vous devez me croire quand je rends témoi- » gnage de moi-même, et ne point ajouter foi » à ce que les autres en disent.... Louez avec » moi la bonté de Dieu pour la grande miséri- » corde qu'il a exercée à mon égard, et priez-le » d'achever ce qu'il a commencé en moi, et de » ne pas permettre que je me perde. » Il nous

---

(1) Ep. 143 (ol. 7) ad Marcellin.; Ep. ad Audacum, etc.

apprend lui-même, dans le second livre de ses *rétractations*, qu'il composa l'ouvrage dont nous parlons pour s'exciter et pour exciter les autres à louer Dieu toujours juste et toujours bon, ainsi que pour porter les fidèles à élever vers lui leur esprit et leurs affections. Il y a inséré des réflexions aussi solides que sublimes sur la grandeur et la bonté de Dieu, sur la vanité du monde, sur les misères du péché, et des instructions fort utiles pour avancer et se soutenir dans la vie spirituelle. Aussi a-t-il été dans tous les siècles les délices et l'admiration des personnes pieuses. Dans les trois derniers livres, le saint parle de son amour pour l'Écriture, et discute plusieurs difficultés métaphysiques sur le temps, sur la création du monde, et sur la première partie de l'histoire de la Genèse, pour réfuter les manichéens.

Les hérétiques furent les premiers contre lesquels il tourna son zèle après sa conversion. Lorsqu'il eut été fait prêtre à Hippone, il se sentit pénétré de douleur en voyant une grande partie des habitans de cette ville infectés de leurs erreurs abominables. Il proposa une conférence à Fortunat, leur chef et leur prêtre. Cette conférence fut acceptée et dura deux jours. La dispute roula principalement sur l'origine du mal; et saint Augustin prouva qu'il venait du libre arbitre de la créature, libre arbitre qu'on est forcé d'admettre, parce que sans cela il ne peut y avoir de loi ni de peines contre ceux qui la transgressent. Fortunat qui, selon Beausobre, était savant et fort versé dans l'art de la dispute, se trouva si pressé par son adversaire, qu'il se vit réduit à dire qu'il voulait conférer avec les principaux de la secte. La confusion dont il avait été couvert lui fit abandonner Hippone peu de temps après, et son départ fut suivi de la conversion d'un grand nombre de ceux qu'il séduisait.

Fauste, natif de Milève, et évêque des manichéens en Afrique, était l'idole de son parti dans cette contrée : il gagnait les esprits par son éloquence, par une modestie et une politesse affectées, ainsi que par un extérieur agréable et engageant. Il se vantait d'avoir tout abandonné pour obéir à l'Évangile ; mais, dans le fond, il n'avait pu rien quitter dans le monde, puisqu'il n'y possédait rien ; il vivait d'ailleurs dans les délices, et menait la vie la plus voluptueuse (1). Vers l'an 390, il attaqua la foi catholique par un livre rempli de blasphêmes contre la loi de Moïse, contre les prophètes et contre le Mystère de l'Incarnation. Il écrivait,

(1) S. Aug. contra Faust., l. 5, c. 2 et 8.

au jugement d'un auteur moderne (1), avec beaucoup d'éloquence : son style était clair, précis et attrayant ; il parlait très bien la langue latine ; il couvrait avec adresse les défaut de sa secte, et donnait un tour ingénieux à ses sophismes (2). Saint Augustin lui répondit par un ouvrage divisé en 33 livres, qu'il composa vers l'an 400, et il triompha de lui, nonseulement par la force de la vérité et par la bonté de sa cause, mais encore par l'étendue et la solidité de son savoir. C'est à lui que nous sommes redevables de la conservation du texte de l'adversaire qu'il réfute.

Vers l'an 404, un manichéen, du nombre des élus, nommé Félix, vint à Hippone, dans le dessein d'y rétablir sa secte, que le saint évêque en avait bannie. Il se rendit dans cette ville au mois d'août, et, au mois de septembre suivant, il consentit à disputer publiquement avec Augustin dans l'église. La conférence du premier jour est perdue ; mais celles du second et du troisième sont parvenues jusqu'à nous. Félix, comme l'observe Erasme, était moins savant que Fortunat, qui précédemment, avait été ré-

---

(1) Beausobre, l. 1, p. 224.

(2) V. Cacciari, Exercit. in op. S. Leon. de manichæis, l. 2, c. 3, p. 121, c. 6, etc.

futé par Augustin; mais il était plus subtil et plus rusé. L'issue de la dispute fut qu'il embrassa la doctrine de l'Église, et qu'il anathématisa Manès et ses blasphêmes.

L'hérésie des priscillianistes, qui avaient emprunté plusieurs des principes des manichéens, infectait alors la plus grande partie de l'Espagne. Les erreurs des origénistes y avaient aussi plusieurs partisans. Paul Orose, prêtre espagnol, fit en 415 un voyage en Afrique pour voir saint Augustin, dont la réputation avait pénétré jusques dans les contrées les plus reculées du monde chrétien; il lui présenta un mémoire sur les dogmes impies de ces hérétiques, et le pria de lui indiquer les moyens de conserver la foi de ses compatriotes. Le saint évêque prit de là occasion de composer son ouvrage contre les priscillianistes et les origénistes. Il y réfute ceux qui enseignaient que l'ame humaine est d'une nature divine, et qu'elle est envoyée dans le corps en punition des fautes qu'elle a commises précédemment, jusqu'à ce qu'elle soit purifiée en ce monde; il y prouve que Dieu l'a créée, et que les tourmens des démons et des damnés sont éternels.

On lit dans Possidius que Pascentius, comte de la maison de l'empereur, ou intendant du domaine impérial en Afrique, lequel était infecté des erreurs de l'arianisme, insulta les catholiques à cause de la simplicité de leur foi, et défia même Augustin à une conférence. Le saint évêque ne put jamais obtenir de son adversaire que des notaires écrivissent ce qui se dirait de part et d'autre dans la dispute. Pascentius pressant son adversaire de lui montrer dans l'Écriture le mot *consubstantiel*, Augustin lui demanda s'il y trouvait celui de *non-engendré* dont il se servait ; il lui montra ensuite qu'il suffisait que les dogmes exprimés par ces mots y fussent, quant au sens et aux termes équivalens. Maximien, évêque arien et de la suite du comte Sigisvult, qui commandait en Afrique les troupes des Goths qui avaient pris le parti de Valentinien contre Boniface, étant venu à Hippone, proposa aussi à saint Augustin une conférence publique, où l'avantage ne fut pas non plus de son côté. Cette conférence se tint en 428 ; elle fut mise par écrit, mais elle n'est point parvenue jusqu'à nous.

Les payens et les juifs furent aussi l'objet du zèle de saint Augustin : dans un traité qu'il composa contre les derniers, il prouva que la loi de Moïse devait prendre fin pour être remplacée par une loi nouvelle. Il gagna l'affection des juifs de Madaure, qui était dans le voisinage d'Hippone, en leur rendant tous les services qui dépendaient de lui. Cette disposition où ils étaient à son égard les prépara insensiblement à embrasser l'Évangile (1). Alaric ayant pillé Rome en 410, les payens renouvelèrent leurs blasphêmes contre le christianisme, sur lequel ils rejetaient les calamités de l'empire. Le saint entreprit, pour les réfuter, son ouvrage *de la Cité de Dieu :* il le commença en 413, mais il ne l'acheva qu'en 426. Son zèle et sa douceur ramenèrent dans le sein de l'Église les tertullianistes qui étaient à Carthage, et les Abéloniens, ainsi appelés d'Abel, leur patriarche.

Jovinien, l'ennemi de la virginité que l'on consacre à Dieu, avait été réfuté par saint Jérôme en 392, et condamné par le pape Sirice. Un concile, tenu à Milan, avait aussi proscrit ses erreurs ; il lui restait cependant encore des disciples qui le défendaient, en disant qu'on ne pouvait rejeter sa doctrine sans condamner l'état du mariage. Saint Augustin démontra la fausseté de cette calomnie dans son livre *de l'avantage du mariage* (2). Il y fait voir que cet état est saint, que plusieurs s'y engagent par des motifs de vertu, et que quelques-uns de ceux qui y sont engagés surpassent en sainteté un

(1) Ep. 322, p. 843.
(2) Tom. 6, p. 300.

grand nombre de vierges. Il publia vers le même temps son livre de la sainte virginité, toujours dans la vue de réfuter Jovinien. Il y prouve que cet état est en lui-même le plus parfait, quand on l'embrasse pour l'amour de Dieu, que l'on y pratique l'humilité, et que l'on y fait au Seigneur le parfait sacrifice de son cœur. Il écrivit son traité de la continence quelque temps avant que d'être évêque; son dessein était de prouver que cette vertu consiste dans la victoire des passions, et que les péchés ne viennent point d'un principe mauvais par sa nature, comme les manichéens se l'imaginaient. Il fait voir, dans ses deux livres *des mariages adultères*, qu'une personne mariée, qui s'est séparée de son mari ou de sa femme pour cause d'adultère, ne peut passer à de secondes noces; il y donne aussi la solution de plusieurs difficultés concernant l'indissolubilité du mariage. Son traité *de l'avantage de la viduité* fut écrit en 414, et adressé à Julienne, belle-fille de Proba. Il y loue beaucoup le saint état de viduité, reconnaissant toutefois qu'un second et un troisième mariages sont légitimes; il y donne d'excellentes instructions à Proba et à sa fille Démétriade, qui, l'année précédente, avait fait à Dieu le sacrifice de sa virginité.

La secte des donatistes faisait alors beaucoup de bruit en Afrique, et donna beaucoup d'exercice au zèle du saint évêque d'Hippone : elle avait pris naissance en 305. Un concile tenu à Rome en 313, et un autre concile, composé de tous les évêques de l'Occident, qui se tint à Arles l'année suivante, condamnèrent comme schismatiques ceux qui en furent les premiers auteurs. Ils commencèrent par rompre l'unité ; mais comme le schisme, selon la remarque de saint Augustin (1), a de tout temps conduit à l'hérésie, ils tombèrent depuis dans plusieurs erreurs. Ils enseignèrent d'abord que l'Église catholique, répandue par tout le monde, s'était souillée en communiquant avec les pécheurs, et qu'elle avait cessé d'être l'Église de Jésus-Christ ; laquelle ne se trouvait plus que dans leur secte. Leur seconde erreur consistait à dire que les sacremens ne pouvaient validement être administrés par ceux qui n'étaient point dans la véritable église ; et, d'après ce faux principe, ils rebaptisaient tous les autres sectaires, et même tous les catholiques qui embrassaient leur doctrine. En 316, Constantin publia à Milan des lois sévères contre eux, et bannit quelques-uns de leurs

---

(1) L. de hæres. et l. contra Crescon., c. 7.

chefs. Ils furent traités avec la même sévérité par les empereurs Valentinien I, Gratien et Théodose le grand. Ils se divisèrent en tant de sectes dans la Mauritanie et la Numidie, qu'eux-mêmes n'en savaient pas le nombre (1). On distinguait entr'autres celle des urbanistes, qui se répandirent dans une partie de la Numidie; et à Carthage, celles des claudianistes, des maximianistes et des primianistes. Ces derniers tiraient leur nom de Primien, qui, en 391, succéda à Parmenien sur le siége schismatique de Carthage. Primien ayant reçu les claudianistes à la communion, fut condamné par le parti à la tête duquel était Maximien, que l'on fit évêque; il conserva cependant toujours le siége schismatique de cette ville, tandis que Maximien était reconnu par plusieurs provinces. Les rogatistes, ainsi appelés de Rogat, l'auteur de leur séparation, dogmatisaient dans la Mauritanie césarienne. Chacune de ces sectes croyait être seule la véritable église, et avoir seule le vrai baptême (2).

Le nombre des donatistes était fort considé-

(1) S. Aug., l. contra Parmen., c. 4.
(2) *V. Fleury*, l. 19, n. 53; *de Valois*, Diss. de Schismate donatist.; *Ittigius*, Hist. donatismi, *et le cardinal Noris,* Hist. donatiana per Ballerinos aucta.

rable en Afrique ; et ils y portaient l'opiniâtreté jusqu'à la fureur et l'extravagance ; ils comptaient plus de cinq cents évêques de leur secte. Il y avait peu de catholiques à Hippone ; et les donatistes y étaient si puissans, que Faustin, leur évêque, défendit, peu de temps avant l'arrivée de saint Augustin, que l'on fît cuire du pain dans la ville pour l'usage des orthodoxes. Cette défense fut exécutée, même par les domestiques des familles qui tenaient pour la doctrine de l'Église. Tel était l'état des choses, quand le saint docteur fut fait évêque d'Hippone. Il s'opposa à l'hérésie régnante en public et en particulier, dans les églises et dans les maisons, par ses discours et par ses écrits. Nous apprenons de Possidius que la plus grande partie des chrétiens d'Afrique étaient alors infectés des erreurs des donatistes ; que ceux-ci portaient la fureur jusqu'aux derniers excès ; qu'ils massacraient leurs adversaires, et qu'ils commettaient toutes sortes de cruautés. Le savoir et le zèle d'Augustin, soutenus d'une sainteté éminente, firent remporter de grands avantages aux catholiques. Les donatistes en furent si furieux, que quelques enthousiastes d'entr'eux prêchèrent publiquement que de le tuer, ce serait rendre un grand service à leur religion, et faire une œuvre très méritoire devant Dieu. Effectivement, ceux qu'on appelait circoncellions attentèrent plusieurs fois à sa vie, pendant qu'il faisait la visite de son diocèse. Un jour, entr'autres, il devait perdre la vie, et il n'échappa au danger que parce que son guide s'était égaré. Il rendit à Dieu de solennelles actions de graces de ce qu'il avait bien voulu le délivrer de ses ennemis (1). En 405, il fut obligé de recourir à Cécilien, vicaire d'Afrique en Numidie, pour réprimer la fureur des donatistes, qui causaient d'affreux ravages aux environs d'Hippone (2). La même année, l'empereur Honorius publia de nouvelles lois contre eux, et les condamna à diverses peines. Saint Augustin regarda d'abord ce traitement comme une espèce de persécution ; mais depuis il changea de sentiment, lorsqu'il en vit plusieurs se convertir sincèrement. Touchés par la crainte des châtimens, ils examinèrent la vérité ; et, après l'avoir connue, ils l'embrassèrent de tout leur cœur ; ils en rendirent ensuite grace à Dieu, et ils devinrent, par leur

---

(1) Enchir., c. 17, tom. 6, p. 201.
(2) S. Aug., ep. 86, p. 208, tom. 2.

ferveur et la régularité de leur vie, l'édification de l'Église (1). Le saint observe à ce sujet que leurs séditions et leurs actes de violence les distinguaient des ariens et des autres hérétiques, et que l'on ne pouvait les contenir que par la terreur des peines ; mais, pour lui, il n'employait contre eux que la douceur et la charité. Souvent il intercédait en leur faveur. Il obtint la remise d'une amende à Crispien, évêque donatiste, qui avait été condamné, non-seulement pour cause d'hérésie, mais encore pour avoir voulu attenter à la vie de Possidius, évêque de Calame. Ce ne fut pas la seule action de ce genre qu'on lui vit faire (2).

(1) S. Aug., ep. 185 ad Bonifac., an. 417, et ep. 93 ad Vincent. Rogatistam, an. 408, p. 230.

(2) Barbeyrac, professeur à Lausane, dans la préface qu'il a mise à la tête de sa traduction du traité *du droit de la nature et des gens*, par Puffendorf, déclame avec indécence contre les pères de l'Église, parce que leur doctrine ne s'accorde point avec la sienne, et donne à saint Augustin le titre injurieux de *patriarche des chrétiens persécuteurs;* mais il a été solidement réfuté par D. Ceillier, Apol. des SS. pères, c. 14, p, 423. Quoi qu'en dise cet auteur, on peut et l'on doit réprimer par les sévérités des lois les hérétiques qui, comme les donatistes, troublent le repos public, lèvent l'étendart de la rebellion au mépris de l'autorité légitime.

Saint Augustin, cependant, même après avoir changé de sentiment à cet égard, au point d'applaudir aux lois que les

Il exhortait fortement les catholiques à travailler à la conversion des donatistes, par la prière, le jeûne et d'autres bonnes œuvres. Il voulait aussi qu'ils les invitassent à embrasser la vérité avec tendresse et avec charité, et qu'ils évitassent les contentions et les disputes autant qu'ils le pourraient (1).

L'empereur Honorius nomma, en 407, des jurisconsultes qui furent chargés de poursuivre les donatistes suivant la rigueur des lois. Il leur donna le titre de *défenseurs de l'Eglise*. Ce titre était en usage auparavant, et il en est parlé dans le concile de Carthage de l'an 349. On le donnait alors et on le donna depuis à ceux que l'évêque choisissait pour défendre de l'oppression les veuves, les orphelins et les autres malheureux.

Ce fut dans ce temps-là que se tint à Carthage

---

empereurs avaient portées contre les donatistes pour assurer la tranquillité de l'état, lois d'ailleurs qui avaient converti plusieurs de ces hérétiques en leur inspirant une juste frayeur; saint Augustin, dis-je, rendait aux donatistes le bien pour le mal, et demandait grace pour eux, dans le temps même qu'ils commettaient toutes sortes d'excès dans son diocèse et qu'ils méditaient les moyens de lui ôter la vie. (Voyez parmi les lettres de S. Aug. (*ep.* 88) celle qui fut écrite par les catholiques d'Hippone à Jammarius, évêque donatiste, et celle que S. Augustin écrivit en 412 au comte Boniface. *Ep.* 185, *c.* 3, 4, 5, *p.* 648, *tom.* 2.)

(1) Tr. 6 in Joan., tom. 3, p. 337.

cette conférence si célèbre entre les catholiques et les donatistes. Saint Augustin avait souvent proposé à ces derniers une dispute en règle, sur les points controversés, en présence d'un certain nombre de juges compétens ; mais ils l'avaient toujours refusée, sous prétexte que l'évêque d'Hippone était plus éloquent. Enfin, Aurélius de Carthage, Augustin, et tous les autres prélats catholiques, convinrent, dans un concile national qui se tint en 403, d'envoyer des députés à tous les évêques donatistes de l'Afrique, pour leur demander le temps et le lieu où ils voudraient discuter les différens articles qui les divisaient ; mais ils répondirent qu'ils ne pouvaient s'assembler pour conférer avec les successeurs des tradicteurs et des pécheurs, attendu que cette communication les souillerait. Il est aisé de voir que cette réponse n'était qu'une défaite. Enfin, à la prière des orthodoxes, l'empereur Honorius donna un rescrit en 410, par lequel il ordonnait aux donatistes de s'assembler sous quatre mois, et d'avoir une conférence publique avec les catholiques. Il nommait en même-temps le tribun Marcellin pour présider à cette conférence ; les évêques orthodoxes, assemblés à Carthage au nombre de deux cent soixante-dix, acquiescèrent avec joie à ce que portait le rescrit du prince.

Marcellin ordonna que l'on choisirait de chaque côté sept évêques pour disputer; quatre notaires pour mettre par écrit ce qui se dirait de part et d'autre, et quatre évêques pour les conduire et les observer; sept autres évêques pour servir de conseil à ceux qui disputeraient. Ces dix-huit évêques de chaque côté devaient seuls composer l'assemblée. Les donatistes cependant demandèrent et obtinrent de paraître au commencement de toutes les conférences; mais les catholiques se contentèrent de leurs dix-huit évêques, les autres passant ce temps dans la retraite, où ils imploraient le secours du Ciel par la prière, le jeûne et l'aumône. Ceux que ces derniers nommèrent pour la dispute étaient Aurélius, Alipius, Augustin, Vincent, Fortunat, Fortunatien et Possidius. Les donatistes choisirent Primien de Carthage, Pétitien de Cirthe, Emérite, Protais, Montan, Gaudence et Adéodat de Milève. Le tribun Marcellin était accompagné de vingt officiers.

La conférence s'ouvrit le 1.ᵉʳ juin 411, et dura trois jours. Les donatistes, refusant de s'asseoir, disputèrent debout; Marcellin fit aussitôt enlever son siége et resta debout aussi. On agita avec beaucoup de chaleur les questions de droit et de fait. Les pièces mêmes produites par les donatistes justifièrent Cécilien et la cause qu'il défendait; et saint Augustin, qui eut la part principale à la dispute, démontra l'universalité de la véritable Église. La conversion d'une multitude innombrables d'hérétiques fut le fruit du triomphe qu'il remporta en ce jour. Marcellin, prononçant sur les points de fait qui avaient donné naissance au schisme, déclara que Cécilien n'avait jamais été convaincu des crimes dont on l'avait accusé; et quand même il en aurait été coupable, les donatistes n'auraient pu donner leur secte pour la véritable Église, puisque personne ne peut et ne doit être condamné pour les fautes d'autrui. Les donatistes en appelèrent à l'empereur Honorius; mais ce prince, ayant ouï le rapport du tribun, porta de nouvelles lois contre eux, les condamna à de grosses amendes, bannit leur clergé de l'Afrique, et ordonna que leurs églises fussent rendues aux catholiques.

Cette conférence porta un coup mortel au schisme des donatistes: on les vit rentrer en foule dans le sein de l'Église. Plusieurs évêques d'entre eux, au rapport de Possidius, se convertirent avec tout leur troupeau, et l'on confirma dans leurs dignités ceux qui avaient renoncé au schisme, selon ce qui avait été décidé dans le concile tenu à Carthage en 407. Il y eut pourtant quelques-uns de ces hérétiques qui restèrent opiniâtrement attachés à leurs erreurs. Plusieurs de leurs circoncellions et de leurs clercs, s'étant attroupés auprès d'Hippone, tuèrent un prêtre catholique, nommé Restitute, crevèrent les yeux à un autre, et lui cassèrent un bras. Ils furent arrêtés, et confessèrent leur crime devant Marcellin, que l'empereur avait honoré du titre et de la dignité de comte. Saint Augustin craignant qu'on ne les punît suivant la rigueur des lois, écrivit à Marcellin en leur faveur : « Nous ne les accu- » sons point, lui disait-il (1) ; nous ne les » poursuivons point, et nous serions très fâ- » chés que les souffrances des serviteurs de « Dieu fussent punies par la peine du talion. » Il le pria de se souvenir de cette douceur que l'Église faisait profession d'avoir pour tous les hommes, et de ne point condamner les coupables à mort ou à la mutilation, mais seulement de les empêcher de nuire à d'autres, en les renfermant dans une prison, ou en les faisant travailler aux ouvrages publics. Il écrivit sur le même sujet au proconsul Apringius, qui était frère de Marcellin, et qui devait être leur juge. Il lui représenta que les souffrances des catholiques étaient comme autant d'exemples de

---

(1) Ep. 133 ad Marcellin.

patience, qui ne devaient point être souillés par le sang de leurs ennemis (1). Comme il ne recevait point de réponse, il écrivit une seconde lettre à Marcellin (2). Le comte, qui était un homme fort religieux, avait pour Augustin autant d'estime que de vénération ; et Augustin, de son côté, estimait et aimait tendrement le comte.

Héraclien, qui avait été proconsul d'Afrique, s'étant révolté en 413, fut vaincu près de Rome par le comte Marin. Il s'enfuit à Carthage, où il fut tué. Marin l'y poursuivit, et mit à mort plusieurs personnes qui avaient trempé dans la conspiration. Les donatistes accusèrent devant lui Marcellin et Apringius d'avoir favorisé les rebelles ; il les crut, et les fit mettre tous deux en prison. Saint Augustin étant venu à Carthage, les justifia, et fit promettre à Marin qu'il leur laisserait la vie. Mais celui-ci oublia sa promesse, et les condamna l'un et l'autre à perdre la tête. Le saint ressentit une vive douleur de cette barbare expédition ; il l'attribua aux calomnies des donatistes, qui voulaient par-là se venger de la sentence que Marcellin avait prononcée contre eux. Il parle d'une manière fort touchante des dispositions

---

(1) Ep. 134 ad Apring.
(2) Ep. 139 (ol. 158) ad Marcellin., tom. 2, p. 396.

où il le trouva, lorsqu'il alla le voir dans la prison pour le consoler, et y rend un témoignage authentique à ses vertus et à son innocence. Un jour qu'il lui demandait s'il n'avait jamais commis aucun de ces péchés qui s'expiaient par la pénitence canonique, il lui répondit, en lui serrant la main droite : « Je » vous jure, par les sacremens qui m'ont » été administrés par cette main, que je ne » me suis jamais rendu coupable de pareils » péchés (1). » Ce passage prouve combien les pasteurs étaient alors zélés pour le salut des prisonniers qu'ils visitaient ; et que, quand ils les croyaient en danger d'être damnés, ils les préparaient à la mort par la pénitence, par l'absolution et la réception de l'Eucharistie (2).

Saint Augustin ne voulut plus avoir de commerce avec Marin, qui devint l'objet de l'exécration publique, et qui se vit obligé de faire une pénitence proportionnée à son crime. L'empereur Honorius le disgracia pour cette action de barbarie, et donna le titre d'homme de glorieuse mémoire à Marcellin, qui avait été injus-

---

(1) Ep. 151 (ol. 159), tom. 2, p. 517; Oros., l. 7, c. 42; Prosper et Marcellin., in chron.; S. Hieron., l. 3, contra Pelag.

(2) Voyez Dupin, p. 153.

tement mis à mort par la malice des donatistes (1). Marcellin est nommé dans les martyrologes sous le 8 d'avril, et y est qualifié *martyr*.

Ce fut vers le même temps, c'est-à-dire en 413, que sainte Démétriade embrassa à Carthage l'état de virginité. Elle était fille d'Olibrius, qui avait été consul en 395. Sa mère se nommait Julienne, et son aïeule Proba. Quoiqu'elle fût née au milieu de tout ce qui peut flatter les sens, elle s'était accoutumée, dès sa plus tendre enfance, à la pratique de la mortification. Elle portait des habits simples, jeûnait souvent, et couchait ordinairement sur la terre, qu'elle ne couvrait que d'un cilice. Il n'y avait que quelques-unes de ses femmes qui connussent l'esprit de pénitence dont elle était animée. Elle ne désirait rien tant que d'embrasser l'état religieux, et tous les jours elle priait Dieu de toucher ses parens, afin qu'ils lui accordassent leur consentement; mais, considérant les difficultés qu'elle aurait à vaincre, et que tout était disposé pour son mariage, elle alla, vêtue d'un habit ordinaire, se jeter aux pieds de son aïeule, ne s'exprimant que par des larmes. Proba et Julienne furent

---

(1) Cod. Theod., l. 16, tit. 5, l. 55.

extrêmement surprises; mais quand elles eurent entendu la prière qu'elle leur faisait, elles la relevèrent; puis, la serrant tendrement entre leurs bras, elles applaudirent à sa pieuse résolution. Elles distribuèrent ensuite aux pauvres les biens qu'elles lui avaient destinés en la mariant. Démétriade reçut le voile des mains de l'évêque de Carthage, avec les cérémonies et les prières accoutumées (1). Plusieurs de ses amies et de ses esclaves suivirent son exemple. Saint Augustin, pendant le séjour quil fit à Carthage, à l'occasion de sa conférence avec les donatistes, ne contribua pas peu, par ses exhortations, à la confirmer dans le dessein où elle était de se consacrer à Dieu. Proba et Julienne lui écrivirent au sujet de sa profession, et lui envoyèrent en même temps un petit présent. Elles reçurent une lettre du saint évêque d'Hippone, qui les remerciait et les félicitait d'avoir une telle fille (2). Elles écrivirent aussi à saint Jérôme, pour le prier de donner à Démétriade les instructions dont elle avait besoin. Le saint le fit dans une longue lettre, où il lui traçait des règles de conduite pour une vierge chrétienne, et où il l'exhortait surtout

(1) S. Hieron., ep. 8.
(2) S. Aug., ep. 150 (ol. 179), tom. 2, p. 516.

à employer au travail des mains une partie de chaque journée (1). Pélage, qui était alors en Palestine, fut du nombre de ceux qui écrivirent à la vierge Démétriade, après sa retraite. Cette lettre, que nous avons encore (2), fut une de ses premières productions, et l'on y trouve les semences de son hérésie. Augustin et Alipius écrivirent conjointement à Julienne en 417, pour l'avertir de précautionner sa fille contre le poison artificieusement caché dans la lettre de Pélage (3). Démétriade retourna depuis à Rome avec sa mère et son aïeule, et elle y florissait du temps de saint Léon.

Pélage, que saint Augustin, saint Prosper et Marius Mercator, font breton de naissance, était moine de Bangor, dans le pays de Galles, et non en Flandre (4). Il avait de l'esprit, mais il n'était pas solidement savant. Il rebute par la stérilité et la sécheresse de son style. Il voyagea en Italie, et vécut quelque temps à

(1) S. Hier., ep. 8 ad Demetriad.
(2) Ap. S. Aug., tom. 2; App., ep. 17 (ol. 141).
(3) S. Aug., ep. 188 ad Julian., tom. 2, p. 692.
(4) Son nom dans la langue de son pays était *Morgan*, qui signifie *de la mer* ou *du bord de la mer*. Il le changea en celui de *Pélage*, qui vient du grec et qui a la même signification. (Voyez Usserius, *Antiq.*, c. 8.; et Leclerc, dans son histoire du pélagianisme.

Rome, où il se fit une grande réputation de vertu. S'étant lié avec Rufin le Syrien, disciple de Théodore de Mopsuette, qui était venu dans la même ville vers l'an 400, il apprit de lui les dogmes erronés, qu'il commença dèslors à répandre, mais sécrètement, contre la nécessité de la grace divine (1). Il se contenta d'abord de les faire proposer par ses disciples, afin de voir de quelle manière on les recevrait. Le principal de ses disciples était Célestius, issu d'une famille noble, selon Marius Mercator. Il avait de la hardiesse et de la subtilité dans l'esprit. L'Écosse était sa patrie, selon saint Jérôme (2). Après avoir plaidé quelque temps au barreau, il embrassa l'état monastique. Il fit connaisance avec Pélage un peu avant la prise de la ville de Rome, et le suivit en Afrique dans l'année 409. Pélage, partant pour l'Orient, le laissa à Carthage, où il mit tout en œuvre pour se faire ordonner prêtre; mais Paulin, diacre de Milan, qui était alors en Afrique, l'accusa d'hérésie auprès d'Aurélius, évêque de Carthage vers le commencement de

---

(1) Mar. Mercator, p. 30', édit. Gam.

(2) Prœm. in Jerem. (*Voyez Vossius, et le cardinal Noris*, Hist. Pelag.; *Ussérius*, Antiq. Brit.; *Wal*, du Baptême des enfans, tom. 1, c. 19, p. 396.

l'année 412. Aurélius assembla un concile dans sa ville épiscopale. Paulin y présenta deux mémoires contre Célestius, où celui-ci était convaincu d'enseigner qu'Adam aurait été également mortel, quand bien même il n'aurait point péché; que sa chute lui était purement personnelle, et qu'elle n'avait point été préjudiciable à sa postérité; que les enfans naissent dans l'état où ils auraient été, si Adam n'eût jamais péché; et que ceux qui meurent sans avoir reçu le baptême n'en obtiennent pas moins la vie éternelle. Célestius fut entendu; il tâcha, par plusieurs défaites, de donner le change à ses juges; mais il en dit assez pour être convaincu d'un attachement opiniâtre à l'hérésie. Il fut donc condamné par le concile, et privé de la communion ecclésastique. Il en appela au saint siége. Apparemment qu'il se défia de la bonté de sa cause, car il ne poursuivit point son appel, et se retira à Éphèse.

Saint Augustin n'était point au concile de Carthage; mais il commença dès-lors à combattre les pélagiens, tant dans ses sermons que dans ses lettres (1). Et, avant la fin de la même année, il écrivit ses premiers traités

---

(1) S. Aug., serm. 170, 174, 175, 176; L. de gestis Pelag., c. 11.

contre eux, à la prière du tribun Marcellin. Il ne nomme cependant point les auteurs de l'hérésie, dans l'espérance que sa modération pourrait servir à les ramener. Il disait même de Pélage, en réfutant ses erreurs, que « c'était, » à ce qu'il avait appris, un saint homme, très » exercé à la pratique des vertus chrétiennes; » un homme de bien et digne de louanges. » Mais, lorsqu'il eut été condamné nommément, Orose et les autres pères soutinrent qu'on l'avait mal connu; que sa prétendue vertu n'était qu'hypocrisie; qu'il aimait la bonne chère et les bains, et qu'il vivait dans la molesse et les délices.

Cet hérésiarque fit un long séjour dans la Palestine. Ayant été accusé d'hérésie devant quelques évêques assemblés à Jérusalem, ils résolurent d'en écrire au Pape, et convinrent de s'en rapporter à sa décision sur cette affaire; mais, au mois de décembre de la même année, il se tint à Lydda, ou Diospolis, un concile composé de quatorze évêques. Pélage fut obligé de comparaître pour rendre compte de sa foi. Il avait pour accusateurs deux évêques Gaulois; Héros d'Harles, et Lazare d'Aix. Il trouva le moyen de s'excuser, au point de paraître

---

(1) L. 3 de merito peccat. et remiss., c. 1 et 3.

catholique ; mais le concile condamna ses erreurs, et il fut obligé de les abjurer. Son abjuration ne fut qu'extérieure, car il ne changea jamais de sentiment, et il trompa les évêques qui s'étaient assemblés pour le juger. (1).

Après le concile, Pélage parut plus vain qu'auparavant, et résolut de profiter de l'avantage qu'il avait gagné. Il n'osa parler cependant de ce qui s'était passé, de peur qu'on ne s'aperçût qu'il avait été forcé de désavouer ses erreurs : il se contenta de répandre une lettre, adressée à ses amis, où il disait que quatorze évêques avaient approuvé son opinion et avaient nommément reconnu qu'un homme peut vivre sans pécher, et observer facilement les commandemens de Dieu, s'il le veut. Il se gardait bien de dire qu'il avait ajouté dans le concile, *avec la grace de Dieu*. Sa lettre portait, *facilement*, ce qu'il n'avait osé prononcer devant les pères du concile, comme l'observe saint Augustin.

Les évêques d'Afrique connaissaient trop bien ses artifices pour s'en laisser imposer sur sa doctrine. S'étant assemblés à Carthage et à Milève en 416, ils écrivirent contre lui au pape Innocent. Le souverain pontife loua leur vigilance pas-

---

(1) S. Aug., *de gestis Pelagii*, c. 20; le père Daniel, hist. du concile de Diospolis, opusc., tom. 1, p. 635, 671.

torale, et, l'année suivante, il déclara Pélage et Célestius privés de la communion de l'Église. Il vit bien que le premier n'avait point répondu d'une manière satisfaisante dans le concile de Diospolis, comme nous l'apprenons par ses lettres et celles de saint Augustin sur cette affaire. Pélage écrivit au pape pour se justifier; et Célestius, qui s'était fait ordonner prêtre à Ephèse, alla à Rome en personne. Il présenta à Zozime, successeur d'Innocent, une confession de foi, où il s'exprimait fort clairement sur les premiers articles du symbole, et où il désavouait les erreurs qui pouvaient lui être échappées dans ses lettres, priant le souverain pontife, au jugement duquel il s'en rapportait, de le redresser et de le ramener dans la voie de la vérité. Zozime, trompé par cette soumission apparente, écrivit en sa faveur aux évêques d'Afrique, pour les prier, non de lever l'excommunication lancée contre lui, mais de différer de deux mois la décision de cette affaire.

En 418, Aurélius fit assembler à Carthage un concile de deux cent quatorze évêques, où l'on renouvela la sentence d'excommunication portée contre Célestius, et où l'on déclara que l'on s'en tiendrait constamment au décret d'Innocent. Zozime, ayant été mieux informé par ce concile, condamna les pélagiens, et cita Célestius à comparaître une seconde fois; mais cet hérétique n'obéit point; il s'enfuit secrètement de Rome et passa en Orient. Aussitôt Zozime excommunia solennellement Pélage et Célestius; en même temps, il fit parvenir la sentence en Afrique et aux principales églises de l'Orient (1). Les empereurs Honorius et Théodose envoyèrent aux trois préfets du prétoire un édit qui bannissait à perpétuité de l'empire Pélage et Célestius, et confisquait leurs biens. Ceux qui soutenaient leur doctrine étaient enveloppés dans la même peine (2). Après la publication de cet édit, Pélage et Célestius se tinrent cachés dans l'Orient.

Dix-huit évêques d'Italie ayant refusé de souscrire à la sentence portée par Zozime, furent privés de leurs siéges. Le plus habile et le plus ardent d'entre eux était Julien, évêque d'Eclane (aujourd'hui Avellino), dans la Campanie : il se fit depuis maître d'école en Sicile, et l'on y découvrit son tombeau dans un petit village, au neuvième siècle. Ses ouvrages, où l'on remarque beaucoup d'esprit, montrent en même temps qu'il était le plus vain de tous les hommes,

---

(1) Voyez le P. Cacciari, *Exercit. in op. S. Leonis, M. diss. de Pelag. hæres.*, c. 1, p. 285.

(2) *Ibid.*, c. 1, p. 284, etc.

et qu'il ne le cédait en orgueil à aucun pélagien.

Il résulte de tout ce que nous avons dit, que les principales erreurs des pélagiens avaient pour objet le péché originel et la grace divine ; qu'ils niaient l'existence de l'un et la nécessité de l'autre : ils enseignaient encore que l'homme pouvait vivre exempt de tout péché sans le secours de la grace, et ils donnaient de grands éloges aux vertus des payens. Saint Augustin les combattit avec la plus grande force ; il prouva contre eux, et par les passages les plus formels de l'Écriture, que tous les hommes sont pécheurs et obligés de prier pour obtenir le pardon de leurs péchés ; que sans une grace extraordinaire, telle que celle qui a été donnée à la vierge Marie, les saints commettent souvent des fautes d'inadvertance ; fautes contre lesquelles ils veillent, et à cause desquelles ils vivent constamment dans la componction ; que les vertus des payens sont souvent fausses, surtout lorsqu'elles ont pour fondement et pour principe la vaine gloire ou d'autres passions ; que les vertus morales, quand la source n'en est point corrompue, peuvent mériter des récompenses temporelles, mais que toute vertu qui ne vient point d'un principe surnaturel, et qui n'est point produite par une grace aussi surnaturelle, ne peut être méritoire de la vie éternelle. Il enseigne que la grace que Jésus-Christ nous a obtenue par son sang opère en nous le consentement de notre volonté à toute vertu, sans exclure notre libre coopération ; en sorte que tout le bien qui peut être en nous doit être attribué au créateur, et que personne n'a droit de se prévaloir de ses bonnes œuvres sur le prochain. Mais Dieu ne peut être l'auteur du mal ; il vient de la malice de la créature, du défaut de rectitude dans le libre arbitre ; et ce libre arbitre, abandonné à lui-même, n'a que le pouvoir de se porter au mal, ou du moins de ne faire que par un motif d'amour-propre ce qui devrait être fait pour Dieu seul ; en un mot, il est incapable, sans le secours de la grace, de faire aucune action dont Dieu soit la fin surnaturelle, et dont par conséquent il veuille être la récompense ; mais cette grace, si nécessaire pour toute bonne œuvre, ne nous manque jamais que par notre faute.

L'homme ayant été corrompu par le péché, et l'orgueil étant devenu sa passion favorite, il nait avec un penchant naturel pour le pélagianisme, et il adopte avec avidité des principes qui flattent l'opinion avantageuse qu'il a de ses propres forces, de son pouvoir et de son excellence ; il n'est donc pas étonnant que l'hérésie de Pélage ait trouvé tant de protecteurs : elle fut, après l'arianisme, le plus dangereux ennemi de l'Église; les plaies que ce monstre lui fit auraient été bien plus profondes si la providence n'eût suscité Augustin pour être le défenseur de la grace. Ce saint docteur fut comme une trompette envoyée pour exciter le zèle des autres pasteurs, et l'ame, pour ainsi dire, des conciles qui se tinrent à ce sujet, et des efforts que l'on y fit pour éteindre l'incendie dans sa naissance; enfin l'Église l'a toujours regardé comme le principal instrument dont Dieu se servit pour écraser la tête de cet hydre redoutable.

On vit bientôt sortir de ses cendres le semi-pélagianisme, qui prit naissance dans les Gaules. Saint Prosper et saint Hilaire, laïques l'un et l'autre, mais savans et zélés pour la doctrine de l'Église, en informèrent saint Augustin (1); ils lui mandèrent en 429 que quelques personnes, remplies d'admiration pour toutes ses actions et même pour ses paroles, se scandalisaient de sa doctrine sur la grace, comme si elle détruisait le libre arbitre; qu'elles enseignaient que le commencement de la foi et le premier désir de vertu sont l'ouvrage de la

---

(1) Ap. S. Aug., ep. 225, 226.

créature et déterminent Dieu à donner aux hommes la grace qui leur est nécessaire pour exécuter et accomplir les bonnes œuvres ; que, par rapport aux enfans qui meurent sans baptême, et aux infidèles qui n'ont jamais entendu prêcher la foi, leur malheur vient de ce que Dieu prévoit qu'ils abuseraient de la vie et de l'Évangile, et que c'est pour cette raison qu'il les prive de ses graces.

Saint Augustin, pour répondre aux lettres de saint Prosper et de saint Hilaire, composa deux livres intitulés : l'un, *de la prédestination des saints*, et l'autre, *du don de persévérance*. Il y montrait que la doctrine qu'il combattait supposait le principe général de Pélage, et que d'attribuer à la créature le commencement de la vertu, c'était lui donner tout, au lieu de le donner à Dieu. Il traitait cependant en frères les semi-pélagiens, parce qu'ils erraient sans opiniâtreté, et que leur erreur n'avait point encore été condamnée par une définition expresse de l'Église. On regarde comme les principaux auteurs du semi-pélagianisme, Cassien de Marseille et les moines de Lérins ; Fauste, abbé de ce monastère, qui fut évêque de Riez en 462, et dont nous avons encore plusieurs ouvrages, le soutint hautement et lui donna tout le degré de force dont il était susceptible (1); il mourut en 480. L'hérésie des sémi-pélagiens fut condamnée, en 529, par le second concile d'Orange, et le pape Boniface II le confirma dans une lettre adressée à saint Césaire, sous lequel il s'était tenu.

De tous les ouvrages que saint Augustin a composés, aucun ne lui fait plus d'honneur que le livre de ses *rétractations*. Il le commença en 426, dans la soixante-douzième année de son âge; il s'y proposa de revoir ses écrits, qui étaient fort nombreux, et d'en corriger les fautes; ce qu'il fit avec une sévérité et une candeur admirables, sans chercher à les excuser ou à les diminuer (2). Pour se procurer le temps dont il avait besoin pour finir ses *rétractations*, et mettre la dernière main à ses autres ouvrages, il engagea son clergé et son peuple à lui

---

(1) Voyez, sur les semi-pélagiens, Jean-Gérard Vossius, *Hist. pelag.*, *l.* 6, *p.* 538; le card. Noris, *Hist. Pelag.*, *l.* 8, *p.* 538; Irénée de Véronne (Scipion-Maffei), *de hæres. semi-pelag.*; dom Rivet, *Hist. lit. de la France*, *tom.* 2, *préf. p.* 9-23; et dans les vies de Cassien et de Fauste de Riez, *p.* 222, *tom.* 3, *p.* 196, et *tom.* 4, *avertiss.*, *p.* 1. Les œuvres de Fauste de Riez, dont une partie a été publiée dans la dernière édit. de la bibliot. des PP., et l'autre, dans la *nova collectio monum.* de Martene, *tom.* 9.

(2) Tom. 1, p. 134.

permettre de prendre un coadjuteur. Son choix tomba sur Eradius : c'était le plus jeune de ses prêtres ; mais il avait une rare vertu et une prudence consommée. Son élection fut confirmée le 26 septembre 426 ; Augustin cependant ne voulut point qu'on le sacrât avant sa mort, parce que les canons défendaient qu'il y eût en même temps deux évêques dans la même ville. Ce fut à Eradius que le peuple s'adressa dans la suite pour les différentes affaires qui survenaient.

Le comte Boniface, qui commandait les armées de l'empire en Afrique, et auquel Placidie et Valentinien III étaient principalement redevables de la souveraine puissance, avait pris, après la mort de sa femme, la résolution de quitter le monde et d'embrasser la vie monastique. Saint Augustin et saint Alipius l'en détournèrent, dans la persuasion qu'en restant dans l'état où il était il rendrait de plus grands services à l'Église et à l'empire (1); mais il se relâcha par degrés, abandonna ses exercices de religion et oublia la promesse qu'il avait faite à Dieu de le servir sans partage le reste de ses jours. Les ordres de l'empereur l'ayant obligé de passer en Espagne, il s'y remaria et épousa

---

(1) Procop., *de bello Vandal.*, l. 1, c. 3.

une femme arienne qui était parente des rois des Vandales, dont il s'attira par-là l'amitié : il leur protesta cependant qu'il voulait être toujours catholique. Aétius, son rival, prit occasion de cette alliance pour rendre sa fidélité suspecte à Placidie, qui était régente de l'empire durant la minorité de son fils Valentinien III (1).

Boniface ressentit vivement ce coup, et ne douta point que sa ruine ne fût inévitable (2);

(1) Placidie était fille de Théodose-le-Grand, sœur du feu empereur Honorius et veuve du général Constance.

(2) L'empire était en proie à la fureur des barbares depuis le règne d'Honorius, prince extrêmement faible; Alaric, après avoir pillé Rome en 310, entra dans les Gaules; il eut pour successeur Atolphe, son beau-frère, qui établit le royaume des Visigoths dans l'Aquitaine et le pays connu présentement sous le nom de Languedoc. Il fit de Toulouse sa capitale; il épousa Galla Placidia. Cette princesse, après l'assassinat de son mari, fut rendue à son frère, qui la fit épouser à Constance, son général.

Dans le même temps, les Vandales, les Alains, les Suèves et les Silinges, chargés des dépouilles des Germains et des Gaulois, tombèrent sur l'Espagne comme un torrent impétueux, repoussèrent les Romains dans la Cantabrie, et les chassèrent dans les montagnes de l'Asturie. Les Suèves et une partie des Vandales s'établirent dans la Galice, qui avait alors beaucoup plus d'étendue qu'elle n'en a présentement; les Alains se fixèrent dans la Lusitanie, qui s'étendait alors au-delà de Salamanque; les Vandales et les Silinges s'em-

Il fit donc un traité avec Gontaris et Genseric, rois des Vandales en Espagne ; puis, s'étant mis sur la défensive, il défit trois généraux que Placide et Aétius envoyèrent contre lui. Saint Augustin lui écrivit une lettre qui renfermait d'excellens avis ; il l'exhortait à faire pénitence de ses péchés, à rentrer dans le devoir, à pardonner les injures qu'il avait reçues, et à embrasser l'état de continence, comme il se l'était d'abord proposé, si toutefois sa femme y consentait. Il lui recommandait, dans le cas où il n'obtiendrait pas ce consentement, de vivre saintement dans l'état du mariage, de ne point aimer le monde, d'éviter le mal, de dompter ses passions, de prier, de donner l'aumône, de faire pénitence, et de jeûner autant que sa santé le lui permettrait. On ignore l'impression que ces

---

parèrent de la Bétique, aujourd'hui connue sous le nom d'Andalousie et des autres provinces méridionales.

Les Visigoths établis dans les Gaules portèrent envie à la puissance des nouveaux maîtres de l'Espagne ; ils les attaquèrent avec fureur en 480, sous le roi Euric ou Evaric, et réduisirent sous leur obéissance tout le pays, à l'exception de ce que possédaient les Suèves, qui, à leur tour, furent aussi obligés de céder à la force de leurs ennemis. Les rois des Visigoths transférèrent leur cour de Toulouse à Tolède, et résidèrent en Espagne jusqu'à l'irruption des Sarrasins ou Maures.

avis firent sur l'esprit de Boniface. Il était bien avancé, et il lui était fort difficile de pourvoir à la sureté de sa vie ; le saint docteur le voyait bien, et comprenait tout le danger auquel est exposé celui qui s'est laissé entrainer par les jalousies et les intrigues de cour. « Vous me ré-
» pondrez peut-être, lui disait-il, que voulez-
» vous que je fasse dans cette extrémité? Si
» vous me consultez sur vos affaires temporelles
» et sur les moyens d'augmenter votre fortune,
» je ne peux rien vous répondre : des choses
» incertaines excluent la certitude dans les con-
» seils ; mais si vous me consultez sur le salut
» de votre ame, je sais fort bien ce que j'ai à
» vous dire. *N'aimez point le monde, ni les*
» *choses qui sont dans le monde* (1). Montrez-
» vous courageux.... repentez-vous, priez avec
» zèle et ferveur, etc. »

Le comte Boniface ayant invité les Vandales à venir en Afrique, ils y passèrent d'Espagne au mois de mai de l'année 428, sous la conduite de Genseric et au nombre de quatre-vingt mille hommes. Possidius, évêque de Calame, auteur d'autant plus digne de foi, qu'il était témoin oculaire, décrit les ravages et les horreurs que ces barbares commirent partout

---

(1) I Joan., II, 15.

où ils passèrent. Ils renversèrent les villes, rasèrent les maisons de campagne, et massacrèrent la plupart de ceux que la fuite ne put dérober à leur fureur. Quelques-uns périrent dans les tortures ; d'autres terminèrent leur vie par le glaive ; ceux-ci ne furent conservés que pour gémir dans un cruel esclavage. Il y en eut auxquels on arracha la pureté de leurs corps et de leur foi. On n'entendait plus chanter la louange de Dieu dans les églises, qui, en plusieurs endroits, avaient été consumées par le feu. On n'offrait plus de sacrifices solennels que dans les maisons particulières, ou dans les lieux profanés. S'il se trouvait quelqu'un qui demandait les sacremens, il n'y avait personne pour les lui administrer. Les vierges et les moines étaient dispersés çà et là ; ils se sauvaient dans les bois, sur les montagnes ; se cachaient au milieu des rochers et dans les cavernes ; on leur ôtait la vie quand on les découvrait, ou bien ils mouraient de faim et de misère. Les évêques et les clercs qui n'étaient point tombés entre les mains de l'ennemi, ou qui avaient eu le bonheur de s'échapper, languissaient dans une extrême pauvreté, et manquaient absolument de tout secours. De ce nombre prodigieux d'églises qu'il y avait en Afrique, on n'en comptait que trois qui n'eussent point été endommagées, celles de Carthage, d'Hippone et de Cirthe, parce que les Barbares n'avaient point ruiné ces trois villes. Mansuetus, évêque d'Uri, et Papinien, évêque de Vite, expirèrent au milieu des flammes.

Dans cette désolation générale, deux évêques nommés, l'un Quodvultdeus, et l'autre Honorat, consultèrent saint Augustin sur la conduite qu'ils devaient tenir ; ils lui demandaient s'il était permis aux évêques et aux autres ecclésiastiques de prendre la fuite à l'approche des Barbares. Nous n'avons plus la réponse du saint docteur à Quodvultdeus ; mais nous en retrouvons la substance dans celle à Honorat, qui est parvenue jusqu'à nous (1). Il assure qu'un évêque et un prêtre peuvent fuir et abandonner leur troupeau, quand c'est à eux nommément que l'on en veut, et que le peuple n'est menacé d'aucun danger, ou quand tout le troupeau a pris la fuite, et que personne n'a besoin du ministère du pasteur ; ou bien lorsque d'autres, qui n'ont pas de raison pour fuir, peuvent exercer le même ministère avec plus de fruit. Il dit que, dans tous les autres cas, les pasteurs sont obligés de veiller sur le troupeau que Jésus-Christ leur a confié, et que c'est un

---

(1) S. Aug., ep. 228 (ol. 180), tom. 2, p. 830.

crime de l'abandonner ; il en apporte des preuves qui acquièrent un nouveau degré de force par le zèle et la charité avec lesquels il les présente. Rien de plus touchant que la manière dont il parle de la désolation d'une ville qui est sur le point d'être prise, et du besoin où elle est alors des ministres de Jésus-Christ. « Quel concours de
» peuple, dit-il, ne se fait-il pas alors à l'Église ?
» on y voit des personnes de tout âge et de tout
» sexe ; les uns demandant le baptême, les au-
» tres la réconciliation ; ceux-ci veulent être
» mis en pénitence : tous cherchent de la con-
» solation. S'il ne se trouve point de ministres,
» quel malheur n'est-ce pas pour ceux qui meu-
» rent sans avoir été régénérés, ou qui, étant
» pénitens, ne peuvent être absous ! quelle
» douleur pour leurs parens, s'ils sont fidèles,
» d'être privés de l'espérance de les voir avec
» eux jouir du repos éternel ! Quels cris ! quelles
» lamentations ! Combien qui s'abandonnent
» aux imprécations, en se voyant sans minis-
» tres et sans sacremens ! Si, au contraire, les
» ministres n'abandonnent point leur peuple,
» ils font ressentir à tous les effets du pouvoir
» qu'ils ont reçu du Ciel : les uns sont baptisés,
» les autres sont réconciliés ; personne n'est privé
» de la communion du corps du Seigneur : tous
» sont consolés, fortifiés et exhortés à implorer

» par de ferventes prières, le secours de la mi-
» séricorde divine. »

Cependant l'impératrice Placidie envoya le comte Darius en Afrique pour traiter de la paix. Boniface produisit des témoins, pour prouver que le malheur où il se trouvait devait être attribué à la trahison d'Aétius à son égard. Il rentra dans son devoir, et on lui confia de nouveau le commandement de l'armée impériale. Il tâcha de reprendre l'Afrique ; mais il était trop tard. Il fit d'inutiles efforts pour chasser les Barbares ; d'abord en les gagnant par argent, puis par la force des armes.

Le comte Darius écrivit à saint Augustin en termes fort respectueux, et le pria de lui envoyer son livre des *Confessions*. Le saint lui répondit avec beaucoup d'humilité, et en homme qui se croyait bien éloigné d'avoir les vertus qu'on lui attribuait. « C'est, dit-il, une grande
» confusion de ne point trouver en soi ce que
» les autres y louent. Les caresses de ce monde,
» ajoutait-il, sont plus dangereuses que ses per-
» sécutions. »

Il ressentait plus vivement que personne le triste état où son pays était réduit. Sa douleur venait non-seulement des calamités extérieures, mais de la perte de tant d'ames qui devait en être la suite. Il priait Dieu, ou de faire cesser de si grands maux, ou de donner à son peuple le courage et la résignation dont il avait besoin; il le conjurait encore de l'appeler à lui, afin de ne le pas laisser plus long-temps le spectateur oisif de tant de fléaux. Lorsqu'il en entretenait ses diocésains, il les leur représentait comme la punition de leurs péchés; il leur parlait en même temps de la miséricorde infinie de Dieu, ainsi que de la profondeur et de la justice de ses jugemens, et il les exhortait à détourner par la pénitence les coups de la vengeance céleste.

Le comte Boniface ayant livré bataille aux ennemis, fut défait et se sauva à Hippone, qui était la plus forte place de l'Afrique. Possidius et plusieurs autres évêques voisins s'y sauvèrent aussi. Les Vandales arrivèrent devant cette ville à la fin de mai de l'année 430, et l'assiégèrent par terre et par mer. Le troisième mois du siége, qui en dura quatorze, Augustin fut pris de la fièvre. Dès le premier moment de sa maladie, il ne douta point qu'il n'en dût mourir. Au reste, la mort avait été, depuis sa retraite du monde, le principal objet de ses méditations, et il la voyait arriver avec joie, en disant : *Nous avons un Dieu bien miséricordieux.* Il aimait à s'entretenir des dispositions où avait été saint Ambroise dans ses derniers momens, et d'une vision rapportée par saint Cyprien (1), dans laquelle Jésus-Christ avait dit à un évêque : « Vous craignez de souffrir dans ce monde, » et vous n'en voulez point sortir ; que ferai-je » donc de vous ? » Il se rappelait aussi avec plaisir les dernières paroles d'un évêque de ses amis, qui fit la réponse suivante à quelqu'un qui l'assurait qu'il pouvait guérir de la maladie dont il mourut : « Puisque je dois mourir une » fois, pourquoi ne voudrais-je pas mourir pré- » sentement ? »

Nous sommes obligés d'avoir soin de notre santé, et saint Augustin le prouve dans sa lettre à Proba (2) ; mais cela n'empêche pas le saint docteur d'enseigner que rien ne prouve mieux qu'on aime Dieu, qu'un désir ardent de voir son ame affranchie des liens du corps, pour lui être unie et le louer éternellement dans le Ciel (3) : « Quel amour, dit-il, pouvez-vous avoir » pour Jésus-Christ, quand vous craignez d'aller » à celui que vous prétendez aimer ? O mes » frères, comment ne rougissons-nous pas » de lui dire que nous l'aimons, tandis que » nous ajoutons que nous craignons qu'il ne

---

(1) L. de mortalitate.
(2) Ep. 130, c. 3, p. 385.
(3) Enar. 85, n. 11, et quæst. evang. in Matt., qu. 17.

» vienne (1). » Il n'était plus maître de lui-
même, lorsqu'il pensait au jour glorieux de
l'Éternité, où nous verrons et posséderons celui
qui est notre souverain bien. « Alors, dit-il (2),
» nous nous unirons à lui de toutes les puis-
» sances de notre esprit, de toutes les affec-
» tions de notre ame; nous le verrons face à
» face; nous le verrons et nous l'aimerons; nous
» l'aimerons et nous le louerons. ... Je ne cesse
» point de pleurer jusqu'à ce qu'il vienne, et
» que je paraisse devant lui; et ces larmes
» me sont aussi agréables que la nourriture.
» Avec cette soif qui me consume, et qui m'en-
» traîne avec impétuosité vers la fontaine de
» mon amour, je brûle de plus en plus, en
» voyant mon bonheur différé. Cet ardent désir,
» qui ne se ralentit jamais, me fait verser des
» larmes dans la prospérité comme dans l'ad-
» versité du monde. Quand je suis bien par
» rapport au monde, je suis mal avec moi-
» même jusqu'à ce que je paraisse devant la
» face de mon Dieu (3). » Sa ferveur augmentait encore à mesure qu'il approchait de son
dernier moment, et il s'y préparait par tous les

---

(1) In ps. 95.
(2) De Civ. Dei, l. et cap. ult., tom. 7, p. 702.
(3) Enar. in ps. 41, n. 6, tom. 4, p. 357.

exercices de la componction. Il avait coutume de dire à ceux avec lesquels il conversait familièrement, qu'un parfait chrétien, quoiqu'il eût reçu la rémission de ses péchés dans le baptême, ne devait pas, pour cela, sortir de ce monde sans avoir fait une pénitence proportionnée à ses crimes.

Durant sa maladie, il fit écrire les sept pseaumes de la Pénitence sur la muraille, en sorte qu'il pût les lire de son lit; et il ne les lisait point sans verser beaucoup de larmes (1). Pour n'être point interrompu dans ses exercices de piété, il défendit, environ dix jours avant sa mort, que qui que ce fût entrât dans sa chambre, excepté dans le temps où les médecins venaient le voir et quand on lui apportait la nourriture qu'il devait prendre : cette défense fut exécutée ponctuellement. La faiblesse de son corps ne diminuait rien de la force de son esprit; il succomba cependant à la fin, et expira tranquillement le 28 août 430, à l'âge de soixante-seize ans, dont près de quarante s'étaient passés dans les travaux du ministère. Il ne fit point de testament, parce qu'il ne laissait rien qu'il pût léguer. Il recommanda de conserver précieusement la bibliothèque qu'il avait formée

---

(1) Possidius, c. 31.

pour son Église. Possidius dit qu'il assista au sacrifice que l'on offrit pour le recommander à Dieu ; ainsi, il fut enterré de la même manière que l'avait été sa mère (1).

On lit dans le même auteur que le saint, étant malade de la maladie dont il mourut, imposa les mains à un malade qu'on lui avait amené en conséquence d'une vision, et qu'il lui rendit la santé ; il ajoute qu'il délivra du Démon plusieurs possédés, par la vertu de ses prières, lorsqu'il n'était encore que simple prêtre, et après qu'il eut été élevé à l'épiscopat (2). On peut lire dans sa vie, par le docte et pieux Woodhead (3), l'histoire de plusieurs autres miracles qu'il opéra.

On crut que ce fut par un effet de ses prières que la ville d'Hippone résista aux Barbares pendant les quatorze mois qu'ils l'assiégèrent. Le comte Boniface ayant depuis hasardé une bataille contre eux, ne fut pas plus heureux qu'il ne l'avait été auparavant ; il s'enfuit en Italie, et les habitans d'Hippone se retirèrent dans les contrées éloignées, abandonnant leur ville aux ennemis qui y entrèrent et en réduisirent une partie en cendres. Les Barbares, tout ariens

---

(1) S. Aug., Conf., l. 9, c. 12.
(2) Possid., c. 29.
(3) Part. II, c. 13, p. 454.

qu'ils étaient, respectèrent le corps du saint, qui avait été enterré dans l'église dite anciennement *de la Paix,* mais qui portait alors le nom de *St-Etienne,* à cause des reliques de ce saint martyr, qui y avaient été déposées en 424; ils épargnèrent aussi la bibliothèque.

Le véritable martyrologe de Bède porte que le corps du saint docteur fut porté en Sardaigne, qu'on le racheta depuis des Sarrasins, et qu'en 722 on le déposa dans l'église de Saint-Pierre, à Pavie. Oldrad, archevêque de Milan, ou du moins quelque auteur du neuvième siècle, écrivit, par l'ordre de Charlemagne, l'histoire de cette translation, d'après les archives qui se gardaient à Pavie : il y est dit que les évêques bannis en Sardaigne par Huneric en 484, y emportèrent avec eux les reliques du saint, et qu'elles restèrent dans cette île jusqu'au temps du pieux et magnifique Luitprand, roi des Lombards, qui les obtint des Sarrasins au moyen d'une somme d'argent considérable (1). Ce

---

(1) Les bollandistes, d'après Pagi, regardent comme apocryphe l'ouvrage d'Oldrad, *tom. 6 Aug.*, *p.* 441; Fontanini et Berti, *vita S. Aug.*, *c.* 13, *p.* 205, en soutiennent l'authenticité, en reconnaissant toutefois qu'il a été interpolé en quelques endroits.

Les Vandales excitèrent trois persécutions en Afrique : la première eut pour auteur Genseric en 437; la seconde, Hu-

prince les cacha dans un mur de brique, après les avoir renfermées dans trois coffres, l'un de plomb, l'autre d'argent, et le troisième de marbre. Le nom d'*Augustin* fut gravé en plusieurs endroits sur le dernier de ces coffres. Ce précieux trésor fut trouvé, dans le même état, en 1695. L'évêque de Pavie vérifia ces reliques en 1728, et reconnut qu'elles étaient incontestablement de notre saint docteur. Sa sentence fut confirmée la même année par le pape Benoît XIII (1). L'église de saint Pierre de Pavie

neric, en 481 ; la troisième, Thrasimond, en 496 : celle-ci dura jusqu'à l'an 522, qu'Hilderic, successeur de Thrasimond, rappela les exilés et rendit la paix à l'église d'Afrique. Les catholiques ayant donné en 508 des pasteurs aux siéges vacans, saint Fulgence, suivant l'auteur de sa vie, qui était contemporain, fut banni avec plus de soixante autres évêques. Victor de Tunes, dans sa chronique, l'auteur de l'*Historia Miscella*, et Isidore, dans son histoire abrégée des Vandales, comptent deux cent vingt évêques exilés : l'historien de saint Fulgence ne parle que des évêques de la Bysacène, et les trois autres auteurs parlent de ceux de toute l'Afrique.

Le corps de saint Augustin fut porté en Sardaigne vers l'an 508 par saint Fulgence et par quelques-uns de ses collègues : on ne peut donc placer cette translation sous Huneric. (Voyez Berti, *de rebus gestis S. Aug.*, c. 73, p. 206.)

(1) Voyez Fontanini, qui a fait une dissertation sur ce sujet, et le P. Touron, dans la vie de Benoit XIII, tom. 6, p. 404.

porte présentement le nom du saint; elle est desservie par des chanoines réguliers qui suivent sa règle, et par des religieux Augustins.

Le nom de notre saint se trouve dans le Martyrologe dit de saint Jérôme, et dans celui de Carthage, qui est du sixième siècle. Nous lisons dans la vie de saint Césaire, que, du temps de ce saint évêque, on célébrait sa fête avec beaucoup de solennité : elle est d'obligation dans tous les pays qui obéissent au roi d'Espagne.

Un concile général ayant été convoqué à Éphèse en 431, pour proscrire la doctrine de Nestorius, l'empereur Théodose y invita saint Augustin par un rescrit particulier; mais l'envoyé le trouva mort en arrivant (1).

Ce saint, après avoir été l'oracle de son temps, l'a été encore des principaux d'entre les pères latins qui ont vécu depuis; aussi se sont-ils contentés, pour la plupart, de le copier, et ont-ils toujours fait profession d'être attachés à ses principes. Pierre Lombard, saint Thomas d'Aquin, et les plus célèbres théologiens ont marché sur leurs traces. Les conciles ont souvent emprunté les paroles de ce saint docteur pour exprimer leurs décisions. Plusieurs

---

(1) Conc., tom. 2, p. 529, et liberat in brev., c. 5.

papes et un grand nombre d'hommes illustres ont rendu à sa doctrine le témoignage le plus éclatant (1).

Les prétendus réformateurs s'accordent en ce point avec les catholiques. « L'Église, dit
» Luther (2), n'a point eu, depuis les apôtres,
» de docteur plus estimable que saint Augustin.
» Après l'Écriture, dit-il ailleurs (3), il n'y a
» point eu de docteur dans l'Église que l'on
» puisse comparer à Augustin. C'était, au rap-
» port du docteur Conel (4), un homme qui,
» pour les sciences divines et humaines, l'a
» emporté sur tous ceux qui l'ont précédé ou
» qui le suivront, si l'on en excepte les auteurs
» inspirés. Il est, suivant le docteur Fiald, le
» plus grand de tous les pères et le plus digne
» théologien que l'Église de Dieu ait eu depuis
» les temps apostoliques (5). Forester l'appelle

(1) Voyez, sur les louanges données à saint Augustin par les papes Innocent I, Célestin I, S. Grégoire-le-Grand, etc., Orsi, l. 27, n. 77, tom 12, p. 240. On trouve un abrégé de sa doctrine dans Ceillier, tom. 11, et dans le livre que le savant Brèrelie fit imprimer en 1620, sous le titre de *Religion de saint Augustin*.

(2) Tom. 7 op., édit. Wittemb., fol. 405.
(3) Loc. com., class. 4, p. 45.
(4) Resp. ad Joan. Burg., p. 3.
(5) De l'Église, l. 3, fol. 170.

» le Monarque des pères (1). » Jacques Brucker, dans son histoire critique de la philosophie (2), donne les plus grands éloges à son génie, à sa pénétration, à l'étendue de ses connaissances, et lui accorde la supériorité sur tous les hommes célèbres qui parurent dans le même siècle : il l'appelle ailleurs *l'astre brillant de la philosophie.* (3) Nous finirons par un passage d'Esrame, qui dit, en parlant de saint Augustin, que « c'est
» un père singulièrement excellent, et qu'il oc-
» cupe la première place parmi les plus grands
» ornemens et les plus éclatantes lumières de
» l'Église (4). »

L'éminente sainteté de saint Augustin avait sa source dans l'humilité. Il avait suivi la règle qu'il traçait lui-même aux autres « En vain,
» dit-il, voudrait-on parvenir à la vraie sagesse
» par une voie différente de celle que Dieu nous
» a marquée ; si l'on me demande quel est le
» précepte qui occupe la première, la seconde,
» la troisième place, je répondrai que c'est l humi-
» milité ; et je donnerai la même réponse toutes

---

(1) Monas. thessaragraphica in Prœm.

(2) Tom. 3, p. 385.

(3) Inst. de l'hist. de la philosophie.

(4) Eximius pater inter summa Ecclesiæ ornamenta et lumina princeps.

» les fois que l'on me fera la même question. Ce
» n'est pas qu'il n'y ait d'autres préceptes ; mais
» si l'humilité ne précède, n'accompagne ou ne
» suit, l'orgueil enlève de nos mains tout ce
» que nous faisons de bien.... Comme on de-
» mandait à Demosthène, le prince des ora-
» teurs, lequel des préceptes de l'éloquence
» devait être observé le premier, il répondit
» que c'était le débit. La même question lui
» ayant été faite une seconde et une troisième
» fois, il donna toujours la même réponse.
» Ainsi, lorsque vous m'interrogerez par rap-
» port aux préceptes de la Religion, sur
» celui qui doit aller le premier, je ne vous di-
» rai autre chose, sinon que c'est l'humilité.
» Notre Seigneur s'est anéanti pour nous en-
» seigner cette vertu, à laquelle s'oppose une
» certaine science qui est une véritable igno-
» rance (1). »

(1) Ep. 118 (ol. 56) ad Dioscor., n. 22, tom. 2, p. 337.

NOTICE DES ÉCRITS DE SAINT AUGUSTIN.

Le premier tome des œuvres du saint docteur, de l'édition des bénédictins, contient les ouvrages qu'il écrivit dans sa jeunesse, et avant qu'il fût prêtre ; nous ne donnerons que le titre de ceux dont nous avons parlé dans la vie du saint :

1.° Les deux livres des *Rétractations*.
2.° Les treize livres de ses *Confessions*.
3.° Les trois livres *contre les académiciens*, en 386. Les académiciens enseignaient que tout est douteux ; que nous ne connaissons rien avec certitude ni avec évidence ; que nous ne pouvons aller au-delà de la probabilité. Le saint réfute cette erreur, dans laquelle il avait été lui-même engagé. On trouve dans cet ouvrage de fortes exhortations à l'étude de la vérité et de la sagesse ; on y admire partout une élégance singulière ; le style en est exact, et les raisonnemens concluans ; la matière y est fort bien discutée, et rendue intéressante par des suppositions agréables, et par des histoires qui attachent le lecteur. Il est écrit en forme de dialogue ; et si l'orateur Romain l'emporte dans ses Tusculanes pour la pureté du style, il le cède au moins pour

l'exactitude et la solidité des argumens. L'auteur, dans ses rétractations, y censure quelques endroits qui ne ressentaient point assez la doctrine de l'Évangile.

4.° Le livre *de la vie heureuse*, la même année. Il y est montré que le bonheur de la vie ne se trouve que dans la vertu et dans le service de Dieu ; que l'écueil le plus dangereux est celui de la vaine gloire, que nous rencontrons par-tout, et contre lequel il est difficile de ne se pas briser. Le saint y déplore le malheur qu'il a eu d'avoir été si long-temps enveloppé dans les ténèbres du manichéisme, et de s'être laissé égarer par l'amour du plaisir et de la vaine gloire ; mais il ajoute que les ténèbres s'étant enfin dissipées, et qu'ayant découvert le flambeau de la vérité, il avait sur-le-champ levé l'ancre pour aborder au port du bonheur.

5.° Les deux livres *de l'Ordre*, la même année. L'auteur montre dans le premier que tout est soumis à la providence ; que, quoique le mal moral vienne de l'abus que la créature fait de sa liberté, il entre cependant dans l'ordre de cette providence, parce que Dieu en tire le bien par sa miséricorde et sa justice. Dans le second, il prescrit à ses disciples des règles de conduite, et leur trace la route qu'ils doivent tenir pour devenir savants. Il leur recommande surtout de joindre la prière à l'étude, et de demander sans cesse à Dieu la vraie sagesse et la vraie science.

6.° Les *Soliloques*, ainsi appelés parce que saint Augustin s'y entretient avec son ame, furent écrits en 387, et sont aussi divisés en deux livres. L'auteur y enseigne que l'on parvient à la vraie connaissance de Dieu par la foi, l'espérance et la charité, ainsi que par l'habitude de s'élever des choses créées à celles qui sont invisibles, pour chercher Dieu et n'aimer que lui.

On trouve dans l'appendice, au tome VI des œuvres de saint Augustin, un autre livre de *soliloques*, qui est supposé, ainsi que le livre des *méditations*. Ces deux ouvrages sont modernes, et tirés des vrais soliloques et des confessions du saint docteur, des écrits de Hugues de saint Victor, etc. On en doit dire autant du *manuel*; c'est un recueil de pensées de saint Augustin, de saint Anselme, etc.

7.º Le livre de l'*immortalité de l'ame* est aussi de l'année 387; c'est un supplément aux soliloques. Le saint le composa à Milan, peu de temps après son baptême.

Quelques auteurs du neuvième siècle ont attribué l'hymne *Te Deum* à saint Ambroise et à saint Augustin, et prétendent qu'elle fut composée à l'occasion du baptême du second de ces saints. Mais leur sentiment est destitué de preuves, comme Menard et Tillemont l'ont fait voir. Il n'en est pas moins certain que cette hymne est ancienne, puisqu'on la récitait dans le sixième siècle; ce qui se prouve par le chapitre 2 de la règle de saint Benoit. On ne peut donc l'attribuer avec le père Alexandre, *Sec.* 4, |*c.* 6, *n.* 12, à Sisebut, moine bénédictin. Dans un ancien pseautier, dont Charlemagne fit présent au pape Adrien, et qui se garde dans la bibliothèque impériale, on lit le titre suivant à la tête de cette hymne: *Hymnus quem sanct. Ambrosius et sanct. Augustinus invicem condiderunt.* Le même titre est devant cette hymne dans les œuvres d'Alcuin. Quelques manuscrits la donnent à saint Ambroise seul; et ce sentiment a été adopté par Smaragdus, *Comment. in reg. sanct. Bened.*, et par Ughelli, *Ital. sacra tom.* 9, *col.* 38. Voyez Gaventus, *Comment. in rubricas breviar, sect.* 5, *n.* 1, *c.* 19;

Cajetan Mari Merati, *francor, post sacramentar.*, *S. Greg. D. Martene*, *comment. de azimo.* Muratori, *anecdot. t. 1, c. 6 et præf. ad hist. Landulphi senioris*, etc.

8.º *De la quantité* ou *de la grandeur de l'ame*, vers le commencement de l'année 388. Le saint docteur y traite plusieurs questions relatives aux propriétés de l'ame humaine, et montre qu'on ne peut la dire susceptible d'extension et d'accroissement que dans un sens métaphorique.

9.º Six livres *de la musique*, achevés en 389. Les différentes questions relatives à la musique y sont traitées. Le saint docteur montre dans le sixième livre que cet art doit contribuer à élever le cœur et l'esprit vers Dieu.

10.º Le livre du *maître*, composé vers le même temps. C'est un dialogue entre saint Augustin et son fils Adéodat. Il y est traité de la force et de la signification des mots, et il y est prouvé que le bonheur de la vie consiste à connaître et à aimer Jésus-Christ.

11.º Les trois livres *du libre arbitre*, commencés en 388, et achevés en 395. Le but de saint Augustin, dans cet ouvrage, est de rechercher la cause et l'origine du mal, qui sont attribuées au libre arbitre. Il n'y est parlé qu'en passant de la grace, par laquelle Dieu prépare la volonté de ses élus. Ainsi les pélagiens le citaient en vain pour appuyer leurs erreurs.

12.º Les deux livres *de la Genèse contre les manichéens*, vers l'an 389. C'est une réfutation du manichéisme dans un style simple et familier. Le texte de la Genèse y est expliqué avec beaucoup de clarté.

13.º Les deux livres *des mœurs de l'église catholique et des manichéens*, en 388. Les mœurs des vrais fidèles y sont mises en contraste avec celle des manichéens. Dans le premier, saint Augustin défend la sainteté de la doctrine et de la morale de l'église contre les calomnies des manichéens. Il cite l'exemple d'un grand nombre de moines, de vierges, d'évêques, de prêtres et de laïques, qui ont mené une vie très édifiante au milieu d'un siècle corrompu. Il ajoute que l'église condamne et instruit les supertitieux et les méchans qui peuvent se trouver dans son sein. Il expose dans le second livre l'hypocrisie, l'impiété et la corruption des manichéens, et montre que cette chasteté, dont se vantaient leurs élus, n'avait rien de réel.

14° Le livre *de la vraie Religion*, écrit vers l'an 390. C'est un des meilleurs ouvrages qui aient été faits contre les manichéens, et auquel saint Paulin donne de grands éloges. On y voit que saint Augustin, qui n'était encore que laïque, avait déjà une grande connaissance de notre foi, et qu'il possédait aussi bien la doctrine des pères que celle des philosophes payens. Il montre que la Religion qui adore un seul Dieu, et qui nous apprend à lui rendre le culte qui lui est dû, est la seule chose qui conduise à la vérité, à la vertu et au bonheur, ce qui est tout ce que se propose la foi catholique. Il réfute l'idolâtrie, le judaïsme, les différentes hérésies, et surtout le manichéisme. Il fait voir que la doctrine de l'existence d'un mauvais principe est aussi absurde qu'impie, et qu'on ne doit chercher l'origine du mal que dans la malice des créatures. Le péché, selon lui, est si essentiellement volontaire, qu'il cesserait sans cela d'être péché; autrement les exhortations, les peines et la loi même de Dieu seraient inutiles, c. 14. Il rectifia depuis ce qu'il avait dit touchant la cessation des miracles, c. 25. Je n'ai entendu autre chose, dit-il, *l.* 1, *Retract. c.* 13., sinon que le don des graces extraordinaires n'avait plus lieu comme autrefois; car j'ai vu moi-même opérer des miracles à Milan. Il prouve que l'autorité et la raison conduisent à l'Église catholique, et il insiste sur la sainteté de la morale de cette Église. Il parle de cette multitude de martyrs et de vierges qu'elle a produits. Elle tolère, ajoute-t-il, les méchans, qui sont comme la paille mêlée avec le bon grain. Il termine cet ouvrage par une exhortation à l'amour de Dieu et du prochain, et à la pratique des autres vertus. Il s'arrête principalement sur l'obligation de renoncer au théâtre, et de fuir tous les plaisirs criminels du monde.

15.° *La règle aux serviteurs de Dieu.*

16.° Le livre *de la grammaire*, les *principes de la dialectique*, les *dix catégories*, les *principes de la rhétorique*, le *fragment de la règle donnée aux clercs*, la *seconde règle*, le livre *de la vie érémitique*, sont des ouvrages supposés.

Tome II.

Il contient les lettres du saint docteur, qui sont au nombre de deux cent soixante-dix, et rangées selon l'ordre chronologique. Il y en a un grand nombre qui sont de véritables traités.

L'*appendice* au tome 2 contient, 1.° seize *lettres* de saint Augustin à Boniface et de Boniface à saint Augustin, qui toutes sont supposées ; 2.° la *lettre de Pélage à Démétriade*; 3.° on doit aussi regarder comme supposées les lettres de saint Cyrille de Jérusalem à saint Augustin, et de saint Augustin à saint Cyrille, *sur les louanges de S. Jérôme*, ainsi que *la dispute* du saint évêque d'Hippone *avec Pascentius*.

Tome III.

Ce tome est divisé en deux parties, dont la première contient, 1.° les quatre livres *de la doctrine chrétienne*, commencés vers l'an 397 et achevés en 426. Dans le premier, saint Augustin établit des règles pour l'étude de l'Écriture, et il exige, de la part de ceux qui veulent en avoir l'intelligence, une foi véritable et une charité sincère. Il montre dans le second que les moyens de parvenir à une connaissance parfaite de la vraie sagesse sont la piété, la science, le courage, le conseil, et la pureté du cœur; il donne le catalogue des livres de l'Écriture; puis, parlant des traductions qui en ont été faites, il préfère l'ancienne traduction latine, comme étant plus littérale et plus claire; quant aux versions grecques, il s'attache à celle des septante. Dans le troisième livre, il apprend la manière de distinguer le sens propre et littéral de l'Écriture d'avec le sens figuré; il fait voir, dans le quatrième, que les prédicateurs étant obligés d'instruire les autres des vérités contenues dans les livres saints, ils doivent se préparer à cette fonction par la prière, et ne point démentir leurs discours par leurs actions.

2.° Le *livre imparfait sur la Genèse expliquée selon la lettre*, en 393. Le saint y explique l'histoire de la création contre les manichéens, et fait voir que l'origine du mal vient de l'abus que la créature fait du libre arbitre. Il distingue quatre sens de l'Écriture: l'*historique*, qui nous représente les faits comme ils se sont passés; l'*allégorique*, qui explique ce qui est dit en figure; l'*analogique*, où l'on compare ensemble l'ancien et le nouveau testament, pour montrer le rapport qui est entre l'un et l'autre; et l'*étiologique*, par lequel on rend raison des faits et des discours rapportés dans l'Écriture. A ces quatre sens, quelques auteurs modernes en ont ajouté un cinquième qu'ils nomment *anagogique*, et par lequel le texte sacré est appliqué au royaume du ciel auquel il nous conduit.

3.º Les douze livres *sur la Genèse, expliquée selon la lettre*, commencés en 401 et achevés en 415. Saint Augustin y suit à-peu-près la même méthode que dans l'ouvrage précédent ; il y laisse quelques difficultés sans solution, se réservant à les approfondir et à les traiter avec plus de soin.

4.º Les sept livres *des locutions* ou façons de parler, *sur les sept premiers livres de l'Écriture*, vers l'an 419. Ce sont des réponses à plusieurs questions difficiles sur le pentateuque et sur les livres de Josué et des juges : cet ouvrage est savant, curieux, et rempli de remarques judicieuses ; le saint s'y attache au sens littéral.

5.º Les sept livres *de questions sur l'heptateuque,* en 419. On y trouve l'éclaircissement d'un grand nombre de difficultés touchant la Genèse, l'Exode, le Lévitique, les Nombres, le Deutéronome, Josué et les juges.

6.º Les *notes sur Job*, vers l'an 400. C'est une espèce de paraphrase ou d'explication littérale du livre de Job.

7.º *Le miroir*, tiré de l'Écriture vers l'an 427, est un recueil de passages des livres saints, propre à former et à corriger les mœurs.

L'appendice de la première partie du tome 3 contient, 1.º trois livres *des merveilles de l'Écriture* ; 2.º l'opuscule *des bénédictions du patriarche Jacob* ; 3.º des *questions de l'ancien et du nouveau testament* ; 4.º un *commentaire sur l'apocalypse*. Ces quatre ouvrages sont supposés.

On trouve dans la seconde partie de l'appendice du même tome : 1.º les quatre livres *de l'accord des évangélistes*, vers l'an 400. Le but de l'auteur est de montrer qu'il n'y a rien dans les quatre évangélistes qui ne s'accorde.

2.º Les deux livres *du sermon sur la montagne* (Matth., V, VI, VII), qui renferme la perfection des préceptes qui forment le véritable esprit du christianisme. Cet ouvrage écrit vers l'an 393, est rempli d'excellentes leçons de vertu, surtout contre le jugement téméraire ; le second livre est une explication de l'oraison dominicale.

3.° Les deux livres de *questions sur les évangiles*, vers l'an 400. Ce sont des réponses à des difficultés qu'on lui avait proposées sur saint Matthieu et saint Luc.

4.° Le livre *des dix-sept questions sur saint Matthieu*. Plusieurs savans doutent si cet ouvrage est de saint Augustin.

5.° Les *cent vingt-quatre traités sur saint Jean*, vers l'an 416. Ce sont des homélies que le saint prêchait au peuple ; il y réfute souvent les ariens, les manichéens, les donatistes et les pélagiens. Il y prouve aux donatistes que leurs souffrances, dont ils se glorifiaient, ne leur serviraient de rien, et qu'ils ne mériteraient point le titre de martyrs, parce qu'ils ne souffraient point pour Jésus-Christ, étant hors de l'Église et privés de la charité. *Tract. 6 in Joan.* Il y fait sentir tout le danger du péché véniel qui se commet de propos délibéré. *Tr.* 1 et *tr.* 12, *n.* 14. Il insiste sur les avantages de l'amour divin, qu'il fait principalement consister dans l'observation de la loi de Dieu. *Tr.* 82, 83, *etc.*

6.° Les *dix traités sur l'épître de saint Jean*, vers la même année. Saint Augustin y trace les caractères de la divine charité ; il y recommande, *tr.* 9, la crainte des jugemens du Seigneur, qui nous porte à l'aimer.

7.° *L'explication de quelques endroits de l'épître aux Romains*, vers l'an 394.

8.° Le *commencement de l'explication de l'épître aux Romains*, vers la même année. La longueur et la difficulté de l'entreprise empêchèrent saint Augustin d'achever cet ouvrage.

9.° L'*explication de l'épître aux Galates*, vers la même année. Il y a d'excellentes règles de conduite par rapport à la correction fraternelle.

Tome IV.

Ce tome contient les *explications sur les pseaumes*, en forme de discours, qui furent achevées en 415. Quoique saint Augustin déclare qu'il veut s'en tenir au sens littéral, il l'adapte presque toujours à Jésus-Christ et à son Église; souvent même il donne des explications purement spirituelles, d'où il tire, par des allusions et des allégories, des instructions salutaires pour le peuple. Beausobre ne rend point assez de justice à cet ouvrage; si ce n'est point une explication littérale des pseaumes, c'est au moins un excellent recueil de maximes chrétiennes présentées d'une manière très pathétique, principalement sur la pénitence, l'amour divin, le mépris du monde, la prière, etc. (*Vid. enar. in ps.* 30.) Saint Fulgence dut sa conversion au discours sur le trente-sixième pseaume, où il est traité du jugement dernier, etc. Saint Augustin parle souvent de l'obligation de faire l'aumône, et il exhorte les fidèles à mettre à part la dixième partie de ce qu'ils possèdent ou de ce qu'ils gagnent pour remplir ce précepte. *Enar. in ps.* 128. Il répète fréquemment avec les autres pères que tout ce que l'on possède au-delà du nécessaire appartient de droit aux pauvres. *Enar. in ps.* 147. Il s'élève avec force contre ceux qui mesurent leurs prétendues nécessités sur leur amour pour le luxe, sur leur vanité et leur orgueil. « Nous aurons, dit-il, bien du superflu si nous
» nous renfermons dans les bornes du nécessaire; mais si
» nous écoutons notre vanité, nous n'en aurons jamais assez.
» Cherchez ce qui suffit pour l'œuvre de Dieu, et non ce que

» demandent des passions désordonnées. *Enar. in ps.* 147,
» n. 12, *p.* 1658. Vous dites que vous avez des enfans ; eh
» bien ! supposez que vous en avez un de plus ; donnez quel-
» que chose à Jésus-Christ. *Enar. in ps.* 38, *p.* 313. Il en
» est qui épargnent pour leurs enfans et pour leurs arrières-
» petits enfans ; mais qu'épargnent-ils pour Jésus-Christ ?
» que mettent-ils en réserve pour leurs ames ? Qu'ils comp-
» tent parmi les enfans qu'ils ont sur la terre un frère qu'ils
» ont dans le ciel ; qu'ils donnent une partie de ce qu'ils ont
» à celui auquel ils doivent tout. *Enar. in ps.* 88, *n.* 14,
» *p.* 433. »

Tome V.

Ce tome contient les sermons de saint Augustin divisés en cinq classes : 1.° les sermons sur divers endroits de *l'ancien et du nouveau testament*, au nombre de cent quatre-vingt-trois ; 2.° quatre-vingt-huit *sermons du temps*, qui sont sur les grandes fêtes de l'année ; 3.° soixante-neuf *sermons des saints* ou *sur les fêtes des saints* ; 4.° vingt-trois *sermons sur divers sujets* ; 5.° trente-un *sermons* qu'on doute être de saint Augustin.

Les sermons supposés de saint Augustin et contenus dans l'appendice sont au nombre de trois cent dix-sept et divisés en quatre classes : ils portent les mêmes titres que les précédens. On restitue à saint Césaire d'Arles, à saint Ambroise, à saint Maxime, etc., quelques sermons qui avaient été jusques-là attribués à saint Augustin.

Tome VI.

On a renfermé dans ce tome les ouvrages dogmatiques de

saint docteur sur divers points de morale et de discipline.

1.º Les *quatre-vingt-trois questions*, en 388. Saint Augustin y répond à plusieurs difficultés sur différens sujets.

2.º Les deux livres de *diverses questions à Simplicien*. Ce Simplicien, qui était le successeur de saint Ambroise, proposa à saint Augustin certaines difficultés sur l'épître de saint Paul aux Romains, et sur quelques autres parties de l'Écriture ; le saint, qui venait d'être fait évêque, lui répondit par l'ouvrage dont nous parlons. Il y rectifie diverses choses qu'il avait dites dans son explication de plusieurs passages de l'épître aux Romains, écrite en 394 : ces corrections tombent sur des notions et des expressions peu exactes touchant la grace.

3.º Le livre *des huit questions à Dulcitius*, en 422 ou 425. C'est une réponse à des difficultés qui avaient été proposées au saint, en 422, par Dulcitius, tribun en Afrique.

4.º Le livre *de la croyance des choses qu'on ne voit pas*, en 399. C'est une apologie de la foi catholique. Il est prouvé que, dans l'ordre naturel, nous croyons souvent des choses que nous ne voyons pas, ou qui ne sont point à portée de nos sens, comme quand nous aimons un ami ou un étranger, uniquement à cause de la réputation de probité dont il jouit.

5.º Le livre *de la foi et du symbole*, en 393. C'est une explication de tous les articles du symbole que le saint, n'étant encore que prêtre, donna en présence d'un synode assemblé à Hippone.

6.º Le livre *de la foi et des œuvres*, en 413. Saint Augustin y enseigne qu'on ne peut être sauvé sans les bonnes œuvres.

7.º *L'enchiridion à Laurent*, ou le livre *de la foi, de l'espérance et de la charité*, vers l'an 421. Laurent était un Romain rempli de piété et frère du tribun Dulcitius. Ayant prié saint Augustin de lui donner un abrégé de la doctrine chrétienne, le saint évêque lui montra que cet abrégé était renfermé dans les trois vertus théologales, vertus par lesquelles nous adorons, nous glorifions Dieu, et lui rendons un culte digne de lui.

8.° Le livre *du combat chrétien*, vers l'an 396. C'est une exhortation à combattre la tentation avec les armes de la foi, de la mortification et de la grace.

9.° Le livre *de la manière d'instruire les ignorans*, vers l'an 400. Le saint y trace la méthode de catéchiser utilement, en sorte que les auditeurs puissent croire ce qu'ils entendent, puissent espérer ce qu'ils croient et puissent aimer ce qu'ils espèrent. Il veut que ceux qui exercent cette fonction présentent ce qu'ils disent d'une manière agréable et intéressante, et qu'ils implorent souvent le secours du saint Esprit.

Nota. Nous avons parlé, dans la vie du saint, de ceux de ses ouvrages dont nous ne donnerons que le titre.

10.° Le livre *de la continence*, vers l'an 395.

11.° Le livre *du bien du mariage*, vers l'an 401.

12.° Le livre *de la sainte virginité*, vers la même année.

13.° *De l'avantage de la viduité*, vers l'an 414.

14.° *Des mariages adultères*, vers l'an 419.

15.° Le livre *du mensonge*, vers l'an 495.

16.° Le livre *contre le mensonge, à Consentius*, vers l'an 420. Il est traité dans ces deux derniers ouvrages de tout ce qui a rapport à ce qui en fait le sujet.

17.° *De l'ouvrage des moines*, vers l'an 400. L'obligation du travail pour les moines y est établie.

18.° Le livre *des prédictions des démons*, vers les années 406, 411. Saint Augustin y prouve qu'on ne peut conclure que les prédictions des démons, ni toutes les choses qui appartiennent à leur culte, sont bonnes parce que Dieu les tolère,

19.º Le livre *du soin pour les morts*, vers l'an 421.

20.º Le livre *de la patience*, vers l'an 418. Cet ouvrage est plus dogmatique que moral.

21.º *Du symbole aux cathécumènes.* On y lit que tous les adultes apprenaient le symbole par cœur avant de recevoir le baptême, et qu'ils le récitaient tous les jours matin et soir.

22.º *Trois autres sermons sur le symbole,* que les derniers éditeurs de saint Augustin doutent être de ce saint docteur.

23.º Le discours *de la discipline chrétienne*, où il est prouvé que toute la loi se réduit à l'amour de Dieu et du prochain.

24.º *Le sermon du nouveau cantique aux cathécumènes,* qu'on doute être de saint Augustin.

25.º Les discours *de la quatrième férie* ne passent pas non plus pour authentiques.

26.º On en doit dire autant des discours *sur le déluge* et *sur la persécution des Barbares.*

27.º Le discours *de l'utilité du jeûne* : le titre en explique suffisamment le sujet.

28.º Le discours *de la ruine de Rome,* dont l'objet est de montrer que ces sortes d'accidens sont toujours les effets de nos péchés.

On trouve dans l'appendice, au tome 6, un grand nombre d'ouvrages supposés de saint Augustin.

1.º Le livre *des vingt-une sentences* ou *questions.* C'est une mauvaise rapsodie de différens endroits des ouvrages de saint Augustin.

2.º Le livre *des soixante-cinq questions ;* ouvrage fait à-peu-près dans le même goût que le précédent, mais avec plus de méthode.

3.º Le livre *de la foi*, *à Pierre*. Il est de saint Fulgence.

4.º Le livre *de l'esprit et de l'ame*, que l'on croit être d'Alcher, moine de Clervaux. C'est un recueil de passages de différens pères de l'Église.

5.º Le livre *de l'amitié*, qui est un abrégé du traité sur la même matière, par Aëlred, abbé de Rieval en Angleterre.

6.º Le livre de *la substance de l'amour*, que l'on attribue communément à Hugues de Saint-Victor.

7.º Le livre de *l'amour de Dieu*, qui paraît être aussi du moine Alcher.

8.º Les *soliloques* dont nous avons parlé ailleurs, ainsi que des *méditations* et *du manuel*.

9.º Le livre de la *contrition du cœur*, tiré en grande partie de saint Anselme.

10.º Le *miroir*, qui paraît être d'Alacin.

11.º Le *miroir du pécheur*, tiré de saint Odon, abbé de Cluni, et surtout de Hugues de Saint-Victor.

12.º Le livre des *trois habitations*, savoir : du royaume de Dieu, du monde et de l'enfer.

13.º L'*échelle du paradis*, qui est de Guigues le chartreux.

14.º Le livre de la *connaissance de la vraie vie*, qui a pour auteur Honorius d'Autun.

15.º Le livre de la *vie chretienne*, ouvrage d'un Anglais, nommé Fastidius.

16.º Le livre de *l'exhortation* ou des *enseignemens salutaires*, a pour auteur Paulin, patriarche d'Aquilée.

17.º Le livre des *douze abus au siècle*, cité par Jonas d'Oréans.

18.º Le *traité des sept vices et des sept dons du Saint-Esprit*, qui est de Hugues de Saint-Victor. Il a été supprimé dans la nouvelle édition de saint Augustin.

19.º Le livre *du combat des vices et des vertus*, que les bénédictins donnent à Ambroise Autpert, moine de Saint-Benoît-sur-Vulturne, près de Bénévent.

20.º Le livre de la *sobriété et de la chasteté*.

21.º Le livre de la *vraie et de la fausse pénitence*.

22.º Le livre de l'*antechrist*, attribué à Alcuin.

23.º Le *pseautier*, qu'on dit que saint Augustin composa pour sa mère. C'est une prière tirée des pseaumes.

24.º L'explication du cantique *Magnificat* n'est qu'un mauvais extrait de celle de Hugues de Saint-Victor.

25.º Le livre de l'*assomption de la vierge Marie*, qui paraît être d'un auteur du douzième siècle.

26.º Le livre de la *visite des infirmes*, qui n'est pas fort ancien.

27.º Les deux discours de la *consolation des morts*, qui sont peut-être tirés de saint Jean Chrysostôme.

28.º Le traité de la *rectitude de la conduite catholique*, tiré en grande partie des sermons de saint Césaire, d'Arles.

29.º Le discours sur le *symbole*, qui est un tissu de passages de Rufin, de saint Grégoire, de saint Césaire, etc.

Suivent plusieurs autres petits traités qui méritent peu d'attention, parce qu'ils n'ont rien de remarquable.

Tome VII.

Ce tome contient les vingt-deux livres de la *Cité de Dieu*. Cet ouvrage fut commencé en 413, et achevé en 426. C'est une savante apologie de la Religion chrétienne. Le saint docteur réfute, dans les dix premiers livres, les calomnies des payens, qui attribuaient au christianisme la chute de l'empire romain, et fait voir que les barbares eux-mêmes, qui le ravageaient, accordaient le droit d'asile aux églises des apôtres et aux tombeaux des martyrs ; droit que les idolâtres refusaient aux temples de leurs idoles. Il montre que les calamités temporelles sont souvent avantageuses aux gens de bien, bien différens en cela d'une Lucrèce et d'un Caton, qui, ne pouvant résister au malheur, eurent la lâcheté de se donner la mort, *l.* 1. — Il parle de l'impiété et des vices des Romains idolâtres, des pratiques obscènes de leur religion, de la cruauté de leurs guerres civiles, qui firent répandre plus de sang que la barbarie des Goths ; de l'avarice, de l'ambition et des excès monstrueux qui parurent dans les derniers temps de la république, et dont il rapporte l'origine à la construction du premier amphithéâtre que Scipion Nasica voulut inutilement empêcher, *l.* 1 et 2. — Il fait voir que, sous le règne même de l'idolâtrie, l'univers fut souvent affligé de grandes calamités, *l.* 3 ; que l'agrandissement de l'empire romain ne fut point l'effet de la protection des idoles ; que les grands empires, sans la justice, ne sont que de grands brigandages, *l.* 4 ; qu'après tout, Dieu put accorder aux Romains une longue suite de victoires, comme une récompense temporelle de quelques vertus morales. Puis il ajoute : « Si les vertus imparfaites des payens ont été récompensées » de la sorte, que ne doit pas attendre la vraie vertu dans » le séjour de la gloire éternelle ! » Passant ensuite à la réfutation du système de ceux qui admettaient le destin, il prouve que la prescience divine s'accorde avec la liberté de l'homme ; et il fait une description admirable du bonheur d'un prince vertueux : bonheur qui, selon lui, consiste dans la piété, et non dans la possession des biens de ce monde. Il parle en même temps de la prospérité temporelle dont jouirent Constantin et Théodose, *l.* 5. — Il fait sentir l'extravagance de la théologie et des fausses divinités du paganisme, *l.* 6, *c.* 7. — Il réfute la doctrine des philosophes, et même des platoniciens, qui, quoique plus raisonnables que les autres, honoraient cependant aussi les démons comme des divinités subalternes; au lieu que les prêtres chrétiens offraient le sacrifice, non à Pierre, à Paul ou à Cyprien, mais à Dieu sur le tombeau de ces martyrs, *l.* 8. Il prouve que tous les démons des philosophes payens étaient des esprits malfaisans, *l.* 9; que les bons anges ne méritent ni adoration ni sacrifice; que Dieu est le principe des miracles opérés par leur entremise, et qu'il s'est servi d'eux pour se faire connaître aux hommes, *l.* 10.

Les douze derniers livres ont pour objet les deux *Cités*, celle de Dieu et celle du monde. Il y est traité de l'origine de ces cités, *l.* 11, 12, 13, 14; de leurs progrès, *l.* 15, 16, 17, 18; de leurs fins respectives, *l.* 19, 20, 21, 22. Saint Augustin, après avoir marqué la différence des bons et des mauvais anges, parle de leur création et de celle du monde visible, *l.* 11. Il passe ensuite à la création et à la chute de l'homme, *l.* 12, 13, 14. Il continue l'histoire des deux cités, depuis Caïn et Abel jusqu'au déluge; montre dans l'arche la figure de l'église, et rend sa narration intéressante par des allégories spirituelles, et par des réflexions judicieuses, *l.* 15. Il observe que l'amour de soi-même et l'amour de Dieu ont bâti les deux cités opposées entre elles, et il distingue et caractérise les habitans de l'une et de l'autre, *l.* 14, *c. ult.* — Il conduit l'histoire des deux cités jusqu'à Salomon, *l.* 16, 17; puis il reprend celle du monde, et représente l'origine des deux plus anciennes monarchies du royaume des Assyriens en Orient, et de celui de Sicyone dans la Grèce; il la termine par le triomphe de Jésus-Christ sur l'enfer, dans son incarnation et dans sa mort, dans l'établissement de son Église, qui est victorieuse des persécutions et des hérésies, et qui subsistera jusqu'à la fin du monde, *l.* 18. Dans le dix-neuvième livre, il est parlé de la fin dernière des deux cités. Les habitans de l'une et de l'autre, dit S. Augustin, tendent au souverain bien; mais ceux de la cité terrestre le connaissent si peu, que les plus sages de leurs philosophes ignoraient en quoi il consistait. Varron a compté jusqu'à deux cent quatre-vingt-huit opinions différentes des anciens sur cet objet. Il n'y a que la vraie Religion qui découvre aux hommes cette importante vérité : elle leur montre que le bonheur consiste dans la vie éternelle, et que nous ne pouvons être heureux dans cette vie que par l'espérance, qui fait goûter par anticipation une partie de la félicité future. — Le vingtième livre contient une description du jugement dernier et de la résurrection générale. Le vingt-unième traite de la fin de la cité terrestre, des tourmens de l'enfer, et surtout de leur éternité, qui est prouvée par les raisons que fournit la foi. C'est pour cela, dit le saint docteur, que l'Église ne prie jamais pour le salut des démons ou des damnés. Cela ne nous empêche pas de reconnaître dans l'autre vie des peines temporelles pour l'expiation des petites fautes, dans ceux qui appartenaient à Jésus-Christ sur la terre, et qui sont morts dans son amour. — Le sujet du dernier livre est l'immortalité glorieuse dont les saints jouiront dans la cité céleste. Le saint docteur parle des qualités des corps glorifiés, et prouve leur résurrection par celle de Jésus-Christ, ainsi que par la foi de l'Église, confirmée par des prophéties certaines, et par des prodiges incontestables. Il rapporte plusieurs miracles opérés de son temps par les reliques des saints, tant à Milan qu'en Afrique, et de la plupart desquels il

avait été témoin oculaire. Il finit la description du bonheur des saints par donner une esquisse de ce dont jouissent les ames. « Que leur félicité, dit-il, sera grande ! elle ne
» sera troublée par le mélange d'aucun mal. Les saints
» n'auront d'autre occupation que celle de chanter les
» louanges de Dieu, qui sera tout en tous..... Chaque habi-
» tant de cette cité divine aura une volonté parfaitement
» libre, exempte de tout mal, remplie de toute espèce de
» bien, jouissant sans interruption des délices d'une féli-
» cité immortelle. Il ne se ressouviendra de ses fautes et
» de ses misères que pour louer la miséricorde du Sauveur,
» qui l'en aura délivré. »

Louis Vivès et Léonard Coquens ont fait sur les livres de la Cité de Dieu de longs commentaires, qui sont à la vérité remplis d'érudition, mais qui jètent peu de lumières sur le texte de saint Augustin. L'ouvrage du saint docteur suppose, au rapport de Macédonius, vicaire d'Afrique, *ap. S. Aug.*, *ep.* 154, les connaissances les plus variées et les plus étendues. Il intéresse par la manière dont il est écrit, et par la quantité des monumens antiques qui y sont insérés, et qu'on chercherait inutilement ailleurs.

On trouve dans l'appendice, au septième tome, les pièces qui ont rapport à la découverte des reliques de saint Étienne.

1.º *La lettre d'Avit*, prêtre espagnol à Balcone, évêque de Brague en Portugal, touchant les reliques du saint martyr. Avit joignit à cette lettre une traduction latine de la relation que Lucien avait donnée de la découverte de ce précieux trésor.

2.º La *relation de la découverte du corps de saint Étienne*, faite par Lucien. Ce Lucien était prêtre de Jérusalem et curé d'un lieu appelé Caphargamala, où reposaient les reliques du saint martyr. On ne peut révoquer en doute l'authenticité de cette relation.

3.º La *lettre d'Anastase* le bibliothécaire *à Lauduleus*, évêque de Capoue, où il lui marque qu'il avait traduit en latin l'histoire de la translation des reliques de saint Étienne de Jérusalem à Constantinople. Cette pièce est supposée.

4.º *Lettre de Sévère*, évêque de l'île de Minorque, *à toute l'Église*, sur les miracles qui s'opérèrent dans cette île par les reliques de saint Étienne. Elle fut écrite en 418, et l'on ne doute point qu'elle ne soit authentique.

5.º Les deux livres *des miracles de saint Étienne*, que l'on attribue à Évodius, évêque d'Uzale.

Tome VIII.

Ce tome renferme les écrits *polémiques* du saint docteur.

1.º *Le traité des hérésies* adressé à Quodvultdeus, diacre de Carthage. Le saint y parle de quatre-vingt-huit hérésies qui s'étaient élevées depuis Jésus-Christ jusqu'à son temps. Il y a des manuscrits où ce catalogue des hérésies renferme encore celles des Timothéens, des Nestoriens et des Eutychéens; mais cette addition n'est point de saint Augustin; on l'attribue à Gennade.

2.º *Le traité contre les juifs*. Cet ouvrage est quelquefois intitulé : *Discours sur l'incarnation du Seigneur* : saint Augustin y prouve par saint Paul la réprobation des juifs et la vocation des gentils.

3.º *De l'utilité de la foi*, en 391. Le saint composa cet ouvrage pour retirer Honorat, son ami, des erreurs du manichéisme : il y renverse ce principe des manichéens, que la lumière de la raison suffit pour nous découvrir la vérité, in-

dépendamment de la foi ou de l'usage de l'autorité. Il fait voir que c'est sagesse et non crédulité puérile, de croire ce qui mérite d'être cru, même dans les choses qui regardent la vie civile, et qu'il est impossible d'atteindre à la vraie sagesse sans consulter l'autorité : il démontre que l'autorité de l'Église catholique mérite à juste titre notre respect et notre acquiescement. « Pourquoi, dit-il, ferons-nous difficulté de
» captiver notre esprit sous l'autorité de l'Église catholique,
» qui s'est toujours maintenue par la succession des évêques
» sur les siéges apostoliques, en dépit de tous les efforts des
» hérétiques qui ont été condamnés par elle, par la foi des
» peuples, par les décisions des conciles et par l'autorité des
» miracles. C'est ou impiété, ou orgueil, de ne pas recon-
» naître sa doctrine pour règle de notre foi, etc. »

4.º Le livre *des deux ames*, la même année. Saint Augustin y réfute cette erreur des manichéens, que chaque homme a deux ames, l'une bonne et l'autre mauvaise ; la première, d'une substance divine, cause de tout ce qui se fait de bien en nous, et la seconde, de la nature ou du principe des ténèbres, propre à la chair, etc.

5.º Les *actes contre Fortunat le manichéen*, en 392. L'erreur des manichéens sur l'origine du mal y est solidement réfutée.

6.º Le livre *contre Adimante*, en 394. Addas ou Baddas était le même qu'Adimante, selon saint Augustin, *cont. adv. leg.*, l. 2, c. 12 ; mais Beausobre en fait deux personnes différentes. Cet auteur pense qu'il fut le premier qui introduisit le manichéisme en Afrique ; il ajoute que les manichéens de l'Occident avaient presque autant de vénération pour lui que pour Manès. Fauste dit de lui : « Adimante était un
» homme très savant et tout-à-fait merveilleux. Il est, après
» notre bienheureux père Manichée, digne de toute notre

» admiration. *Ap. S. Aug.*, *l.* 1, *c.* 2. » Ses ouvrages avaient aussi beaucoup de célébrité en Orient, et le savant Diodore, évêque de Tarse, écrivit contre lui vingt-cinq livres qui existent encore en syriaque et qui sont entre les mains des nestoriens, comme Cave le prouve par le témoignage d'Ebedjesus. Adimante composa un ouvrage latin où il prétendait montrer de l'opposition entre l'ancien et le nouveau testament. Saint Augustin le réfuta dans le livre dont nous parlons, et montra que les passages objectés s'accordaient parfaitement entre eux.

7.° Le livre *contre l'épître du fondement*, vers l'an 397. Saint Augustin y rapporte les paroles de Manès qu'il réfute, y montre que les principes de cet hérésiarque sont destitués de toute preuve, et qu'ils répugnent au bon sens. Il rend compte des raisons qui l'attachent à l'Église catholique. « Plusieurs motifs, dit-il, me retiennent dans le sein de
» l'Église catholique : 1.° le consentement général des diffé-
» rentes nations ; 2.° une autorité appuyée sur des miracles,
» soutenue par l'espérance, perfectionnée par la charité, et
» confirmée par l'antiquité ; 3.° la succession des évêques
» depuis saint Pierre jusqu'à notre temps ; 4.° le nom de ca-
» tholique, qui convient si particulièrement à la véritable
» Église, que, quoique les hérétiques le prennent entre eux,
» ils n'osent montrer le lieu de leurs assemblées, quand on
» leur demande quelque part où les catholiques s'assem-
» blent. Je ne croirais pas à l'Évangile, ajoute-t-il, si je n'y
» étais déterminé par l'autorité de l'Église. *C.* 5. »

8.° Les *disputes contre Fauste le manichéen*, divisées en trente-trois livres, vers l'an 400. Saint Augustin, dans les premiers livres, défend les passages du nouveau testament, qui ont pour objet la généalogie de Jésus-Christ, ainsi que le mystère de l'incarnation, et que Fauste prétendait avoir été falsifiés. Dans le cinquième livre, il reproche aux élus des manichéens de mener une vie déréglée, de s'abandonner à l'avarice, de couvrir les plus honteux désordres sous le masque de l'hypocrisie; il leur oppose les véritables vertus catholiques. Depuis le sixième jusqu'au vingt-troisième livre, il défend l'ancien testament, après quoi il revient au nouveau. A l'occasion des sacrifices judaïques, il reproche de rendre un honneur superstitieux au soleil, à la lune et aux étoiles. Quant à ce que Fauste objectait aux catholiques, qu'ils révéraient les martyrs et célébraient leurs fêtes, saint Augustin répondait que les catholiques, en honorant les martyrs, ne se proposaient autre chose que d'avoir part à leurs mérites, d'obtenir le secours de leurs prières, et de s'exciter, par leurs exemples, à la pratique de la vertu; qu'il ne leur rendait jamais le culte de Latrie, qui n'appartient qu'à Dieu; que ce n'était point à eux qu'ils offraient des sacrifices, mais à Dieu qui était l'auteur de leurs mérites.

9.° Les deux livres *des actes avec Félix le manichéen*, en 404. C'est une réfutation du systême des manichéens sur la nature de Dieu et sur l'origine du mal.

10.° Le livre *de la nature du bien, contre les manichéens*. Cet ouvrage a le même objet que le précédent.

11.° Le livre *contre la lettre de Secondius le manichéen*, vers l'an 405. C'était celui de tous ses écrits contre les manichéens auquel saint Augustin donnait la préférence; il y rend compte des motifs de sa conversion, et renverse les principes de la secte à laquelle il avait été attaché.

12.° Les deux livres *contre l'adversaire de la loi et des prophètes*, en 420. Saint Augustin y réfute un anonyme qui avait avancé, dans un livre assez répandu, que Dieu n'était point l'auteur de l'ancien testament, et qu'il n'avait point créé le monde.

13.º Le livre *contre les priscillianistes et les origénistes*, vers l'an 415.

14.º Le livre *contre le discours des ariens*, vers l'an 418. Saint Augustin y réfute les objections de ces hérétiques contre la divinité du Fils et du saint Esprit.

15.º La *conférence avec Maximien*, évêque arien, et les trois livres contre le même hérétique, furent écrits en 428.

16.º Les quinze livres *de la Trinité* furent commencés en 400 et achevés en 416. Cet ouvrage est plutôt dogmatique que polémique. Le saint commence par éloigner de Dieu toute fausse idée, telle que serait celle que l'on s'en formerait en se le représentant comme une substance corporelle ou un esprit limité, et conséquemment imparfait. Dieu, ajoute-t-il, est infini, immense, incompréhensible. Dans les premiers livres, il prouve l'unité de l'essence divine et la trinité des personnes ; il parle dans le quatrième de l'incarnation du Verbe, et réfute dans le cinquième les sophismes des hérétiques ; dans les autres livres, il tâche d'expliquer le mystère de la trinité, et se sert pour cela de comparaisons tirées de l'homme, quoique très imparfaites. Cassiodore observe que cet ouvrage de saint Augustin exige de la part des lecteurs autant de pénétration que d'attention.

Les ouvrages supposés, contenus dans l'appendice, sont, 1.º le traité *contre les cinq hérésies*; 2.º le livre *du symbole*, contre les juifs, les payens et les ariens ; 3.º le livre *de la dispute de l'Église et de la synagogue*, qui est d'un jurisconsulte ; 4.º le livre *de la foi contre les manichéens*, attribué, dans les Miss., à Évode d'Uzale; 5.º l'*avertissement sur la manière de recevoir les manichéens* ; 6.º le livre *de la Trinité, contre Félicien*, qui est de Vigile de Tapse ; 7.º les *questions de la Trinité et de la Genèse*, tirées d'Alcuin. 8.º les deux livres *de l'incarnation du Verbe, à Januarius*, tirés de la version latine des *principes* d'Origène, par Rufin; 9.º le livre *de la trinité et de l'unité de Dieu* ; 10.º le livre *de l'essence de la divinité* ; 11.º le dialogue *de l'unité et de la trinité*, à Optat; 12.º le livre *des dogmes ecclésiastiques*, qu'on sait être de Gennade de Marseille.

Tome IX.

Il renferme les ouvrages polémiques contre les donatistes, dont voici l'ordre : 1.º Le *pseaume* abécédaire *contre les donatistes*, vers la fin de l'année 393. Cet ouvrage était divisé en plusieurs parties, dont chacune commençait par une lettre de l'alphabet, et contenait l'histoire avec la réfutation des donatistes; il était écrit d'une manière simple, afin qu'il fût entendu du peuple pour lequel il avait été fait.

2.º Les trois livres *contre la lettre de Parménien*, vers l'an 400. Ce Parménien, successeur de Donat sur le siége de Carthage, avait été réfuté par saint Optat; la lettre qu'il écrivit avait pour objet de réfuter un certain Tichonius, de la même secte, qui formait des difficultés touchant l'universalité de l'Église prédite par les prophètes. Saint Augustin le réfuta à son tour, et prouva contre lui que, selon les prophètes, l'Église de Jésus-Christ est l'Église de toutes les nations, et qu'elle n'est point souillée par la société de quelques méchans qui sont dans sa communion. Il montra ensuite la fausseté de tout ce que les donatistes avançaient sur l'origine de leur secte.

3.º Les sept livres *du baptême, contre les donatistes*, vers le même temps. Saint Augustin y prouve que saint Cyprien s'est trompé; que le baptême est valide, et qu'on ne peut le réitérer lorsqu'il a été administré, selon la forme ordinaire, par les hérétiques, ou par les pécheurs qui sont dans le sein de l'Église.

4.º Les trois livres *contre Pétilien*, vers l'an 400. Pétilien était un avocat que les donatistes avaient fait évêque de Cirthe en Numidie. Il s'acquit une grande réputation dans son parti par son éloquence, ou plutôt par ses déclamations : une lettre qu'il publia contre les catholiques donna lieu à l'ouvrage dont nous parlons. Saint Augustin y montre que l'Église doit être universelle et répandue par toute la terre ; il réfute ensuite les objections que Pétilien tirait de quelques passages de l'Écriture mal-entendus.

5.º *L'épître aux catholiques, contre les donatistes*, ou le traité *de l'unité de l'Église*, en 402. C'est une instruction du saint à son troupeau, où il marque les caractères de l'Église, dont un est qu'elle soit une et catholique ou universelle ; de là il conclut qu'elle ne peut être renfermée dans l'Afrique, encore moins dans la maison de Lucille, ou dans celles de quelques brouillons à Rome.

6.º Les quatre livres *contre le donatiste Cresconius*, grammairien de profession, en 406. Ce Cresconius avait écrit contre le saint docteur pour la défense de Pétilien : saint Augustin le réfute solidement et prouve, par la conduite des donatistes dans le schisme des maximianistes, qu'ils se condamnaient eux-mêmes.

7.º Le livre *de l'unité du baptême*, contre Pétilien et Constance, qui paraît avoir été écrit vers l'an 411. L'erreur des donatistes sur la réitération du baptême y est réfutée par l'autorité et la pratique de l'Église universelle ; il y est montré que l'Église est composée de bons et de mauvais, mais qu'il n'y a point de bons hors de son sein. A la vérité, dit le saint, ceux-là sont frères aux yeux de Dieu, qui sont dans

la véritable Église par le désir sincère de leur cœur, et qui font tous leurs efforts pour la découvrir; s'ils sont privés de la communion extérieure, ce n'est qu'à cause de leur ignorance invincible; il faut cependant laisser à Dieu le soin de juger de leurs dispositions intérieures: l'Église ne considère que les actes extérieurs, qui sont l'objet direct de ses lois et de sa discipline. C'est d'après cette maxime que saint Augustin définit un hérétique, un homme qui, par des passions criminelles ou par des vues temporelles, publie ou embrasse une doctrine erronée en matière de foi. *De util. credendi, in princip.* Il enseigne la même doctrine dans sa lettre à Glorius, à Eleusius, à Félix, etc., tous donatistes. « On ne doit point,
» dit-il, compter parmi les hérétiques ceux qui, ayant reçu
» de leurs parens une doctrine fausse et perverse, la sou-
» tiennent sans malice et sans opiniâtreté, cherchant la vé-
» rité avec soin, et étant dans la disposition de s'y attacher
» s'ils viennent à la découvrir.... Si je vous mettais dans
» cette classe d'hommes, je ne vous troublerais point comme
» je le fais par mes lettres. *Ep.* 43. »

8.° *L'abrégé de la conférence contre les donatistes*, en 412. La plus grande partie des actes de cette conférence, qui se tint à Carthage, ont été publiés par Baluze, *conc.*, p. 118.

9.° Le livre *aux donatistes, après la conférence de Carthage*, en 413. Il est parlé des avantages que les catholiques y remportèrent, et des artifices que les évêques donatistes employèrent pour en empêcher la tenue et pour s'opposer à l'effet qui devait s'en suivre.

10.° *Discours au peuple de l'Église de Césarée*, prononcé en présence d'Émérite, évêque du parti de Donat. Il y est question de l'effet qu'avait produit la conférence dont nous venons de parler: l'unité de l'Église y est prouvée.

11.° *Discours de ce qui s'était passé avec Émérite*, donatiste, en 413, ou en 414 selon d'autres.

12.° Les deux livres *contre Gaudence, donatiste*, en 420. C'est la réfutation de deux lettres de Gaudence, dont la première contient l'apologie du suicide.

On trouve dans l'appendice, à ce tome, 1.° le livre contre Fulgence le donatiste, qui est supposé.

2.° Divers monumens relatifs à l'histoire des donatistes, et qui contribuent beaucoup à l'intelligence des ouvrages que saint Augustin a écrits contre ces hérétiques.

Tome X.

Dans ce tome sont contenus, 1.° les trois livres *des mérites et de la rémission des péchés, ou du baptême des enfans*, en 412. Il est prouvé dans le premier que l'homme n'est devenu sujet à la mort que par le démérite du péché; que le péché d'Adam a infecté toute sa postérité, et que l'on baptise les enfans dans la vue de leur obtenir la rémission de la tache originelle. Dans le second, saint Augustin enseigne que tous les hommes peuvent éviter chaque péché actuel; que personne cependant n'est entièrement exempt de petites fautes, et qu'il doit continuellement prier pour en mériter la rémission. Le troisième livre est une réponse aux objections de ceux qu'il combattait.

2.° Le livre *de l'esprit et de la lettre*, en 413. Le saint docteur y éclaircit les difficultés que Marcellin lui avait faites à l'occasion de son second livre *des mérites et de la rémission des péchés*; il combat fortement les ennemis de la grace divine; il montre par plusieurs exemples qu'il y a des choses qui, quoique possibles, ne doivent jamais arriver; il explique le secours de la grace que le saint Esprit jète comme une semence dans nos cœurs, qui nous fait aimer et acccomplir les bonnes œuvres qui nous sont commandées. Il montre que la grace ne détruit point et n'affaiblit pas même le libre arbitre, mais qu'elle le fortifie et qu'elle lui communique la vertu d'agir d'une manière surnaturelle; mais il reconnaît en même temps que l'accord de la grace avec la liberté est un mystère, et il répond souvent aux difficultés qu'on lui fait sur ce sujet, par ces paroles de saint Paul : « O profondeur » des jugemens de Dieu! etc. Quelquefois, dit-il, Pélage appelle grace le libre arbitre, parce que c'est un don de Dieu; d'autres fois il parle de la grace extérieure de la prédication, et il donne le nom de grace extérieure aux impressions qu'elle fait sur leur cœur; mais il n'emploie ces façons de parler que pour mieux déguiser son hérésie, que pour nier d'une manière moins révoltante la nécessité de la vraie grace intérieure qui, selon lui, n'est donnée que pour rendre plus facile la pratique de la vertu.

3.° Le livre de la *nature et de la grace*, en 415. Il est adressé à Jacques et à Timase, qui avaient remis au saint docteur un écrit de Pélage, où cet hérésiarque cachait ses erreurs sous des équivoques. C'étaient deux jeunes gens distingués par leur naissance et leur savoir, qui avaient été eux-mêmes disciples de Pélage, mais que saint Augustin avait convertis. Le saint, dans son ouvrage, découvre les artifices de Pélage, et prouve que la nature n'est point mauvaise, quoiqu'elle ait été affaiblie par la corruption du péché, et qu'elle ait besoin de la grace qui l'éclaire et qui lui fait vouloir et faire le bien.

4.° Le livre de la *perfection de la justice*, vers l'an 415. Le saint y réfute les sophismes de Célestius, et y montre que de passer toute sa vie sans commettre la moindre faute, est une grace que Dieu n'accorde point ordinairement aux plus grands saints; en sorte qu'il est ridicule de croire qu'un homme puisse vivre sans contracter aucune souillure par les seules forces du libre arbitre.

5.º Le livre des *actes de Pélage*, vers l'an 417. Saint Augustin avait appris que Pélage avait été justifié au concile de Diospolis; mais il ignorait de quelle manière les choses s'étaient passées; il ne voulut point prononcer qu'il n'eût vu les actes mêmes du concile. La lecture qu'il en fit le confirma dans l'opinion où il était que Pélage n'avait point agi de bonne foi. Il composa l'ouvrage dont nous parlons, pour découvrir les artifices que cet hérésiarque avait employés pour tromper les pères de Diospolis.

6.º Les deux livres *de la grace de Jésus-Christ* et *du péché originel*, écrits en 418, après que les pélagiens et leurs erreurs eurent été condamnés par plusieurs conciles et par le pape Zozime. Il est prouvé, dans le premier, que la grace est nécessaire pour faire de bonnes œuvres et pour parvenir à la perfection chrétienne. L'objet du second est de montrer que le péché d'Adam a infecté toute sa postérité, et qu'on ne peut en obtenir la rémission que par le baptême.

7.º Les deux livres du *mariage* et *de la concupiscence*, au comte Valère, en 419. C'est une réfutation de Pélage, qui, de ce que la concupiscence est un effet du péché, et de ce que les hommes naissent dans le péché, inférait que le mariage devait être un péché.

8.º Les quatre livres de *l'ame et de son origine*, vers l'an 420. Ils sont adressés à un nommé Victor, qui avait abandonné le parti des donatistes. Le saint docteur y réfute diverses erreurs concernant la propagation du péché originel. Il y montre que la doctrine de la préexistence des ames dans un autre état, avant leur union à des corps, ne peut être soutenue par un catholique, et que l'ame est une substance spirituelle. Il dit que, quoique Victor eût avancé quelques-unes des erreurs qu'il réfutait, il n'en était pas moins catholique, parce qu'il ne l'avait fait que par ignorance, et qu'il déclarait, au commencement et à la fin de son ouvrage, qu'il était disposé à renoncer à ses sentimens, s'ils ne se trouvaient pas conformes à ceux de l'Église.

9°. Les quatre livres à *Boniface, contre les pélagiens*, vers l'an 420. Ces hérétiques avaient répandu deux lettres remplies de leurs erreurs, à Rome et dans d'autres endroits. Le pape Boniface, successeur de Zozime, les envoya à saint Augustin, qui les réfuta par l'ouvrage dont il est ici question. Il y montra la frivolité de l'objection que faisaient les pélagiens, et qui consistait à dire que leur condamnation n'avait point été souscrite par un concile, mais simplement par les évêques dispersés. Il y a peu d'hérésies, dit le saint, qui aient été condamnées par des conciles généraux : presque toutes l'ont été par le consentement des pasteurs, qui les découvraient dans tous les lieux où elles étaient connues, *l. 4, c. 2.*

10.° Les six livres *contre Julien*, vers l'an 423. Ce Julien était évêque d'Eclane en Italie. Il s'était acquis de la réputation, suivant Gennade, *de script. c.* 45, par sa piété et son amour pour les pauvres. Mais on l'accusa depuis de crimes contraires à la pureté, *ap. Mar. Mercator, commonit.* On croit que l'orgueil fut la cause de sa chute. Il attaqua par écrit la doctrine de l'Église sur le péché originel, la concupiscence, la grace et les vertus des infidèles. Saint Augustin lui répondit, par son ouvrage, divisé en six livres. Il cite, en faveur de l'existence du péché originel, le témoignage des anciens pères, sur l'autorité desquels il fait des réflexions très judicieuses, *l.* 1, *c.* 10, *l.* 1, *c.* 7.

11.º Le livre *de la grace et du libre arbitre*, 426 ou 427. Il y avait à Adrumète (aujourd'hui Mahomète, dans le royaume de Tunis), un monastère nombreux, gouverné alors par un abbé nommé Valentin. Deux religieux de cette maison, Flore et Félix, étant à Uzale, y lurent la lettre de saint Augustin, *Ep.* 194, au prêtre Sixte (depuis pape), contre les pélagiens; et comme Félix retournait au monastère, il porta à ses confrères une copie de cette lettre. Cinq ou six moines ignorans s'élevèrent contre Flore et Félix, et les accusèrent de nier le libre arbitre. On consulta l'abbé, qui découvrit aisément le style et la doctrine de saint Augustin, dans la lettre qui avait donné lieu à la contestation. Évode, évêque d'Uzale, écrivit aux moines, pour les exhorter à la paix et à la charité fraternelle : mais les exhortations furent inutiles; les efforts de l'abbé n'eurent pas plus de succès. Enfin, il permit aux mécontens d'envoyer à saint Augustin deux jeunes religieux, Cresconius et Félix (différent de celui dont nous avons parlé plus haut). Ils accusèrent Florus de prédestinatianisme, en présence du saint docteur. Augustin les instruisit charitablement de la doctrine de l'Église, et les renvoya, avec une lettre sur ce sujet, adressée à Valentin et à ses moines, *Ep.* 214. Il écrivit aussi, pour leur instruction, son livre *de la grace et du libre arbitre*, où il montre que l'on doit soutenir ces deux points, de façon que l'un ne préjudicie point à l'autre.

12.º Le livre *de la correction et de la grace*, la même année. Le saint docteur ayant désiré voir Florus, qu'on avait accusé de prédestinatianisme, l'abbé Valentin le lui envoya;

il l'examina avec soin, et reconnut qu'il était parfaitement orthodoxe, l'erreur des prédestinations ne lui ayant été attribuée que par ignorance. Craignant que cette même ignorance ne conduisît ses adversaires au pélagianisme, il adressa son traité *de la correction et de la grace* à l'abbé Valentin et à ses moines. Il y montre que la correction fraternelle et les exhortations à la vertu sont nécessaires, parce que l'homme est libre, et en même temps que l'on ne peut faire de bonnes œuvres sans le secours de la grace divine.

Quelques philosophes anciens étaient fatalistes, parce qu'ils ne concevaient pas comment la prescience divine pouvait s'accorder avec le libre arbitre; d'autres niaient la prescience de Dieu pour défendre le libre arbitre. Les pélagiens, fermant les yeux à la lumière de la foi, ne voyaient point l'absolue nécessité de la grace. Les prédestinatiens d'un autre côté attribuaient à la grace et à la prédestination une *influence nécessitante*, qui est incompatible avec cette indifférence active et cette élection libre, dans lesquels consistent l'essence de la liberté. Cette élection, par rapport aux vertus chrétiennes, est l'effet de la grace; mais d'une grace qui donne l'exercice actuel du libre arbitre, étant adaptée à l'*exigence* de la créature libre. En effet, Dieu, par son acte tout puissant, meut tous les êtres, conformément à leur *exigence*: il est le maitre absolu de la volonté de l'homme, et sa grace produit tous les bons désirs; en sorte, toutefois, qu'elle ne préjudicie point à la liberté. Saint Augustin enseigne partout cette doctrine, sans laquelle les préceptes, ainsi que les exhortations, seraient inutiles, et les peines injustement décernées contre les transgresseurs.

Bolingbroke n'est que l'écho des pélagiens et des semi-pélagiens, lorsqu'il accuse saint Augustin d'être prédestinatien, et d'attribuer à la grace une force nécessitante, qui est incompatible avec l'idée que nous avons de la liberté. Ce système était celui de Luther et de Calvin : Melancthon substitua le pélagianisme au prédestinianisme. Les premiers disciples de Luther, Arminius et une partie des calvinistes de Hollande pensèrent à cet égard comme Mélancthon. Malgré la condamnation d'Arminius par ses propres frères, le pélagianisme est présentement la doctrine la plus universellement reçue parmi les calvinistes sur la matière de la grace. (Voyez Leclerc, Burnet, etc.)

Jansénius et ses disciples, qui enseignent que la grace exerce son pouvoir, de sorte qu'elle impose à la volonté une nécessité *simple* et absolue, doivent être comptés parmi les prédestinatiens ; mais leur système ne doit point être confondu avec celui des Augustiniens, quelque faux qu'on puisse le supposer : on peut voir les écrits des théologiens de cette école.

13.° Les livres *de la prédestination des saints, et du don de la persévérance.*

14.° L'*ouvrage imparfait contre Julien*, vers l'an 428. Saint Augustin y réfute un écrit de Julien rempli d'invectives amères contre sa personne et sa doctrine. Il rapporte les objections de cet hérétique en propres termes, et y répond solidement en peu de mots. La mort l'empêcha d'achever cet ouvrage, et il n'en donna que six livres.

Les ouvrages supposés que renferme l'appendice de ce dixième tome, sont, 1.° l'*hypomnesticon* ou l'*hyponosticon*, en six livres. C'est un abrégé des raisons propres à combattre le pélagianisme dont l'auteur est inconnu.

2.° *De la prédestination de la grace*, livre qui paraît être de quelque semi-pélagien.

3.° Le livre *de la prédestination de Dieu*, qui est indigne de saint Augustin.

4.° *Réponse aux objections de Vincent,* qui sont de saint Prosper. Viennent ensuite plusieurs pièces importantes concernant l'histoire du pélagianisme.

Tome XI.

Ce tome contient la vie de saint Augustin, une table générale de ses ouvrages, et une des matières renfermées dans chacun. Cette vie n'est guère qu'une traduction latine de celle que Tillemont avait faite en français, mais qui n'était point encore imprimée.

Ce que nous avons dit des écrits de saint Augustin dans le cours de sa vie, à mesure que l'occasion s'en est présentée, suffit pour les faire connaître et les caractériser.

L'édition des œuvres du saint docteur la plus exacte et la plus complète que nous ayons est sans contredit celle des bénédictins : elle est de onze volumes *in-folio,* dont les deux premiers parurent à Paris en 1679 et le dernier en 1700. Elle fut commencée par D. Delfau ; mais ce religieux fut exilé peu de temps après dans la Basse-Bretagne pour avoir publié *l'abbé commendataire,* ouvrage où il s'exprimait fort durement sur diverses circonstances de l'institution des *commendes.* D. Blampin lui succéda dans son travail. On doit à la critique de D. Constant la séparation des ouvrages qui sont véritablement de saint Augustin d'avec ceux qui lui étaient supposés. La vie du saint fut traduite par D. Vaillant et D. de Frische.

On réimprima les œuvres de saint Augustin à Anvers, ou plutôt à Amsterdam, en 1700. Cette édition est aussi en onze volumes *in-folio :* on trouve, dans le dixième, l'analyse du livre *de la correction et de la grace,* par Antoine Arnaud, que M. de Harlai, archevêque de Paris, avait fait supprimer dans l'édition de Paris. Jean Leclerc y ajouta, en 1703, un douzième tome, sous le titre de *Appendix augustiniana,* où il a ramassé quantité de pièces étrangères, et inséré les observations sur saint Augustin. *Phereponi (J. Clerici) in Augustinum animadversiones.* Le saint docteur y est fort maltraité : la préface de Leclerc annonce un orgueil insupportable, suivant Oudin, pag. 990, et les auteurs des *actæ erudit. Lips.*, an. 1703, *p.* 289.

L'édition des bénédictins, réimprimée à Venise en 1729, 1735, n'est pas, à beaucoup près, comparable à celle de Paris, selon Berti, *c.* 76, et les bollandistes, *tom.* 6 *Aug.* On la réimprima, en 1761, dans la même ville, avec plus de soin et d'exactitude : cette réimpression est en vingt volumes *in-*4.°

Voyez Cave, tom. 1 ; Ceillier, tom. 11 et 12, Dupin., etc.

ARGUMENT
DES LIVRES
DE LA CITÉ DE DIEU,
TIRÉ DU SECOND LIVRE DES RÉTRACTATIONS DE SAINT AUGUSTIN.

CHAPITRE XLIII.

Cependant *Rome ayant été prise et saccagée par les Goths sous la conduite de leur roi Alaric, les payens rejetèrent ce malheur sur la Religion chrétienne, et commencèrent à blasphémer le véritable Dieu beaucoup plus qu'ils n'avaient encore fait. Embrasé donc du zèle de sa maison, je me mis à écrire les livres de la Cité de Dieu pour réfuter leurs blasphêmes ou leurs erreurs. Cet ouvrage m'a tenu quelques années, parce qu'il survenait plusieurs autres choses que je ne pouvais remettre et qu'il me fallait achever auparavant. Mais enfin j'ai terminé ce grand ouvrage en vingt-deux livres, dont les cinq premiers réfutent ceux qui croient que le culte de plusieurs dieux est nécessaire au bien du monde, et qui soutiennent que tous les malheurs qui sont arrivés depuis peu ne viennent que de ce qu'on le défend; les cinq suivans sont contre ceux qui demeurent d'accord que ces malheurs sont arrivés dans tous les temps, mais qui prétendent que le culte des divinités du paganisme est utile pour l'autre vie. Ces dix premiers livres ont donc pour objet de réfuter ces deux opinions chimériques contraires à la Religion chrétienne : mais afin qu'on ne nous reprochât pas de n'avoir fait que combattre les sentimens d'autrui sans établir les nôtres, c'est à cela qu'est employée l'autre partie de cet ouvrage, qui comprend douze livres ; quoique, dans les dix premiers, nous ne laissions pas d'établir notre créance quand il en est besoin, aussi bien que de répondre aux objections de nos adversaires dans les douze derniers. Les quatre premiers de ces douze contiennent donc la naissance des deux Cités, celle de Dieu et celle du monde ; les quatre suivans, leurs progrès ; et les quatre derniers, leurs fins. Ainsi tous les vingt-deux livres traitant également de ces deux Cités, ils ont pourtant pris le nom de la meilleure, tellement qu'on les appelle* les livres de la Cité de Dieu. *Au dixième (ch. 8), je ne devais pas parler comme d'un miracle du feu du ciel qui courut entre les victimes dans le sacrifice d'Abraham, puisque ce n'était qu'une vision. Au dix-septième (chap. 5), au lieu de dire, en parlant de Samuel, qu'il n'était pas des enfans d'Aaron, il fallait plutôt dire qu'il n'était pas fils du grand-prêtre ; car c'était la coutume que les enfans des grands-prêtres leur succédassent. Le père de Samuel était bien aussi des enfans d'Aaron ; mais il ne fut pas grand prêtre : je dis des enfans d'Aaron, non qu'il eût été engendré immédiatement de lui, mais dans le même sens que tous les Juifs s'appellent les enfans d'Israël. Cet ouvrage commence ainsi :* C'est, *etc.*

LA CITÉ DE DIEU.

LIVRE PREMIER.

CHAPITRE PREMIER.

Dessein de cet ouvrage. Ceux qui se plaignaient des chrétiens comme étant cause de la prise de Rome, ne s'étaient eux-mêmes sauvés de la fureur des ennemis qu'en feignant de l'être et se retirant dans leurs églises.

C'est pour m'acquitter de ma promesse, mon très cher fils (1), que j'entreprends cet ouvrage de la Cité de Dieu que je vous présente. On la peut considérer dans le cours des temps et dans le lieu de son pélerinage, encore mêlée parmi les méchans, et vivant dans la foi; ou dans l'état immuable du séjour éternel qu'elle attend maintenant avec patience, jus-

---

(1) Marcellin. (Voyez les remarques.)

qu'à ce que sa patience se change en force (1), et qu'elle ait remporté une pleine victoire sur ses ennemis. C'est sous ces deux aspects que j'ai dessein de la défendre contre ceux qui ont la hardiesse de préférer leurs Dieux à celui qui en est le fondateur. Cette entreprise, à la vérité, est grande et difficile ; mais Dieu est notre aide et notre appui. Eh ! de quelles forces n'est-il pas besoin pour persuader aux superbes l'humilité chrétienne à l'aide de laquelle nous nous élevons au-dessus de toutes les grandeurs de la terre par un généreux mépris, qui n'est pas l'effet de la vanité de l'homme, mais l'ouvrage de la grace de Dieu ? C'est aussi pour cela que le Roi de cette Cité dont je vous veux parler propose cette maxime, que « Dieu » résiste aux superbes et donne sa grace aux humbles (2), » comme une maxime qui n'appartient qu'à une loi divine. Et toute fois l'homme qui est vain affecte cette conduite qui n'est propre qu'à Dieu, et est bien aise qu'on le loue de « savoir aussi bien pardonner » aux humbles que dompter les superbes (3). » Cette considération de la vanité des hommes sera cause qu'autant que mon sujet semblera le demander, et que l'occasion s'en présentera, je parlerai aussi de la Cité de la terre, qui, possédée d'un violent désir de dominer, est elle-même esclave de sa convoitise, tandis qu'elle croit être la maîtresse de toutes les nations. N'est-ce pas d'elle que sortent les ennemis contre qui j'entre-

---

(1) *Psal.* 93, 15. (Voyez les remarques.)
(2) *Prov.*, 3, 34., selon la version des septante.
(3) *Eneid.*, 6.

prends de défendre la Cité de Dieu ? Plusieurs d'entre eux, à la vérité, abandonnant leur erreur et leur impiété, commencent à devenir ses citoyens; mais aussi il y en a qui sont tellement animés contre elle, qu'ils en oublient les faveurs manifestes qu'ils ont reçues de son Rédempteur; puisqu'ils ne seraient pas aujourd'hui en état de la décrier comme ils font, s'ils n'avaient trouvé dans ses lieux sacrés un asile pour sauver de la fureur des ennemis une vie dont ils font un si mauvais usage. Ne sont-ce pas ces mêmes Romains que les Barbares ont épargnés en considération de Jésus-Christ, qui sont aujourd'hui si contraires au nom de Jésus-Christ? Les sépulchres des martyrs et les basiliques (1) des apôtres en sont témoins, ayant également reçu, dans cette désolation, et leurs enfans et les étrangers (2). C'est là que s'arrêtait l'effort d'un ennemi altéré de sang et de carnage.; c'est là que se brisait la fureur de ses meurtriers; c'est là que ceux qu'ils voulaient sauver étaient conduits pour être à couvert de la violence des autres, qui n'étaient pas touchés d'une pareille compassion. En effet, lorsque ces furieux, qui, partout ailleurs, avaient exercé des actes d'hostilité, venaient à ces lieux sacrés, où ce qui leur était permis autre part par le droit des armes, leur avait été défendu (3), l'on voyait se ralentir cette ardeur brutale de répandre le sang, et cette passion de faire des prisonniers. Ainsi, plusieurs se sont sauvés,

---

(1) Les églises.
(2) C'est-à-dire, et les chrétiens et les payens.
(3) Par Alaric, leur roi.

qui déchirent maintenant la Religion chrétienne, imputant à Jésus-Christ les maux que Rome a soufferts, et n'attribuant qu'à leur bonne fortune la conservation de leur vie, qui n'est pourtant l'effet que du respect que les Barbares ont eu pour Jésus-Christ. Cependant, s'ils étaient un peu raisonnables, ne devraient-ils pas plutôt attribuer les maux qu'ils ont soufferts à cette Providence divine, qui a coutume de châtier et de dompter ainsi les méchans, et qui se plaît même quelquefois à exercer, par ces sortes d'afflictions, la patience des gens de bien, afin qu'étant éprouvés et purifiés, elle les fasse passer à une meilleure vie, ou les laisse encore sur la terre pour l'accomplissement de ses desseins? Ne devraient-ils pas reconnaître comme un des fruits du christianisme, de ce que les Barbares, d'ailleurs cruels et sanguinaires, les ont épargnés pour l'honneur de Jésus-Christ et contre toutes les lois de la guerre, ou dans les lieux profanes, ou dans les lieux consacrés à son nom, qui semblent avoir été choisis à dessein grands et spacieux, afin qu'ils continssent plus de monde, et qu'on fît grâce à plus de personnes? N'en devraient-ils pas tirer des sujets de reconnaissance envers Dieu, et, pour éviter un feu éternel, adorer sincèrement son nom, dont plusieurs d'entre eux se sont faussement servis pour se garantir de la peine légère d'une mort temporelle? Cependant ceux que vous voyez insulter aujourd'hui avec tant d'insolence aux serviteurs de Jésus-Christ, sont ceux-là même, ou au moins plusieurs de ceux-là, qui ne se seraient jamais sauvés du carnage, s'ils ne se fussent dits serviteurs de Jésus-

Christ. Et maintenant ils sont si ingrats, si orgueilleux et si impies, je puis dire même si déraisonnables et si insensés, que de s'élever contre le nom de Chrétien, pour être ensevelis dans des ténèbres éternelles, au lieu qu'ils s'étaient couverts de ce nom pour se conserver la jouissance d'une lumière passagère.

CHAPITRE II.

Il n'y a point d'exemples de guerres précédentes où les ennemis, dans la prise d'une ville, aient épargné ceux qui se réfugiaient dans les temples de leurs dieux.

Entre tant d'histoires des guerres qui se sont faites avant et depuis la fondation de Rome, qu'ils en produisent quelqu'une où les ennemis, après la prise d'une ville, aient épargné ceux qui s'étaient réfugiés dans les temples de leurs dieux, et où un chef des Barbares ait commandé à ses soldats de ne leur faire aucun déplaisir. Énée (1) ne vit-il pas Priam égorgé au pied des autels que lui-même avait dressés ? Diomède (2) et Ulysse n'enlevèrent-ils pas l'image de Pallas après avoir tué ceux qui la gardaient ? et cependant ce que Virgile ajoute, que depuis ce temps-là les affaires des Grecs commencèrent à mal aller, n'est

(1) Eneid., 2.
(2) Ibid.

pas véritable, puis que ce fut depuis qu'ils défirent les Troyens, qu'ils saccagèrent la ville de Troye, et que Priam fut tué devant un autel où il s'était réfugié. La perte du Palladium ne fut pas cause de la ruine de Troye, puisque cette perte fut précédée de celle des soldats qui le gardaient, et qu'en effet les Grecs ne purent enlever l'image de la déesse qu'après avoir tué ses gardes : ce n'était pas l'image qui les gardait, mais eux qui gardaient l'image. Comment donc l'adorait-on afin qu'elle gardât Troye et ses habitans, elle qui n'eut pas le pouvoir de garder ses gardes ?

CHAPITRE III.

Imprudence des Romains d'avoir mis leur ville sous la protection des dieux de Troye, que leurs poètes même appellent des dieux vaincus.

VOILA quels sont les dieux a qui les Romains faisaient gloire d'avoir recommandé leur ville. O erreur déplorable ! Cependant ils se mettent en colère contre nous lorsque nous parlons ainsi de leurs dieux, et ils ne se mettent pas en colère contre leurs auteurs qui en parlent de même ; au contraire, ils donnent de l'argent pour les apprendre, et croient que ceux qui les leur montrent sont dignes d'être honorés et gagés du public. Ne voyons-nous pas en effet que Virgile, que l'on fait lire aux enfans, afin que, comme c'est le premier et le plus grand de tous les poètes, ils ne l'oublient pas aisément, l'ayant appris dans un âge si tendre, suivant ce mot d'Horace (1), « qu'un vaisseau » garde long-temps l'odeur de la première liqueur » qu'on y a versée » : ne voyons-nous pas, dis-je, que ce même Virgile introduit Junon, qui dit à Éole, roi des vents, pour l'animer contre les Troyens : « Une » nation qui m'est odieuse navigue sur la mer de » Toscane, portant Troye en Italie avec ses pénates » vaincus (2). Des hommes sages devaient-ils recommander la ville de Rome à ces pénates vaincus, pour empêcher qu'elle ne fût vaincue à son tour? Mais peut-être que Junon disait cela comme une femme en colère, qui ne sait ce qu'elle dit. Énée lui-même qui est tant de fois appelé pieux, ne dit-il pas : « Panthus, prêtre de Pallas et d'Apollon, portait » entre ses bras son fils et les dieux vaincus (3)? » Ne fait-il pas entendre que ses dieux, qu'il ne feint point d'appeler vaincus, lui furent plutôt recommandés que lui à eux, quand il rapporte qu'Hector lui dit : « Troye vous recommande ses pénates (4). » Puis donc que Virgile ne fait point de difficulté d'appeler ces dieux-là vaincus, et de dire qu'ils furent recommandés à un homme, quelle folie est-ce de croire qu'on ait bien fait de mettre Rome sous la protection de tels défenseurs, et de prétendre qu'elle n'eût pu être saccagée si elle ne les eût perdus? et qu'est-ce

---

(1) Epist. 2, lib. 1.
(2) Eneid., 1.
(3) Eneid., 2.
(4) Ibid.

autre chose d'adorer des dieux vaincus comme ses protecteurs, sinon de reconnaître que ce sont plutôt des démons que de véritables divinités? En effet, combien est-il plus raisonnable de croire qu'ils fussent péris il y a long-temps si Rome ne les avait conservés de tout son pouvoir, que de s'imaginer que Rome n'eût point été prise s'ils ne fussent péris? Qui ne voit combien il est ridicule de dire qu'on ne peut être vaincu quand on a des défenseurs qui ont été vaincus, et que Rome n'a été ruinée que parce qu'elle a perdu les dieux qui la gardaient, vu qu'il lui suffit pour s'être perdue qu'elle ait voulu avoir des gardiens qui se pouvaient perdre? Lors donc que les poètes ont parlé des dieux vaincus, ce n'est pas une fiction; mais, comme ils étaient gens d'esprit, la force de la vérité les a obligés de dire ce qu'ils en pensaient. Mais nous traiterons ce sujet ailleurs plus à-propos et avec étendue. Je reviens maintenant à ces ingrats dont j'avais commencé de parler, qui, par un blasphème exécrable, imputent à Jésus-Christ les maux qu'ils souffrent justement pour leurs péchés, tandis qu'ils ne daignent pas seulement faire réflexion que c'est en considération de ce Sauveur qu'on les épargne, tout pécheurs qu'ils sont. Ainsi, par une insolence extrême, ils se servent, pour décrier son nom, de cette même langue dont ils se sont servis pour s'en couvrir et se conserver la vie.

CHAPITRE IV.

Le temple de Junon ne sauva personne de ceux qui s'y réfugièrent dans la prise de Troye, au lieu que les basiliques des apôtres garantirent tous ceux qui s'y retirèrent dans la prise de Rome.

Troye même, cette mère du peuple Romain, ne put, comme je l'ai déjà dit, mettre à couvert, dans les temples de ses Dieux, ses propres habitans contre la cruauté des Grecs qui adoraient les mêmes Dieux qu'elle. « Phénix (1) et Ulysse furent même choisis » pour garder le butin dans le temple de Junon. Là » étaient apportées de toutes parts les richesses de » Troye qu'on avait tirées des temples où l'on avait » mis le feu; des tables et des vases d'or, avec une » infinité d'étoffes précieuses ; et les troupes captives » des femmes et des enfans étaient debout à l'entour. » Un lieu consacré à une si grande Déesse fut choisi pour servir, non d'asile, mais de prison aux Troyens. Comparez maintenant, je vous prie, ce temple, qui n'était pas le temple de quelque petit Dieu, mais de la sœur et de la femme de Jupiter même, de la reine de tous les Dieux, avec les églises de nos apôtres. Là on portait les dépouilles des Dieux dont on avait brûlé les temples, non pour les rendre aux vaincus,

(1) Eneid., 2.

mais pour les partager entre les vainqueurs; et ici, tout ce qui a été trouvé ailleurs appartenir à ces saints lieux, y a été rapporté avec toute sorte d'honneur et de repect. Là on perdait sa liberté, et ici on la conservait. Là on s'assurait de ses prisonniers, et ici il était défendu d'en faire. Là on était traîné par des ennemis fiers et insolens, pour être leurs esclaves; et ici l'on était conduit par des ennemis plus humains, pour demeurer libres. Enfin, c'était l'avarice et l'orgueil des Grecs, d'ailleurs si polis (1), qui s'étaient choisi ce temple de Junon, au lieu que c'était la compassion et la piété des Barbares même les plus cruels qui avaient choisi ces basiliques (2) de Jésus-Christ : si ce n'est qu'on veuille dire que les Grecs épargnèrent les temples des Dieux (3), et n'osèrent

---

(1) *Levium Græcorum*, dit saint Augustin. *Levium* ne signifie pas ici légers, comme l'explique Vivès, mais polis et civilisés; autrement il n'y aurait rien d'étrange que des esprits légers fussent avares et vains; et de plus il n'y aurait point d'opposition avec *immanium*, qui est dit ensuite des Barbares ; ce qu'il faut pourtant pour le sens de ce passage, comme cela est manifeste, et Vivès même le reconnaît. Ce qui l'a trompé, c'est que les Grecs étaient accusés d'être légers, d'où vient la légèreté grecque; mais ils n'étaient pas aussi moins renommés pour leur politesse ; d'où vient qu'on appelait la Grèce la mère des arts, et que les Grecs traitaient de barbares toutes les autres nations.

(2) Ces églises.

(3) Le latin ajoute, *qui leur étaient communs avec les*

tuer, ni faire prisonniers les misérables Troyens qui s'y réfugiaient; que si Virgile (1) a feint cela, c'est par une licence de poète; mais point du tout : il n'a fait que représenter ce qu'ont coutume de faire des ennemis dans le sac d'une ville.

CHAPITRE V.

Coutume de piller les temples dans les prises de villes, confirmée par César.

César (2) même, au rapport de Salluste, qui passe pour un historien très fidèle, fait mention de cette coutume en opinant sur la conjuration de Catilina; car il dit, en parlant d'une ville prise de force, qu'on y ravit les filles, qu'on y arrache les enfans d'entre les bras de leurs mères, que les femmes sont exposées à l'insolence du vainqueur, « qu'on pille les temples » et les maisons, que l'on tue, que l'on brûle, et qu'enfin, tout y est rempli d'armes, de sang, de cris et de carnage. S'il n'eût point parlé des temples, nous croirions que la coutume était d'épargner les demeures des Dieux; et ce qui est à remarquer, c'est que les temples des Romains avaient à appréhender

Troyens; mais il l'a déjà dit au commencement de ce chapitre.
(1) Voyez les remarques.
(2) Voyez les remarques.

ce désordre, non pas des étrangers, mais de Catilina et de ceux de son parti, c'est-à-dire de citoyens Romains et des plus qualifiés d'entre les sénateurs. Mais on dira peut-être que c'étaient des gens perdus et désespérés.

CHAPITRE VI.

Les Romains même n'ont jamais épargné les temples des villes qu'ils ont forcées.

LAISSONS donc à part une infinité de peuples qui, dans les guerres qu'ils ont eues les uns contre les autres, n'ont jamais épargné les vaincus qui se sauvaient dans les temples de leurs Dieux; voyons les Romains même, ces gens qu'on a loués (1) surtout « de savoir » pardonner à ceux qui se soumettent, et dompter les » rebelles; et (2) d'aimer mieux oublier une injure » que d'en tirer vengeance. » Lorsqu'ils ont pris et saccagé tant de villes considérables, pour étendre leur empire, qu'on nous dise quels temples ils avaient coutume d'excepter pour servir d'asile aux vaincus. Est-ce que leurs historiens ont oublié d'en faire mention? Mais quelle apparence y a-t-il que des écrivains qui ménagent toutes les occasions de les louer eussent omis des actions si illustres de piété, selon eux,

(1) Eneid., 6.
(2) Salluste.

mêmes, s'ils les avaient faites? Le grand Marcellus, qui prit la célèbre ville de Syracuse (1), la pleura, à ce qu'on dit, avant que de la ruiner, et répandit des larmes pour elle avant que de répandre le sang de ses habitans. Il eut soin même que la chasteté n'y fût point outragée, puisque, avant que d'y faire donner l'assaut, il défendit, par un édit exprès, de déshonorer aucune personne libre. La ville, néanmoins, fut saccagée à l'ordinaire, et l'on ne lit nulle part qu'un capitaine si chaste et si clément ait commandé que tous ceux qui se retireraient dans tel ou tel temple ne reçussent aucun déplaisir : ce que pourtant les historiens n'auraient eu garde de passer sous silence, puisqu'ils n'ont pas oublié ses larmes, ni son édit en faveur de la chasteté. Fabius, celui qui prit la ville de Tarente (2), est loué de s'être abstenu du pillage des statues des Dieux. Comme on lui eut demandé ce qu'il voulait que l'on en fît, il s'enquit comment elles étaient faites, et ayant appris qu'il y en avait plusieurs fort grandes et même armées : laissons aux Tarentins, dit-ils, leurs Dieux irrités. Puis donc que les historiens Romains n'ont pas oublié de parler des larmes de Marcellus, ni de la raillerie de Fabius, de l'honnête compassion de l'un et de la modération agréable de l'autre, comment peut-on croire qu'ils eussent oublié une chose aussi remarquable que celle,

(1) Ville de Sicile.
(2) Ville de Calabre. C'est le célèbre Fabius Maximus, surnommé le temporiseur, et que le peuple par raillerie appelait le pédant d'Annibal.

dont nous parlons, de commander, en l'honneur de quelqu'un de leurs Dieux, qu'on ne fît aucun mal à ceux qui se seraient sauvés dans leurs temples?

CHAPITRE VII.

On ne peut attribuer qu'au nom de Jésus-Christ, que les Goths, à la prise de Rome, épargnèrent ceux qui se sauvèrent dans les églises des apôtres.

Tout ce qu'il y a donc eu de meurtres, d'incendies, de pillage, de désolation, de misère, dans cette dernière calamité de Rome, doit être imputé au désordre de la guerre. Mais ce qui y est arrivé d'extraordinaire et de nouveau, que des Barbares se soient adoucis au point de choisir les plus grandes églises pour mettre plus de monde à couvert de leur cruauté, d'ordonner qu'on n'y tuât personne, qu'on n'en tirât personne, d'y en conduire même plusieurs pour les sauver, et de n'en faire sortir aucun pour le perdre, tout cela doit être attribué au nom de Jésus-Christ et au temps favorable du Christianisme. Quiconque ne voit pas une chose si évidente, est aveugle; quiconque la voit et n'en loue pas Dieu, est ingrat; et quiconque ne veut pas qu'on l'en loue, est insensé. A Dieu ne plaise qu'aucun homme sage donne l'honneur de cette merveille à des Barbares. Celui qui a jeté l'épouvante dans des ames si farouches et si inhumaines, qui les a retenues, qui les a amollies, est celui-là même qui a dit, il y a si long-temps, par le prophète : « Je châtirai mon peuple par la verge et j'enverrai mes fléaux pour le punir de ses péchés ; mais je ne retirerai point ma miséricorde de dessus lui. (1). »

CHAPITRE VIII.

Les biens et les maux de ce monde sont communs aux bons et aux méchans ; mais l'usage que les uns et les autres en font est bien différent.

Quelqu'un dira: pourquoi donc cette divine miséricorde s'est-elle aussi étendue à des impies et à des ingrats (2) ? pourquoi ? C'est sans doute parce que celui qui l'a exercée est celui même qui, tous les jours (3), fait lever son soleil sur les bons et sur les méchans, et pleuvoir sur les justes et sur les injustes. Bien que quelques-uns d'eux, faisant réflexion sur cette bonté, se repentent de leur impiété et la quittent, et que les autres méprisant la douceur et la patience infinie de Dieu, comme dit l'apôtre (4), s'amassent, par leur endurcissement et leur impénitence,

(1) Ps. 88, 32.

(2) C'est-à-dire aux payens qui s'étaient sauvés dans les églises, et que les Barbares avaient épargnés comme les chrétiens.

(3) Matth., 5, 45.

(4) Rom., 2, 4.

une infinité de maux pour le jour de la vengeance et du juste jugement de Dieu, qui rendra à chacun selon ses œuvres ; il est toujours vrai de dire que la patience de Dieu invite les méchans à la pénitence, comme ses châtimens exercent les bons à la patience, et que sa miséricorde conserve et protège les bons, comme sa justice punit et châtie les méchans. Il a plu en effet à la divine Providence de préparer aux bons, pour le siècle à venir, des biens dont les méchans ne jouiront point, et aux méchans, des maux dont les bons ne seront point tourmentés. Mais pour les biens et les maux de cette vie, elle a voulu qu'ils fussent communs aux uns et aux autres, afin qu'on ne désirât point avec ardeur des biens que les méchans possèdent comme les autres, et qu'on n'évitât point comme honteux des maux dont les bons sont rarement à couvert.

Il y a pourtant une très grande différence dans l'usage que les uns et les autres font de ces biens et de ces maux ; car les bons ne s'élèvent point dans la bonne fortune, et ne s'abattent point dans la mauvaise ; au lieu que les méchans considèrent l'adversité comme une grande peine, et sont ainsi punis de s'être laissés corrompre par la prospérité. Souvent, néanmoins, Dieu fait paraître plus clairement qu'il agit lui-même dans la dispensation des biens et des maux; et véritablement, si tout péché était puni dès cette vie d'une punition manifeste, l'on croirait qu'il ne resterait plus rien pour le dernier jugement ; de même que si Dieu ne punissait maintenant aucun péché de peines sensibles, on croirait qu'il n'y a point de Providence. Il en est de même des biens temporels. Si Dieu, par une libéralité toute visible, ne les accordait à quelques-uns de ceux qui les lui demandent, nous dirions que ces choses-là ne sont pas en sa disposition; et s'il les donnait à tous ceux qui les lui demandent, nous croirions qu'il ne le faudrait servir que pour ces récompenses; et le service que nous lui rendrions n'entretiendrait pas en nous la piété, mais l'avarice et l'intérêt. Cela étant ainsi, lorsque les bons et les méchans sont également affligés, il ne se faut pas imaginer qu'il n'y ait point de différence entre eux, parce qu'il n'y a point de différence entre les peines qu'ils souffrent. La différence de ceux qui sont châtiés demeure dans la ressemblance du châtiment; et la vertu et le vice ne sont pas une même chose, pour être exposés aux mêmes souffrances. Car, comme un même feu fait briller l'or et noircir la paille, comme un même fléau écrase le chaume et purge le froment, et de même encore que le marc ne se mêle pas avec l'huile, quoiqu'il soit tiré de l'olive par le même pressoir, ainsi un même malheur venant à fondre sur les bons et sur les méchans, éprouve, purifie et fait éclater la vertu des uns, et, au contraire, perd, détruit et damne les autres. C'est pour cela qu'en une même affliction, les méchans blasphêment contre Dieu, tandis que les bons le prient et le bénissent : tant il est important de considérer, non ce que l'on souffre, mais celui qui souffre! car, le même mouvement qui tire de la boue une odeur fétide, imprimé à un vase de parfums, en fait sortir les exhalaisons les plus suaves.

CHAPITRE IX.

Des sujets de réprimande pour lesquels les gens de bien sont affligés dans ce monde avec les méchans.

Qu'ont donc souffert les chrétiens, dans cette désolation publique, qui ne leur soit avantageux, lorsqu'ils regardent ce qui est arrivé avec les yeux de la foi ? Qu'ils considèrent d'abord, en pensant humblement aux péchés qui ont allumé la colère de Dieu et attiré tant de malheurs sur les hommes, qu'encore que leur conduite soit bien éloignée de celle des grands pécheurs et des impies, ils ne sont pas néanmoins tellement exempts de fautes, qu'ils n'aient besoin, pour les expier, de souffrir quelques peines passagères (1). En effet, outre qu'il n'y a personne, quelque régulière que soit sa vie, qui ne se laisse quelquefois aller à ses passions, et s'il évite de tomber dans le gouffre des crimes, qui se puisse garantir au moins de quelques péchés, ou rares, ou d'autant plus fréquens qu'ils sont plus légers; quel est celui qui se conduise aujourd'hui comme il faut avec ceux dont l'orgueil, l'avarice, les débauches et les impiétés sont cause que Dieu désole la terre, comme il a menacé de le faire par la bouche de ses prophètes ? En effet il arrive souvent que, par une dangereuse dissimulation, nous faisons

(1) Voyez les remarques.

semblant de ne pas voir leurs fautes, pour n'être point obligés de les instruire, de les avertir, de les reprendre, et quelquefois même de les corriger; ce qui se fait, ou parce que nous fuyons la peine, ou parce que nous n'avons pas l'assurance de leur résister en face, ou enfin parce que nous appréhendons de les offenser, de crainte qu'ils ne nous nuisent dans quelques biens temporels que notre convoitise veut encore acquérir ou que notre faiblesse a peur de perdre. Et ainsi, encore que les gens de bien aient en horreur la vie des méchans, et qu'à cause de cela ils ne tombent pas avec eux dans la damnation qui leur est préparée, toutefois parce qu'ils les épargnent dans leurs offenses mortelles, de peur de perdre des choses qui sont toujours matière de péché, quoique léger et véniel, c'est avec justice qu'ils sont châtiés (1) avec eux dans le temps, bien qu'ils ne soient pas punis avec eux dans l'éternité; c'est avec justice qu'ils sentent avec eux l'amertume d'une vie qui, les charmant par une fausse douceur, les a empêchés de les traiter rigoureusement et de remplir leur cœur d'une sainte et salutaire amertume.

Je ne blâme pas pourtant la conduite de ceux qui ne les reprennent et ne les corrigent pas, parce qu'ils cherchent une occasion plus favorable de le faire, ou parce qu'ils appréhendent qu'ils n'en deviennent pires, et qu'étant irrités ils n'empêchent d'instruire ceux qui sont encore faibles, qu'ils ne les oppriment ou ne les détournent de la foi; car alors c'est plutôt l'effet d'une

---

(1) Voyez les remarques.

charité prudente que d'une cupidité intéressée. Mais le mal est que ceux qui mènent une vie toute différente de celle des méchans et qui abhorrent leurs vices, les épargnent, de peur de se mettre mal avec eux, et d'en être traversés en des choses dont véritablement l'usage est permis aux personnes innocentes, mais qu'ils aiment néanmoins avec trop d'affection, pour des gens qui sont voyageurs en ce monde, et qui font profession de regarder le ciel comme leur patrie. Dans le fait, non-seulement ceux qui sont plus faibles parce qu'ils sont engagés dans le mariage, qui ont des enfans ou qui veulent en avoir, qui possèdent des maisons et entretiennent des serviteurs, et enfin tous ceux à qui l'apôtre s'adresse quand il donne des préceptes sur la manière dont les femmes doivent vivre avec leurs maris et les maris avec leurs femmes, touchant les devoirs mutuels des pères et des enfans, des maîtres et des serviteurs; non-seulement, dis-je, ces personnes sont très aises d'acquérir plusieurs biens temporels, et très fâchées de les perdre, et n'osent, par cette considération, choquer des hommes dont ils détestent les mœurs; mais ceux même qui font profession d'une vie plus parfaite, qui ne sont point engagés dans le mariage, qui se contentent de peu pour leur subsistance, ne se peuvent souvent résoudre à reprendre les méchans, parce qu'ils craignent de hasarder leur réputation et leur vie, et redoutent leurs embûches et leurs violences. Et encore qu'ils ne les appréhendent pas au point de se laisser jamais aller à de pareils crimes, quelques menaces que ceux-ci leur pourraient faire, toutefois ils négligent la plupart du temps de leur adresser des reproches qui pourraient en corriger quelques-uns (1), et cela dans la crainte d'exposer leur vie et leur réputation, s'ils ne parvenaient pas en effet à les corriger. Ce n'est pas que leur réputation et leur vie ne leur soient nécessaires pour instruire; mais ils ne le font pas dans cette vue, et ce n'est que l'effet de leur faiblesse et du prix qu'ils attachent aux louanges des hommes et aux jugemens du vulgaire, aussi bien de la crainte qu'ils ont qu'on ne les maltraite ou qu'on ne les fasse mourir, c'est-à-dire qu'ils ne le font que par des vues d'intérêt personnel, et non par des motifs de charité.

Voilà donc, ce me semble, une raison d'assez grand poids pour que les bons soient châtiés avec les méchans, lorsqu'il plaît à Dieu de punir les mœurs corrompues des hommes, même par des maux temporels. S'ils souffrent tous les mêmes peines, ce n'est pas parce qu'ils donnent tous dans les mêmes déréglemens, mais parce qu'ils aiment tous cette vie mortelle; et quoique les gens de bien ne l'aiment pas tant que les autres, ils l'aiment néanmoins toujours, au lieu qu'ils devraient la mépriser, afin que, reprenant hardiment les méchans et les retirant de leurs péchés, ils leur en procurassent une meilleure; ou que, s'ils ne les pouvaient avoir pour compagnons, ils les souffrissent au moins et les aimassent comme ennemis, parce que, tant qu'ils vivent, on ne peut savoir s'ils ne se convertiront point. Ils sont bien plus coupables en cela, ceux dont parle le prophète, lorsqu'il dit : « Cet

(1) Voyez les remarques.

« homme mourra dans son péché, mais je demande-
« rai compte de sa vie à celui qui doit veiller sur
« lui. (1). » Car ceux qui veillent, c'est-à-dire ceux qui ont la conduite des peuples dans l'Église, ne sont établis sur eux que pour les reprendre de leurs péchés et ne les point épargner : ce qui toutefois n'exempte pas entièrement de faute celui qui, n'étant point revêtu de ces charges, ne laisse pas de voir quantité de choses à reprendre et à corriger en ceux auxquels il est uni par le commerce de la vie civile, et qui cependant ne les reprend pas, de peur d'encourir leur disgrace et d'en recevoir quelque tort en des choses dont il use légitimement, mais qu'il aime avec plus de passion qu'il ne devrait. Il y a encore une autre raison pour laquelle les gens de bien ont part aux maux de cette vie, et qui eut lieu en la personne de Job ; c'est de faire connaître à l'homme, par ces sortes d'épreuves, s'il aime Dieu avec un parfait désintéressement.

CHAPITRE X.

Les gens de bien ne perdent rien en perdant les biens temporels.

Si l'on considère bien tout ce qui vient d'être dit, on sera forcé de convenir qu'il n'est arrivé aucun mal aux véritables chrétiens qui ne soit pour leur bien, à

---

(1) Ezech., 33, 6.

moins que l'on regarde comme insignifiante cette sentence de l'apôtre : « Nous savons que tout contribue
» au bien de ceux qui aiment Dieu (1). »

Ils ont perdu, dira-t-on, tout ce qu'ils avaient. Ont ils perdu la foi ? Ont-ils perdu la piété ? Ont-ils perdu les biens de l'homme intérieur (2), *qui est riche devant Dieu ?* Ce sont-là les richesses des chrétiens, dont l'apôtre étant richement pourvu, disait : « C'est un
» grand trésor que la piété, accompagnée de la mo-
» dération d'un esprit qui se contente des choses né-
» cessaires. Nous n'avons rien apporté en ce monde
» et nous n'en pouvons aussi rien emporter. Pourvu
» donc que nous ayons de quoi vivre et nous vêtir,
» soyons contens ; car ceux qui veulent devenir ri-
» ches, tombent dans la tentation, dans les piéges du
» Démon, et en un grand nombre de désirs déréglés
» et pernicieux qui précipitent les hommes dans la
» mort et la damnation. Aussi l'avarice est la racine
» de tous les maux; et quelques-uns en étant per-
» suadés, se sont égarés de la foi et engagés en une
» infinité de malheurs (3). » Ceux donc qui, dans le sac de Rome, ont perdu les richesses de la terre, s'ils les possédaient, comme ils l'avaient appris de cet apôtre, qui était pauvre au dehors et riche au dedans, c'est-à-dire, « s'ils en usaient comme n'en
» usant pas (4), » ils ont pu dire avec celui qui fut

(1) Rom. 8, 28.
(2) I Pierre, 3, 4.
(3) I Tim., 6, 6.
(4) I Cor., 7, 31.

vivement tenté, mais non vaincu : « Je suis sorti tout » nu du ventre de ma mère, et je retournerai tout » nu en terre. Dieu m'avait donné des biens, il me » les a ôtés, il n'est arrivé que ce qu'il lui a plu ; que » son nom soit béni (1). » De sorte que ce fidèle serviteur considérait la volonté de son maître comme de grandes richesses, et, par cette soumission parfaite à ses ordres, il était très riche au dedans, et ne s'affligeait point de quitter, durant sa vie, des choses qu'il devait bientôt quitter à sa mort. Mais ceux qui, n'étant pas si forts, avaient quelque attachement pour ces biens terrestres, quoique ce ne fût pas jusqu'à les préférer à Jésus-Christ, ont reconnu, en les perdant, combien ils péchaient en les aimant, puisqu'ils ont senti tous les maux dans lesquels cette passion les avait engagés, ainsi que le disait l'apôtre dont j'ai rapporté plus haut les paroles. Assurément il était juste qu'ayant si long-temps négligé l'instruction de cet apôtre, ils en reconnussent la vérité par leur propre expérience. Car, lorsque saint Paul a dit que « ceux qui veulent devenir riches tombent dans la » tentation, etc. (2), » il est certain qu'il ne blâme que le désir des richesses, et non pas les richesses en elles-mêmes, puisqu'un peu après il ordonne à Timothée « de recommander aux riches du monde » de n'être point glorieux, de ne point mettre leur » confiance en des richesses incertaines, mais au » Dieu vivant qui nous donne abondamment toutes

---

(1) Job., 1, 21.
(2) I Tim., 6, 9.

» choses pour nous en servir, d'être bienfaisans, de
» se rendre riches en bonnes œuvres, de donner ai-
» sément et avec joie, de faire part de leurs biens
» aux autres, et d'établir, par leurs aumônes, un
» fondement solide de leur salut pour le siècle à
» venir, afin de pouvoir parvenir à la véritable
» vie (1). » Ceux qui usaient ainsi de leurs richesses se
sont consolés d'une perte très légère par un gain très
considérable, et ont eu plus de joie des biens qu'ils
ont sauvés, en les mettant en sureté par leurs aumônes, qu'ils n'ont ressenti de tristesse de ceux qu'ils
ont perdus pour les avoir gardés avec une timide
précaution. Ils n'ont réellement perdu que ceux qu'ils
n'avaient pas voulu envoyer au ciel. En effet, ceux
qui ont écouté le commandement de leur Seigneur,
qui dit : « Ne vous faites point de trésors dans la
» terre, où le ver et la rouille les détruisent et où
» les larrons les déterrent et les dérobent; mais amas-
» sez-vous des trésors dans le ciel, où la rouille, les
» vers ne les gâtent point, et où les larrons ne fouil-
» lent, ni ne dérobent; car où est votre trésor, là
» est aussi votre cœur (2). » Ceux, dis-je, qui ont
écouté cette voix ont éprouvé, dans les jours d'affliction, combien ils ont été sages de ne point mépriser le conseil d'un maître si véridique, et d'un
gardien de leur trésor si puissant et si fidèle. Si plusieurs se sont réjouis d'avoir caché leur bien en des
endroits d'où le hasard a voulu que les ennemis

---

(1) I Tim., 6, 17.
(2) Matth., 6, 19, 20 et 21.

n'aient point approché, avec combien plus d'assurance ceux-là ont-ils pu se réjouir, qui, suivant les avertissemens de leur Dieu, les avaient mis en un lieu dont il était absolument impossible d'approcher? C'est pourquoi notre cher Paulin, évêque de Nole, qui, de très riche qu'il était, s'est fait volontairement très pauvre, et qui est encore très riche en vertu et en sainteté, ayant été pris par les Barbares dans le pillage de sa ville, faisait au fond du cœur cette prière à Dieu, comme depuis nous l'avons appris de lui-même : Seigneur, ne permettez pas que je sois tourmenté pour de l'or et de l'argent; car vous savez où sont tous mes biens. En effet, il les avait mis où celui qui avait menacé le monde de ce fléau l'avait averti de les mettre et d'en faire un trésor. Ainsi, ceux qui avaient obéi à leur Seigneur, dont ils avaient appris où et comment ils devaient cacher leurs trésors, n'ont pas même perdu leurs richesses temporelles dans cette invasion des Barbares; et quant à ceux qui se sont repentis de ne lui avoir pas obéi, ils ont appris, à leur tour, l'usage qu'ils devaient faire de ces biens, sinon par une sagesse qui ait prévenu leur perte, au moins par l'expérience qui l'a suivie.

Mais il y a eu quelques gens de bien, même chrétiens, que les ennemis ont tourmentés pour leur faire découvrir leurs biens. Je réponds qu'ils n'ont pu ni découvrir, ni perdre le bien qui les rendait bons. S'ils ont mieux aimé souffrir les tourmens que de découvrir leurs fausses richesses, ils n'étaient pas gens de bien ; et ceux qui enduraient ainsi tant de choses pour de l'or avaient besoin qu'on les avertît combien ils en devaient plus endurer pour Jésus-Christ, afin qu'ils apprissent à aimer plutôt celui qui donne les richesses d'un bonheur éternel à ceux qui ont souffert pour lui, qu'à aimer de l'or et de l'argent, qui ne pouvaient leur attirer que des souffrances, soit qu'ils les célassent en mentant, ou qu'ils les découvrissent en disant la vérité. En effet, dans les tourmens, personne n'a perdu Jésus-Christ pour l'avoir confessé, au lieu que personne n'a conservé son bien qu'en niant qu'il en eût (1). C'est pour cela que les tourmens qui leur apprenaient à aimer un bien incorruptible, leur étaient peut-être plus utiles que ces biens même qui tourmentaient leurs possesseurs par l'amour déréglé que ceux-ci avaient pour eux, sans qu'ils en tirassent aucune utilité. Mais, dit-on encore, quelques-uns même qui n'avaient point de bien n'ont pas laissé d'être tourmentés, parce qu'on ne les croyait pas. Peut-être qu'ils souhaitaient d'en avoir; et ainsi n'étant pas pauvres de volonté, il fallait leur montrer que ce ne sont pas les richesses en elles-mêmes, mais le désir des richesses, qui mérite châtiment; que si, n'ayant point de biens cachés, ils n'en désiraient point non plus, je ne sais si quelqu'un de ceux-là a été tourmenté; mais quand cela serait, nous pouvons dire avec certitude que celui qui confessait la sainte pauvreté au milieu des tourmens, confessait Jésus-Christ même : de sorte que, bien que les ennemis ne l'aient pas cru sur parole, néanmoins, un confes-

(1) Ce qui montre la différence de ces deux biens, Jésus-Christ et l'argent.

seur de la sainte pauvreté n'a pu être tourmenté sans en recevoir une récompense céleste.

Plusieurs chrétiens, disent-ils, ont aussi été affligés d'une longue faim (1). Mais c'est encore une chose que les vrais fidèles ont tournée à leur avantage en la souffrant pour l'amour de Dieu; car ceux que la faim a tués, elle les a délivrés des maux de cette vie, comme aurait pu le faire une autre maladie; quant à ceux qu'elle n'a pas tués, elle leur a appris à vivre plus sobrement et à jeûner davantage.

CHAPITRE XI.

De quelque façon qu'on meure, on meurt toujours bien quand on a bien vécu.

On ajoute : plusieurs chrétiens ont été massacrés, plusieurs ont été emportés par divers genres de morts affreuses. Si c'est là un malheur, c'est un malheur commun à tous les hommes; du moins suis-je assuré qu'il n'est mort personne qui ne dût mourir un jour. Or, la fin de la vie égale la plus longue vie à la plus courte : ce qui n'est plus n'est ni pire, ni meilleur, ni plus long, ni plus court. Et qu'importe de quelque genre de mort on meure, puisqu'on ne meurt pas deux fois ? D'ailleurs, comme il n'est point d'hommes qui, à cause de divers accidens de cette vie, ne soit,

(1) Pendant le siège de la ville de Rome.

pour ainsi dire ; menacé tous les jours d'un nombre infini de morts, tant qu'il est incertain de laquelle il mourra ; je demande s'il ne vaut pas mieux en souffrir une seule en mourant, que de vivre et les craindre toutes ? Je sais que notre lâcheté (1) fait que nous aimons mieux vivre long-temps et craindre tant de morts, que de mourir une fois pour n'en plus craindre aucune ; mais autre chose est ce qui épouvante nos sens et la faiblesse de notre chair ; et autre chose, ce que nous connaissons avec certitude par les lumières de notre esprit. La mort, précédée d'une bonne vie, ne doit point être réputée mauvaise ; elle n'est telle que par ce qui la suit. Il ne faut donc pas se mettre fort en peine de ce qui cause la mort de gens qui doivent nécessairement mourir, mais du lieu où ils vont en mourant. Ainsi, puisque les chrétiens savent que la mort du vertueux pauvre de l'Évangile (2), au milieu des chiens qui léchaient ses plaies, est meilleure que celle du mauvais riche dans la pourpre et le lin, en quoi ces horribles genres de morts ont-ils pu nuire à ceux qui sont morts, s'ils ont bien vécu ?

(1) Voyez les remarques.
(2) Luc, 16, 19.

CHAPITRE XII.

Le défaut de sépulture n'apporte aux chrétiens aucun préjudice.

Mais, direz-vous, dans un si grand massacre, il y a eu plusieurs chrétiens qui n'ont pu être ensevelis. C'est un malheur qu'avec de la foi on n'appréhende pas encore beaucoup, sachant que, quand les corps de ceux dont il a été dit (1) qu'il ne se perdra pas un cheveu de leur tête, seraient dévorés par les bêtes sauvages, cela n'empêchera pas qu'ils ne ressuscitent. La vérité n'aurait garde de dire : « Ne craignez point » ceux qui tuent le corps et ne peuvent tuer l'âme (2), » si rien de tout ce que l'ennemi peut faire aux corps de ceux qu'il a tués était capable de leur nuire pour l'autre vie ; à moins qu'il ne se trouve quelqu'un assez déraisonnable pour prétendre qu'on ne doit point craindre avant la mort ceux qui peuvent tuer le corps, mais qu'on doit les craindre après, et appréhender qu'ils empêchent qu'on n'enterre ceux qu'ils auront tués. Jésus-Christ aura donc dit faussement : « Ne crai- » gnez point ceux qui font mourir le corps, et de » qui ensuite le pouvoir ne s'étend pas plus loin (3), »

---

(1) Luc, 21, 18.
(2) Matth., 10, 28.
(3) Luc, 12, 4.

s'ils peuvent encore faire tant de mal à des corps morts ? A Dieu ne plaise que ce qu'a dit la vérité soit faux ! Il est dit en effet qu'ils font quelque chose lorsqu'ils tuent, parce qu'un corps a le sentiment de sa mort prochaine; mais qu'après ils n'ont plus rien à faire, parce qu'un corps qui est tué n'a plus de sentiment. Il est donc vrai que la terre n'a pas couvert les corps de beaucoup de chrétiens, mais personne n'en a pu enlever aucun d'entre le ciel et la terre, cette terre que remplit toute entière de sa présence celui qui sait de quelle manière il doit ressusciter ce qu'il a créé. Il est dit, à la vérité, dans le pseaume 78 : « Ils ont exposé les corps de vos saints pour servir de » pâture aux oiseaux du ciel et aux bêtes de la cam- » pagne ; ils ont répandu leur sang comme de l'eau » autour de Jérusalem, sans que personne se mît en » peine de les ensevelir ; » mais c'est plutôt pour exagérer la cruauté de ceux qui l'ont fait que le malheur de ceux qui l'ont souffert. Quoique cela paraisse dur et barbare aux hommes, il n'en est pas ainsi de Dieu, « à qui la mort de ses saints est toujours chère et pré- » cieuse (1). » Aussi toutes ces cérémonies des enterremens, le soin des funérailles, le choix de la sépulture, la pompe des obsèques, sont plutôt pour la consolation des vivans que pour le soulagement des morts. S'il est de quelque utilité pour le méchant d'être enseveli magnifiquement, une sépulture commune ou le défaut absolu de sépulture doit nuire à l'homme vertueux. Cette multitude de serviteurs qui suivait le

---

(1) Ps. 115, 5.

corps du riche voluptueux de l'Évangile (1) composait aux yeux des hommes une pompe funèbre magnifique ; mais elles furent bien autrement éclatantes aux yeux de Dieu, les obsèques que firent à ce pauvre couvert d'ulcères, les anges, qui ne le mirent pas dans un tombeau de marbre, mais qui l'emportèrent dans le sein d'Abraham.

Ceux contre qui nous avons entrepris de défendre la Cité de Dieu se moquent de ceci, et cependant leurs philosophes même ont méprisé le soin de la sépulture ; et il s'est trouvé des armées entières qui ne se sont pas souciées, pourvu qu'elles mourussent pour leur patrie, de ce que leurs corps deviendraient après leur mort, ou de quelles bêtes ils seraient la pâture. C'est ce qui a fait dire aux poètes ce mot généralement applaudi, « que le ciel couvre celui qui n'a point » de tombeau (2). » Combien donc ont-ils moins de raison d'insulter aux chrétiens de ce que quelques-uns d'eux sont demeurés sans sépulture, puis que l'on promet (3) de leur rendre leurs corps pourvus de tous leurs membres, après les avoir tirés non-seulement de la terre, mais encore du sein des autres élémens où ils s'étaient écoulés ?

(1) Luc, 16, 19.
(2) Lucain, l. 7.
(3) I Cor., 15, 52.

CHAPITRE XIII.

Pourquoi il faut enterrer les corps des fidèles.

Toutefois il ne faut pas négliger et abandonner les corps de ceux qui sont morts, surtout des fidèles et des gens de bien, dont le saint Esprit s'est servi comme d'instrumens et d'organes pour toutes les bonnes œuvres. Si la robe d'un père ou son anneau, ou quelque autre chose semblable est d'autant plus précieuse à ses enfans qu'ils ont plus d'affection pour sa mémoire, à plus forte raison devons-nous prendre soin des corps qui nous sont bien plus étroitement unis que des habits, quels qu'ils puissent être, puisqu'ils ne servent pas seulement de parure et de secours à l'homme, mais qu'ils font même partie de sa nature. Aussi voyons-nous que l'on a rendu aux justes des premiers temps ces derniers devoirs de piété, qu'on a célébré leurs obsèques, que l'on a pourvu à leur sépulture, et qu'eux-mêmes, durant leur vie, ont ordonné à leurs enfans d'ensevelir leurs corps, et de les transporter d'un lieu à un autre. Tobie (1) est loué dans l'Écriture d'avoir enseveli les morts, et l'ange Raphaël témoigne que cela attira sur lui les graces de Dieu. Notre Seigneur lui-même, qui devait ressusciter le

(1) Tobie, 12, 12.

troisième jour, ne laisse pas de relever (1) et de vouloir que l'on publiât comme une bonne œuvre l'action de cette femme pieuse, qui répandit sur lui un parfum précieux pour l'ensevelir en quelque sorte par avance. L'Évangile (2) parle aussi avec éloge de ceux qui prirent soin de recevoir son corps à la descente de la croix, de le couvrir de linceuls, et de l'ensevelir honorablement. Or ces exemples ne montrent pas que les corps de ceux qui sont morts aient aucun sentiment, mais ils font voir seulement que Dieu en prend soin, et qu'il est bien aise qu'on leur rende ces devoirs de piété, parce que cela sert à établir la foi de la résurrection. Par là nous apprenons combien sera grande la récompense des aumônes que nous faisons à ceux qui sont encore en vie, et qui sentent le bien que nous leur faisons, puisque même ces devoirs de charité, que nous rendons à des corps privés de sentiment, ne sont pas perdus devant Dieu. Il y a encore d'autres mystères cachés sous ces ordres que les saints patriarches (3), remplis d'un esprit prophétique, donnaient à leurs enfans d'inhumer leurs corps, ou de les transporter dans le sépulcre de leurs pères; mais ce n'est pas ici le lieu de traiter cette matière, et ce que nous en avons dit doit suffire. Mais enfin si la privation soudaine et douloureuse des choses absolument nécessaires à la vie, comme la nourriture et le vêtement, ne

---

(1) Matth., 26, 10.
(2) Jean, 19, 38.
(3) Genes., 47 et dern,

fait pas perdre patience aux gens de bien et ne sert qu'à exercer leur courage et leur vertu ; combien est-il plus vrai de dire que lorsqu'ils manquent à recevoir les derniers offices de piété que l'on rend d'ordinaire aux morts, cela n'est pas capable de troubler le repos dont ils jouissent dans leurs bienheureuses demeures ! Ainsi, quand ces pieux devoirs ont manqué aux chrétiens dans le pillage de Rome ou de toute autre ville, ce n'est ni la faute des vivans qui n'ont pu s'en acquitter, ni une peine pour les morts, qui ne l'ont pu sentir.

CHAPITRE XIV.

Les consolations divines n'ont jamais manqué aux chrétiens dans leur captivité.

Mais, disent-ils, plusieurs chrétiens ont aussi été emmenés captifs. C'est un grand malheur que cela, si on a pu les mener quelque part où ils n'aient point trouvé leur Dieu. Nous avons encore dans l'Écriture sainte de quoi nous défendre contre cette affliction. Les trois enfans de Babylone furent captifs ; Daniel le fut (1), d'autres prophètes le furent aussi, et Dieu ne manqua jamais de les consoler. Et il ne se faut pas étonner qu'il n'ait point abandonné ses serviteurs sous la domination de gens qui étaient à la vérité barbares,

(1) Dan., 1.

mais hommes après tout, lui qui n'a point abandonné un prophète dans le ventre même d'une bête (1). Je sais bien que ceux à qui j'ai affaire aiment encore mieux se moquer de ceci que de le croire, et cependant ils croient, sur le rapport de leurs auteurs, qu'Arion de Méthymne, cet excellent joueur de lyre, ayant été jeté de son vaisseau dans la mer, fut reçu et porté à terre sur le dos d'un dauphin. L'histoire de notre Jonas serait-elle par hasard plus incroyable ? Elle est plus incroyable à la vérité, mais c'est parce qu'elle est plus merveilleuse ; et la merveille est ici d'autant plus grande qu'elle est l'effet d'une plus grande puissance.

CHAPITRE XV.

La piété de Régulus envers les dieux n'empêcha pas les Carthaginois de le faire mourir.

Ils ont néanmoins aussi, parmi leurs hommes illustres, un célèbre exemple d'une captivité volontairement soufferte par esprit de Religion. Régulus, général Romain, avait été pris par les Carthaginois. Ceux-ci, qui aimaient mieux retirer leurs prisonniers que de retenir ceux des Romains, l'envoyèrent à Rome avec leurs ambassadeurs, pour traiter de cette affaire, après l'avoir obligé par le serment de revenir,

---

(1) Jonas, 2.

au cas qu'il ne pût obtenir ce qu'ils demandaient. Régulus, qui croyait que cet échange n'était pas avantageux à la république, persuada aux sénateurs de ne le point faire; après quoi, sans y être forcé par les siens, il ne laissa pas de retourner, pour satisfaire à son serment. Les Carthaginois l'ayant enfermé dans une machine de bois fort étroite, où il était obligé de se tenir debout, et qu'il savaient hérissée de pointes déchirantes dans l'intérieur, de sorte qu'il ne pouvait se pencher d'aucun côté sans souffrir de cruelles douleurs; ils le tuèrent ainsi en le privant de tout sommeil. Certes, ils louent avec raison la vertu de cet homme, qui fut encore plus grande que son infortune ; et cependant il avait juré par ces mêmes Dieux, dont nos adversaires s'imaginent que le culte proscrit est cause de tous les malheurs qui arrivent au monde. Si donc ceux qu'on servait pour être heureux en cette vie ont voulu ou permis que l'on fît endurer ce supplice à un si religieux observateur de son serment, que pouvaient-ils faire davantage contre un parjure ? Faites bien attention, je vous prie, à ce raisonnement : Régulus honorait les Dieux au point de croire que son serment ne lui permettait pas de demeurer en son pays, ni d'aller ailleurs, mais l'obligeait à retourner parmi ses plus cruels ennemis; s'il y trouvait quelque avantage pour cette vie, sans doute il se trompait, puisqu'il la finit si malheureusement, et fit voir, par son exemple, que le culte des Dieux ne contribue en rien à la félicité temporelle du moment; qu'un homme qui y était si attaché fut vaincu et emmené captif, et mourut d'un genre de supplice affreux et inoui, pour n'avoir pas voulu violer le serment qu'il avait fait par ces mêmes Dieux. Que si, au contraire, le service que l'on rend aux Dieux a pour récompense une félicité dont on ne doit jouir qu'après cette vie, pourquoi décrier le christianisme, comme si le malheur qui est arrivé à Rome venait de ce qu'elle a cessé de servir ses Dieux, qu'elle aurait pu servir plus religieusement encore, et ne pas laisser, pour cela, d'être aussi malheureuse que Régulus ; à moins qu'il n'y ait quelqu'un d'assez insensé dans son aveuglement pour prétendre, contre l'évidence même, que toute une république qui sert les Dieux ne peut être aussi malheureuse qu'un particulier : comme s'il n'était pas plus aisé à leurs Dieux d'en conserver un seul que plusieurs, et que la multitude ne fût pas composée de particuliers.

Diront-ils que la vertu a pu rendre heureux Régulus, au milieu de sa captivité et de ses tourmens ? Que l'on cherche alors la véritable vertu qui puisse rendre aussi une république heureuse ; car une république, qui n'est autre chose qu'une multitude d'hommes qui sont d'accord ensemble, ne saurait être heureuse d'une autre façon qu'un de ses membres considéré isolément. C'est pourquoi je n'examine pas encore quelle était la vertu de Régulus. Il suffit que nos adversaires soient obligés de reconnaître, par un exemple si éclatant, que l'on ne doit point servir les Dieux pour les biens du corps, ni pour toutes les choses qui sont hors de l'homme, puisque Régulus aima mieux en être privé, que d'offenser les Dieux qu'il avait pris à témoin. Mais que peut-on attendre de gens qui se glorifient d'avoir eu un semblable citoyen et qui appréhendent d'avoir un État qui lui ressemble? S'ils ne l'appréhendent pas, qu'ils avouent donc que ce qui est arrivé à Régulus a pu arriver de même à un état qui honore les Dieux aussi religieusement que lui, et qu'ils ne calomnient plus les chrétiens. Puisque c'est à l'occasion des chrétiens qui ont été faits prisonniers, que nous avons abordé cette question, que ceux qui se moquent de leur Religion avec autant d'impuder que de témérité, considèrent cet exemple et se taisent; car si l'on n'a point reproché à leurs Dieux qu'un de leurs plus fervens adorateurs, pour ne leur pas manquer de foi, ait été privé de sa patrie, n'en ayant point d'autre, et que ses ennemis l'aient fait mourir d'une mort prolongée par un supplice tout nouveau; il y a bien moins de raison de blâmer le christianisme à cause de la captivité de quelques chrétiens, puisque, attendant avec une foi vive la jouissance de la céleste patrie, ils savent qu'ils sont étrangers (1) dans leurs propres maisons.

(1) I Pier., 2, 11.

CHAPITRE XVI.

La violence que les vierges ont soufferte dans la captivité a-t-elle pu porter atteinte à leur vertu?

Ils s'imaginent probablement charger les chrétiens d'un grand opprobre, quand, pour exagérer leur captivité, ils ajoutent que, non-seulement des femmes et des filles, mais encore des vierges même ont été violées. Ce qui nous pourrait faire de la peine en cela, n'est ni la foi, ni la piété, ni même la chasteté (1), mais la pudeur, qu'il semble que nous devons satisfaire aussi bien que la raison (2). Aussi nous nous proposons moins ici de répondre à nos adversaires, que de consoler celles des nôtres qui ont souffert cette injure. Il faut donc établir comme un principe assuré que la vertu, qui fait que l'on vit bien, a son siége dans notre ame, d'où elle commande aux membres du corps, de sorte que le corps est saint lorsque la volonté qui règle ses mouvemens est sainte. Tant qu'elle demeure ferme et constante dans le bien, tout ce qu'un autre fait du corps ou dans le corps, qu'on ne

---

(1) Toutes ces vertus sont à couvert dans la violence que l'on souffre dans le corps.

(2) Car la pudeur a bien de la peine à se remettre de cette violence, quoique la raison l'assure qu'il n'y a point de mal pour celui qui la souffre.

peut éviter sans pécher (1), ne rend point coupable celui qui le souffre. Mais parce que l'on peut produire non-seulement la douleur, mais aussi la volupté dans le corps d'autrui, lorsque cela arrive, encore que cette violence ne fasse pas perdre la chasteté à laquelle on tient fermement, elle ne laisse pas de causer de la honte, dans la crainte que d'autres ne croient que l'esprit a donné quelque consentement à ce qui, peut-être n'a pu s'en passer dans la chair sans quelque sentiment de plaisir.

CHAPITRE XVII.

De la mort volontaire par crainte du châtiment ou du déshonneur.

Ainsi, quel est celui qui serait assez inhumain pour ne pas pardonner à celles qui se sont tuées pour éviter un si grand outrage ? Et pour celles qui n'ont pas voulu se tuer, de crainte d'éviter le crime d'autrui par leur propre crime, quiconque les en blâmera méritera lui-même d'être blâmé de son peu de sagesse. S'il n'est pas permis en effet de tuer un homme de son autorité privée, quelque coupable qu'il soit, parce qu'aucune loi n'en donne la permission, il s'ensuit que celui qui se tue soi-même est homicide ; et il est d'autant plus coupable en se tuant, qu'il était plus

(1) Comme si l'on se tuait pour l'éviter.

innocent en la chose pour laquelle il a cru devoir se tuer. Si nous avons raison de détester l'action de Judas, et si la vérité (1) décide qu'en se pendant il a plutôt augmenté qu'expié le crime de son infâme trahison, puisque, faute de confiance dans la miséricorde de Dieu, il s'est fermé la porte à un repentir salutaire par un repentir criminel, combien plus celui-là se doit-il abstenir de se tuer, qui n'a point commis de crime qu'il doive punir d'un tel supplice? car lorsque Judas s'est tué, il a tué un méchant homme, et néanmoins il n'a pas seulement été coupable de la mort de Jésus-Christ, mais encore de la sienne propre; et s'il est vrai de dire qu'il s'est fait mourir à cause de son crime, il ne l'est pas moins que sa mort volontaire l'a chargé d'un crime nouveau. Et pourquoi un homme qui n'a point fait de mal s'en ferait-il à lui-même? Pourquoi, en se tuant, tuerait-il un innocent, afin d'empêcher qu'un autre ne fût coupable? Pourquoi commettrait-il sur sa personne un péché qui lui serait propre, pour en éviter un qui lui est étranger?

(1) Act. 1.

CHAPITRE XVIII.

De la violence que souffre le corps sans que l'ame y participe.

Il appréhende, dites-vous, que l'impudicité d'autrui ne le souille. Elle ne le souillera pas, si elle est d'autrui, et elle n'est pas d'autrui, si elle le souille. Et véritablement, puisque la chasteté est une vertu de l'ame, qu'elle a pour compagne la force, qui la dispose à souffrir plutôt toutes sortes de maux que de consentir au mal, et qu'il n'est point d'homme, quelque chaste qu'il soit par principes, qui ait le pouvoir d'empêcher la violence qu'on lui fait en son corps, mais seulement d'y consentir ou de s'y refuser. Y aurait-il quelqu'un d'assez déraisonnable pour croire perdre la chasteté, s'il arrive qu'un autre assouvisse sa passion sur son corps, malgré sa volonté ? Que si cela est capable de faire perdre la chasteté, il faudra dire alors que la chasteté n'est point une vertu de l'ame, et cesser de la compter au nombre des biens qui concourent à la régularité de notre vie, mais parmi les biens du corps, tels que la force, la santé, la beauté et les autres choses de cette nature, qui peuvent souffrir de l'altération sans que l'on en soit moins homme de bien. Or, si la chasteté est quelque chose de semblable, pourquoi se mettre en peine de la conserver au péril même de la vie ? Mais si c'est un bien de l'ame, la violence faite au corps ne saurait la faire perdre. Bien plus, l'on peut dire que lorsque la continence résiste à l'impudicité, elle sanctifie le corps, tellement qu'il ne perd rien de sa sainteté, parce que la volonté, la faculté même, autant que cela dépend de lui (1) d'en user saintement, demeurent toujours.

La sainteté du corps ne consiste pas en ce que ses membres n'aient été flétris d'aucun attouchement, puisqu'ils peuvent être blessés par divers accidens et souffrir violence, et que, les gens de l'art, pour guérir ces parties, sont quelquefois obligés d'y faire des choses qui blessent les regards. Une sage-femme ayant porté la main sur une vierge, pour s'assurer de sa virginité, soit qu'elle le fît par malice ou par ignorance, ou par hasard, corrompit cette fleur en la visitant. Je ne crois pas que personne soit si peu raisonnable que de s'imaginer que cette vierge eût rien perdu de la sainteté de son corps, pour avoir perdu sa virginité de la sorte. Conséquemment, l'ame demeurant ferme en sa résolution, par laquelle le corps même a mérité d'être sanctifié, la violence d'une passion étrangère n'ôte point au corps la sainteté que lui conserve une affection constante pour la continence. Si quelque femme d'un esprit corrompu, et infidèle au vœu qu'elle avait fait à Dieu, va trouver son séducteur pour s'abandonner à lui, dirons-nous que, lorsqu'elle y va, elle est encore chaste, même de corps, après avoir perdu cette sainteté de l'ame qui

---

(1) Car il serait bien aise que la volonté en fût toujours la maîtresse.

sanctifiait son corps? Dieu nous garde de cette erreur ! concluons plutôt de là que la sainteté du corps ne se perd point, lors même qu'il est obligé de céder à la violence, pourvu que l'ame demeure pure; et qu'au contraire, la sainteté de l'ame ayant été violée, celle du corps se perd aussitôt, quoique le corps ne soit point encore effectivement tombé dans l'impureté. Ainsi, puisqu'une femme, qui a été déshonorée malgré elle, n'a rien fait qu'elle doive punir d'une mort volontaire, combien moins doit-elle attenter à sa vie, avant qu'on ait attenté à sa chasteté, de peur qu'elle ne commette un homicide certain, tandis que le crime qu'elle veut éviter est encore incertain ?

CHAPITRE XIX.

De Lucrèce qui se donna la mort pour avoir été déshonorée.

JE ne sais si ceux contre qui nous défendons, non-seulement la sainteté de l'esprit, mais même celle du corps des femmes chrétiennes forcées dans leur captivité, oseront contredire une raison aussi claire que celle qui nous fait soutenir que, lorsqu'une femme est déshonorée malgré elle, celui qui la déshonore est le seul coupable, et non celle qui n'a point donné son consentement à cette violence ; mais je sais bien au moins qu'ils louent hautement la chasteté de Lucrèce, cette ancienne et illustre dame Romaine. L'histoire rapporte que le fils du roi Tarquin ayant joui d'elle par force, elle s'en plaignit à Collatin, son mari, et à Brutus, son parent, tous deux distingués par leur rang et leur magnanimité, et les obligea, par serment, à la venger; après quoi, ne pouvant plus souffrir l'affront qu'elle avait reçu, elle se tua. Que dirons-nous de cet accident? Lucrèce est-elle adultère, ou chaste? Mais qui serait en peine à se déterminer là-dessus? Un déclamateur a dit, avec autant d'élégance que de justesse, à ce sujet : Chose étonnante ! ils étaient deux, et un seul a été adultère. Je dis que ce mot est aussi élégant que juste, car ce déclamateur considérant dans cette action honteuse la honteuse passion de l'un, et la chaste et innocente volonté de l'autre, et ne songeant pas à ce qui se passait dans la conjonction des corps, mais dans les divers mouvemens des esprits : ils étaient deux, dit-il, et un seul a été adultère.

D'où vient donc que celle qui n'est point adultère souffre une plus grande punition que celui qui a commis ce crime? L'un est seulement banni avec son père, au lieu que l'autre endure le dernier supplice. Si une femme qui est outragée contre son gré n'est point impudique, il n'y a point de justice à la punir. J'en appelle à votre tribunal, lois et juges de Rome. Vous ne voulez pas que l'on puisse impunément faire mourir un criminel, quelque coupable qu'il soit, s'il n'a été auparavant condamné. Si donc ce crime était porté devant vous, et que l'on vous démontrât qu'une femme a été tuée, non-seulement sans avoir été condamnée, mais même étant très innocente, ne châtiriez-vous pas celui qui l'aurait tuée

comme il le mériterait? Eh bien! c'est Lucrèce qui s'est tuée, c'est elle, cette même Lucrèce tant vantée, qui a tué la chaste et innocente Lucrèce si indignement déshonorée. Prononcez là-dessus. Que si vous ne le faites pas, parce qu'elle n'est plus au monde pour la punir, pourquoi louez-vous si fort la meurtrière d'une femme chaste et innocente? Au moins, ne la pourriez-vous défendre devant les juges d'enfer tels que vos poètes même nous les représentent, puisqu'elle est parmi ceux « qui étant innocens, se sont donné
» la mort, et n'ont fait aucun état de leur vie, parce
» qu'ils étaient las de vivre, et qui voudraient bien
» revenir au monde ; mais ils en sont empêchés par
» les destins et par les eaux bourbeuses du Styx, qu'ils
» ne sauraient traverser (1). » Mais peut-être qu'elle n'est pas là pour s'être tuée à cause qu'en effet elle était coupable. Que serait-ce si elle avait consenti au plaisir dans la violence que Tarquin lui avait faite, chose qu'elle seule pouvait savoir, et dont elle eut ensuite tant de regret, qu'elle crût devoir expier cette faute par sa mort ; quoiqu'en ce cas même elle n'eût pas dû se faire mourir, si elle eût pu satisfaire de faux dieux par une véritable pénitence? Néanmoins, si cela est ainsi, et qu'il ne soit pas vrai qu'ils étaient deux et qu'il n'y eût qu'un adultère, parce que tous deux l'ont été, l'un par une violence ouverte, et l'autre par un consentement secret, elle ne s'est pas tuée étant innocente, et par conséquent ses défenseurs peuvent dire qu'elle n'est pas dans l'enfer parmi ceux « qui, étant

(1) Énéide, 6.

» innocens, se sont donné la mort (1). » Mais il y a ici deux extrémités inévitables. Si l'on veut l'exempter du crime d'homicide (2), on la rend coupable d'adultère; et si on la sauve de l'adultère, il faut qu'elle soit homicide; tellement qu'il n'y a pas moyen d'échapper à ce raisonnement : ou elle est adultère, et alors pourquoi la loue-t-on? ou si elle est chaste, pourquoi donc s'est-elle fait mourir?

Toutefois il nous suffit, pour la défense des femmes chrétiennes qui ont été forcées, de trouver dans le célèbre exemple de cette Lucrèce que l'on ait dit en sa faveur : Ils étaient deux, et il n'y a eu qu'un adultère. En effet, ils ont mieux aimé croire que Lucrèce était si chaste qu'elle n'a pu se souiller d'aucun consentement criminel : or, de ce qu'elle s'est tuée, non pour avoir commis un adultère, mais pour l'avoir souffert, ce n'a pas été par un amour de la chasteté, mais par un faible sentiment de honte. Elle rougit d'un crime qui avait été commis en elle, mais non avec elle; et cette romaine, qui aimait la gloire, craignit, si elle survivait à cet affront, qu'on ne s'imaginât qu'elle y eût consenti : elle crut qu'elle devait par sa mort faire connaître son innocence à ceux à qui elle n'avait pu faire voir le secret de son cœur; et enfin elle eut peur qu'on ne l'estimât complice d'une action si lâche, si elle la souffrait avec patience.

Les femmes chrétiennes qui sont tombées dans le même malheur n'ont pas suivi la même conduite.

---

(1) Énéide, 6.
(2) En disant qu'elle a tué une coupable en se tuant.

Elles vivent, et n'ont point vengé sur elles-mêmes le crime d'autrui, pour ne pas ajouter l'homicide à l'adultère : car elles ont la gloire de la chasteté, c'est-à-dire le témoignage de leur conscience, et au-dedans d'elles-mêmes, et aux yeux de leur créateur ; ce qui leur suffit lorsqu'elles ne peuvent rien faire davantage, de peur qu'en voulant éviter les soupçons des hommes elles ne s'écartent de la loi de Dieu.

CHAPITRE XX.

Le précepte qui défend de tuer défend de se tuer soi-même.

CE n'est pas sans raison que l'on ne saurait trouver nulle part dans les livres saints et canoniques, que Dieu nous ait jamais commandé ou permis de nous tuer, non pas même pour parvenir à l'immortalité bienheureuse, ou pour nous délivrer ou nous garantir de quelque mal. Au contraire, nous devons croire qu'il nous l'a défendu quand il a dit : « Vous ne tuerez » point (1) ; » surtout n'ayant point ajouté : « Votre » prochain, ainsi qu'il le fait lorsqu'il défend le faux témoignage : « Vous ne porterez point, ajoute-t-il, » faux témoignage contre votre prochain (2). » Cela ne fait pas néanmoins que celui qui porte faux té-

---

(1) Exode, 20, 13.
(2) Exode, 20, 14.

moignage contre soi-même soit exempt de ce crime ; puisque la règle de l'amour du prochain est l'amour de soi-même ; ainsi qu'il est écrit : « Vous aimerez » votre prochain comme vous-même (1). » Si donc celui qui fait une fausse confession contre soi-même n'est pas moins coupable de faux témoignage que s'il la faisait contre son prochain, bien qu'en cette défense de porter faux témoignage il ne soit parlé que du prochain, et qu'il puisse paraître à ceux qui ne l'entendent pas bien, qu'il n'a pas été defendu d'être faux témoin contre soi-même ; combien plus doit-on croire qu'il n'est pas permis de se tuer soi-même, puisque ces termes : « Vous ne tuerez point, » étant absolus, et la loi n'y ayant rien ajouté qui les limite, la défense est générale ; d'où il suit que celui-là même à qui il est commandé de ne point tuer n'en est pas excepté ? C'est ce qui fait qu'il y en a qui s'efforcent d'étendre ce précepte jusqu'aux bêtes même, prétendant qu'il n'est pas permis de les tuer. Mais que ne l'étendent-ils donc aussi aux arbres et aux plantes ? car, bien que les plantes n'aient point de sentiment, on ne laisse pas de dire qu'elles vivent, et par conséquent elles peuvent mourir, et même être tuées si l'on use de violence contre elles. C'est pourquoi l'apôtre, parlant de ces semences, dit : « Ce que vous » semez ne peut vivre s'il ne meurt auparavant (2) ; » et dans le pseaume : « Il fit mourir leurs vignes par

---

(1) Matth., 22, 39.

(2) I Cor. 15, 36.

» la grêle (1). » Ainsi, lorsque nous entendons la loi qui nous dit : « Vous ne tuerez point (2), » croirons-nous pour cela que ce soit un crime d'arracher un arbrisseau, et serons-nous assez fous pour approuver l'erreur des manichéens? Laissant donc ces rêveries de côté, lorsque nous lisons : « Vous ne tuerez point, » si nous ne l'entendons pas des plantes, parce qu'elles n'ont point de sentiment, ni des bêtes brutes, parce qu'elles sont privées de raison (d'où vient que, par une disposition très juste du Créateur, leur vie et leur mort sont également pour notre usage), il reste que nous entendions de l'homme ce précepte qui dit : « Vous ne tuerez point, » c'est-à-dire vous ne tuerez point un autre, et par conséquent vous ne vous tuerez point vous-même ; car celui qui se tue ne tue autre chose qu'un homme.

CHAPITRE XXI.

En quelles rencontres l'on peut tuer un homme sans être homicide.

MAIS cette même autorité divine a excepté certains cas où il est permis de faire mourir un homme lorsqu'elle le commande, ou par une loi générale, ou par un ordre particulier. Ce n'est pas celui qui tue qui

---

(1) Ps., 77, 52.
(2) Exode, 20, 13.

doit son ministère à celui qui le lui commande, « et
» qu'il ne faut regarder en ce cas que comme une épée
» entre les mains de celui qui s'en sert. » C'est pourquoi
ceux qui ont fait la guerre par l'ordre de Dieu même,
ou qui, dans l'exercice de leurs charges, ont puni de
mort les méchans suivant ses lois, c'est-à-dire suivant
les règles d'une raison très juste, n'ont point contrevenu au precepte qui défend de tuer. Ainsi tant s'en
faut qu'Abraham (1) ait été blâmé de cruauté d'avoir
voulu tuer son fils pour obéir à Dieu, qu'il en a au
contraire été loué comme d'une action de piété signalée ; et l'on a raison de demander si c'est en effet par
un commandement de Dieu que Jephté (2) tua sa
fille, pour accomplir le vœu qu'il avait fait de lui immoler la première chose qui se présenterait à lui au
retour de sa victoire. On n'excuse point d'une autre
manière Samson (3), de s'être écrasé lui-même avec
ses ennemis sous la ruine d'une maison, qu'en disant
que l'Esprit qui faisait des miracles par lui le lui avait
commandé intérieurement. Exceptez donc ceux qu'une
loi générale qui est juste, ou que Dieu même, qui est
la source de la justice, commande de tuer ; quiconque
tue un homme, soi-même ou un autre, est coupable
d'homicide.

(1) Genes., 22.
(2) Judic., 11.
(3) Judic., 16.

CHAPITRE XXII.

Il n'y a point de générosité à se tuer soi-même.

Tous ceux qui se sont fait mourir eux-mêmes peuvent bien être admirés pour la grandeur de leur courage, mais on ne les saurait louer d'une véritable sagesse; quoique, si l'on consulte davantage la raison, l'on trouvera qu'on ne doit pas même appeler grandeur de courage de se faire mourir pour ne pouvoir supporter ou les maux de cette vie ou les péchés d'autrui. N'est-ce pas plutôt une faiblesse de ne pouvoir souffrir l'affliction ou les folles opinions du peuple? En effet, il y a bien plus de véritable générosité à endurer qu'à fuir une vie misérable, et à mépriser les jugemens des hommes, et surtout ceux du peuple, qui sont d'ordinaire faux et téméraires, pour ne s'arrêter qu'au témoignage de sa conscience. C'est pourquoi, s'il y a quelque courage à se tuer soi-même, il n'y a personne qui mérite mieux cette gloire que Cleombrote (1), dont on rapporte qu'ayant lu le livre de Platon sur l'immortalité de l'ame, il se précipita du haut d'un mur dans la mer, pour passer de cette vie à une autre qu'il croyait meilleure; car il n'y avait ni calamité ni crime, soit vrai ou faux, qui l'obligeât

---

(1) Ambraciote; à la différence du roi de Lacédémone du même nom, qui fut vaincu par Épaminondas.

de se tuer pour en éviter la peine ou le déshonneur, et rien que la grandeur de son courage ne lui fît embrasser la mort et rompre les liens si doux qui nous attachent à la vie. Cependant cette action est plutôt grande que bonne, et Platon même qu'il avait lu le lui pouvait apprendre, puisqu'il l'aurait fait lui-même le premier ou enseigné à le faire, si du même esprit qu'il a connu l'immortalité de l'ame il n'eût jugé que c'est une chose que non-seulement on ne doit pas faire, mais qu'on doit même défendre.

Mais, dit-on, plusieurs se sont tués pour ne pas tomber en la puissance de leurs ennemis. Nous ne demandons pas maintenant ce qui s'est fait, mais ce qui s'est dû faire; car la raison doit être préférée aux exemples, qui pourtant s'accordent aussi avec elle, mais ce sont ceux qui méritent d'autant plus d'être imités, qu'ils sont de personnes plus éminentes en piété. Véritablement, les patriarches, les prophètes et les apôtres ne l'ont point fait, parce que notre seigneur Jésus-Christ, qui les a avertis (1) de fuir de ville en ville pour éviter la persécution, pouvait bien aussi les avertir de se tuer eux-mêmes pour ne point tomber entre les mains de leurs persécuteurs. Que s'il n'a ni commandé, ni conseillé aux siens de sortir ainsi de la vie, eux à qui il a promis (2) des demeures éternelles quand ils en sortiront; quelques exemples que nous opposent les Gentils qui ne connaissent point

---

(1) Matth., 10, 23.

(2) Jean, 14, 2.

Dieu, il est clair que cela n'est point permis à ceux qui servent le seul et véritable Dieu.

CHAPITRE XXIII.

Caton ne se tua point par courage, mais parce qu'il ne voulut pas que César eût la gloire de lui pardonner.

Mais eux-mêmes, après l'exemple de Lucrèce dont j'ai dit plus haut mon sentiment, n'ont guères d'autres exemples dont ils se puissent servir contre nous que celui de Caton d'Utique. Ce n'est pas qu'il soit le seul qui se soit suicidé; mais comme il passait pour un homme savant et vertueux, il semble qu'on ait raison de croire qu'on peut bien faire ce qu'il a fait. Que dirai-je donc de cette action, sinon que ses amis qui l'en détournaient, et parmi lesquels il y avait aussi de savans hommes, jugeaient qu'il y avait plus de lâcheté que de courage en cette résolution, et qu'elle ne venait pas d'un principe d'honneur qui fait qu'on veut éviter l'infamie, mais d'un sentiment de faiblesse qui porte à se soustraire à l'adversité? Caton lui-même fit bien voir que c'était-là sa disposition dans le conseil qu'il donna à son fils. S'il était en effet honteux de vivre sous la domination de César, pourquoi ce père, qui aimait tant son fils, le porta-t-il à se soumettre à cette infamie, en lui ordonnant d'espérer tout de la clémence du vainqueur? Pourquoi ne l'obligea-t-il pas plutôt à mourir avec lui ? Et véritablement si Torquatus a été loué pour avoir fait mourir son fils quoique vainqueur, parce qu'il avait combattu contre son commandement, pourquoi Caton vaincu a-t-il épargné son fils vaincu comme lui, lorsqu'il ne s'épargnait pas lui-même ? Est-ce qu'il avait plus de honte d'être vaincu contre le commandement de son général, qu'à se soumettre, contre les lois de l'honneur, à celui qui avait vaincu ? Caton n'a donc pas jugé qu'il fût honteux de vivre sous l'empire de César, autrement il aurait garanti son fils de cet opprobre avec le même fer dont il se perça le sein. Qu'est-ce donc qui l'a porté à en user de la sorte, sinon qu'autant qu'il a aimé son fils, sur qui ses vœux et son espoir appelaient la clémence de César, autant il a porté envie à la gloire de César, ne voulant pas, comme César le disait lui-même, qu'il eût l'honneur de lui pardonner ; ou, pour dire quelque chose de plus doux pour Caton, en ayant honte ?

CHAPITRE XXIV.

Les chrétiens l'emportent autant en généreux courage sur Régulus, que Régulus sur Caton.

Nos adversaires ne veulent pas que nous préférions à Caton le saint homme Job, qui aima mieux souffrir en son corps les plus cruelles douleurs que de s'en délivrer par la mort, non plus que les autres saints dont

CHAPITRE XXV.

On ne doit point éviter un péché par un autre.

Mais, dit-on, il est à craindre que le corps soumis à la brutalité de l'ennemi ne force, par les attraits de la volupté, l'esprit à y consentir ; de sorte que l'on doit se tuer, non pour éviter le péché d'autrui, mais pour prévenir le sien propre. Je réponds qu'il n'arrivera jamais qu'un esprit qui est plutôt assujéti à Dieu et à sa sagesse qu'à la concupiscence charnelle, consente aux mouvemens impudiques qu'un autre excite en sa chair : mais si c'est un crime détestable et digne de la damnation que de se tuer soi-même, comme cela est très évident, y a-t-il quelqu'un d'assez extravagant pour dire : péchons maintenant, de crainte que peut-être nous ne péchions ensuite ; commettons maintenant un homicide, de peur que nous ne tombions tantôt dans un adultère ? Si l'iniquité est montée à un si haut point que nous ne soyons plus en peine de choisir entre le crime et l'innocence, mais seulement entre un moindre crime et un plus grand, ne vaut-il pas mieux préférer un adultère incertain et à venir à un homicide présent et certain ? Ne vaut-il pas mieux commettre un péché qui peut être expié par la pénitence que d'en commettre un qui nous mette hors d'état de faire pénitence ? Je dis cela pour les personnes qui croient devoir se donner la mort afin d'éviter le consentement qu'elles pourraient donner à un plaisir déshonnête qui serait ému en elles par autrui. Au reste, à Dieu ne plaise qu'une ame véritablement chrétienne qui se confie en son Créateur, qui met son espérance en lui, et se fonde sur son assistance, cède jamais aux voluptés de la chair et consente à l'impureté. Que si cette concupiscence rebelle qui réside encore dans nos membres mortels, se meut pendant la nuit sans le concours de notre volonté, mais par un mouvement qui lui est propre, sans que pour cela nous soyons coupables, à plus forte raison le sommes-nous moins quand elle se meut, non-seulement sans notre consentement, mais même malgré notre résistance.

CHAPITRE XXVI.

Ceux qui se tuent par un mouvement du saint Esprit ne sont point homicides.

M<small>AIS</small>, disent-ils, quelques saintes femmes, pendant la persécution, se sont jetées dans la rivière pour se sauver de la violence de ceux qui voulaient les déshonorer (1), et l'Église catholique les révère comme des

---

(1) Sainte Pélagie se précipita en bas de son logis pour ce sujet ; sa mère et ses sœurs se jetèrent dans un fleuve. (Voyez saint Ambroise, livre 3 des Vierges.)

Sainte Sophronie en fit autant. *Euseb., l.* 8 *hist. eccles.*

martyres. Je n'ose juger de ces personnes, dans l'impossibilité de décider si l'Église n'a point été inspirée de leur rendre cet honneur sur des témoignages dignes de foi ; et il se peut faire que cela soit ainsi. En effet, que dirons-nous si elles ont été poussées à cette action par l'esprit de Dieu, comme nous devons absolument le croire de Samson (1)? Or, lorsque Dieu commande une chose et qu'il fait connaître clairement sa volonté, qui peut faire un crime de l'obéissance? Mais il ne s'ensuit pas qu'on puisse sans crime immoler son fils à Dieu parce qu'Abraham (2) l'a fait et en a été loué. Quand un soldat tue un homme pour obéir à son général, il n'y a point de loi qui le condamne comme homicide ; au contraire, s'il ne le fait, il est traité d'insubordonné et de rebelle ; mais, s'il l'avait tué de sa propre autorité, il encourrait la peine des meurtriers et des assassins ; de sorte qu'il est puni pour une même action, et quand il la fait sans ordre, et quand, ayant ordre de la faire, il ne la fait pas. Que si le commandement d'un capitaine justifie de la sorte, que fera le commandement du Créateur? Que celui donc qui sait qu'il n'est pas permis de se tuer soi-même, se tue, si c'est pour obéir à celui dont il n'est pas permis aussi de mépriser les ordres ; qu'il prenne garde seulement que l'ordre ne soit point douteux. Pour nous, nous ne pouvons gouverner les consciences que sur les règles que nous avons apprises, et nous

(1) Qui s'enveloppa lui-même dans la ruine d'une maison qu'il fit tomber. (Voyez ci-dessus, chap. 21.)

(2) Genes., 22, 10.

n'entreprenons point de juger des choses cachées. « Per-
» sonne ne sait ce qui se passe dans l'homme que l'es-
» prit de l'homme qui est en lui (1). » Ce que nous
disons, ce que nous soutenons, ce que nous approu-
vons en toutes manières, c'est que personne ne doit
se suicider, ni pour se délivrer des misères temporelles, de peur de tomber dans les misères éternelles;
ni pour les péchés d'autrui, de crainte que celui que
le crime d'un autre ne souillait point ne commence
par se souiller de son propre crime ; ni pour ses péchés passés, parce qu'au contraire il a besoin de vivre
pour les effacer par la pénitence; ni pour jouir d'une
vie meilleure, parce qu'il n'y a point de meilleure vie
après la mort pour ceux qui sont coupables de leur
mort.

CHAPITRE XXVII.

Si la mort volontaire est à désirer comme un refuge contre le péché.

Il ne reste plus qu'une chose, dont j'avais commencé
à parler, pour laquelle on pourrait penser qu'il serait
avantageux de se tuer soi-même, savoir la crainte que
la volupté ou la douleur ne nous portent au péché.
Mais, si ce motif était admis, il s'ensuivrait qu'il faudrait encore bien plutôt exhorter les hommes à se tuer

(1) I Cor., 2, 11.

eux-mêmes lorsqu'ils ont reçu dans le baptême la rémission de tous leurs crimes. Est-il un temps plus opportun d'éviter les péchés à venir, que lorsque tous les autres sont remis? Si cela se peut faire par une mort volontaire, pourquoi ne le fait-on pas préférablement alors? pourquoi un nouveau baptisé s'épargne-t-il lui-même? pourquoi s'expose-t-il encore à tant de périls après en avoir été délivré, quand il lui est si aisé de les éviter en se donnant la mort, et qu'il est écrit que « celui qui aime le péril y tombera (1)? » Pourquoi donc, je le répète, aime-t-on de si grands périls? ou, si on ne les aime pas, pourquoi s'y expose-t-on? pourquoi celui à qui il est permis de sortir de cette vie y demeure-t-il? Est-ce qu'il y a quelqu'un qui soit assez aveugle et assez insensé pour croire qu'il doit se tuer, de peur que la brutalité d'un maître vicieux ne l'oblige à commettre quelque crime; et qu'il doit au contraire songer à vivre pour soutenir les attaques du monde qui nous sollicite à toute heure au péché, et qui est tout plein de ces tentations que l'on craint d'un seul maître, sans parler d'un nombre infini d'autres auxquelles nous sommes continuellement exposés? Pourquoi donc perdre le temps à recommander aux baptisés de garder la virginité, ou de demeurer chastes dans l'état de viduité ou de mariage, puisque nous avons des voies plus courtes et plus assurées que celles-là, d'envoyer à Dieu plus saints et plus purs tous ceux à qui nous pourrions persuader de se tuer au moment même qu'ils ont reçu le pardon

(1) Eccli., 3, 27.

de leurs péchés? Que s'il est quelqu'un, je ne dirai pas assez fou, mais assez furieux, pour entreprendre de proclamer de telles maximes, de quel front dira-t-il à un autre : Tuez-vous, de peur que votre soumission à un maître barbare et impudique ne vous porte à un plus grand péché que ceux que vous avez déjà commis? lui qui ne saurait dire sans un crime détestable : Tuez-vous, maintenant que tous vos péchés sont effacés, de peur que vous n'en commettiez encore de pareils ou de plus énormes, au milieu de ce monde où l'impureté, l'erreur, et les menaces des méchans sont de continuels sujets de chute? Comme ce serait un crime de tenir un semblable discours, c'est donc aussi un crime de se tuer, puisque, s'il pouvait y avoir une cause légitime de le faire, il est certain qu'il n'y en aurait point de plus légitime que celle-là : or, celle-là ne l'est pas, il n'y en a donc point qui le soit

CHAPITRE XXVIII.

Pourquoi Dieu a permis que les ennemis aient déshonoré ses servantes.

Qu'ainsi, ô fidèles servantes de Jésus-Christ, la vie ne vous soit point à charge, de ce que les ennemis ont abusé de votre chasteté; vous avez une grande et solide consolation, si votre conscience vous rend témoignage de n'avoir point consenti au péché de ceux à qui Dieu a permis d'attenter à votre honneur.

Demanderez-vous pourquoi il le leur a permis? Rappelez-vous que la providence de celui qui a créé le monde et qui le gouverne est profonde, « que ses juge- » mens sont impénétrables et ses voies incompréhen- » sibles (1). » Toutefois examinez votre conscience sans vous flatter. Ne vous êtes-vous point enorgueillies de votre chasteté? N'avez-vous point pris plaisir aux louanges des hommes? N'avez-vous point même porté envie à celles à qui Dieu avait fait la même grace? Je ne vous accuse point de ce que je ne sais pas, et je ne puis entendre ce que votre conscience vous répond là-dessus ; mais si elle vous répond affirmativement, ne vous étonnez pas d'avoir perdu la chose par laquelle vous vouliez plaire aux hommes, et que celle qu'ils ne peuvent voir vous soit demeurée. Si vous avez été corrompues, cet opprobre vous est arrivé de la part des hommes afin que vous n'eussiez de la complaisance pour les louanges des hommes; et si vous n'avez point consenti au crime de vos corrupteurs, c'est que Dieu vous a secourues par sa grace pour vous empêcher de perdre la grace qu'il vous avait faite. Ames faibles et timides, consolez-vous de l'un et de l'autre : l'un vous a servi d'épreuve, et l'autre de châtiment; vous avez été justifiées par l'un, et par l'autre instruites. Pour celles à qui leur conscience ne reproche pas de s'être jamais enorgueillies de leur chasteté, et qui, au contraire, n'ayant que d'humbles sentimens d'elles-mêmes (2), se sont réjouies avec crainte (3) de ce don

(1) Rom., 11, 33.
(2) Rom., 12, 16.
(3) Ps. 2, 11.

de Dieu; qui, bien loin de porter envie à celles que Dieu avait favorisées de la même grace, et de rechercher les louanges des hommes, presque toujours d'autant plus grandes que le bien qui mérite d'être loué est plus rare, ont souhaité plutôt voir s'opérer dans le nombre des personnes chastes une accroissement qu'une diminution qui les eût fait remarquer davanvantage; si quelques-unes de cette espèce ont aussi été exposées à l'insolence des Barbares, qu'elles ne se plaignent point d'avoir souffert un semblable affront, par la permission de Dieu, et qu'elles ne prennent pas sujet de douter de sa providence de ce qu'il permet des choses que personne ne commet impunément. Il est en effet certains penchans à la convoitise dont Dieu permet la libre manifestation et dont il se réserve la punition lors du jugement dernier. Peut-être ces personnes à qui leur conscience rend témoignage de ne s'être point enorgueillies de leur chasteté, et qui néanmoins ont été outragées par les Barbares, avaient quelque secrète infirmité qui eût peu dégénérer en vaine gloire, si, dans cette désolation publique, elles eussent évité l'humiliation qu'elles ont essuyée. De la même manière donc que quelques-uns ont été enlevés de ce monde par la mort, de peur que la corruption qui y règne ne les pervertît (1); ainsi l'honneur a été ravi à ces personnes par la violence des ennemis, de crainte que la prospérité ne corrompît leur modestie. Par là celles qui déjà tiraient vanité de ce qu'elles étaient pures de tout commerce honteux, et celles qui en pouvaient avoir si cette disgrace ne leur fût point arrivée, n'ont

---

(1) Sagesse, 4, 11.

pas cessé d'être chastes, mais ont appris à devenir humbles.

Les unes ont été guéries de leur orgueil, et les autres en ont été préservées. Ajoutons à cela qu'il pouvait y en avoir quelques-unes, parmi celles dont les Barbares ont abusé, qui s'imaginaient que la continence était un bien corporel, qui se conservait tant que le corps n'était souillé d'aucune impureté étrangère, et non un bien qui consiste dans une volonté ferme, aidée de la grace de Dieu, par laquelle le corps et l'ame sont sanctifiés, et que nous ne pouvons perdre malgré nous. Peut-être sont-elles délivrées maintenant de cette erreur. Lorsqu'elles pensent avec quelle pureté elles ont servi Dieu, et qu'elles sont convaincues par la foi qu'il ne peut abandonner ceux qui le servent et l'invoquent ainsi, quand d'ailleurs il est certain que la chasteté lui est très agréable, elles concluent qu'il n'aurait jamais permis que cet accident fût arrivé à ses saints, si la sainteté qu'il leur a donnée et qu'il aime en eux se pouvait perdre de la sorte.

CHAPITRE XXIX.

De la réponse que les serviteurs de Jésus-Christ doivent faire aux payens lorsque ceux-ci leur reprochent que Jésus-Christ ne les a point assistés contre leurs ennemis.

Toute la famille du Dieu véritable et souverain a donc de quoi se consoler, et se consoler solidement;

elle n'a pas même sujet de se plaindre de la vie temporelle, puisqu'elle y puise des instructions pour l'éternité ; qu'elle use des biens d'ici-bas comme une étrangère, sans y mettre son affection, et que les maux servent à l'éprouver ou à la corriger. Quant à ceux qui lui insultent dans ses épreuves, et lui demandent au jour de son affliction : « Où est votre » Dieu (1)? » qu'ils disent eux-mêmes où sont leurs dieux, lorsqu'ils souffrent des maux dont la crainte seule les attache au culte de ces dieux. Car, pour la famille de Jésus-Christ, elle répond : Mon Dieu est présent partout, il est tout entier en tout lieu sans être enfermé dans aucun lieu. Il peut être présent sans qu'on le voie, comme il peut être absent sans changer de place. Lorsqu'il m'afflige, c'est ou pour éprouver ma vertu, ou pour me châtier de mes péchés, et il me réserve une récompense éternelle pour les maux temporels que j'aurai soufferts en patience : mais vous, qui êtes-vous pour mériter que l'on vous parle, je dis même de vos dieux? combien donc moins de mon Dieu, « qui est sans comparaison plus redoutable que » tous les autres dieux ? car tous les dieux des gentils » sont des démons, mais c'est le Seigneur qui a fait » les cieux. (2) »

---

(1) Ps. 41, 15.
(2) Ps. 95, 4 et 5.

CHAPITRE XXX.

Les payens n'imputent aux chrétiens les calamités publiques, que parce qu'ils voudraient que rien ne les traversât dans la jouissance de leurs plaisirs criminels.

Si votre souverain pontife, Scipion Nasica, qui, dans la terreur de la guerre punique, fut choisi par le sénat comme le plus homme de bien de la ville (1) pour aller recevoir l'image de la mère des dieux qu'on avait fait venir de Phrygie (2) : si ce grand homme, dis-je, dont vous ne pourriez peut-être pas supporter la présence, vivait encore, il arrêterait lui-même cette impudence avec laquelle vous vous emportez ainsi contre nous. Car, dites-moi, je vous prie, pourquoi les malheurs qui vous affligent vous portent à vous plaindre des temps du christianisme, si ce n'est que vous seriez bien aises d'être méchans en toute assurance, et de mener une vie toute pleine de dissolu-

---

(1) Suivant l'oracle d'Apollon, qui avait commandé de choisir le plus homme de bien pour cette mission, S. Aug., l. 2, c. 5, dit que ce fut Cybèle elle-même qui voulut que le plus homme de bien de Rome l'allât recevoir.

(2) Les Romains avaient trouvé dans les vers de la Sybille que les ennemis seraient chassés d'Italie, s'ils apportaient à Rome la mère des dieux qui était à Pessinunte, ville de Phrygie.

par suite de la même prévoyance et du même amour de la patrie, que ce souverain pontife, qui fut estimé sans contredit le plus homme de bien de Rome par tous les sénateurs (ce que l'on ne saurait trop répéter), s'opposa au dessein qu'ils avaient de construire un amphithéâtre (1), et leur persuada par un discours très prudent de ne point souffrir que la mollesse des Grecs corrompît l'austérité des mœurs romaines, et énervât leur antique vertu. Le sénat fut si touché de ses remontrances, qu'il défendit même de porter des siéges pour regarder les jeux, comme on avait déjà commencé à le faire. Avec quelle ardeur se fut-il porté à abolir les jeux même, s'il eût osé choquer l'autorité de ceux qu'il prenait pour des dieux, et qu'il ne savait pas être de malheureux démons, ou s'il le savait, qu'il croyait plutôt devoir apaiser que mépriser? car la doctrine de l'Évangile n'avait pas encore été annoncée aux gentils, pour purifier leur cœur par la foi, le changer par une humble piété, le rendre capable des choses du ciel, et l'affranchir de l'orgueilleuse domination des démons.

(1) Liv., lib. 48; Val. Max., lib. 2; Amm. Marcellin., lib. 1 de bell. civilibus.

CHAPITRE XXX.

Les payens n'imputent aux chrétiens les calamités publiques, que parce qu'ils voudraient que rien ne les traversât dans la jouissance de leurs plaisirs criminels.

Si votre souverain pontife, Scipion Nasica, qui, dans la terreur de la guerre punique, fut choisi par le sénat comme le plus homme de bien de la ville (1) pour aller recevoir l'image de la mère des dieux qu'on avait fait venir de Phrygie (2) : si ce grand homme, dis-je, dont vous ne pourriez peut-être pas supporter la présence, vivait encore, il arrêterait lui-même cette impudence avec laquelle vous vous emportez ainsi contre nous. Car, dites-moi, je vous prie, pourquoi les malheurs qui vous affligent vous portent à vous plaindre des temps du christianisme, si ce n'est que vous seriez bien aises d'être méchans en toute assurance, et de mener une vie toute pleine de dissolu-

---

(1) Suivant l'oracle d'Apollon, qui avait commandé de choisir le plus homme de bien pour cette mission, S. Aug., l. 2, c. 5, dit que ce fut Cybèle elle-même qui voulut que le plus homme de bien de Rome l'allât recevoir.

(2) Les Romains avaient trouvé dans les vers de la Sybille que les ennemis seraient chassés d'Italie, s'ils apportaient à Rome la mère des dieux qui était à Pessinunte, ville de Phrygie.

tion et de débauche, sans que rien vous troublât dans la jouissance de vos plaisirs ? Si vous désirez la paix et l'abondance, ce n'est pas pour en user honnêtement, c'est-à-dire avec modération, tempérance et piété, mais afin de faire de folles dépenses à chercher de nouvelles voluptés qui corrompent les mœurs et enfantent, au milieu de la prospérité publique, des maux mille fois pires que toute la cruauté des ennemis. Or Scipion, ce souverain pontife, ce grand personnage, estimé le plus homme de bien de Rome par le jugement de tout le sénat, appréhendant ce malheur pour vous, ne voulait pas, contre l'avis de Caton, que l'on ruinât Carthage, alors rivale de l'empire romain (1). Il craignait la trop grande confiance en ses propres forces comme la peste de la vertu, et croyait que ses citoyens avaient besoin d'être retenus par la crainte, comme des pupilles par un tuteur. L'évènement prouva qu'il ne se trompait pas dans son jugement. Carthage ayant en effet été ruinée, et Rome étant ainsi délivrée d'une terreur salutaire, tant de maux naquirent l'un après l'autre de sa prospérité qu'après avoir vu la concorde bannie d'entre ses concitoyens, d'abord par de sanglantes séditions, et ensuite par un long enchaînement de causes funestes, elle vit enfin s'allumer le flambeau de la guerre civile, guerre sacrilège où il y a eu tant de violences exercées, tant de sang répandu, tant de proscriptions et de brigandages, que ces mêmes Romains qui, tant que l'innocence régnait parmi eux, n'appréhendaient que les maux

---

(1) Plutarch., vit. Cat. maj.; Liv., lib. 49.

qu'ils pouvaient recevoir de leurs ennemis, en souffrirent, après l'avoir perdue, de beaucoup plus grands de la cruauté de leurs propres concitoyens : de sorte que la passion de dominer, plus violente que toute autre dans l'esprit du peuple romain, une fois victorieuse dans un petit nombre des plus puissans d'entre eux, mit sous le joug tous les autres qui étaient déjà las et abattus.

CHAPITRE XXXI.

Par quels degrés Rome est devenue esclave de sa propre ambition.

Et comment cette ardeur de commander se serait-elle ralentie dans ces esprits superbes, avant que d'arriver par des honneurs successifs jusqu'à la puissance royale ? Or, les honneurs n'eussent pas pu être continués aux mêmes personnes si la brigue ne l'eût emporté ; et la brigue ne pouvait avoir le dessus que chez un peuple corrompu par l'avarice et par la débauche ; le peuple de son côté ne tomba dans ces vices que par suite de cette prospérité tant redoutée de Scipion Nasica, quand ce grand homme, par une prévoyance admirable, s'opposait à la ruine de la plus forte et la plus puissante ville des ennemis, afin que la crainte arrêtât la licence qui devait produire à son tour l'avarice et la dissolution, et qu'ainsi les vertus fleurissent dans la république et y maintinssent la liberté. Ce fut encore par suite de la même prévoyance et du même amour de la patrie, que ce souverain pontife, qui fut estimé sans contredit le plus homme de bien de Rome par tous les sénateurs (ce que l'on ne saurait trop répéter), s'opposa au dessein qu'ils avaient de construire un amphithéâtre (1), et leur persuada par un discours très prudent de ne point souffrir que la mollesse des Grecs corrompît l'austérité des mœurs romaines, et énervât leur antique vertu. Le sénat fut si touché de ses remontrances, qu'il défendit même de porter des siéges pour regarder les jeux, comme on avait déjà commencé à le faire. Avec quelle ardeur se fut-il porté à abolir les jeux même, s'il eût osé choquer l'autorité de ceux qu'il prenait pour des dieux, et qu'il ne savait pas être de malheureux démons, ou s'il le savait, qu'il croyait plutôt devoir apaiser que mépriser? car la doctrine de l'Évangile n'avait pas encore été annoncée aux gentils, pour purifier leur cœur par la foi, le changer par une humble piété, le rendre capable des choses du ciel, et l'affranchir de l'orgueilleuse domination des démons.

(1) Liv., lib. 48; Val. Max., lib. 2; Amm. Marcellin., lib. 1 de bell. civilibus.

CHAPITRE XXXII.

De l'établissement des théâtres.

Sachez, vous qui ne le savez pas, ou qui feignez de ne pas le savoir, et murmurez contre celui qui vous a délivrés de ces misérables maîtres (1), sachez que les jeux de théâtre, qui sont des spectacles d'infamie et de vanité, n'ont pas été introduits à Rome par le déréglement des hommes, mais par le commandement de vos dieux. Certes, il serait plus supportable que vous rendissiez des honneurs divins à ce Scipion, qu'à des dieux de la sorte, qui, dans le fond, ne valaient pas leur grand prêtre. Prêtez-moi toute votre attention, si toutefois votre esprit énivré d'erreurs depuis si long-temps, est encore capable d'entendre la voix de la raison : les dieux commandaient que l'on fît des jeux de théâtre pour apaiser la peste qui tuait les corps, et votre pontife, pour arrêter une autre peste des ames, défendait de bâtir un amphithéâtre. S'il vous reste encore quelque lueur de bon sens pour préférer l'ame au corps, voyez qui vous devez honorer de Scipion ou de vos dieux. La peste, en effet, ne cessa pas, parce que l'ingénieuse folie des jeux de théâtre s'empara de l'esprit d'un peuple belliqueux qui

(1) Des démons. (Voyez la fin du chapitre précédent.)

n'était accoutumé qu'à ceux du cirque (1); mais ces esprits méchans et artificieux, prévoyant que la peste devait bientôt finir, prirent cette occasion pour en envoyer une autre bien plus dangereuse, et qui, conforme en cela à leurs inclinations, ne s'attaque pas aux corps, mais aux mœurs. Et véritablement elle aveugla et corrompit tellement l'esprit des malheureux Romains, qu'à présent même (ce que la postérité aura peine à croire), plusieurs de ceux qui, après le pillage du sac de leur ville, étaient venus se refugier à Carthage, couraient tous les jours à l'envi au théâtre, et étaient fous de ces sortes de divertissemens.

CHAPITRE XXXIII.

La ruine de Rome n'a pas corrigé les vices des Romains.

O esprits insensés et frénétiques! quelle est, je ne dirai pas cette erreur, mais cette fureur inouie qui, dans le temps où, si l'on en croit la renommée, les peuples de l'Orient et les états les plus vastes et les plus éloignés, pleuraient, gémissaient sur le sort de votre malheureuse patrie, vous faisait rechercher les théâtres, vous y entassait, pour ainsi dire, et vous portait à allumer encore davantage, par votre exemple, la

---

(1) Où il n'y avait que des courses de chevaux et des combats d'athlètes.

folle ardeur que l'on avait déjà pour ces spectacles? C'est cette peste et cette corruption de l'ame, ce renversement de toute probité, cet oubli de tout sentiment d'honneur que Scipion redoutait pour vous, quand il s'opposait à la construction d'un amphithéâtre, quand il prévoyait que vous pourriez aisément vous laisser corrompre par la bonne fortune, quand il ne voulait pas qu'il ne vous restât plus d'ennemis à craindre. Il n'estimait pas une ville heureuse parce que ses murailles sont debout, lorsque les mœurs y sont ruinées. Mais la séduction des démons a eu plus de pouvoir sur vous que la prévoyance des hommes les plus sages. De là vient que vous ne voulez pas qu'on vous impute le mal que vous faites, et que vous imputez aux chrétiens celui que vous souffrez. Corrompus par la prospérité, incapables de tirer de l'adversité une utile leçon, vous ne cherchez pas, dans la paix, la tranquillité de l'état, mais l'impunité de vos débordemens. Scipion voulait que vous eussiez un ennemi à craindre, pour ne pas vous laisser aller à la licence; et vous, quoique abattus par vos ennemis, vous ne sauriez quitter votre vie licencieuse. Vous avez perdu tout l'avantage de votre calamité; vous êtes devenus misérables, et vous n'êtes pas devenus meilleurs.

CHAPITRE XXXIV.

La bonté de Dieu a tempéré dans Rome les horreurs qui accompagnent ordinairement la prise d'une ville.

Cependant, si vous vivez, c'est encore un bienfait de Dieu, qui ne vous épargne ainsi que pour vous avertir de vous corriger et de faire pénitence; de ce Dieu qui a permis que des ingrats comme vous aient évité la fureur des ennemis, ou en vous couvrant du nom de ses serviteurs (1), ou en vous retirant dans les églises de ses martyrs.

On dit que Rémus et Romulus, pour peupler leur ville, établirent un asile où tous ceux qui se retiraient, quelque coupables qu'ils fussent, demeuraient en sureté. C'est un exemple admirable qui a précédé ce que l'on a fait en l'honneur de Jésus-Christ. Les destructeurs de Rome ont ordonné la même chose que ses fondateurs (2); mais quelle merveille que ceux-ci aient faite pour augmenter le nombre de leurs citoyens, ce que les autres ont fait pour conserver celui de leurs ennemis!

---

(1) En vous disant chrétiens. (*Voyez les premiers chapitres.*)

(2) C'est que les Goths épargnèrent les églises des chrétiens comme des asiles, et ne touchèrent point à ceux qui s'y réfugièrent. (*Voyez les premiers chapitres.*)

CHAPITRE XXXV.

L'Église a des enfans parmi ses ennemis, et des ennemis parmi ses enfans.

Que la famille de notre Seigneur Jésus-Christ, rachetée de son sang, et que la Cité de ce grand Roi, qui est étrangère ici bas, réponde ces choses à ses ennemis, ou d'autres semblables et même encore plus fortes, si elle le juge à propos; mais qu'elle se souvienne qu'il y a de ses citoyens à venir cachés parmi ses ennemis même, ce qui doit l'empêcher de croire que c'est sans fruit qu'elle les souffre; comme parmi ses citoyens il y en a qui, bien qu'unis avec elle par la communion des mêmes sacrémens, n'auront point de part avec elle à la jouissance d'une même gloire; et de ceux-là les uns se cachent et les autres marchent à découvert, murmurant hautement contre Dieu avec ses ennemis, quoiqu'ils aient été marqués de son sceau, et se mêlant tantôt à eux dans les théâtres, tantôt à nous dans les églises. Mais il ne faut pas désespérer que quelques-uns d'eux ne se corrigent, puisque, parmi des ennemis déclarés, nous avons des amis qui sont prédestinés au salut, sans qu'eux-mêmes s'en doutent. Les deux Cités sont en effet mêlées et confondues ensemble dans ce monde, jusqu'à ce que le dernier jugement les sépare. C'est de leur naissance, de leur progrès et de leur fin (1) que j'ai dessein de parler, avec l'assistance du ciel, pour la gloire de la Cité de Dieu, qui tirera de ce contraste un nouvel éclat.

CHAPITRE XXXVI.

Plan des livres suivans.

Mais auparavant j'ai encore quelque chose à dire contre ceux qui rejètent sur notre Religion les malheurs de l'empire Romain, parce qu'on leur défend de sacrifier à leurs dieux. Il faut pour cela que je rapporte les maux qui sont arrivés à l'empire ou aux provinces qui en dépendent avant que cette défense eût été faite, et qu'ils ne manqueraient pas de nous attribuer, si notre Religion eût paru dès ce temps-là, ou qu'elle eût défendu leurs sacrifices impies. Je montrerai ensuite pourquoi le vrai Dieu, qui tient dans sa main tous les royaumes de la terre, a daigné accroître le leur, et que ceux qu'ils croient des dieux, loin d'y avoir contribué, y ont plutôt nui, au contraire, par leurs fourbes et par leurs prestiges. Je finirai par combattre ceux qui, convaincus par des

(1) *Des fins qui leur sont dues*, dit le latin; c'est-à-dire, des biens ou des maux qu'ils recevront à la fin selon leurs œuvres.

preuves si claires, veulent soutenir qu'il faut servir les Dieux, non pour les biens de la vie présente, mais pour ceux de la vie à venir : question qui, à mon avis, sera d'autant plus difficile et d'autant plus profonde, que nous aurons affaire aux philosophes; non à des philosophes ordinaires, mais aux plus célèbres d'entre eux, et qui sont d'accord avec nous de plusieurs choses, comme de l'immortalité de l'ame, et de la création du monde par le vrai Dieu, dont la providence le gouverne. Mais comme ils ont aussi beaucoup d'opinions contraires aux nôtres, j'aurai plus d'une fois à réfuter leurs assertions impies, selon les forces qu'il plaira à Dieu de me départir, me proposant en cela d'établir la Cité de Dieu et la véritable piété, sans laquelle on ne saurait parvenir à la félicité promise. Je finirai donc ici ce livre, afin de passer au nouveau sujet que je me propose de traiter.

REMARQUES

SUR

LE LIVRE PREMIER.

La Cité de Dieu. C'est ainsi que nous avons coutume de désigner cet ouvrage ; je n'ai pas voulu dès-lors changer ce titre, qui est comme consacré : *Et consecratis utendum est.*

Argument, pag. 231. « Les payens rejetèrent ce malheur » sur, etc., » Il y a au latin : « Les adorateurs des faux » dieux et de plusieurs dieux, que nous appelons communé- » ment payens. » Il me semble que *payens* renferme tout cela, sans qu'il soit besoin de l'exprimer ; car il ne s'agit pas ici de la définition du mot de *payen*.

Ibid. « Qui demeurent d'accord que ces malheurs sont ar- » rivés dans tous les temps. » Cela me paraît suffire pour le dessein de saint Augustin et pour le raisonnement, sans l'embarrasser en disant : « que ces malheurs sont arrivés dans » tous les temps, et arriveront toujours, et sont tantôt grands » et tantôt petits, et diversifiés selon les lieux, les temps et » les personnes. » Il n'est pas besoin d'entrer dans tous ces détails, puisqu'il s'agit seulement de savoir si les malheurs publics, tels que prises et saccagemens de villes, et autres calamités, n'étaient pas arrivés avant l'établissement de la Religion chrétienne : tout le reste, s'ils arriveront encore, s'ils sont tantôt grands, tantôt petits, et diversifiés selon les lieux, les temps et les personnes, semble inutile dans un argument.

REMARQUES. 313

Page 233, ligne 11. « Mon très cher fils. » Le latin ajoute *Marcellin*; mais je l'ai rejeté en note, parce qu'il n'est pas honnête en notre langue d'appeler les personnes de qualité par leur nom. Ce Marcellin était comme l'un des secrétaires d'état de l'empereur Honorius. Possidius, en la vie de saint Augustin, chapitre 13, l'appelle *Flavius Marcellinus vir clarissimus, tribunus et notarius;* et, par la notice de l'empire, il paraît que ces charges de tribun et notaire répondaient à peu près à celle de nos secrétaires d'état. Il fut envoyé en Afrique par ce prince vers l'an 411, l'année d'après la prise de Rome par les Goths, pour connaître de l'affaire des donatistes, et présida à la conférence qui se tint entre eux et les catholiques. Marin, chef de l'armée de l'empereur, le fit mourir ensuite injustement à l'instigation des donatistes, sous prétexte d'avoir favorisé le parti du tyran Héraclien, mais en effet pour satisfaire l'animosité de ces schismatiques irrités de ce qu'il avait jugé en faveur des catholiques dans cette conférence : c'est pourquoi l'Église l'honore comme martyr. C'est de sa mort et de son exécution que saint Augustin parle en son épitre 259; et cela paraît principalement par ces paroles : *Ille verò alius* (car il avait parlé auparavant de son frère aîné, qui fut exécuté avec lui, et qui n'était pas aussi homme de bien) *religiosè vixit, et multùm corde vitâque christianâ. Hæc cùm fama præcessit, ut in causa Ecclesiæ sic veniret* (voilà la conférence où il présida); *hæc consecuta est cùm venisset.* Puis il en fait un éloge digne d'un martyr. Il marque qu'il fut exécuté la veille de la fête de saint Cyprien, c'est-à-dire le 13 septembre. Ce même père, tome 7 de ses ouvrages, *Libr. ad donatist. post collat.*, cap. 14, dit que Marcellin craignait Dieu, aimait la justice, et était fort éloigné de toutes les corruptions et taches d'avarice dont l'accusaient les donatistes. Saint Augustin lui a encore dédié d'autres ouvrages que celui-ci. Au reste il ne faut pas s'imaginer que saint Augustin le lui ait dédié après sa mort ; il le lui adressa qu'il était encore vivant, et publia les premiers livres sous son nom ; mais cet ouvrage ayant été fort long-temps à terminer, comme ce père le témoigne dans ses rétractations, Marcellin mourut dans l'intervalle, et le saint docteur ne changea pas pour cela sa dédicace.

Page 234, l. 1.re « Jusqu'à ce que sa patience se change » en force. » C'est un verset du pseaume 93, *Quoadusque justitia convertatur in judicium*; que saint Augustin explique comme je fais, *Libr. 3 de Trinitate, cap. 13. Id est, dit-il, quoadusque justitia quam nunc habet infirmitas piorum, convertatur in judicium, hoc est,* JUDICANDI ACCIPIAT POTESTATEM. *Quod justis in fine servatur, cùm præcedentem justitiam ordine suo* FUERIT POTENTIA SUBSECUTA. *Potentia quippe adjuncta justitiæ, vel justitia accedens potentiæ judiciariam potestatem facit.* Et au livre 11 *de Genesi ad litteram, cap. 22 : Donec ista justitia quâ vivitur ex fide, quâ nunc* PATIENTER *in hominibus exercetur, convertatur in judicium, ut possint et ipsi non solùm duodecim tribus Israël, sed etiam angelos judicare.*

Page 236, l. 18. « Ou dans les lieux profanes. » C'est que hors des églises même, les Goths épargnaient ceux qui se disaient chrétiens.

Page 237, l. 12. « Qu'ils en produisent quelqu'une où les » ennemis, après la prise d'une ville, aient épargné ceux » qui s'étaient réfugiés dans les temples de leurs dieux, et » où un chef de Barbares ait commandé à ses soldats de ne » leur faire aucun déplaisir. » On lit néanmoins dans les guerres d'Alexandre, écrites par Arrien, *Libr.* 2, que ce prince, ayant pris Tyr après un long siége, pardonna à tous ceux qui s'étaient sauvés dans le temple d'Hercule ; mais ce fut par une dévotion particulière à ce héros du paganisme, parce qu'avant le siège, Alexandre avait eu une vision en dormant, où il lui semblait qu'Hercule lui tendait la main et l'introduisait dans la ville. Une exception au reste n'empêche pas la règle, d'autant plus qu'il y eut très peu de Tyriens qui se sauvèrent dans ce temple, et que le nombre des habitans emmenés en esclavage, sans ceux qui furent tués, montait à trente mille personnes.

Page 237, l. 21. « Et cependant ce que Virgile ajoute que, » depuis ce temps-là, les affaires des Grecs commencèrent à » mal aller, n'est pas véritable. » Aussi n'est-ce pas Virgile qui le dit, mais un transfuge à qui Virgile le fait dire, et qui ne le dit que pour abuser et surprendre les Troyens.

Page 240, l. 24. « Ainsi, par une insolence extrême, ils » se servent, pour décrier son nom, de cette même langue » dont ils se sont servis pour s'en couvrir et se conserver la » vie. » Le reste, qui est de plus au latin, semble une redite, et cette expression comprend tout cela, puisqu'il ne veut dire autre chose sinon que, hors des églises, ils se disaient chrétiens, et dans les églises ils se taisaient afin de passer pour chrétiens.

Page 242, l. 13. « Qui avaient choisi ces basiliques de Jé-» sus-Christ. » Basilique, dans les auteurs profanes, veut dire un louvre, le palais d'un roi ; mais, dans les auteurs ecclésiastiques, ce mot signifie une église. Ils en usaient ainsi parce que le mot d'*église* est équivoque, pouvant marquer ou le peuple de Dieu, ou le lieu où il s'assemble pour prier ; et même église, pour le lieu, ne s'appelle ainsi que parce qu'elle contient le peuple fidèle qui est l'Église, comme le remarque saint Augustin, épître 157. Or ils se servaient de ce mot *basilique*, qui veut dire une maison royale pour une église, parce que, comme l'observe saint Isidore, évêque de

Séville, c'est dans les églises que les chrétiens offrent leur culte et leurs sacrifices à Dieu qui est le roi de toute la terre. Ils appelaient aussi les églises des *fabriques*, comme cela paraît par l'épître 251 de saint Augustin, et par la vie de ce docteur écrite par Possidius, évêque de Calame.

Page 243, l. 9. « César même. » Onze manuscrits de France ont *Cato* au lieu de *Cæsar*; mais comme ce passage de Salluste se trouve dans cet historien, en la harangue qu'il attribue à César dans sa guerre de Catilina, il n'y a pas lieu, à mon avis, de douter que notre leçon ne vaille mieux que celle de ces manuscrits. Ce qui a pu donner occasion à cette erreur, c'est que, quelqu'un ayant peut-être lu que la seule harangue de Caton avait été conservée, et les autres supprimées, à cause qu'elles allaient à user de clémence envers les conjurés, au lieu que Caton conclut à les faire mourir; ce qui fut exécuté; il s'est imaginé qu'au lieu de *Cæsar* il fallait lire *Cato* : mais Salluste a pu fort bien en substituer d'autres de son invention, à peu près dans le sens de celles qui avaient été supprimées; et quoique celle qu'il attribue à César ne soit pas vraisemblablement celle que César fit dans le sénat, il ne laisse pas de la lui attribuer, et d'y faire dire à César ce que saint Augustin en rapporte ici.

Page 250, l. 9. « Qu'encore que leur conduite soit bien » éloignée de celle des grands pécheurs et des impies. » Il y a au texte : *Quamvis longè absint à facinorosis, flagitiosis, atque impiis*. Dans saint Augustin *facinora* sont les crimes qui regardent le prochain, comme le larcin, le meurtre, etc.; *flagitia*, ceux qui nous regardent nous-mêmes, comme l'impureté; et *impietas*, ceux qui regardent Dieu, comme les blasphèmes, l'impiété, etc. Mais, comme il n'est pas question ici de cette distinction, et qu'elle embarrassait, je me suis contenté d'exprimer la chose en général. J'ai encore évité le même détail quelques lignes après, où, pour ces mots latins : *etsi non ad facinorum immanitatem, et gurgitem flagitiorum, atque impietatis abominationem, ad aliqua tamen peccata vel rara, etc.*; j'ai mis : « et s'il évite » de tomber dans le gouffre des crimes; » sans descendre dans une énumération dont il me semble qu'il ne s'agit pas.

Page 250, l. 11. « Ils ne sont pas néanmoins tellement » exempts de fautes, qu'ils n'aient besoin, pour les expier, » de souffrir quelques peines passagères. » Le latin a : *Tamen non usque adeò se à delictis deputant alienos, ut nec temporalia pro eis mala perpeti se judicent indignos.* Onze manuscrits de France, et presque tous les manuscrits du Vatican ont *dignos*, et bien; car ou il ne faut point la négative *nec*, ou il faut *dignos*.

Page 251, l. 13. « Toutefois, parce qu'ils les épargnent » dans leurs offenses MORTELLES, de peur de perdre des » choses qui sont toujours matière de péché, quoique léger » et VÉNIEL. » Le texte porte : *Tamen quia propterea peccatis eorum* DAMNABILIBUS *parcunt, dùm in suis licet levibus et* VENIALIBUS *metuunt.* Où l'on voit que saint Augustin oppose *peccata damnabilia*, à *peccata venialia*. C'est pourquoi, pour rendre l'opposition selon notre distinction ordinaire des péchés, j'ai expliqué le premier par *offenses mortelles*, qui est au fond ce que veut dire *damnabilia*, qui méritent la damnation ; *per quæ incidunt in illam damnationem quæ post hanc vitam talibus preparatur*, comme le dit l'auteur deux lignes auparavant.

Page 251, l. 16. « C'est avec justice qu'ils sont châtiés » avec eux dans le temps. » JURE *cum eis temporaliter flagellentur.* Il faut *flagellantur*; et tous nos manuscrits le lisent ainsi (1).

(1) Par *tous nos manuscrits* j'entends toujours les onze ou les dix

Page 252, l. 31. « Toutefois, ils négligent la plupart du
» temps de leur adresser des reproches qui pourraient en cor-
» riger quelques-uns. » Le latin ajoute : « S'ils les repre-
» naient. » Mais je pense que cela s'entend assez.

Page 258, l. 5. « C'est pourquoi, notre cher Paulin, évê-
» que de Nole...... ayant été pris par les Barbares dans le pil-
» lage de sa ville, » Alaric n'ayant séjourné que trois jours
à Rome, passa dans la Campanie, province du royaume de
Naples, où il se saisit de la ville de Nole, dont saint Paulin
était alors évêque, et chargea de chaînes ce saint prélat.
C'est de cette première prise de Nole que saint Augustin parle
ici, et non de celle qui arriva long-temps après, sous Genseric, roi des Vandales, saint Augustin étant déjà mort.

Page 261, l. 5. « Je sais bien que notre lâcheté fait que
» nous aimons mieux vivre long-temps et craindre tant de
» morts, que de mourir une fois pour n'en plus craindre au-
» cune. » Le latin a : *Nec ignoro quàm inertius eligatur
diù vivere sub timore tot mortium*. Les onze manuscrits de
France ont *quàm citius eligatur*, et bien à mon avis; mais je
ne l'ai pas voulu changer dans ma version, parce qu'*inertius*
se peut aussi défendre, et de plus, prépare la période suivante.

Page 268, l. 17. « Ils ont néanmoins aussi parmi leurs
» hommes illustres un célèbre exemple d'une captivité vo-
» lontairement soufferte par esprit de Religion. » Il y a
dans l'auteur : « Un célèbre exemple pour montrer qu'il faut
» même souffrir volontairement la captivité pour cause de
» Religion; » mais je pense que cela revient au même : puisqu'il propose la captivité de Régulus pour exemple d'une ac-

de France (car il n'y en a pas onze partout), desquels j'ai dit un
mot dans l'avertissement.

tion louable, il s'ensuit qu'il le faut imiter, sans qu'il soit besoin de le dire.

Page 270, l. 12 « Que toute une république. » C'est ce que veut dire ici *civitas*, une république, un état ; et César s'en sert fort souvent de la sorte : *Civitas Helvetia*, dit-il, *in quatuor pagos divisa est* ; et en une infinité d'autres endroits, aussi bien que tous les autres auteurs latins. Ainsi, *la Cité de Dieu* veut dire un corps de personnes assemblées pour servir Dieu et l'honorer d'une même foi et d'un même culte. Toutefois, nous ne nous servons de ce mot parmi nous que pour marquer une ville ; mais j'ai été contraint de le garder pour *la Cité de Dieu*, parce qu'il est là comme consacré par l'usage. Saint Augustin, néanmoins, se sert aussi assez souvent de *Civitas*, pour une ville, comme entre autres, au livre 3, chap. 10.

Page 273, l. 20. « S'il n'est pas permis, en effet, de tuer » un homme de son autorité privée. » Le texte porte : « Car » s'il n'est permis à personne de tuer un homme, etc. » *Nam utique si non licet privata potestate alicui hominem occidere*. Mais les onze manuscrits ôtent *alicui*, et expriment la chose indéfiniment, ce qui paraît mieux.

Page 274, l. 15. « Et pourquoi un homme qui n'a point » fait de mal. » Il y a au latin : *Qui mali nihil facit*, « Qui » ne fait point de mal. » Mais les onze manuscrits lisent *fecit*, et mieux, ce me semble.

Page 276, l. 4. « Tellement qu'il ne perd rien de sa sain- » teté. » Je lis *sanctitas* avec les onze manuscrits, au lieu de *castitas* ; car on voit, par tout ce chapitre, que saint Augustin attribue particulièrement la chasteté à l'ame, et la sainteté au corps.

Page 277, l. 24. « Mais je sais bien au moins qu'ils » louent etc. » C'est par ces maux que commence le 19.[e]

chapitre, dans la traduction de Lombert, qui fait à ce sujet les réflexions suivantes. Si l'on y veut prendre garde, dit-il, on trouvera que presque tous les chapitres sont joints l'un à l'autre par des liaisons peu sensibles, ce qui fait voir que ce n'est pas saint Augustin qui les a divisés comme ils sont, mais que cette division s'est faite depuis. Les anciens n'avaient guères l'usage de ces sortes de sections par chapitres, mais seulement par livres : d'où vient que dans cet ouvrage la division des chapitres n'est pas uniforme dans tous les manuscrits ; sans parler qu'elle ne paraît pas même exacte, et que c'est ce qui engendre de la confusion, et fait qu'à moins que d'une très grande attention, on a peine à prendre la suite des matières et de la conduite de cet ouvrage, qui se tient néanmoins dans toutes ses parties. Je suis bien aise de faire remarquer cela, tant afin qu'on ne s'étonne pas de cette liaison des chapitres, qu'il ne faut pas manquer d'observer dans la version, si l'on ne veut pas faire perdre toute la suite du raisonnement, que pour avertir ici en passant que les *titres des chapitres* par conséquent ne sont pas non plus de saint Augustin (1).

Page 278, l. 12. « Car ce déclamateur CONSIDÉRANT dans » cette action honteuse, etc. » Je lis *intuens* avec les onze manuscrits, au lieu d'*innuens*, qui est dans nos éditions; car il est visible qu'il le faut ainsi.

Page 278, l. 20. « L'un est seulement banni avec son » père. » Selon le texte imprimé, il faudrait traduire : L'un « est banni même avec son père; » *etiam cum patre.* Mais les onze manuscrits ôtent *etiam*, et avec raison. Saint

---

(1) Ces réflexions n'ont pas dû nous empêcher de suivre, dans la distribution des chapitres, l'édition des bénédictins, remarquable par sa correction, ainsi que nous en avions pris l'engagement. (*Note des nouveaux editeurs.*)

REMARQUES.

Augustin a plutôt dessein de diminuer la peine de Tarquin, que de l'augmenter; tellement que cette conjonction fait une espèce de contre-sens.

Page 278, l. 30. « Mais même étant très-innocente. » VERUM *etiam castam et innocentem*. Je ne traduis point *castam*, parce que l'innocence dont il s'agit ici consiste dans la chasteté, de sorte que si Lucrèce est innocente, elle est chaste par conséquent.

Page 279, l. 12. « Et qui voudraient bien maintenant reve-
» nir au monde. » Le latin a : « Et elle voudrait bien mainte-
» nant revenir au monde; » en le rapportant à Lucrèce. Mais comme Virgile dit cela en général de tous ceux qui se sont tués : *Quam vellent œthere in alto nunc et pauperiem, et duros perferre labores*, j'ai cru que l'on entendrait assez que Lucrèce y est comprise avec les autres : outre qu'il ne s'agit pas proprement de cela ici, où il n'est question que de prouver par leurs poètes que Lucrèce est dans les enfers avec les criminels pour s'être tuée elle-même; et non pas si elle a envie d'en sortir et de retourner à la lumière, qui est une chose qui n'est mise qu'en passant, à cause que Virgile le dit ensuite. Il ne sera pas mauvais de remarquer ici, qu'au lieu que nous lisons ordinairement ainsi ce vers de Virgile: *Fata obstant, tristique palus innabilis unda Alligat*, les onze manuscrits portent : *Tristisque palus innabilis*, ou *inamabilis unda Alligat*.

Page 279, l. 28. « Et par conséquent ses défenseurs peu-
» vent dire : etc. » Il y a au latin : « Ses défenseurs lettrés
» ou savans; » c'est-à-dire, qui ont lu Virgile. Cette objection est fondée sur ce que dit ce poète; et ceux qui ne l'auraient pas lu ne la pourraient pas faire; mais c'est une particularité qu'il n'est pas besoin d'exprimer dans une version. Cela s'entend sans dire.

Page 280, l. 9. « Il nous suffit pour la défense des femmes
» chrétiennes qui ont été forcées. » La lettre porte : « Pour
» réfuter ceux-ci qui, ne sachant pas en quoi consiste la
» sainteté, ou qui, éloignés de tout sentiment de sainteté,
» insultent aux femmes chrétiennes qui ont été forcées dans
» la captivité. » Mais le surplus de la version a été dit ailleurs
dans ce chapitre, ou s'entend assez sans le dire.

Page 281, l. 2. « Pour ne pas ajouter l'homicide à l'a-
» dultère. » Ceci est un peu plus étendu au latin : mais c'est
une chose qui a déjà été tant de fois rebattue, que la répétition
n'en pourrait être que très ennuyeuse. Les paroles latines
portent : « Et n'ont point vengé sur elles-mêmes le crime
» d'autrui, de peur d'ajouter leurs propres crimes à ceux des
» autres, si la honte qu'elles avaient de l'infamie que les en-
» nemis avaient commise en elles, les portait à commettre
» un homicide contre elles-mêmes. » Au reste, on entend
assez quand je dis, « pour ne pas ajouter l'homicide à l'adul-
» tère, » que l'*homicide* serait de leur part, et que l'*adultère* est de celle du corrupteur. Le sens le détermine à cela,
et fait qu'on ne s'y peut méprendre ; ces mots qui sont auparavant, « n'ont point vengé sur elles-mêmes le crime d'au-
» trui, » marquant clairement que l'*adultère* qui vient après
est le crime d'autrui commis en elles, et l'*homicide*, le leur
propre, si elles se tuaient elles-mêmes : d'ailleurs, la suite
du raisonnement lève toute ambiguïté.

Page 282, l. 17. « S'efforcent d'étendre ce précepte jus-
» qu'aux bêtes même. » ETIAM *in bestias ac pecora*, dit le
latin. *Bestia* sont proprement les bêtes sauvages, et *pecora*
les troupeaux de bêtes domestiques. Mais le mot de *bêtes*
comprend l'un et l'autre, lorsqu'il ne s'agit pas d'en faire la
distinction.

Pag. 283, l. 2. « Croyons-nous pour cela que ce soit un crime

» d'arracher un arbrisseau ? » Je lis *ducimus* avec nos onze manuscrits, au lieu de *dicimus*, qui est dans nos imprimés.

Page 283, l. 5. « Laissant donc ces rêveries de côté, lors-
» que nous lisons : « Vous ne tuerez point, » si nous ne
» l'entendons pas des plantes, parce qu'elles n'ont point de
» sentiment, ni des bêtes brutes, parce qu'elles sont privées
» de raison..... il reste que nous entendions de l'homme. »
Le latin ne se contentant pas encore ici d'exprimer la chose en général, descend dans le particulier, et marque les différentes espèces de bêtes, « celles qui volent, ou qui nagent,
» ou qui marchent, ou qui rampent. »

Page 287, l. 8. « Ils n'ont guères d'autres exemples dont
» ils se puissent servir contre nous, que celui de Caton, »
c'est-à-dire, « dont l'autorité soit assez grande pour s'en ser-
» vir contre nous ; » et on le peut mettre ainsi, si l'on veut ;
car, comme le dit saint Augustin deux lignes après, ce n'est pas que Lucrèce ou Caton soient les seuls qui se soient fait mourir ; mais c'est que les autres qui l'ont fait n'avaient pas la même réputation de probité, et par conséquent les payens n'osaient pas les proposer pour règle en une chose de cette importance.

Page 291, l. 11. « Mais si c'est un crime détestable et
» digne de la damnation, que de se tuer soi-même. » C'est ainsi que je traduis *damnabile scelus*, et non, « qui mérite
» un grand châtiment. » Saint Augustin, au chapitre suivant, dit que ceux qui commettent ce crime encourent les peines éternelles, *incidunt in perpetuas*, et « qu'il n'y a
» point de meilleure vie, après la mort, pour ceux qui sont
» coupables de leur mort. »

Page 291, l. 23. « Ne vaut-il pas mieux commettre un
» péché qui peut être expié par la pénitence, que d'en com-

» mettre un qui nous mette hors d'état de faire pénitence ? »
Le latin porte : « Qui ne laisse plus de lieu à une pénitence
» salutaire ? » C'est que les damnés font aussi pénitence,
mais elle leur est inutile pour leur salut.

Page 292, l. 7. « Cède jamais aux voluptés de la chair, et
» consente à l'impureté. » La lettre a : « Cède jamais aux vo-
» luptés de quelque chair que ce soit; » car il faut lire, *cu-juslibet carnis voluptatibus* avec les onze manuscrits, et non *quibuslibet*, etc., comme font nos imprimés. Je ne l'ai pas marqué, parce que cela se supplée de soi-même, et que ce qui précède le fait assez entendre.

Page 292, l. 20. « Se sont jetées dans la rivière. » Le latin ajoute : « Qui les devait emporter et tuer, et sont mortes de
» la sorte. » Mais comme il y a ensuite que « l'Église les
» honore comme des martyres, » cela fait assez entendre qu'elles s'y sont noyées, et il est dès-lors superflu de l'exprimer.

Page 293, l. 4. « En effet, que dirons-nous, si elles ont
» été poussées à cette action par l'esprit de Dieu ? » Le latin porte : « Si elles ont fait cela n'étant pas humainement trom-
» pées, mais divinement émues, non par erreur, mais par
» obéissance. » Mais saint Augustin a tant montré ci-dessus que c'est une erreur de croire qu'on se puisse tuer soi-même, pour quelque cause que ce soit, que ce serait ici une redite n commode : joint que la chose se supplée assez d'elle-même, puisque le saint Esprit, qu'on suppose qui les inspire, ne se rompe point, et que c'est faire une chose par obéissance de a faire par son inspiration, qui est tout ce que le latin semble dire de plus que ce que je dis.

Page 293, l. 9. « Qui peut faire un crime de l'obéissance
« qu'on lui rend ?» Il y a de plus au latin: « Qui peut con-

» damner une action de piété ? » Ce serait une redite : on sait bien que l'obéissance qu'on rend à Dieu est une action de piété, et cela affaiblirait l'expression précédente.

Ibid. « Mais il ne s'ensuit pas qu'on puisse sans crime » immoler son fils à Dieu, parce qu'Abraham l'a fait et en a » été loué. » Il dit qu'il l'a fait parce qu'il a eu la volonté de le faire, ce qui suffit, puisqu'il n'y a, à le bien prendre, que la volonté qui fasse le bien et le mal. L'Écriture même s'exprime de la sorte : *Quia non pepercisti filio tuo*, etc.

Page 293, l. 26. « Pour nous, nous ne pouvons gouverner » les consciences que sur les règles que nous avons apprises. » Parce que, comme dit saint Paul, *fides ex auditu*. Ou bien cela se peut interpréter ainsi : « Pour nous, nous ne pouvons » gouverner les consciences que sur ce qu'on nous dit, » c'est-à-dire sur ce que ceux qui nous demandent avis nous disent. Comme si quelqu'un nous dit que Dieu lui a commandé de se tuer, c'est à lui à voir si ce commandement n'est point douteux ; car nous ne pouvons en juger, et c'est une chose cachée pour nous, *occultorum nobis judicium non usurpamus*; mais, en supposant que cette personne ne se trompe point en cela, nous disons qu'elle doit obéir à Dieu, et qu'elle ne fait pas mal de se tuer. Je pense que c'est là le vrai sens de ces paroles latines : *Nos per aurem conscientiam convenimus; occultorum nobis judicium non usurpamus*; et je l'aimerais mieux que celui que j'ai mis.

Page 297, l. 6. « Ne vous êtes-vous point enorgueillies de » votre chasteté ? » Il y a trois mots différens dans l'auteur qui marquent celle de la virginité, de la viduité et du mariage, *integritatis, continentiæ vel pudicitiæ*; mais celui dont je me sers les comprend toutes ; et il ne serait pas bien de les marquer davantage ici qu'il ne s'agit pas de cette distinction. J'en ai encore usé ainsi dans la même page un peu plus bas pour la même raison.

Page 298, l. 13. « Il est en effet certains penchans à la » convoitise, dont Dieu permet la libre manifestation, et » dont il se réserve la punition lors du jugement dernier. » C'est-à-dire que Dieu, par un secret jugement, donne cours quelquefois aux passions des méchans, et n'empêche point qu'ils les exercent même contre les gens de bien, mais que ces désordres ne demeurent pas impunis pour cela. Au reste je dois l'intelligence de ce passage aux manuscrits des reverends pères bénédictins de Saint-Germain-des-Prés, qui le rétablissent; car il est corrompu dans tous nos livres imprimés, qui le lisent ainsi : *Quœdam enim veluti pondera malarum cupiditatum, et per occultum præsens divinum judicium relaxantur, et quædam manifesto ultimo reservantur;* où il n'y a point de sens. Mais les onze manuscrits omettent le second *quœdam*, et lisent, *et manifesto ultimo reservantur*, ce qui est clair. Je n'ai point rendu *per occultum judicium*, ni *manifesto*, qui est l'opposition, parce que cela aurait embarrassé cette période, et que l'esprit le supplée assez de lui-même. Tout le monde sait que quand Dieu permet que les méchans accomplissent leurs mauvais desseins contre les gens de bien, il le permet par un secret jugement; et l'on n'ignore pas non plus que le jugement dernier ne soit manifeste et ne se fasse à la vue de tout le monde.

Page 299, l. 11. « Et que nous ne pouvons perdre malgré » nous. » Je mets ce qu'elles devaient croire, et le latin met ce qu'elles ne croyaient pas : ce que j'ai fait pour la commodité de l'expression; et cela revient au même.

Page 300, l. 5. « Quant à ceux qui lui insultent dans ses » épreuves. » Je l'ai laissé ainsi en lisant *probationi* avec nos livres imprimés; car il se peut aussi soutenir. J'aimerais

REMARQUES.

pourtant mieux *probitati*, comme l'ont nos onze manuscrits; et en ce cas il faudrait traduire : « Et quant à ceux qui insul- » tent à sa vertu ou à sa probité. » Cela n'est pas de grande conséquence.

Page 302, l. 13. « Il craignait la trop grande confiance » en ses propres forces, comme la peste de la vertu. » Le latin a, *des esprits infirmes* ; mais il semble mieux comme je l'ai mis, et porte un sens plus étendu.

Page 306, l. 11. « Couraient tous les jours à l'envi au » théâtre. » Il en parle comme d'une chose passée, *insanirent* ; et au chapitre suivant, *quæreretis, intraretis*, etc. : ce qui fait voir que lorsque saint Augustin se mit à écrire la Cité, il y avait déjà du temps que Rome avait été prise par les Goths. Il fallut du temps à ceux dont il parle pour venir de Rome à Carthage après le sac de la première de ces villes; et de plus il parle de cette folle passion qui les menait au théâtre de Carthage comme d'une chose déjà passée. C'est pourquoi il y a bien de l'apparence que saint Augustin ne commença la Cité que vers 411, l'année d'après le pillage de Rome par les Goths, qui arriva en 410.

Page 309, l. 8. « Mais qu'elle se souvienne qu'il y a de » ses citoyens à venir cachés parmi ses ennemis même ; ce » qui doit l'empêcher de croire que c'est sans fruit qu'elle » les souffre. » Le latin ajoute : « Jusqu'à ce qu'ils soient de- » venus. » NE *infructuosum vel apud ipsos putet, quod donec perveniat ad confessos portat infensos.* C'est-à-dire à la lettre : « Et qu'elle ne croie pas que ce soit sans fruit qu'elle » les souffre pour ennemis, jusqu'à ce qu'elle arrive au temps » où ils doivent confesser aussi bien qu'elle le nom de Jésus- » Christ. » Cette confession se doit donc faire en ce monde, selon saint Augustin, et non pas au dernier jugement, où il ne sera plus temps de confesser Jésus-Christ, mais de recevoir la peine encourue pour ne l'avoir pas confessé.

Page 310, l. 10. « Il faut pour cela que je rapporte les
» maux qui sont arrivés à l'empire, etc. » Le latin ajoute :
« qui se pourront présenter à moi, ou que je croirai suf-
» fire. » Mais on sait bien qu'il ne rapportera pas ceux qui ne
se présenteront point à lui, et qu'il ne les rapportera pas tous
non plus, parce que cela serait infini ; outre qu'on le verra
assez en le lisant sans qu'il soit besoin de le dire. Mais le
génie de la langue latine est de tout exprimer ; et ce n'est pas
une faute à saint Augustin.

Page 310, l. 15. « Je montrerai ensuite pourquoi, etc. »
et pour quelles mœurs, ajoute le texte. Mais cela ne s'entendrait pas n'étant pas plus exprimé, et serait trop long si on
l'exprimait davantage ; joint qu'il n'est pas nécessaire ici, où
ce n'est qu'un plan qu'on propose, et où par conséquent on ne
doit qu'effleurer les choses.

Page 311, l. 13. « Me proposant en cela d'établir la Cité
» de Dieu, et la véritable piété. » L'auteur ajoute, *et le
culte de Dieu*; mais cela est compris dans la véritable piété.

LA CITÉ DE DIEU.

LIVRE II.

CHAPITRE PREMIER.

Les disputes n'auraient point de fin si l'on répondait toujours.

Si l'esprit faible de l'homme, au lieu de résister hardiment aux vérités les plus claires, voulait se soumettre aux enseignemens d'une saine doctrine, jusqu'à ce que, par sa foi et son humilité, il obtînt de Dieu la grace nécessaire pour le guérir ; ceux qui jugent sainement et s'expliquent avec facilité, n'auraient pas besoin de longs discours pour réfuter l'erreur. Mais parce que cette maladie et cette extravagance est plus grande aujourd'hui que jamais, et que les hommes, par un excès d'aveuglement ou d'opiniâtreté, soutiennent les propositions les plus déraisonnables, comme si c'était la raison et la vérité même, on est souvent obligé, quoiqu'on y ait satisfait pleinement, et autant qu'un homme le doit attendre d'un autre, de s'étendre beaucoup sur des choses fort claires, non pour les montrer à ceux qui les regardent, mais pour les faire toucher en quelque sorte à ceux qui ne font pas semblant de les voir. Et néanmoins si nous voulions toujours répondre à ceux qui nous répondent, quand finiraient nos contestations ? Ceux qui ne peuvent comprendre ce qu'on dit, ou qui le comprenant sont trop opiniâtres pour se rendre, répondent ; mais, comme il est écrit : « Ils ne parlent qu'un langage » d'iniquité (1), » et ne se lassent jamais d'étaler leur orgueil. Si donc nous les voulions réfuter autant de fois qu'ils se résolvent hardiment à ne pas se soucier de ce qu'ils disent, pourvu qu'ils nous contredisent, vous voyez combien cela serait long, pénible et inutile. C'est pourquoi, mon cher fils, je ne souhaiterais pas pour juges de cet ouvrage, ni vous, ni ceux à qui il peut être utile, s'ils étaient d'humeur à vouloir des réponses à tout ce qui se dirait de nouveau, semblables à ces femmelettes dont parle l'apôtre, « qui cher» chent toujours la vérité et ne la trouvent jamais (2). »

(1) Ps. 30, 23.
(2) II Tim., 3, 7.

CHAPITRE II.

Récapitulation de ce qui a été traité dans le premier livre.

Ainsi, ayant commencé au livre précédent à parler de la Cité de Dieu, qui est le sujet de tout cet ouvrage que j'entreprends avec son assistance, j'ai cru devoir d'abord répondre à ceux qui imputent les guerres dont le monde est affligé, et surtout le sac de la ville de Rome, à la Religion chrétienne, parce qu'elle défend les sacrifices abominables qu'ils voudraient faire aux démons. J'ai donc fait voir au contraire qu'ils doivent plutôt attribuer à une faveur particulière de Jésus-Christ, que les Barbares, par le seul respect de son nom et contre l'ordre de la guerre, leur aient laissé de grandes églises pour se retirer, et aient tellement honoré en plusieurs d'entre eux le culte feint (1) ou véritable qu'ils lui rendaient, qu'ils n'ont pas cru qu'il leur fût permis de faire contre eux ce qui leur était permis de faire contre les autres par le droit de la guerre. De là s'est élevée la question de savoir pourquoi cette faveur divine s'est étendue à des impies et à des ingrats, et pourquoi les bons aussi bien que les méchans ont été enveloppés dans un même

---

(1) C'est qu'ils feignaient d'être chrétiens afin que les Goths ne les tuassent pas. (Voyez le premier livre.)

malheur. Je me suis un peu arrêté là-dessus, parce que les biens et les maux arrivent tous les jours indifféremment aux uns et aux autres, ce qui cause de la peine à plusieurs; mais je l'ai fait surtout pour consoler de saintes et chastes femmes à qui l'ennemi a fait souffrir quelque chose qui a donné atteinte à leur pudeur, mais non pas à leur chasteté, de peur qu'elles ne se repentent de vivre encore, quoiqu'elles n'aient rien fait dont elles doivent se repentir. Ensuite j'ai répondu à ceux qui sont assez audacieux pour insulter au malheur de quelques chrétiens, et principalement à la pudeur de ces saintes femmes dont je viens de parler, bien qu'ils aient eux-mêmes renoncé à toute pudeur par le débordement de leur vie, et qu'ils aient tellement dégénéré de leurs célèbres ancêtres que l'on peut les regarder comme les plus grands ennemis de leur gloire. Rome, fondée par les soins de leurs aïeux, et portée par leur courage à un si haut point de grandeur, était en effet devenue, par les vices de ceux-ci, plus difforme, quoiqu'elle fût encore debout, qu'elle ne l'a été dans sa chute, puisque, après tout, dans sa ruine il n'y a eu que des pierres et du bois qui soient tombés, au lieu que la dépravation de leurs mœurs a fait périr l'innocence qui est le soutien et l'ornement des vertus du moment, où les convoitises ont allumé dans leurs cœurs un feu beaucoup plus funeste que celui qui ravageait les maisons. C'est par là que j'ai fini le premier livre. Mon dessein maintenant est de faire voir les maux que Rome a soufferts depuis sa naissance, soit dans son intérieur, soit dans ses provinces, et qu'ils ne manqueraient pas d'attribuer à la Religion chrétienne, si dès ce temps-là la doctrine de l'Évangile se fût élevée contre leurs fausses et trompeuses divinités.

CHAPITRE III.

Il suffit de lire l'histoire pour voir quels maux sont arrivés aux Romains lorsqu'ils servaient leurs dieux, et avant l'établissement de la Religion chrétienne.

Je suis bien aise de vous rappeler que je plaide encore ici contre des ignorans, dont l'impiété a donné lieu à ce proverbe : Il ne pleut pas, les chrétiens en sont cause. Dans le fait, il en est parmi eux qui ayant étudié aiment l'histoire, où ils ont pu apprendre aisément ce que nous disons; mais afin de nous attirer la haine de la multitude ignorante, ils feignent de ne pas le savoir, et tâchent de faire croire au peuple que les malheurs qui, dans l'ordre de la nature, affligent les hommes de temps en temps et en certains lieux, n'arrivent qu'à cause du nom chrétien qui se répand partout avec un éclat et une réputation incroyables, et qui détruit le culte de leurs dieux. Qu'ils se souviennent donc avec nous de combien de calamités Rome a été affligée avant que Jésus-Christ se fût incarné, et avant que son nom fût connu des peuples avec cette gloire dont ils sont vainement jaloux; et qu'ils défendent s'ils peuvent leurs dieux là-dessus, s'il faut en effet les servir pour se mettre à couvert des maux dont ils prétendent maintenant que nous sommes cause. Pourquoi ces dieux ont-ils donc permis que les malheurs dont je vais parler arrivassent à ceux qui les servaient, avant qu'ils eussent été offensés par la profession du nom de Jésus-Christ, et que leurs sacrifices eussent été défendus par des empereurs chrétiens ?

CHAPITRE IV.

Les idolâtres n'ont jamais reçu de leurs dieux aucun précepte de vertu, et les honneurs qu'ils leur rendent sont accompagnés de mille infamies.

Et d'abord pourquoi leurs dieux n'ont-ils point voulu prendre soin de leurs mœurs et en empêcher le déréglement? Pour le vrai Dieu, c'est avec justice qu'il a négligé ceux qui ne le servaient pas; mais d'où vient que les dieux, dont des ingrats se plaignent que le culte leur est défendu, n'ont point établi de lois pour porter à la vertu leurs adorateurs? N'était-il pas raisonnable que, comme les hommes songeaient à ordonner leurs mystères et leurs sacrifices, eux s'occupassent aussi de régler les mœurs et les actions des hommes? On répond que personne n'est méchant que parce qu'il le veut être. Qui en doute? Mais pour cela les dieux ne devaient pas cacher aux peuples dont ils étaient adorés les préceptes qui pouvaient les faire vivre en gens de bien. Ils étaient obligés au contraire de les publier hautement, de reprendre même les pécheurs par leurs prophètes, de menacer, de punir les méchans, et de promettre des récompenses aux bons. A-t-on jamais entendu prêcher rien de semblable dans leurs temples? Quand j'étais jeune, j'allais quelquefois voir ce qui s'y passait, j'assistais à ces spectacles et à ces divertissemens sacrilèges, je contemplais leurs prêtres hors de sens (1), j'écoutais leurs musiciens (2), et je prenais plaisir à ces jeux infâmes qui se faisaient en l'honneur des dieux et des déesses. Le jour où on lavait solennellement dans un fleuve Cybèle, cette vierge et mère de tous les dieux, de malheureux bouffons chantaient devant son char des vers si lubriques, qu'il n'eût pas été décent, je ne dirai pas à la mère des dieux, mais à la mère d'aucune personne de la moindre qualité, fût-ce celle de ces bouffons, de les entendre. Il y a un certain respect humain pour nos parens que le libertinage même ne peut nous ôter tout-à-fait. Ainsi ces baladins auraient eux-mêmes eu honte de répéter chez eux et devant leurs mères, pour s'exercer, toutes les paroles et les postures lascives dont ils usaient publiquement devant la mère des dieux et à la vue d'une multitude de personnes de l'un et de l'autre sexe, qui, ayant été attirées à ce spectacle par la curiosité, devaient au moins s'en aller

(1) Les prêtres de Cybèle qui entraient en fureur en célébrant ses mystères.

(2) Les concerts étaient fréquens dans ces mystères, à cause qu'on attribuait à Cybèle l'invention de la flûte.

avec beaucoup de confusion d'y avoir vu des choses qui blessaient si fort la pudeur. Qu'appellerons-nous sacrilèges, si ce sont là des mystères sacrés ? Est-il un bourbier plus sale que ce bain de la mère des dieux ? et l'on nomme ces spectacles *des mêts*, comme si l'on faisait un festin aux démons, pour les repaître des mêts qu'ils aiment. Qui ignore en effet combien ces esprits immondes se plaisent à de telles obscénités, à moins que d'ignorer absolument qu'il y ait des esprits qui trompent les hommes en se faisant passer pour des Dieux, ou de vivre de telle sorte qu'on aime mieux les avoir favorables que le vrai Dieu, et que l'on redoute plus leur colère que la sienne ?

CHAPITRE V.

Des indécences qui se commettaient dans le culte de la mère des dieux.

JE souhaiterais d'avoir pour juge en ce point, non ceux qui aiment mieux se divertir d'une si infâme coutume que de s'y opposer, mais ce Scipion Nasica, qui fut choisi par le sénat comme le plus homme de bien de Rome (1), pour aller recevoir l'idole de ce démon et la porter dans la ville. Il nous dirait s'il voudrait que sa mère eût rendu de si grands services à la république, qu'on lui décernât des honneurs divins,

(1) Voyez le chapitre 30 du premier livre.

tels qu'en ont décerné tous les peuples à des mortels dont ils avaient reçu des faveurs signalées, et qu'ils croyaient être devenus immortels et avoir été admis au nombre des dieux. Sans doute il souhaiterait un pareil bonheur à sa mère, si la chose était possible ; mais si après cela nous lui demandions s'il voudrait que, parmi les honneurs divins qu'on lui rendrait, on y mêlât des infamies de cette espèce ; ne s'écrierait-il pas qu'il aimerait mieux que sa mère demeurât morte sans aucun sentiment, que de jouir de l'immortalité d'une déesse pour prendre plaisir à un semblable culte ? En effet, quelle apparence qu'un sénateur Romain, qui empêcha qu'on ne bâtît un amphithéâtre dans Rome de peur que cela n'amollît le courage des citoyens, consentit à ce que, dans les honneurs que l'on rendrait à sa mère, on se servît de paroles dont une matrone se tiendrait offensée ? Certainement il ne croirait point que la divinité corrompît tellement la modestie d'une femme d'honneur, qu'elle fut bien aise d'entendre sortir de la bouche de ses adorateurs des mots si impurs que si elle en eût entendu de pareils de son vivant, sans se boucher les oreilles et se retirer, ses proches, son mari et ses enfans eussent été obligés d'en rougir pour elle. Ainsi, cette mère des dieux, que le plus méchant homme du monde ne voudrait pas avouer pour sa mère, désirant capter la bienveillance des Romains, demanda le plus homme de bien d'entre eux, non pas pour le rendre effectivement tel par ses avis et son assistance, mais pour le tromper par ses fourbes et ses artifices, semblable à cette femme dont il est écrit : « Quelle tâche

» de perdre les ames des hommes qui sont d'un si » grand prix (1); » car elle ne prétendait autre chose par là, sinon que ce grand homme, doué d'ailleurs d'un caractère si généreux, s'enorguillissant du généreux témoignage que lui rendait une déesse, et se croyant véritablement très homme de bien, se dispenserait de chercher la vraie piété et la vraie Religion, sans laquelle, quelque bonne inclination que l'on ait, on tombe dans l'orgueil et l'on se perd. En effet, comment cette déesse aurait-elle demandé le plus homme de bien, si ce n'est pour le surprendre, puisqu'elle veut qu'à sa fête on fasse des choses que les honnêtes gens auraient horreur de faire dans leurs festins ?

CHAPITRE VI.

Les dieux des payens ne leur ont jamais donné des lois pour bien vivre.

C'EST pour cela que ces divinités ne se sont pas souciées de régler les mœurs des villes et des peuples qui les adoraient, et de détourner, par leurs menaces, ces maux horribles, non des champs, ou des vignes, ou du corps qui est soumis à l'esprit, mais de l'esprit même qui gouverne le corps; ou s'ils faisaient des menaces pour cela, on n'a qu'à nous le montrer et à nous en donner la preuve; mais il ne faut pas nous

(1) Prov., 6, 26.

alléguer je ne sais quels mots secrets que l'on murmurait à l'oreille de peu de gens, et dont on fait de grands mystères qui semblent apprendre à bien vivre. Il est indispensable d'indiquer, de spécifier les lieux consacrés à ces assemblées, où l'on ne célébrait pas des jeux avec des paroles et des postures lascives, ni de ces fêtes qu'on appelait *fuites* (1), et qui, par les horribles dissolutions qui s'y commettaient, étaient une véritable fuite, puisque la pudeur et l'honnêteté en étaient bannies; mais où l'on enseignait aux peuples ce que les dieux ordonnaient pour réprimer l'avarice, modérer l'ambition, retenir l'impudicité, et où on les instruisait de ce que Perse veut qu'ils sachent quand il dit: « Misérables mortels, apprenez les rai-
» sons des choses, ce que nous sommes, pourquoi
» nous venons au monde, ce que nous y venons faire,
» et combien il est aisé de se laisser aller au vice;
» quelles bornes nous devons nous prescrire dans l'ac-
» quisition des richesses, ce qu'il est permis de dé-
» sirer, quel usage il faut faire de l'argent, ce que
» nous devons à nos proches et à notre patrie, et enfin
» à quoi nous oblige le rang que nous tenons ici
» bas (2) ? « Que l'on nous dise en quels lieux on avait accoutumé à donner ces leçons aux peuples par l'ordre des dieux, comme nous faisons voir des églises établies pour cela partout où fleurit la Religion chrétienne.

(1) Instituées en mémoire de l'expulsion des Tarquins, et qui se célébraient à Rome au mois de février.
(2) Satyre 3.

CHAPITRE VII.

L'exemple des dieux a plus de force pour porter les payens aux vices, que les instructions des philosophes pour les en détourner.

Ils nous allégueront peut-être les écoles et les disputes des philosophes. D'abord c'est une chose qui ne vient point des Romains, mais des Grecs : ou si l'on veut qu'elle appartienne maintenant aux Romains, parce que la Grèce est devenue une province de leur empire, au moins doit-on tomber d'accord que ce n'est point un commandement des dieux, mais une invention des hommes, qui, par la subtilité de leur esprit, ont tâché de pénétrer les secrets de la nature, et de donner quelques règles pour les mœurs et pour le raisonnement. Quelques-uns d'eux ont fait d'importantes découvertes lorsque Dieu les a aidés ; mais ils sont tombés dans l'erreur lorsqu'ils les a laissés à eux-mêmes, et qu'il a justement résisté à leur orgueil, pour faire connaître, même par la comparaison de ces hommes superbes, la voie de la véritable piété, qui s'élève aux choses les plus hautes par le moyen de l'humilité. Nous pourrons traiter plus amplement cette matière en un autre endroit, si Dieu nous en fait la grace ; mais enfin, si les philosophes ont trouvé quelque chose qui puisse suffire pour mener une bonne vie et en acquérir une bien heureuse, combien serait-

LIVRE II.

il plus juste de décerner à de tels hommes les honneurs divins? Combien serait-il plus convenable et plus honnête de lire les livres de Platon dans un temple qu'on lui aurait dédié, que de voir les prêtres de Cybèle se mutiler dans les temples des démons, des efféminés y être consacrés, des furieux s'y faire des incisions par tout le corps, et toutes les autres choses ou impures, ou cruelles, ou toutes les deux ensemble, que l'on a coutume de faire en l'honneur de ces divinités? Combien serait il plus utile, pour former la jeunesse à la vertu, de lire publiquement de bonnes lois de leurs dieux, que de louer vainement celles de leurs ancêtres? Lorsqu'une passion déréglée répand son noir poison, comme dit Perse (1), dans les veines de ceux qui adorent de telles divinités, ils regardent plutôt ce que Jupiter a fait, que ce que Platon a écrit, ou ce que Caton a enseigné. C'est ainsi que, dans Térence (2), un jeune débauché jetant les yeux sur un tableau de Jupiter qui se glisse en pluie d'or dans le sein de Danaé, se sert d'un si grand exemple pour autoriser son crime, et se vante d'avoir en cela imité un dieu. « Et quel dieu? dit-il. Celui qui fait trem-
» bler le ciel du bruit de son tonnerre ; et moi, qui
» ne suis qu'un faible mortel, je ne ferais pas ce
» qu'il a fait? Oui vraiment je l'ai fait, et de grand
» cœur. »

(1) Satyre 3.
(2) Eunuch., act. 3, sc. 5.

CHAPITRE VIII.

Loin que les dieux s'offensent de ce que l'on publie leurs vices sur les théâtres, cela sert au contraire à les apaiser.

Dira-t-on que l'on n'enseigne pas ces choses dans les fêtes consacrées aux dieux, et qu'elles ne se trouvent que dans les ouvrages des poètes ? Je répondrais dans ce cas que les mystères des dieux sont plus infames que les pièces de théâtre. Je me contente de rappeler un fait dont l'histoire ne permet pas de douter ; c'est que ces jeux, où l'on représente les fictions des poètes, n'ont pas été introduits dans les fêtes des dieux par l'ignorance et la superstition des Romains, mais que ce sont les dieux même qui ont commandé avec menaces qu'on les célébrât en leur honneur, comme je l'ai déjà dit en passant (1) ; puisque les jeux de théâtre furent originairement institués à Rome par l'autorité des pontifes, pour faire cesser une grande peste qui affligeait la ville. Qui donc, dans sa conduite, ne croirait pas devoir plutôt suivre les exemples retracés dans les jeux établis par l'ordre des dieux même, que les préceptes consacrés dans des lois purement humaines ? Si les poètes ont faussement représenté Jupiter adultère, ces dieux si chastes ont dû se cour-

(1) Livre 1.ᵉʳ, chap. 32.

rouer et se venger de ce qu'on leur faisait un si grand outrage dans des jeux publics, et non pas de ce qu'on négligeait de le leur faire (1). Cependant, ce qu'il y a de plus supportable sur les theâtres, ce sont les comédies et les tragédies, c'est-à-dire ces pièces dont les sujets sont souvent fort sales, mais dans lesquelles au moins on n'emploie pas de paroles déshonnêtes; ce qui fait qu'elles entrent dans l'étude des belles-lettres, et que des personnes âgées obligent les enfans à les lire et à les apprendre.

CHAPITRE IX.

Les anciens Romains ont refréné la licence des poètes ; mais les Grecs, suivant l'inclination de leurs dieux, leur ont donné plus de liberté.

Nous apprenons de Cicéron, dans ses livres de la république, quel jugement les anciens Romains faisaient de la comédie; Scipion l'Africain, l'un des interlocuteurs, y parle ainsi : « Jamais l'on n'aurait souffert » les choses infames que la comédie représente sur le » théâtre, si la coutume ne les autorisait dans le com- » merce même de la vie (2). » Pour les Grecs, ils le

(1) Les Grecs jouaient des comédies et des tragédies, où les adultères de Jupiter étaient représentés, au lieu que les Romains négligèrent ces jeux jusqu'à ce que les dieux leur eussent envoyé une peste pour les obliger à les célébrer.

(2) Cicéron, livre 4 de la république. Ces livres sont per-

pouvaient faire autrefois avec quelque sorte de raison (1) ; leurs lois même leur permettaient de parler librement de tout sur la scène, et d'y nommer tous ceux qu'ils voudraient. Ainsi, comme Scipion le dit encore dans les mêmes livres : « Quel est celui que la
» vieille comédie n'a point attaqué ? ou, pour mieux
» dire, qui n'a-t-elle point persécuté ? qui a-t-elle
» épargné ? Je veux bien qu'elle ait déchiré des mé-
» chans et des séditieux d'entre le peuple, comme un
» Cléon, un Cléophonte, un Hyperbole. A la bonne
» heure ; pardonnons lui cette liberté, quoiqu'il soit
» plus à-propos que des citoyens même de cette es-
» pèce soient repris par le censeur que par un poète ;
» mais qu'elle se soit attaquée à ce Périclès, qui avait
» gouverné la république pendant tant d'années et avec
» tant d'éclat en paix et en guerre : en vérité cela est
» aussi inconvenant que si Plaute ou Névius avaient
» voulu médire des deux Scipions, ou Cécilius de
» Caton l'ancien. » Et il ajoute un peu après : « Nos
» lois des douze tables au contraire, toutes retenues
» qu'elles soient à prononcer la peine capitale, ne
» laissent pas de l'ordonner contre ceux qui noircis-

---

dus, et l'on peut juger, par ce qu'en rapporte saint Augustin, quelle est l'étendue de cette perte.

(1) Cette raison ou convenance dont il parle ensuite au même chapitre et au chapitre suivant, c'est qu'ils voyaient que leurs dieux prenaient plaisir aux infamies qu'on disait même d'eux sur le théâtre. *Hæc Græci turpiter quidem*, dit-il, au commencement du chapitre 11, *sed sanè diis suis omnino congruenter*. Voilà cette convenance.

» sent la réputation d'autrui par des vers ou des pa-
» rodies injurieuses. Elles ont en cela très grande
» raison ; car notre vie doit être exposée à la censure
» légitime des magistrats, mais non à la licence ef-
» frénée des poètes; et il ne doit être permis de nous
» dire une injure qu'à condition que nous y puissions
» répondre et nous défendre en jugement. » J'ai cru
devoir tirer tout cela mot à mot du quatrième livre
de la république de Cicéron, en y faisant quelques
légers changemens ou omissions pour plus de clarté,
parce que ces passages se rattachent intimement à
mon sujet. Il dit ensuite beaucoup d'autres choses,
et conclut, en montrant que les anciens Romains
trouvaient mauvais qu'on louât ou qu'on blâmât quelqu'un pendant sa vie sur le théâtre. Mais, comme
j'ai dit, les Grecs ont eu quelque raison de le faire
(quoiqu'ils ne l'aient pu sans effronterie), puisqu'ils
voyaient non-seulement les hommes, mais leurs dieux
prendre plaisir aux infamies qui se disaient d'eux-
mêmes sur le théâtre, soit que les poètes les eussent
inventées, ou que ces crimes fussent véritables ; et plût
à Dieu que les spectateurs n'eussent fait qu'en rire et
qu'ils ne les eussent point imités ! En effet, c'eût
été une trop grande délicatesse d'épargner la réputation des principaux de la ville et des citoyens, pendant que les dieux ne voulaient pas que l'on ménageât
la leur.

CHAPITRE X.

Pourquoi les démons sont bien aises par malice qu'on publie d'eux des crimes véritables ou supposés.

On allègue pour excuse que ces crimes imputés aux dieux n'etaient pas véritables, mais supposés; le crime alors n'en serait que plus énorme, si l'on consulte les règles de la piété et de la Religion; et si l'on considère la malice des démons, qu'y a-t-il de plus fin et de plus artificieux? Quand on diffame un des premiers de l'état qui le sert utilement et en homme d'honneur, cette attaque n'est-elle pas en effet d'autant plus inexcusable qu'elle est plus éloignée de la vérité? Quels supplices donc ne méritent pas ceux qui font à un dieu une injure si cruelle et si atroce? Mais ces esprits malins, que nos adversaires prennent pour des dieux, ne se soucient pas qu'on leur attribue de faux crimes, pourvu qu'ils engagent les hommes dans ces opinions comme dans des filets, et qu'ils les entraînent avec eux dans le supplice qui leur est préparé; soit que des hommes qu'ils sont bien aises qu'on adore comme dieux, et à la place de qui ils se substituent par mille artifices, aient en effet commis ces crimes; soit qu'aucun homme n'en étant coupable, ils prennent plaisir qu'on les raconte des dieux, afin qu'il semble que le ciel autorise les actions les plus méchantes et les plus honteuses. Les Grecs donc, étant esclaves de ces malheureuses divinités, n'ont pas crû que les poètes dussent les épargner eux-mêmes sur les théâtres, ou par le désir de se rendre en cela semblables à leurs dieux, ou par la crainte de les offenser s'ils ménageaient plus leur réputation que la leur.

CHAPITRE XI.

Les Grecs avaient raison d'admettre aux charges publiques les comédiens, puisque leurs dieux aimaient et approuvaient la comédie.

C'EST sur ce fondement qu'ils admettaient les comédiens aux premières charges de l'état. Nous apprenons en effet dans ce même livre de Cicéron (1) que l'Athénien Eschine, homme très éloquent, après avoir joué des comédies dans sa jeunesse, fut employé au gouvernement de la république; et que les Athéniens envoyèrent souvent le comédien Aristodème en ambassade vers Philippe, pour traiter les affaires les plus importantes de la paix et de la guerre. Dès-lors qu'ils voyaient que les jeux du théâtre étaient agréables à leurs dieux, ils n'estimaient pas raisonnable de mettre au rang des personnes infames ceux qui servaient à les donner. Il est vrai que cet usage des Grecs n'est pas fort honnête, mais il est conforme à l'humeur de leurs dieux; et ils n'osaient pas empêcher les poètes ni les acteurs

(1) Livre 4 de la république.

de déchirer leurs citoyens, lorsqu'ils les voyaient diffamer leurs dieux avec l'approbation de ces dieux même. Il n'est donc pas étonnant que non-seulement ils n'aient pas méprisé, mais même qu'ils aient élevé aux premiers emplois ceux qui représentaient sur le théâtre des choses qu'ils savaient être agréables à leurs divinités. Quelle raison en effet auraient-ils eu d'honorer les prêtres parce qu'ils rendent les dieux favorables en leur immolant des victimes, et de noter d'infamie les comédiens, lorsque ces mêmes prêtres les avaient avertis que les dieux exigeaient, sous peine d'encourir leur colère, que l'on jouât des comédies en leur honneur ; lorsque surtout Labéon, qui passe parmi eux pour être fort versé en cette matière, distingue les bonnes divinités d'avec les mauvaises, et veut qu'on leur rende un culte différent, apaisant les mauvaises par des sacrifices sanglans et par des prières funèbres, et se conciliant les bonnes par des services gais et agréables, comme, dit-il, par des jeux, des festins et des lectisternes (1). Nous examinerons, s'il plaît à Dieu, dans la suite, si cette opinion est vraie ; mais, pour n'en dire maintenant que ce qui peut servir à notre sujet, soit que l'on offre indifféremment toutes choses à tous les dieux comme étant tous bons (car il ne serait pas bien aux dieux d'être méchans, et ceux que les payens adorent ne sont tels que parce

(1) Cette cérémonie consistait à dresser de petits lits dans les temples, sur lesquels on posait les images des dieux, que l'on servait de toutes sortes de viandes, que d'autres mangeaient à leur place.

que ce sont des esprits immondes); ou que, comme l'a cru Labéon, l'on mette quelque différence dans le service qu'on leur rend; c'est toujours avec raison que les Grecs honorent aussi bien les comédiens qui célèbrent les jeux, que les prêtres qui offrent les victimes, de peur qu'on ne les convainque de faire injure à tous leurs dieux, si tous leurs dieux aiment les divertissemens du théâtre, ou, ce qui serait encore plus mal, à ceux qu'ils croient bons, s'il n'y a que ceux-là qui les aiment.

CHAPITRE XII.

Les Romains, en ôtant aux poètes la liberté de médire des hommes, et en leur permettant de diffamer les dieux, ont eu meilleure opinion d'eux-mêmes que des dieux.

Quant aux Romains, loin de consentir, comme Scipion s'en glorifie dans les livres de la république (1), à ce que leur vie et leur réputation fût exposée aux injures et aux médisances des poètes, ils ont prononcé la peine capitale contre ceux qui composeraient de semblables vers. Par là ils ont véritablement assez bien pourvu à leur honneur; mais en même-temps ils ont témoigné peu de respect et de piété envers leurs dieux. Instruits que ces dieux ne souffraient pas seulement,

(2) Voyez ci-dessus, chap. 9.

mais encore étaient bien aises que les poètes les déchirassent par de honteuses diffamations, ils ont cru mériter mieux qu'eux d'être exempts de ces outrages, et ont fait une loi pour s'en garantir, tandis qu'ils les ont mêlés dans les jeux même qu'ils célébraient en leur honneur. Comment donc, ô Scipion, pouvez-vous louer les Romains d'avoir défendu à leurs poètes de n'offenser personne, lorsque vous voyez que ces mêmes poètes n'ont épargné aucun de vos dieux? Avez-vous cru devoir plus estimer la gloire du sénat que celle du Capitole, ou, pour mieux dire, préférer la seule ville de Rome à tout le ciel? Vous avez établi une loi expresse pour empêcher les poètes de blesser l'honneur de vos citoyens par leurs médisances; et ils en peuvent répandre autant qu'il leur plaît contre vos dieux, sans que ni sénateur, ni censeur, ni prince du sénat, ni pontife s'y oppose! Vous avez jugé qu'il était indigne que Plaute ou Névius attaquassent la réputation des deux Scipions, ou Cécilius celle de Caton, et qu'il ne l'était pas que votre Térence excitât les jeunes gens à l'incontinence par l'exemple du grand Jupiter (1)!

(1) Voyez ci-dessus, chap. 7.

CHAPITRE XIII.

Les Romains devaient reconnaître que des dieux qui demandaient à être honorés par les infamies du théâtre, étaient indignes des honneurs divins.

Scipion me répondrait peut-être, s'il vivait encore : Comment ne laisserions-nous pas impunies des choses que les dieux même ont consacrées, puisque c'est eux qui ont introduit à Rome les jeux de théâtre où elles se disent et se représentent, et qui ont ordonné de les célébrer en leur honneur ? Pourquoi donc cet ordre n'a-t-il pas plutôt fait connaître aux Romains que ce n'était pas de véritables dieux, et qu'ils étaient indignes qu'une telle république leur déférât les honneurs divins ? Il ne serait ni décent, ni raisonnable de les adorer, s'ils eussent exigé des représentations injurieuses à l'honneur des Romains ; comment, dès-lors, je le demande, a-t-on pu prendre pour des dieux qu'il fallait adorer, de détestables démons qui se trahissaient eux-mêmes, lorsque, pour tromper les hommes, ils ont voulu que la publication de leurs crimes fît une partie de leur culte ? Aussi, quoique la superstition aveuglât les Romains au point de leur faire révérer comme des dieux ceux qui revendiquaient pour leur culte les obscénités du théâtre, toutefois, ce peuple, qui gardait le sentiment de sa dignité, s'est refusé, par pudeur, à rendre aux comédiens les mêmes honneurs que les Grecs, comme le même Scipion le dit dans Cicéron (1) : « Regardant le théâtre comme » un lieu infame, les Romains n'ont pas seulement » exclu cette sorte de gens des charges publiques, mais » encore de leur tribu (2). » Voilà, certes, un réglement digne de la sagesse des Romains; mais je voudrais que tout le reste y eût répondu, et qu'ils eussent été plus conséquens avec eux-mêmes. Rien de mieux ordonné, à la vérité, que si un citoyen Romain, quel qu'il soit, se faisait comédien, non-seulement l'entrée des honneurs lui était fermée, mais le censeur (3) ne souffrait pas même qu'il demeurât dans sa tribu ; cette conduite est d'un cœur véritablement Romain et sensible à la gloire; mais qu'on me dise par quelle raison les comédiens étaient exclus de toute sorte d'honneurs, tandis que les comédies faisaient partie du culte que l'on rendait aux dieux. Ces divertissemens du théâtre ont été long-temps inconnus à la mâle vertu des Romains (4), et, s'ils les eussent recherchés pour le plaisir, on eût pu l'attribuer à la corruption des mœurs ; mais ce sont les dieux même qui les ont commandé pour eux. Comment donc bannit-on du nombre des honnêtes gens un comédien, qui est le ministre du culte que l'on rend aux dieux?

(1) Livre 4 de la république.

(2) En sorte qu'ils n'étaient plus considérés comme citoyens. Le latin ajoute : *Par la note du censeur.*

(3) C'était le juge souverain des mœurs et de la police parmi les Romains.

(4) Pendant près de 400 ans.

Et comment ose-t-on noter d'infamie celui qui représente les infamies du théâtre, en même temps que l'on adore ceux qui les exigent? C'est un différend à vider entre les Grecs et les Romains. Les Grecs croient qu'ils ont raison d'honorer les comédiens, puisqu'ils adorent des dieux qui demandent des comédies. Les Romains, au contraire, croiraient faire injure au peuple, s'ils les admettaient dans aucune tribu, et à plus forte raison au sénat, s'ils leur y donnaient entrée. Voici qui termine toute la dispute. Les Grecs disent : si l'on doit adorer de tels dieux, il faut honorer de tels gens. Les Romains répondent : mais il ne faut point honorer de tels gens. Les chrétiens concluent : il ne faut donc point adorer de tels dieux.

CHAPITRE XIV.

Platon, qui n'a pas voulu admettre les poètes dans une ville bien policée, valait mieux que les dieux qui ont voulu être honorés par des jeux de théâtre.

Je demande encore pourquoi les poètes qui composent ces pièces de théâtre, et à qui la loi des douze tables défend de blesser la réputation des citoyens, ne sont pas réputés infames aussi bien que les comédiens, et quelle justice il y a à déshonorer les acteurs de ces fictions poétiques qui outragent les dieux d'une manière si indécente, et à en honorer les auteurs? Ne devrions-nous pas plutôt nous en rapporter à Platon, qui, dans le modèle qu'il a tracé d'une république bien réglée, est d'avis qu'on en bannisse les poètes, comme ennemis de la vérité? Ce philosophe ne pouvait souffrir les injures qu'ils font aux dieux, ni la corruption qu'ils introduisent dans les mœurs. Comparez maintenant Platon, qui n'était qu'un homme, et qui repoussait les poètes d'une ville bien policée dont ils auraient pu abuser les citoyens, avec ces dieux qui, tous dieux qu'ils sont, demandent qu'on célèbre des jeux de théâtre en leur honneur. Celui-là tâche, quoiqu'inutilement, de détourner les Grecs légers et voluptueux de la composition de ces infamies, et ceux-ci en ont extorqué la représentation des graves et modestes Romains. Ils ne se sont pas contentés de les faire représenter; mais ils ont voulu qu'on les leur dédiât, qu'on les leur consacrât, qu'on les célébrât solennellement en leur honneur. A qui, je vous prie, serait-il plus convenable de décerner des honneurs divins, ou à Platon, qui défend ces infamies, ou aux démons, qui se plaisent par là à séduire les hommes que Platon n'a pu détromper?

Labéon a cru devoir mettre ce philosophe au rang des demi-dieux, comme on y met Hercule et Romulus. Or, il préfère les demi-dieux aux héros, quoiqu'il mette également les uns et les autres au nombre des divinités. Pour moi, je ne doute point que celui qu'il appelle demi-dieu ne doive être préféré, non-seulement aux héros, mais aux dieux même. Quoiqu'il en soit, les lois romaines approchent assez des sentimens de Platon, qui condamne généralement toutes les fictions des poètes, en ce que les Romains ôtent aumoins aux poètes la liberté de médire des hommes. Celui-là les bannit de la ville, et ceux-ci excluent du nombre des citoyens ceux qui représentent leurs pièces, et les chasseraient peut-être tout-à-fait, s'ils ne craignaient d'offenser des dieux avides de représentations théâtrales. Les Romains n'ont donc garde de recevoir de leurs dieux des lois, pour établir de bonnes mœurs, ou pour corriger les mauvaises, et ils n'en peuvent pas même espérer, puisque les leurs valent incomparablement mieux que celles qu'ils en recevraient. En effet, les dieux veulent des jeux de théâtre en leur honneur; les Romains excluent de tous honneurs ceux qui montent sur le théâtre. Ceux-là commandent qu'on représente les fictions des poètes qui blessent la réputation des dieux, et ceux-ci défendent aux poètes de toucher à celle des hommes. Or, Platon, ce demi-dieu, s'est opposé à la folle passion de ces dieux, et a indiqué ce que la vertu des Romains devait exécuter, lorsqu'il s'est opposé à ce que l'on admit les poètes dans une ville bien réglée, parce que ce sont les artisans de mensonge, ou parce qu'ils proposent les plus détestables actions à l'imitation des hommes, en leur faisant croire que les dieux les ont commises. Pour nous, nous ne croyons pas que Platon soit un dieu ni un demi-dieu; nous ne le comparons à aucun des anges ou des prophètes du vrai Dieu, ni à aucun apôtre ou martyr de Jésus-Christ, pas même à aucun chrétien, et nous rapporterons en son lieu la raison de notre sentiment; toutefois, puisqu'ils veulent que ce soit un demi-dieu, nous estimons qu'il doit être préféré, sinon à Hercule et à Romulus (quoiqu'il n'y ait point d'historien, ni de poète qui ait dit ou inventé qu'il ait tué son frère (1), ou qu'il ait commis quelque autre grand crime (2), au moins à Priape, ou à un Cynocéphale (3), ou enfin à la Fièvre, divinités que les Romains ont reçues des étrangers, ou qu'ils ont consacrées eux-mêmes. Comment donc de tels dieux donneraient-ils des préceptes et des lois pour détourner ou extirper tant de maux qui corrompent les mœurs, eux qui tâchent de jeter des semences de vices et de les accroître, lorsqu'ils ordonnent de publier sur les théâtres, devant tout le monde, leurs crimes véritables ou supposés, afin de rendre les passions des hommes plus fortes et plus vives, en les autorisant de leur exemple ? C'est ce qui a donné sujet à Cicéron de s'écrier, mais inutilement, en parlant des poètes : « Lorsqu'avec cela ils ont encore l'approbation et les applaudissemens du peuple comme d'un maître bien savant et bien entendu, quels ténèbres ne répandent-ils point dans nos ames? quelles frayeurs n'y jètent-ils point? quelles convoitises n'y allument-ils point (4) ? »

(1) Comme Romulus.

(2) Comme Hercule, qui remplit la terre de crimes en l'en voulant purger.

(3) Monstre qui a le corps d'un homme et la tête d'un chien.

(4) III Tuscul.

CHAPITRE XV.

Les Romains se sont choisis certains dieux plutôt par flatterie que par raison.

Mais n'est-il pas visible que c'est plutôt la flatterie que la raison qui les a conduits dans le choix qu'ils ont fait de leurs faux dieux, puisqu'ils n'ont pas jugé digne de la moindre chapelle ce Platon, qu'ils traitent de demi-dieu, et qui a tant travaillé, par ses écrits, à empêcher que les mœurs des hommes ne se corrompissent par les maux de l'ame, les plus dangereux de tous, tandis qu'ils ont préféré leur Romulus à plusieurs dieux, quoiqu'il passe moins pour un dieu que pour un demi-dieu parmi ceux qui savent le secret de leurs mystères ? Ils ont été jusqu'à lui ordonner un flamine, espèce de prêtres si considérée parmi les Romains, ainsi que le témoignent leurs ornemens, qu'il n'y avait que trois divinités à qui ils en donnassent de la sorte, Jupiter, Mars et Romulus, qui prit le nom de Quirinus, après avoir été comme admis dans le ciel par la faveur de ses citoyens. Ainsi, ce fondateur de Rome a été préféré par là à Neptune et à Pluton, frères de Jupiter, et même à Saturne, leur père, ayant reçu un honneur réservé au seul Jupiter, et qu'ils n'accordèrent peut-être à Mars qu'en considération de ce qu'il était père de Romulus.

CHAPITRE XVI.

Les Romains n'ont eu recours aux lois des Athéniens que parce qu'ils n'en ont pu recevoir de leurs dieux.

Que si les Romains eussent pu recevoir de leurs dieux des lois pour bien vivre, ils n'auraient pas envoyé demander aux Athéniens les lois de Solon quelques années après la fondation de Rome. Et encore ne les observèrent-ils pas telles qu'ils les avaient reçues, mais ils tâchèrent de les rendre meilleures. Il est vrai que Lycurgue avait feint d'avoir reçu les siennes d'Apollon pour leur donner plus d'autorité parmi les Lacédémoniens; mais les Romains n'en voulurent rien croire, et ne les adoptèrent pas. On dit que Numa Pompilius, successeur de Romulus, parmi les autres cérémonies qu'il institua, fit aussi quelques lois qui ne suffisaient pas pour le gouvernement d'un état; mais on ne dit point qu'il les eût reçues des dieux. Les dieux donc ne se sont pas mis en peine de détourner de ceux qui les adoraient les maux de l'ame, qui sont si redoutables, que les plus savans d'entre les payens assurent qu'ils renversent les républiques, lors même que les villes demeurent debout : ils n'ont, dis-je, rien fait pour arrêter le cours de ces maux; au contraire, comme nous l'avons montré ci-dessus, ils se sont efforcés de les accroître.

CHAPITRE XVII.

De l'enlèvement des Sabines, et des autres injustices des Romains, dans les temps les plus vantés de leur république.

Peut-être les dieux n'ont-ils pas donné de lois aux Romains, parce que, comme dit Salluste, « C'était autant l'inclination naturelle qu'ils avaient pour la justice, que les lois, qui les rendait équitables (1). » Ce fut probablement cette inclination naturelle pour la justice qui les porta à ravir les Sabines. Qu'y a-t-il en effet de plus juste que d'enlever par force des filles à leurs parens, après leur avoir tendu un piége (2) pour les surprendre ? Et véritablement, si les Sabins étaient injustes de les leur refuser, combien les Romains étaient-ils plus injustes de les prendre sans qu'on les leur donnât ? Il y aurait même eu plus de justice à faire la guerre à des gens qui eussent refusé de donner leurs filles en mariage à leurs voisins, qu'à ceux qui redemandaient leurs filles qu'on leur avait enlevées. Romulus devait donc plutôt en user de la sorte, et attendre le refus des Sabins. Mars n'aurait pas manqué d'aider son fils à venger cette injure, et celui-ci aurait peut-être pu prendre alors justement, par le droit de

(1) De conjurat. Catilinæ.
(2) Des jeux publics.

la guerre, comme victorieux, celles qu'on lui aurait injustement refusées; au lieu que la paix ne lui donnait aucun droit d'enlever des filles qui ne lui avaient point été accordées, et ce fut une injustice à lui de faire la guerre à leurs parens justement irrités contre lui. Aussi, encore que cet attentat ait réussi aux Romains, et que les jeux du cirque aient été institués pour en consacrer la mémoire, ils n'ont pas voulu, toutefois, le proposer pour exemple; et l'on ne voit point que ces mêmes Romains, qui n'avaient point fait de difficulté de faire un dieu de Romulus après cette injustice, aient jamais permis de l'imiter en cela. Ce fut encore, sans doute, par cette inclination naturelle pour la justice, qu'après que le Roi Tarquin eût été chassé de Rome avec ses enfans, à cause que l'un d'eux avait violé Lucrèce, le consul (1) Junius Brutus obligea Tarquin Collatin, son collègue, mari de cette Lucrèce, et qui était un homme de bien, à se défaire de sa charge, et à sortir même de la ville, parce qu'il portait le nom et était parent des Tarquins. Et le peuple favorisa ou souffrit cette injustice, quoique ce fut lui qui eut fait Collatin consul aussi bien que Brutus. Ce fut aussi par suite de cette équité naturelle, que Camille, ce grand général, ce vainqueur des Véiens (2), les implacables ennemis du peuple Romain, ce héros, qui termina, après dix ans, par la prise de leur ville, une guerre sanglante,

***

(1) Consul était un magistrat qui avait l'autorité souveraine à Rome du temps de la république.

(2) Peuples de Toscane.

qui avait porté Rome à deux doigts de sa ruine, fut tiré en justice par la haine de ses envieux et par l'insolence des tribuns du peuple (1), et éprouva tant d'ingratitude dans sa patrie qu'il avait délivrée, que, voyant sa condamnation assurée, il s'en alla volontairement en exil, et fut même condamné en son absence à une forte amende, lui qui devait encore bientôt délivrer des armes des Gaulois ceux qui le traitaient si indignement. Il serait trop long de rapporter ici une infinité de traits honteux et injustes qui se passaient dans Rome, lorsque les grands s'efforçaient de réduire le peuple sous leur domination, et que le peuple tâchait de s'affranchir de la domination des grands, et que les chefs de l'un et de l'autre parti étaient plutôt poussés par le désir de la victoire, que par la raison et l'équité.

CHAPITRE XVIII.

Témoignages de Salluste sur les mœurs des Romains, tour-à-tour réfrénées par la crainte et relâchées par la sécurité.

Je m'arrête, par cette considération, et je préfère rapporter le témoignage de Salluste, qui, après avoir dit à la louange des Romains, ces mots sur lesquels

---

(1) Tribun du peuple était un magistrat établi pour soutenir les droits du peuple.

je viens de m'étendre, que « c'était autant l'inclina-
» tion naturelle qu'ils avaient pour la justice, que les
» lois, qui les rendait équitables, » et l'avoir dit pour
relever ce temps où les rois ayant été chassés, Rome
reçut en très peu d'années un accroissement presque
incroyable, ne laisse pas d'avouer, dès le commencement du premier livre de son histoire (1), qu'alors
même, quand le gouvernement de l'état passa des rois
aux consuls, ou du moins fort peu après, les grands
commencèrent à opprimer les petits ; ce qui fut cause
que le peuple se sépara du sénat, et qu'il y eut encore
d'autres dissensions dans la ville. En effet, après avoir
remarqué qu'entre la seconde et la troisième guerre
punique, les bonnes mœurs et la concorde régnaient
parmi le peuple romain, ce qu'il n'attribue pas à l'a-
mour de la justice, mais à la crainte qu'ils avaient de
la puissance de Carthage, d'où vient que Scipion Nasica ne voulait pas qu'on la ruinât, afin de les tenir
toujours en bride, le même Salluste ajoute aussitôt :
« Mais la discorde, l'avarice, l'ambition et les autres
» désordres qui naissent ordinairement de la prospé-
» rité, s'augmentèrent beaucoup après la ruine de
» Carthage ; » d'où l'on doit conclure qu'ils régnaient
auparavant. Il poursuit en ces mots, afin d'expliquer
sa pensée : « Car, dit-il, les violences des personnes
» puissantes, qui furent cause que le peuple se sépara
» d'avec le sénat, et d'autres dissensions troublèrent
» la ville dès sa naissance, et l'on n'y vit fleurir la
» modération et l'équité qu'au temps où les rois fu-

(1) Nous l'avons perdue.

» rent expulsés, lorsqu'elle craignait les Tarquins, et
» qu'elle avait à soutenir la guerre contre les Toscans
» ligués avec eux. » Vous voyez qu'il dit que, pendant
ce peu de temps-là même qui suivit l'expulsion des
rois, on n'observa à Rome quelque sorte d'équité et
de modération, que par crainte de la guerre que
Tarquin, appuyé des Toscans, faisait au peuple qui
l'avait chassé de son trône et de ses états. Voici ce
que l'historien ajoute ensuite : « Mais après, le sénat
» traita le peuple en esclave. Il disposait de sa vie
» et de son corps (1) avec une autorité pareille à
» celle des rois, s'emparait de son bien, et enfin était
» seul le maître et l'arbitre de toutes choses. Le peu-
» ple donc irrité de ces cruautés, et surtout des usures
» insupportables dont on l'accablait, outre les frais
» de la guerre (2), prit les armes et se retira sur le
» mont Sacré et le mont Aventin, où il obtint du
» sénat ses tribuns et d'autres prérogatives. Mais les
» dissensions et les animosités ne furent entièrement
» éteintes qu'à la seconde guerre punique. » Vous
voyez depuis quel temps, c'est-à-dire depuis ce court
espace qui suivit l'expulsion des rois, les Romains ont
été ce qu'ils sont, et comment Salluste a pu dire d'eux,
que « c'était autant l'inclination naturelle qu'ils avaient
» pour la justice, que les lois, qui les rendait équi-
» tables. »

(1) *Et de son dos*, porte le latin. C'est qu'ils le faisaient
fouetter.

(2) C'est que les soldats ne recevaient point alors de
paye, et faisaient la guerre à leurs dépens.

Or, si la république romaine a été telle à l'époque où l'on prétend qu'elle était si belle et si vertueuse, que dirons-nous de ce qui est arrivé depuis, lorsque, « changeant peu-à-peu (pour me servir des termes du » même historien), de très belle et très vertueuse » qu'elle était, elle est devenue très vicieuse et très » corrompue; » c'est-à-dire depuis la destruction de Carthage, comme il le remarque lui-même? On peut voir dans son histoire la description qu'il fait de ces temps, et par quels horribles degrés de corruption, suite de la prospérité de Rome, cette république en est venue jusqu'aux guerres civiles. « Depuis ce temps, » dit-il, les mœurs anciennes ne changèrent pas in-» sensiblement comme par le passé, mais on se pré-» cipita dans le vice sans aucune retenue; le luxe et » l'avarice s'emparèrent tellement de l'esprit des jeunes » gens, qu'on peut dire d'eux qu'ils ne pouvaient » avoir de patrimoine, ni souffrir que les autres en » eussent (1). » Salluste parle ensuite des vices de Sylla et des autres déréglemens de la république, ce dont tous les historiens conviennent avec lui, quoiqu'ils ne les rapportent pas avec la même éloquence.

Cela suffit, ce me semble, pour vous faire voir, à vous et à quiconque y voudra prendre garde, en quel abime de corruption Rome était tombée avant l'avènement du fils de Dieu; car tous ces désordres étaient arrivés non-seulement avant que Jésus-Christ, revêtu d'un corps, eût commencé à enseigner sa doctrine,

(1) Parce qu'ils dépensaient le leur et convoitaient celui d'autrui.

mais avant qu'il eût pris naissance d'une vierge. Puis donc que les payens n'osent imputer à leurs dieux tant d'horribles maux qui régnaient en ce temps-là, bien que leurs dieux seuls en jetassent malicieusement les semences dans les esprits des hommes par les folles opinions qu'ils y répandaient; pourquoi imputent-ils les maux présens à Jésus-Christ qui, par une doctrine salutaire, défend d'adorer des dieux faux et trompeurs, et qui, détestant et condamnant par une autorité divine ces malheureuses et infames convoitises, retire peu-à-peu sa famille du monde, que tant de misères semblent accabler de leur poids, afin d'établir une Cité éternelle et glorieuse, dont la gloire n'est pas fondée sur le vain applaudissement des hommes, mais sur le jugement même de la vérité?

CHAPITRE XIX.

De la corruption où était tombée la république avant que Jésus-Christ abolît le culte des faux dieux.

Voila comment la république romaine, « changeant peu-à-peu, de très belle et très vertueuse qu'elle était, est devenue très vicieuse et très corrompue. » Et ce n'est pas moi qui le dis le premier; leurs auteurs, dont nous l'avons appris pour notre argent, l'ont dit long-temps avant la venue de Jésus-Christ. Voilà comment, depuis la ruine de Carthage, et avant l'avènement du Sauveur, « les mœurs an-

« ciennes ne se sont pas altérées insensiblement, mais
» sont tombées tout d'un coup comme un torrent qui
» se précipite, tant le luxe et l'avarice avaient cor-
» rompu l'esprit de la jeunesse. » Qu'ils nous montrent
les préceptes que leurs dieux ont donnés au peuple romain contre le luxe et l'avarice. Plût à Dieu qu'ils se
fussent contentés de ne point le porter à la chasteté et
à la modestie, sans exiger encore de lui des pratiques
indécentes et honteuses, auxquelles ils donnaient une
autorité pernicieuse par leur fausse divinité. Qu'ils
lisent au contraire cette multitude de préceptes sublimes et divins répandus dans les prophètes, dans le
saint Évangile, dans les actes et les épîtres des apôtres,
contre l'avarice et l'impureté, et qui retentissent de
tous côtés aux oreilles des peuples assemblés pour cela,
non comme de vaines disputes de philosophes, mais
comme des oracles du Ciel et des tonnerres qui sortent
des nuées de Dieu (1). Toutefois ils n'imputent pas à
leurs dieux le luxe, l'avarice, les cruautés, les dissolutions, et tant d'autres désordres qui avaient corrompu la république avant l'avènement de Jésus Christ;
et ils reprochent au christianisme toutes les afflictions
que leur orgueil et leurs débauches attirent aujourd'hui
sur elle. Cependant, si les rois de la terre et tous les
peuples, si les princes et tous les juges de la terre (2),
si les garçons et les filles, les jeunes et les vieux de
tout âge et de tout sexe, et ceux à qui s'adresse saint

---

(1) Les nuées de Dieu sont, selon saint Augustin, les docteurs de l'Église.

(2) Pseaume 148, v. 11 et 12.

Jean-Baptiste dans l'Évangile (1), les fermiers (2) et
les soldats, avaient soin d'écouter et d'observer les règles que donne la Religion chrétienne pour bien vivre,
la république serait ici-bas heureuse et florissante, et
régnerait à jamais dans l'éternité; mais, parce que
l'un les écoute et l'autre les méprise, et qu'il s'en
trouve plus qui aiment la douceur mortelle des vices
que l'austérité salutaire des vertus, on commande aux
serviteurs de Jésus-Christ, de quelque condition qu'ils
soient, de souffrir la république en quelque corruption qu'elle tombe, pour s'acquérir par cette patience
un rang glorieux dans la sainte et auguste cour des
anges, dans cette république céleste, qui n'a point
d'autre loi que la volonté de Dieu.

CHAPITRE XX.

*De la félicité et du genre de vie qui plairaient le plus
aux ennemis de la Religion chrétienne.*

Mais les adorateurs de ces dieux, dont ils imitent
avec joie les déréglemens et les crimes, ne se soucient
pas que la république soit prostituée à toutes sortes de
vices. Qu'elle demeure seulement debout, disent-ils,
qu'elle soit florissante en toutes sortes de biens, qu'elle
se signale par des victoires, mais surtout qu'elle jouisse

---

(1) Luc, 3, 12.
(2) Des fermes publiques.

d'une parfaite tranquillité; que nous importe le reste ? Nous avons bien plus d'intérêt à ce que chacun accroisse tous les jours son bien pour subvenir à ses profusions et s'assujétir les faibles. Que les pauvres fassent la cour aux riches pour avoir de quoi vivre, et pour jouir d'une oisiveté tranquille à l'ombre de leur protection; et que les riches abusent des pauvres pour servir à leur faste et à leur vanité. Que les peuples applaudissent, non à ceux qui veillent pour leur bonheur, mais à ceux qui fournissent à leurs voluptés. Que l'on ne commande rien de fâcheux, que l'on ne défende rien d'agréable. Que les rois ne se soucient pas que leurs sujets soient bons, pourvu qu'ils soient soumis : que leurs sujets ne leur obéissent pas comme aux directeurs de leur conduite, mais comme aux arbitres souverains de leur fortune, qui sont obligés de pourvoir à leurs délices; et qu'au lieu de les honorer sincèrement ils n'aient pour eux qu'une crainte servile. Que les lois songent plutôt à conserver à chacun sa vigne que son innocence. Que l'on n'appelle en justice que ceux qui entreprennent sur le bien ou sur la vie d'autrui, ou qui l'incommodent et lui font tort; et qu'au reste il soit permis de faire librement tout ce qu'on veut des siens, ou avec les siens, ou avec tous ceux qui le veulent bien. Qu'il y ait grand nombre de femmes publiques pour tous ceux qui s'en voudront servir, et principalement pour ceux qui ne peuvent entretenir de concubines. Que l'on bâtisse de grandes et superbes maisons. Que l'on puisse faire bonne chère partout où l'on voudra sans en être empêché, et passer les jours et les nuits à jouer, rendre gorge, et faire toutes sortes de débauches. Que l'on danse de tous côtés ; que les théâtres retentissent des voix de ceux qui applaudissent à des actions infames ou cruelles ; et que celui qui désapprouvera ces divertissemens soit regardé comme un ennemi public. Que quiconque voudra s'y opposer ne soit point écouté, et que le peuple le bannisse et le lapide. Que ceux-là seuls soient regardés comme de vrais dieux, qui ont procuré aux peuples cette félicité et qui la leur conservent. Qu'on les adore comme ils le demandent ; qu'ils exigent tels jeux qu'il leur plaira, et les reçoivent de leurs adorateurs ou avec leurs adorateurs. Qu'ils fassent seulement que ni la guerre, ni la peste, ni aucune autre calamité, ne troublent un état si heureux. Qui est l'homme de bon sens qui comparerait une telle république, je ne dis pas à l'empire romain, mais à la maison de Sardanapale, prince si voluptueux qu'il fit écrire sur son tombeau, qu'il n'emportait de tous ses biens que ce qui avait servi à ses plaisirs ? Si nos adversaires avaient un roi comme celui-là, qui se prêtât à toutes leurs débauches, je ne doute point qu'ils ne lui ordonnassent plus volontiers un temple et un flamine, que les anciens Romains ne l'ont fait pour Romulus.

CHAPITRE XXI.

Quelle opinion Cicéron avait de la république romaine.

Si l'on ne fait point de cas du témoignage de celui qui nous a décrit la corruption de la république romaine, et si nos adversaires s'inquiètent peu qu'elle soit remplie de crimes et de honte, pourvu qu'elle subsiste, qu'ils écoutent Cicéron, qui ne dit pas comme Salluste, qu'elle était toute souillée de vices, mais qui soutient qu'elle était périe dès-lors, et ne subsistait plus. Cicéron introduit Scipion, le même qui avait détruit Carthage, discourant de la république en un temps où l'on jugeait déjà qu'elle périrait bientôt par cette corruption que décrit Salluste ; c'est-à-dire, un peu après la mort de celui des Gracques, qui, au rapport de l'historien que je viens de nommer, donna commencement à de grandes séditions, et dont il est parlé dans ces mêmes livres (1). Sur la fin donc du second livre, après que Scipion eût comparé l'accord qui doit régner dans la musique, où la moindre discordance blesserait les oreilles exercées, à celui qui doit exister entre les différentes classes et les diverses humeurs des citoyens d'un même état, dont la concorde, qui ne saurait subsister sans la justice, est le lien le plus fort, et qui n'est autre chose, dans la société po-

---

(1) De la république.

litique, que l'harmonie dans un concert de voix et d'instrumens : après, dis-je, que Scipion eût fait cette réflexion, et qu'il se fût fort étendu (1) pour montrer combien la justice est avantageuse à un état, et combien il souffre lorsqu'elle en est bannie ; Pilus, l'un des interlocuteurs, prit la parole, et supplia la compagnie de trouver bon que cette question fût traitée plus à fond, et que l'on parlât plus au long de la justice, à cause qu'on commençait déjà à mettre en vogue cette maxime, qu'il est impossible de gouverner un état sans injustice. Scipion consentit à ce que l'on examinât la question, et ajouta qu'il n'estimait pas qu'on eût encore rien dit de la république, ni qu'on pût passer outre, si l'on n'établissait auparavant que, non-seulement il n'est pas impossible de la gouverner sans injustice, mais qu'il est même impossible d'y parvenir sans une souveraine justice. Cette question donc ayant été remise au lendemain, elle fut agitée avec beaucoup de chaleur, et c'est le sujet du troisième livre. Pilus prit le parti de ceux qui soutiennent qu'une république ne peut être gouvernée sans injustice, après avoir protesté néanmoins que ce n'était pas son sentiment, et n'oublia rien en faveur de l'injustice contre la justice, tâchant de montrer, par des raisons vraisemblables et par des exemples, que la première est aussi avantageuse à la république, que l'autre lui est inutile. Alors, Lélius, à la prière de tous ceux qui étaient présents, entreprit la défense de

---

(1) Nous avons abrégé un peu la comparaison pour plus de clarté. (*Note des nouveaux éditeurs.*)

la justice, et établit de tout son pouvoir qu'il n'y a rien de plus contraire à un état que l'injustice, et qu'une république ne peut être conduite, ni subsister sans une justice très exacte.

Cette question paraissant suffisamment traitée, Scipion reprit et recommanda la courte définition qu'il avait donnée de la république, qui est le bien du peuple, et dit que toute assemblée n'était pas le peuple, mais seulement celle que l'équité et un intérêt commun forment et lient. Ensuite, il fit voir combien il est important pour examiner une chose comme il faut, de la bien définir, et conclut de ses définitions qu'une république est véritablement telle, c'est-à-dire le bien du peuple, quand elle est bien et justement administrée, ou par un roi, ou par un petit nombre de grands, ou par tout le peuple. Mais quand un roi est injuste, c'est-à-dire tyran, car c'est le nom qu'il lui donnait avec les Grecs; ou que les grands abusent de leur pouvoir, ce qu'il nommait faction; ou que le peuple lui-même renverse l'équité, ce que, faute d'autre nom, il appelait aussi tyrannie; alors la république n'est pas seulement corrompue, comme on l'avait soutenu le jour précédent, mais elle ne subsiste plus du tout, comme il était aisé de le conclure des définitions établies, attendu que ce n'est plus le bien du peuple, lorsqu'un tyran s'en empare, et que le peuple lui-même n'est plus tel quand il est injuste, parce que ce n'est plus une multitude que l'équité et un intérêt commun assemblent; ce qui est la définition du peuple.

Lors donc que la république romaine était telle que la décrit Salluste, elle n'était pas seulement vicieuse

et corrompue, comme il le dit lui-même, mais elle avait cessé d'être, suivant le raisonnement de ces grands hommes. C'est ce que Cicéron prouve au commencement du cinquième livre, où il ne parle plus par l'organe de Scipion ni d'aucun autre, mais de lui-même. Après avoir rapporté un vers d'Ennius, dont voici le sens : « Rome subsiste par ses premiers
» hommes et par ses mœurs anciennes. Il me semble,
» dit-il, quand je lis ce vers que je lis un oracle, tant
» il est court et véritable. En effet, une république
» si puissante et d'une si vaste étendue n'eût pu sub-
» sister si long-temps, si elle n'eût été soutenue par
» des hommes et des mœurs de la sorte. Ainsi avant
» nous les bonnes mœurs formaient les grands hom-
» mes, et les grands hommes maintenaient les bonnes
» mœurs. Mais notre siècle ayant reçu la république
» comme une belle peinture que le temps avait pres-
» qu'effacée, non-seulement il a négligé de renou-
» veler ses anciennes couleurs, mais il n'a pas même
» eu soin d'en conserver les premiers traits. Et véri-
» tablement que reste-t-il aujourd'hui des mœurs
» anciennes qu'Ennius dit avoir fait subsister Rome ?
» On les a tellement oubliées qu'on ne les connaît
» pas, tant s'en faut qu'on les révère. Et pour les
» hommes, n'est-ce pas la disette qu'on en a eue
» qui a fait périr les mœurs ? Ce mal est si grand
» que nous n'en devons pas seulement rendre raison,
» mais que nous sommes obligés de nous en défendre
» comme d'un crime capital ; car ce n'est pas par un
» malheur, mais par nos vices, que nous n'avons

« plus que le nom de la république, et qu'il y a long-
« temps que nous avons perdu la chose. »

Voilà quels étaient les sentimens de Cicéron, à la vérité long-temps après la mort de Scipion l'Africain, mais néanmoins avant l'avènement de Jésus-Christ. Que si ces désordres étaient arrivés depuis l'établissement de la religion chrétienne, quel est celui de nos adversaires qui ne les imputât aux chrétiens ? D'où vient donc que leurs dieux ne se sont pas mis en peine d'empêcher la perte de la république que Cicéron déplore avec tant d'amertume, long-temps avant l'incarnation de Jésus-Christ ? C'est à ceux qui louent si hautement ces premiers hommes et ces anciennes mœurs, à voir si la justice y régnait même dès ce temps-là, ou bien si dès-lors elle n'avait pas plutôt l'apparence que la réalité d'une république; ce qu'il semble que Cicéron lui-même ait exprimé sans y penser, lorsqu'il l'a comparée à une peinture. Nous examinerons cela ailleurs, s'il plaît à Dieu. Je tâcherai de montrer que, selon les définitions même de république et de peuple que Cicéron met dans la bouche de Scipion, jamais celle de Rome n'a été telle, parce qu'elle n'a jamais eu de vraie justice. Et quoique, selon les définitions les plus généralement admises, on puisse dire qu'elle a été autrefois une république, et mieux gouvernée par les anciens Romains que par leurs descendans, il est toujours certain que la véritable justice ne se trouve que dans la république qui a été fondée et qui est conduite par Jésus-Christ; si toutefois nous la voulons nommer république, parce que nous ne pouvons pas nier que ce ne soit le bien du peuple. Mais si ce nom, qui se prend ailleurs en un autre sens, se trouve par hasard trop éloigné de notre façon de parler, au moins faut-il reconnaître que la vraie justice n'est que cette Cité dont la sainte Écriture dit : « On a dit des choses glorieuses de » toi, ô Cité de Dieu (1). »

CHAPITRE XXII.

Les dieux des Romains n'ont jamais pris soin d'empêcher que les mauvaises mœurs ne ruinassent la république.

Mais, pour ce qui concerne la question présente, quelques louanges que nos adversaires donnent à la république romaine, il est certain que, selon leurs plus célèbres écrivains, elle était très corrompue avant l'avènement de Jésus-Christ, ou plutôt, qu'elle ne subsistait plus et était entièrement périe. Pour empêcher donc qu'elle ne pérît, ses dieux tutélaires devaient donner au peuple qui les adorait des préceptes pour régler ses mœurs et sa vie, en récompense de tant de temples qu'il leur avait construits, et de tant de sacrifices, de fêtes, de jeux, de cérémonies qu'il leur consacrait. Mais en tout cela les démons ne regardaient que leur intérêt, sans se soucier comment

(1) Ps. 86, 3.

ce peuple vivait, et au contraire le portant à mal vivre, pourvu que la crainte l'obligeât à leur rendre tous ces honneurs. Que s'ils lui ont donné quelques enseignemens pour bien vivre, qu'on les produise, et qu'on fasse voir quelles lois des dieux les Gracques ont méprisées quand ils ont troublé toute la république par leurs séditions; quels préceptes ont violé Marius, Cinna et Carbon, pour se porter à des guerres civiles, injustes dans leur commencement, cruelles dans leurs progrès, sanglantes dans leur fin; et enfin, quelles ordonnances célestes a foulé aux pieds Sylla, dont on ne saurait lire la vie et les actions dans Salluste et dans les autres historiens, sans en avoir horreur? Qui n'avouera que cette république était périe dès-lors?

Diront-ils, pour la défense de leurs dieux, qu'ils ont abandonné leurs citoyens à cause de la corruption de leurs mœurs, et allégueront-ils, à cette occasion, suivant leur coutume, cet endroit de Virgile : « Tous » les dieux protecteurs de cet empire sortirent des » temples et abandonnèrent leurs autels (1)? » Mais d'abord, si cela est ainsi, ils n'ont pas raison de se plaindre de la religion chrétienne, comme si elle était cause que leurs dieux les eussent abandonnés, puisqu'il y a déjà si long-temps que leurs ancêtres, par leurs mauvaises mœurs, ont chassé de leurs autels, comme des mouches, un si grand nombre de ces petites divinités. Où était d'ailleurs cette troupe de dieux, lorsque, long-temps avant la corruption des

(1) Enéid., 2.

mœurs anciennes, Rome fut prise et brûlée par les Gaulois ? N'est-ce point par hasard qu'ils étaient présens et qu'ils dormaient ? En effet, de toute la ville, il n'était demeuré aux Romains que le Capitole (1), qui aurait été pris comme le reste, si les oies n'eussent veillé pendant que les dieux étaient endormis : ce qui fit presque tomber Rome dans la superstition des Egyptiens, qui adorent des bêtes et des oiseaux (2). Mais mon dessein n'est pas de parler maintenant de ces maux étrangers qui appartiennent plus au corps qu'à l'esprit, et qui sont causés par la guerre ou par quelque autre calamité. Je ne parle que du désordre des mœurs, qui, s'étant d'abord altérées peu à peu, et puis débordées en toute sorte de vices, ont tellement ruiné la république, qu'encore que ses murs et ses remparts subsistassent, de graves auteurs ne dissimulent pas qu'elle était dès-lors entièrement perdue. Les dieux, à la vérité, auraient eu raison de se retirer pour la laisser perdre, si elle eût méprisé les préceptes qu'ils lui avaient donnés pour la rendre vertueuse ; mais maintenant que peut-on dire de ces dieux qui n'ont pas voulu vivre au milieu de leurs adorateurs à qui ils n'avaient point appris à bien vivre ?

(1) Ou *le mont Capitolin.*
(2) Parce que les Romains célébraient tous les ans la fête des oies.

CHAPITRE XXIII.

Les bons et les mauvais évènemens ne dépendent pas de la faveur et de la colère des démons, mais de la providence du vrai Dieu.

Que dirai-je de ce qu'il semble qu'ils les aient aidés à satisfaire leurs convoitises, tandis que rien ne prouve qu'ils aient pris soin de les arrêter? Puisqu'ils ont porté sept fois Marius au consulat, lui qui était un homme obscur et l'auteur cruel des guerres civiles, qu'ils l'ont empêché de tomber entre les mains de Sylla, et lui ont accordé une mort heureuse, chargé d'honneurs et d'années; que ne l'ont-ils assisté de même pour s'abstenir de tant de cruautés? Si l'on répond que les dieux ne l'ont point aidé à monter à ces dignités, et n'ont contribué en rien à son bonheur, ce n'est pas peu pour nous qu'ils avouent que l'on peut jouir de cette félicité temporelle qui a tant d'attraits pour eux, sans avoir leurs dieux propices; qu'on peut être comblé de biens, d'honneurs, de santé, d'années comme Marius, quoiqu'on les ait contraires; et qu'on peut enfin mourir pauvre, captif, dans les tortures et dans les douleurs comme Régulus, quoiqu'on les ait en sa faveur. Si nos adversaires demeurent d'accord de cela, il faut qu'ils reconnaissent que leurs dieux sont inutiles aux hommes, et que c'est en vain qu'on les adore. Car si, d'un côté, bien loin d'instruire le peuple aux actions de vertu dont on doit espérer récompense après la mort, ils l'ont porté au vice; et que d'ailleurs ils ne puissent ni nuire à ceux qu'ils haïssent, ni servir ceux qu'ils aiment pour les biens passagers de cette vie; pourquoi y a-t-il tant de presse à les honorer? pourquoi dans les calamités qui arrivent outrage-t-on la Religion chrétienne, comme si elle était cause que les dieux entrent en mauvaise humeur et se retirent? Que si au contraire ils peuvent disposer de ces choses (1) pour nuire ou faire du bien à qui leur plaît, pourquoi les ont-ils accordées à Marius qui était un méchant homme, et refusées à Régulus qui était un homme vertueux? Cela ne fait-il pas voir qu'ils sont eux-mêmes très injustes et très méchans? Si c'est pour cela même (2) qu'on croit devoir les craindre et les honorer davantage, on se trompe; puisque rien n'établit que Régulus les ait moins honorés que Marius. Et qu'on ne s'imagine pas non plus que l'on doive mener une vie criminelle à cause qu'il semble que les dieux aient plutôt favorisé Marius que Régulus. Je répondrais que Métellus, l'un des plus estimables Romains, fut très heureux et eut cinq fils qui furent consuls; au lieu que Catilina, qui était un très méchant homme, fut réduit à une extrême pauvreté et tué misérablement dans la bataille qu'il donna pour se rendre maître de la république : ajoutez à cela que les gens de bien sont toujours assurés, en servant

(1) Des biens temporels.
(2) A cause qu'ils sont méchans, afin qu'ils ne nous fassent point de mal.

Dieu, de posséder la véritable félicité qui les attend après cette vie, et que lui seul peut donner.

Lors donc que cette république se perdait par ses mauvaises mœurs, leurs dieux ne faisaient rien pour les corriger et empêcher qu'elle ne se perdît; au contraire, ils tâchaient d'en accroître la corruption afin de la perdre. Et qu'ils ne prétendent pas qu'on les croie bons pour avoir feint de s'être retirés à cause des crimes des Romains. Ils sont convaincus d'imposture; ils sont toujours demeurés où ils étaient, et ils n'ont pu ni aider les hommes par de bons préceptes, ni se cacher par leur silence. Je ne dirai pas que les Minturniens, touchés de l'infortune de Marius, le recommandèrent à leur déesse Marique, et que ce général, rétabli dans ses affaires contre toute espérance, retourna à Rome plus puissant que jamais, avec une armée d'hommes sanguinaires, et y exerça des cruautés inouïes et plus étranges que tout ce qu'on pouvait attendre de la fureur des ennemis les plus barbares, comme il est aisé de s'en convaincre dans les historiens. Mais, je le répète, je laisse cela de côté, et je n'attribue point cette sanglante félicité de Marius à je ne sais quelle Marique, mais bien à une providence secrète de Dieu, qui a voulu par là fermer la bouche à nos ennemis, et retirer de l'erreur ceux qui, au lieu d'agir par passion, réfléchissent sérieusement sur les faits. Encore que les démons aient quelque pouvoir en ces sortes d'évènemens, ils n'en ont qu'autant que le Tout-Puissant leur en donne, afin que nous n'estimions pas trop la félicité temporelle, puisqu'elle est ordinairement accordée aux méchans, comme à Marius; et que nous ne croyions pas aussi qu'elle soit mauvaise, puisque plusieurs gens de bien qui n'adoraient que le seul vrai Dieu en ont joui malgré l'envie des démons; ni que nous devions nous rendre favorables ces esprits immondes, comme s'ils étaient les arbitres souverains des biens et des maux d'ici-bas. De même que les méchans ne peuvent pas faire en ce monde tout ce qu'ils veulent, ainsi les démons ne peuvent faire que ce que leur permet celui dont les jugemens sont aussi justes qu'incompréhensibles.

CHAPITRE XXIV.

Des cruautés de Sylla, dans lesquelles il fut assisté par les faux dieux.

IL est certain que lorsque Sylla, dont le gouvernement fut si cruel qu'il faisait regretter celui de Marius, quoiqu'il semblât devoir en venger la république, se fût approché de Rome avec une armée pour la combattre, les entrailles des victimes furent si belles, au rapport de Tite-Live, que l'aruspice Postumius voulut que sa tête en répondît, au cas qu'avec l'assistance des dieux Sylla ne vînt pas à bout de son dessein. Vous voyez bien que les dieux ne s'étaient pas retirés, puisqu'ils prédisaient l'avenir; cependant ils ne se mettaient point en peine de rendre Sylla meilleur. Ils lui promettaient une grande félicité par leurs présages, et ne réprimaient point par leurs menaces sa funeste cupidité. Bien plus, comme il faisait la guerre en Asie contre Mithridate, Jupiter lui fit dire par Lucius Titius qu'il vaincrait ce prince ; ce qui arriva. Quand, dans la suite, Sylla eut résolu de retourner à Rome, et d'entreprendre une guerre civile pour venger ses injures et celles de ses amis, le même Jupiter lui fit entendre, par un soldat de la sixième légion, que, comme il lui avait prédit auparavant sa victoire contre Mithridate, il lui promettait encore de l'assister si puissamment qu'il retirerait la république d'entre les mains de ses ennemis, non toutefois sans répandre beaucoup de sang. Alors Sylla, curieux d'apprendre du soldat sous quelle forme il avait vu Jupiter, reconnut par sa réponse que c'était la même sous laquelle l'avait vu celui qui lui avait annoncé, de la part de ce dieu, la prochaine défaite de Mithridate. Que peut-on répondre pour justifier les dieux du soin qu'ils ont pris de prédire à Sylla ces heureux évènemens, et de leur négligence à détourner par leurs avis les maux dont il allait être cause par la fureur de ses armes, qui devaient non-seulement défigurer la république, mais l'anéantir sans retour ? Ne peut-on pas conclure de là, comme je l'ai déjà dit plusieurs fois, et comme l'Écriture sainte et l'expérience même nous l'apprennent, que les démons n'ont d'autre but que de passer pour dieux, de se faire adorer comme tels, et de porter les hommes à leur offrir des hommages qui les associent à leurs crimes ; afin qu'étant unis avec eux dans une même cause, ils soient condamnés avec eux par un même jugement de Dieu ?

Lorsque Sylla fut venu à Tarente quelque temps
après et y eut sacrifié, il aperçut, vers le sommet du
foie de la victime (1), la forme d'une couronne d'or.
L'aruspice Postumius, interrogé sur ce présage, lui
promit une grande victoire, et ordonna qu'il n'y eût
que lui qui mangeât de ce foie. Presque au même
moment l'esclave d'un certain Lucius Pontius s'écria
comme en prophétisant : Je viens de la part de Bellone, Sylla; la victoire est à vous : à quoi il ajouta
que le Capitole serait brûlé. Là-dessus étant sorti du
camp, il revint le lendemain encore plus ému dire
que le Capitole était brûlé. Et en effet il l'était, et il
avait été facile au démon de le prévoir et de l'annoncer promptement. Mais considérez ici, ce qui importe
extrêmement à notre sujet, sous quels dieux veulent
être ceux qui blasphêment le Sauveur venu pour les
délivrer de la domination des démons. Cet homme
cria : La victoire est à vous, Sylla; et, afin que l'on
crût qu'il le disait par un esprit prophétique, il ajouta
quelque chose qui devait bientôt arriver et qui arriva
réellement, quoique celui dont cet esprit prophétique
se servait pour le dire fut bien loin du lieu où la
chose se passa; mais il ne cria point : Sylla, gardez-
vous de commettre des cruautés, c'est-à-dire ces
cruautés horribles que ce vainqueur, qui vit une couronne d'or sur le foie de la victime en signe de sa
victoire, commit dans la ville de Rome (2). Que si

(1) Du veau qu'il avait immolé.
(2) Entre autres il fit égorger sept mille hommes en une
seule fois.

c'était de vrais dieux qui fissent voir de semblables signes, et non de malheureux démons, ils auraient bien plutôt fait connaître à Sylla, par l'inspection des entrailles, les véritables maux qui devaient résulter pour lui de cette victoire. Car il est certain qu'elle ne fut pas si avantageuse à sa gloire que fatale à son ambition, puisque, enivré de sa prospérité, il lâcha la bride à ses désirs immodérés, et se précipita dans des excès qui le firent plus véritablement périr (1) que ses ennemis ne périrent par ses violences. Cependant les dieux ne lui annonçaient des maux si grands et si funestes, ni par les entrailles des victimes, ni par les augures, ni par des songes et des prophéties. Ils appréhendaient bien plus ses retours sur lui-même que son entière défaite; ou plutôt ils travaillaient à faire que ce vainqueur de ses concitoyens devînt esclave de ses vices, afin qu'il fût encore davantage asservi aux démons.

CHAPITRE XXV.

Les faux dieux ont tâché, dans toutes les rencontres, d'autoriser les crimes des hommes par leurs propres exemples.

Qui ne voit donc, si ce n'est celui qui aime mieux imiter de tels dieux que d'en être délivré par la grace

---

(1) A l'égard de la vertu et des bonnes mœurs.

de Dieu, comment ils s'efforcent, par leurs exemples, de donner au crime une autorité divine? On les a même vus combattre les uns contre les autres dans une grande plaine de la Campanie, où, peu après, se donna une bataille entre les deux partis qui divisaient la république. On y entendit d'abord un grand bruit, et plusieurs rapportèrent bientôt qu'ils avaient vu pendant quelques jours deux armées qui étaient aux prises. Le combat fini, l'on trouva des vestiges comme d'hommes et de chevaux, autant qu'il en pouvait rester après une telle mêlée. Si donc les dieux ont véritablement combattu les uns contre les autres, il n'en faut pas davantage pour excuser les guerres civiles; et néanmoins, voyez un peu quelle est la méchanceté (1) ou la misère de ces dieux là. Si ce n'a été qu'une feinte, quel autre dessein ont-ils pu avoir que de justifier les guerres civiles des Romains, et leur faire croire qu'elles étaient innocentes, puisque les dieux les autorisaient par leur exemple? Ces guerres avaient déjà produit des évènemens tragiques, et les esprits étaient encore émus de ce qu'après un combat, un soldat ayant voulu dépouiller un mort, comme il eût reconnu que c'était son frère, il se tua de douleur en détestant les discordes civiles, et tomba mort sur le cadavre fraternel. De peur donc qu'on ne fût affligé de ces désordres, et que la chaleur des partis ne se rallentît, ces démons, qu'ils prenaient pour des dieux, et qu'ils croyaient devoir respecter et

(1) De se faire ainsi la guerre les uns aux autres, eux qui devraient si bien vivre ensemble.

adorer, ne manquèrent pas aussitôt de se faire voir aux hommes combattant les uns contre les autres, afin qu'ils ne craignissent point de les imiter, et que leur divin exemple servît à excuser les crimes des mortels. C'est par la même ruse que ces malins esprits ont exigé en leur honneur les jeux de théâtre, dont j'ai déjà beaucoup parlé, où tant d'infamies des dieux sont représentées, qu'il n'y a qu'à croire qu'ils les ont faites, ou sans le croire, voir qu'ils sont bien aises que les hommes les leur consacrent, pour ensuite les imiter en toute assurance. Or, afin que l'on ne s'imaginât pas que, lorsque les poètes parlent de leurs combats, ce sont des médisances indignes d'eux, ils ont confirmé ce qu'ils en disent, ne se contentant pas de les faire représenter sur le théâtre par des acteurs, mais les exposant eux-mêmes aux yeux des hommes dans un champ de bataille.

Nous avons été obligés de dire ces choses pour réfuter nos adversaires, parce que leurs auteurs même n'ont point fait difficulté de dire que la république romaine était périe par les mauvaises mœurs de ses citoyens avant l'avènement de notre Seigneur Jésus-Christ. Car ceux qui imputent à notre Sauveur les maux passagers de ce monde, qui ne peuvent faire périr les gens de bien, soit en la vie ou en la mort, ne veulent pas imputer à leurs dieux les maux et les désordres qui ont fait périr Rome; bien que notre Sauveur ait donné tant de préceptes contre les vices et pour les bonnes mœurs, tandis que leurs dieux ne se sont jamais souciés d'en donner à un peuple qui les servait, pour empêcher la ruine de cette république, et qu'au contraire ils ont travaillé à sa ruine en tâchant de corrompre davantage ses mœurs par leur exemple et leur autorité. Ainsi, j'estime qu'il n'y aura plus désormais personne qui ose dire que cette république soit tombée par cela seul que les dieux se sont retirés de ses temples et de ses autels, comme aimant la vertu et étant irrités contre les vices des hommes; puisque les signes des entrailles, les augures et les autres sortes de prédictions par lesquelles ils se flattaient de persuader qu'ils connaissaient l'avenir et pouvaient beaucoup dans les combats, les convainquent d'être toujours demeurés présens. Et de fait, s'il était vrai qu'ils se fussent retirés, les Romains auraient été plus modérés dans les guerres civiles, ou ils n'auraient suivi que leur propre passion, au lieu qu'ils ont encore été poussés par les secrètes instigations de ces malheureux esprits.

CHAPITRE XXVI.

Les faux dieux donnaient en secret des préceptes pour les bonnes mœurs, et en public des exemples d'impudicité.

Puis donc que les cruautés et les turpitudes des dieux, ou feintes, ou véritables, sont exposées en public aux yeux de tout le monde, pour être imitées, et sont même consacrées par des fêtes solennelles établies à leur demande, et de crainte de les offenser; pourquoi dit-on que ces mêmes démons, dans le secret de leurs mystères, donnent quelques bons préceptes pour les mœurs à certaines personnes choisies qui leur sont particulièrement dévouées, eux qui, par ces sortes de voluptés, confessent être des esprits immondes, et qui, par tant de crimes vrais ou faux dont ils demandent la représentation aux effrontés, et l'extorquent de ceux qui ont un peu plus de pudeur, professent hautement qu'ils sont les auteurs d'une vie toute pleine de dissolution ? Que si cela est ainsi, cela même les doit encore convaincre d'une plus grande malice. Tel est l'ascendant de l'innocence et de la chasteté, qu'il n'est presque personne qui ne soit bien aise qu'on l'en loue, ni qui soit corrompu au point de ne pas conserver quelque sentiment d'honnêteté. De sorte que si les démons ne se transformaient quelquefois en anges de lumière, comme le dit l'Écriture (1), ils ne pourraient pas séduire les hommes. Ainsi, l'impudicité se répand au dehors avec grand bruit, en présence d'une multitude de peuple, et la chasteté est renfermée au dedans pour un petit nombre de personnes, qui à peine en entendent parler. On expose en public ce qui est honteux, et l'on tient secret ce qui est honnête. L'on cache ce que l'on devrait montrer, et l'on montre ce qu'il faudrait cacher. Le mal a une infinité de spectateurs, le bien trouve à peine quelques auditeurs ; comme si l'on devait rougir de ce qui est honnête, et faire gloire de ce qui ne l'est pas. Mais où enseigne-t-on ces préceptes pour les bonnes mœurs, sinon dans les temples des démons, dans ces retraites de l'impos-

(1) II Cor., 11, 14.

ture ? Ces préceptes secrets sont pour surprendre le peu qui reste d'honnêtes gens (1); et ces spectacles publics servent à empêcher que les méchans, qui sont toujours en plus grand nombre, ne se corrigent.

Nous ignorons où ces personnes, particulièrement consacrées aux démons, apprenaient ces préceptes de chasteté; mais nous savons bien que lorsque nous étions tous assemblés devant le temple où l'on avait dressé la statue de Flore, et après que chacun se fût placé de son mieux, nous regardions les jeux avec grande attention, considérant d'un côté une troupe de courtisannes bien parées, et de l'autre cette déesse vierge devant qui l'on représentait les plus grandes infamies pour lui faire honneur. Nous ne voyons point là de farceurs modestes, ni de comédiennes retenues; chacun remplissait parfaitement son rôle d'impudence. On savait ce qui était agréable à la déesse, et l'on représentait des actions qui renvoyaient du temple les femmes d'honneur plus savantes qu'elles n'y étaient venues. Les plus sages détournaient la vue des postures lascives des comédiens, et bien qu'elles rougissaient de voir l'art de commettre le crime, elles ne laissaient pas de l'apprendre à la dérobée. Elles avaient honte de regarder librement devant les hommes des gestes impudiques; mais elles n'étaient pas en même temps assez chastes pour condamner des jeux consacrés à celle qu'elles adoraient. Cependant on apprenait publique-

(1) Pour les retenir dans le paganisme, et leur faire croire que leur religion est bonne, puisqu'on y donne de bonnes instructions.

ment dans le temple ce qu'on n'osait faire qu'en secret dans la maison. Après cela, ne serait-ce pas une merveille que la pudeur (s'il en restait encore parmi les spectateurs) les détournât des crimes qui faisaient partie de la Religion, et qu'ils ne pouvaient manquer de consacrer à leurs dieux sans encourir leur disgrace? Et quel autre esprit peut pousser les méchans par des impressions secrètes à commettre des adultères, et s'en repaître lorsqu'ils les ont commis, si ce n'est celui qui se plaît aussi à ces mystères impurs, qui dresse dans les temples les images des démons, et aime dans les jeux celles des vices, qui murmure en secret quelques paroles de justice pour surprendre le petit nombre de gens de bien, et expose en public les amorces de la volupté, pour s'assujétir le nombre infini des méchans?

CHAPITRE XXVII.

Les jeux infames que les Romains consacraient à leurs dieux pour les apaiser, étaient des désordres publics.

Cicéron, qui était un homme grave et assez bon philosophe, sur le point d'être édile, criait à toute la ville de Rome (1), qu'entre autres fonctions de sa ma-

---

(1) Act. 6 in Verrem.

gistrature (1), il fallait qu'il apaisât la déesse Flore par des jeux solennels; lesquels se célèbrent avec d'autant plus de dévotion qu'ils sont plus obscènes et plus infames. Il dit encore en un autre endroit (2), lorsqu'il était déjà consul, et la république se trouvant en un péril extrême (3), que l'on avait célébré des jeux de théâtre pendant dix jours, et que rien n'avait été négligé pour apaiser les dieux : comme s'il n'eût pas mieux valu irriter de tels dieux par la tempérance et l'honnêteté, que se les concilier par ces représentations impures et honteuses. En effet, les hommes qui avaient donné lieu à ces expiations (4) ne pouvaient faire autant de mal, quelque cruauté qu'ils eussent exercée, que les dieux en faisaient eux-mêmes en exigeant qu'on les apaisât par ces sortes de dissolutions. Pour détourner ce que l'ennemi eût pu faire souffrir au corps, on recourait au même moyen qu'il aurait fallu employer pour bannir la vertu de l'âme; et ces dieux que l'on cherchait à fléchir étaient si injustes qu'ils n'eussent pas voulu défendre les murailles de Rome contre ses ennemis, s'ils n'eussent auparavant détruit les bonnes mœurs de ses citoyens. Cependant tout le peuple apprenait publiquement à apaiser les dieux d'une façon si hardie, si impure, si impudente, si criminelle, si abominable, que la vertu romaine priva de toutes dignités ceux qui en étaient les ministres, les chassa de

(1) C'est que les édiles avaient l'intendance des jeux.
(2) Act. 3 in Catilinam.
(3) A cause de la conjuration de Catilina.
(4) Les complices de la conjuration de Catilina.

leurs tribus, et les nota d'infamie. Le peuple regardait ces fables impudiques des dieux, parce qu'il voyait qu'ils y prenaient plaisir ; et, par la même raison, il croyait qu'il ne devait pas seulement les leur offrir, mais aussi les imiter, et non ce je ne sais quoi de bon et d'honnête qui se disait à si peu de personnes et si secrètement (si toutefois on le disait), et que l'on craignait plus de voir découvert que mal observé.

CHAPITRE XXVIII.

De la sainteté de la Religion chrétienne.

Il n'y a donc que des méchans, des ingrats et des esprits obsédés et tyrannisés par le démon, qui se plaignent de ce que les hommes sont délivrés par le nom de Jésus-Christ du joug infernal de ces puissances impures et de la malheureuse association aux peines où ils étaient engagés avec eux, et de ce qu'ils ont été tirés des ténèbres de l'erreur pour entrer dans la lumière de la vérité. Eux seuls ne sauraient souffrir que les peuples courent en foule aux églises, où il ne se passe rien que de très chaste ; où, pour une plus grande honnêteté, les hommes sont séparés des femmes; où l'on apprend ce qu'il faut faire pour bien vivre en ce monde, afin d'être éternellement heureux en l'autre; et où l'Écriture sainte, cette doctrine de justice, est annoncée d'un lieu éminent en présence de tout le monde, afin que ceux qui observent ses enseignemens l'entendent pour leur salut, et ceux qui ne les observent pas l'écoutent pour leur condamnation. Que si quelques-uns de ceux qui se moquent de ces instructions saintes viennent les ouïr, ou ils sont changés à l'heure même et deviennent plus sages, ou ils sont retenus par la crainte et par la honte. Là on ne leur propose rien d'impur et de déshonnête à imiter, mais l'on y enseigne les préceptes du vrai Dieu, on y raconte ses miracles, on le loue de ses dons, ou on lui demande ses graces.

CHAPITRE XXIX.

Exhortation aux Romains pour renoncer au culte des dieux.

ASPIREZ plutôt à ces biens, illustres et généreux Romains, noble race des Régulus, des Scévoles, des Scipions, des Fabricius ; aspirez plutôt à ces biens, et voyez combien ils diffèrent de ces folies honteuses que la malice des démons a inventées pour vous perdre. Si la nature a mis quelque chose de louable en vous, il n'y a que la véritable piété qui puisse le purifier et le perfectionner, au lieu que l'impiété le rend inutile et en fait même une matière de châtiment. Choisissez maintenant ce que vous devez suivre, afin que, sans crainte d'être trompés, vous soyez loués de ce qu'il y a de louable en vous, non comme venant de vous, mais comme l'ayant reçu du vrai Dieu. Vous jouissiez autrefois d'une gloire humaine ; mais, par un secret jugement de la Providence, vous n'aviez pas la véritable Religion pour l'embrasser. Le jour est levé, réveillez-vous comme vous êtes déjà réveillés en quelques-uns de vous dont la foi vive et la vertu sans tache nous donnent sujet de nous glorifier, et qui, vaillans ennemis des puissances infernales dont ils triomphent en mourant, nous ont acquis par leur sang cette heureuse patrie (1). C'est dans cette patrie que nous vous convions d'entrer, afin d'y trouver un asile (2) dans la véritable rémission des péchés, et d'être mis au nombre de ses citoyens. N'écoutez point ceux d'entre vous qui, dégénérés de la vertu de leurs pères, calomnient Jésus-Christ et les chrétiens, et leur imputent toutes les calamités présentes ; ceux-là ne cherchent pas tant à vivre en repos qu'à n'être point troublés dans la jouissance de leurs plaisirs. Ces désordres ne vous ont jamais plu, pas même pour acquérir l'empire de la terre : travaillez maintenant à acquérir celui du ciel ; la conquête en est aisée, et vous y régnerez éternellement. Vous n'y trouverez ni autel de Vesta, ni Jupiter Capitolin, mais le Dieu unique et véritable, qui ne mettra point de bornes à la durée de votre règne, et vous donnera un empire sans fin (3).

(1) L'Église.

(2) Il fait allusion à Rome qui était d'abord un asile.

(3) Il dit cela parce que Virgile, en son premier livre de l'Énéide, feint que Jupiter promet aux Romains un empire

Ne courez plus après des dieux faux et trompeurs, renoncez-y plutôt, secouez leur joug, et reprenez toute votre liberté. Ce ne sont pas des dieux, mais des esprits malins dont votre bonheur éternel fera le supplice. Junon n'a jamais tant envié aux Troyens dont vous êtes issus, la possession de la ville de Rome, que ces démons, que vous croyez encore des dieux, envient à tous les hommes les demeures éternelles. Vous avez vous-mêmes assez bien jugé de ces malheureux esprits, quand, leur consacrant des jeux pour les apaiser, vous avez déclaré infames ceux qui les représentaient. Souffrez qu'on vous affranchisse de la domination de ces esprits impurs qui vous ont obligé de consacrer leur ignominie. Vous avez exclu des honneurs de votre république ceux qui représentaient sur le théâtre les crimes des dieux ; priez le vrai Dieu qu'il vous délivre de ces dieux qui se réjouissent de leurs crimes. Vous avez sagement fermé la porte des dignités aux comédiens et aux farceurs ; mais ouvrez encore davantage les yeux, et considérez que des jeux qui souillent une dignité humaine ne peuvent pas apaiser une majesté divine. Comment donc pensez-vous que des dieux qui prennent plaisir à ce culte puissent tenir rang parmi les puissances célestes, puisque vous n'avez pas cru devoir mettre au rang des plus vils citoyens de Rome les hommes qui servent à le leur rendre ? La Cité céleste est incomparablement plus illustre que celle-là, elle qui n'a point d'autre victoire que la vérité, d'autre

de la sorte : c'est pourquoi il se sert ici des termes mêmes de ce poète.

dignité que la sainteté, d'autre paix que la félicité, d'autre vie que l'éternité. Si vous avez eu honte d'admettre de tels hommes dans votre société, à plus forte raison repoussera-t-elle de semblables dieux de la sienne. Si donc vous voulez parvenir à cette Cité bienheureuse, rompez tout commerce avec les démons. Ceux qui se laissent fléchir par des infames ne méritent pas d'être servis par d'honnêtes gens. Que la sainteté du christianisme bannisse ces dieux de votre société comme la sévérité du censeur excluait les comédiens de vos dignités. Quant aux biens et aux maux d'ici-bas, les seuls que les méchans veulent posséder ou appréhendent de souffrir, nous montrerons dans le livre suivant que les démons n'en disposent pas aussi souverainement que le croient ceux qui prétendent qu'on les doit servir pour cela ; et, quand cela serait, nous devrions plutôt les mépriser que de nous priver des biens réels qu'ils nous envient, en les servant pour ceux dont ils pourraient disposer.

REMARQUES

SUR

LE LIVRE II.

Page 329, ligne 15. « Et que les hommes par un excès » d'aveuglement ou d'opiniâtreté. » Il y a au latin « d'aveu- » glement, qui empêche de voir les choses les plus éviden- » tes ; et d'opiniâtreté, qui fait qu'on ne saurait souffrir » celles que l'on voit. » Mais cela se supplée assez de soi- même.

Page 332, l. 17. « Rome fondée par le soin de leurs aïeux. » Je lis *curâ* avec les imprimés ; car nos onze manuscrits l'ôtent : la chose n'est pas de conséquence.

Page 332, l. 23. « Au lieu que la dépravation de leurs » mœurs a fait périr l'innocence, qui est le soutien et l'orne- » ment des vertus. » Le latin a : « Qui est le soutien et l'or- » nement non des murs, mais des mœurs. » Ce jeu de mots n'aurait point de grace dans notre langue.

Page 333, l. 1.re « Si dès ce temps-là la doctrine de l'É- » vangile se fût élevée contre leurs fausses divinités, *ou* eût » eu la liberté de s'élever, etc. » C'est le sentiment de saint Augustin et de l'Église, que la doctrine de l'Évangile a été pratiquée de tout temps par quelques élus, mais qu'elle n'a été ouvertement prêchée, *testificatione liberrimâ*, que depuis Jésus-Christ.

Page 333, l. 10. « Il ne pleut pas, les chrétiens en sont

» cause. » Je lis *pluvia defit* avec nos onze manuscrits, et non pas *defecit*, qui assurément n'est pas si bien.

Page 335, l. 16. « Mais à la mère d'aucune personne de la » moindre qualité. » Je le trouve mieux ainsi que de dire avec le latin, *que la mère de quelques sénateurs que ce soit.* La version marque encore davantage l'infamie de ces chansons, ce qui est le but de l'auteur.

Page 340, l. 12. « Qui, par la subtilité de leur esprit, ont » tâché de pénétrer les secrets de la nature, et de donner » quelques règles pour les mœurs et pour le raisonnement. » Ce sont les trois principales parties de la philosophie, la physique, la morale et la logique. Le latin est un peu plus étendu, mais il ne dit pas davantage; et je tranche ceci en trois mots, parce qu'il ne faut la toucher que légèrement et autant qu'il est nécessaire pour la suite du raisonnement. Le surplus serait vicieux.

Page 352, l. 11. « Mais le censeur ne souffrait pas même » qu'il demeurât dans sa tribu. » C'est-à-dire que les comédiens n'étaient plus considérés comme citoyens, tant leur profession était réputée infame.

Page 352, l. 13. « Cette conduite est d'un cœur vérita» blement romain et sensible à la gloire » *O animum civitatis laudis avidum germanèque romanum !* Ce n'est pas à dire « généreux et qui aime tout ce qui est honnête, » mais plutôt ambitieux, comme cela se justifie surtout par le cinquième livre.

Page 354, l. 14. « Ils ne se sont pas contentés de les faire » représenter. » Il faut lire *tantùm* avec nos onze manuscrits, et non *tamen* avec nos imprimés.

Page 359, l. 20. « Romulus devait donc plutôt en user de » la sorte et attendre le refus des Sabins. Mars n'aurait pas » manqué d'aider son fils à venger cette injure. » Je lis avec onze manuscrits : *Illud ergo potius fieret. Ibi Mars filium suum pugnantem juvaret.* Car nos livres portent : *Illud ergo potius ibi fieret, ubi Mars filium suum pugnantem juvaret;* ce qui n'offre point de sens.

Page 362, l. 18. « Afin de les tenir toujours en bride. » Le latin dit : « Afin de réprimer la méchanceté, conserver » ces bonnes mœurs là, et arrêter les vices par la crainte. » Mais mon expression renferme tout cela, qui, au reste, a déjà été dit ailleurs.

Page 365, l. 1re. « Puis donc que les payens n'osent » imputer à leurs dieux tant d'horribles maux qui régnaient » en ce temps-là. » Le latin ajoute : « Et qui étaient en quel- » que façon supportables avant la ruine de Carthage, mais » tout-à-fait insupportables depuis. » Comme cela n'est pas nécessaire au raisonnement, et a déjà été dit ci-dessus en substance, je ne le traduis point.

Page 367, l. 9. « On commande aux serviteurs de Jésus- » Christ, de quelque condition qu'ils soient, de souffrir la » république, en quelque corruption qu'elle tombe. » Après ces mots : « de quelque condition qu'ils soient, » le latin ajoute : « Soit qu'ils soient rois, ou juges, ou soldats, gens de » province, riches, pauvres, libres, esclaves, de l'un et » l'autre sexe. » Mais j'ai déjà remarqué que le détail est vicieux en notre langue, à moins que d'être nécessaire.

Page 369, l. 7. « Et que le peuple le bannisse et le la- » pide. » *Evertat è sedibus,* a le latin. Ce n'est pas à dire « qu'il le renverse de son siége, » car de quel siége ? mais qu'il le chasse de sa demeure, qu'il le bannisse. C'est comme il dit des chrétiens, livre 1, chap. 15 : *Etiam in suis* SEDI- BUS *peregrinos se esse noverunt.* Ils savent qu'ils sont étrangers dans leurs propres maisons.

Page 374, l. 4. « Long-temps après la mort de Scipion

» l'Africain. » Le texte ajoute : « Qu'il introduit dans ses
» livres, s'entretenant de la république. » Mais cela ne paraît
pas nécessaire ici, et résulte de tout ce que saint Augustin
vient de rapporter des livres de la république de Cicéron.

Page 378, l. 12. « Que ne l'ont-ils assisté de même, pour
» s'abstenir de tant de cruautés ? » Cur *non etiam juverunt
ut à tantorum se compesceret immanitate facinorum !* C'est
ainsi que portent nos éditions ; mais nos onze manuscrits de
France lisent : *Cur etiam juverunt ?* et omettent le reste, et
à tort selon moi.

Page 381, l. 10. « Dont les jugemens sont aussi justes
» qu'incompréhensibles. » Il y a au latin : « Dont les juge-
» mens ne peuvent être compris pleinement, ni repris juste-
» ment par personne. » Mais ce qui est beau en latin ne l'est
pas toujours en français.

Page 390, l. 21. « Cicéron qui était un homme grave et
» assez bon philosophe. » Vir *gravis et philosophus Ter-
tullius,* portent nos imprimés. Il est certain, comme l'a fort
bien remarqué Vivès, qu'il faut lire *Tullius,* puisque ce
qu'allègue saint Augustin ici est de Cicéron. Ainsi, ajoute
Vivès, ou il faut lire : *Vir gravis et philosophaster Tullius,*
comme saint Augustin se moquant de sa philosophie qui ne
l'a pu délivrer d'une religion aussi folle que la payenne : ou
Vir gravis et philosophus ter Tullius, pour montrer que,
non-seulement le peuple, mais les plus savans même des
Romains étaient engagés dans les infamies du paganisme. Il
est étrange qu'aucun des manuscrits des docteurs de Louvain
n'ait corrigé cet endroit qui est si visiblement corrompu, ni
aucun des onze manuscrits de France dont j'ai les diverses leçons, ni aucun des treize manuscrits du Vatican, dont les
leçons m'ont aussi été communiquées, à la réserve d'un seul
marqué le septième, ou nombre 2391, autrement 440. Celui-

ci porte: *Vir gravis et philosophaster Tullius*, qui est certainement la véritable leçon ; car pour l'autre conjecture de Vivès, *Vir gravis et philosophus ter Tullius*, outre qu'elle n'est appuyée d'aucun manuscrit, elle est, ce me semble, mal aisée à soutenir, n'y ayant point d'apparence que saint Augustin appelle Cicéron « trois fois grand philosophe, » puisqu'il ne l'était pas en effet, mais bien grand orateur et médiocre philosophe. Cela est connu de tout le monde, et lui-même ne s'en piquait pas, comme il le déclare en quelques endroits de ses ouvrages. Aussi saint Augustin, dans la suite, livre 3, chap. 30, l'appelle bien « éloquent politique ; » mais « trois » fois grand philosophe, » il ne lui donne je crois ce titre nulle part. Au contraire, il le traite de philosophe académicien, livre 4, chap. 30, et dit que tenant toutes choses incertaines, il ne mérite pas qu'on le considère en aucune sorte pour les choses de la Religion. Il faut donc lire : *Vir gravis et philosophaster Tullius*, selon la première conjecture de Vivès, qui se trouve confirmée par un manuscrit ; mais on pourrait douter, ce me semble, de l'explication qu'il donne de ce mot, voulant que par là S. Augustin se moque de la philosophie de Cicéron, comme s'il l'appelait : « petit philosophe. » Il n'y aurait rien d'étrange qu'un petit philosophe fût engagé dans les folies du paganisme. Mais, par *philosophaster*, il entend un homme qui a quelque teinture de la philosophie, et qui la joint à quelque sorte de gravité, telle qu'elle pouvait être dans un magistrat romain ; *Vir gravis et philosophaster*.

Page 392. l. 5. « Et non ce je ne sais quoi de bon et d'hon» nête. » Je lis avec onze manuscrits : *Non illud nescio quid velut bonum vel honestum*, et non pas *vel bonum, vel honestum*, avec tous nos imprimés ; ce qui est manifestement une faute.

Page 395, l. 16. « Qui se réjouissent de leurs crimes. »

Le latin ajoute : « Soit qu'ils soient vrais, ce qui est extrê-
» mement honteux ; soit qu'ils soient faux, ce qui est extrê-
» mement malicieux. » Mais cela est d'autant moins nécessaire ici, que ce n'est pas la première fois que saint Augustin l'a dit.

Page 395, l. 22. « Puissent tenir rang parmi les puissances
» célestes. » In *omni numero sanctorum celestium potes-
tatum.* J'ôte *omni* avec nos onze manuscrits de France.

LA CITÉ DE DIEU.

LIVRE III.

CHAPITRE PREMIER.

Des seuls maux que craignent les méchans, et que le monde a toujours soufferts lorsqu'il adorait les dieux.

JE crois avoir assez parlé des maux qui font la guerre à l'ame et aux bonnes mœurs, et qui sont les plus dangereux, et avoir suffisamment établi que les faux dieux, au lieu de songer à en délivrer un peuple qui les honorait, ont travaillé au contraire à les aggraver. Je parlerai maintenant des seuls maux que les idolâtres ne veulent point souffrir, comme la faim, les maladies, la guerre, le pillage, la captivité, les massacres, et autres semblables calamités dont il a déjà été fait mention au premier livre de cet ouvrage. Les méchans ne connaissent en effet de maux que ceux-là, qui néanmoins ne rendent point méchans;

et ceux qui louent les biens opposés à ces maux (1) n'ont point de honte d'être méchans eux-mêmes au milieu des biens qu'ils louent : de sorte qu'ils sont plus fâchés d'avoir une mauvaise métairie que de mener une mauvaise vie, comme si c'était le souverain bien de l'homme de posséder tout bon hors soi-même. Mais leurs dieux ne les ont pas garantis de ces maux qu'ils redoutent uniquement, lors même qu'ils les servaient en toute liberté ; car lorsqu'avant l'avènement de notre Rédempteur, le genre humain a été affligé en divers temps et en divers lieux d'une infinité de malheurs, dont quelques-uns même sont presque incroyables, quels autres dieux le monde adorait-il, si vous en exceptez le seul peuple Hébreu, et un petit nombre d'autres personnes qui, par un juste et impénétrable jugement de Dieu, ont mérité, en quelque endroit que ce fût, de recevoir sa grace ? Je passe, pour abréger, les grandes calamités qui sont survenues aux autres peuples, et ne veux rapporter ici que celles qui ont affligé Rome, ses alliés et ses sujets, avant la naissance de Jésus-Christ.

(1) Les biens de cette vie.

CHAPITRE II.

Les dieux que servaient en commun les Grecs et les Romains, ont-ils eu des raisons pour permettre la ruine de Troye ?

D'ABORD, pourquoi Troye, d'où sont venus les Romains (car il ne faut pas perdre de vue ce que j'ai dit dans le premier livre (1)), a-t-elle été prise et ruinée par les Grecs, tandis qu'elle servait les mêmes dieux ? C'est, répondent-ils, que Priam a été puni du parjure de son père Laomédon. Il est donc vrai qu'Apollon et Neptune se louèrent à Laomédon pour bâtir les murailles de Troye, sur la promesse qu'il fit, dit-on, et qu'il ne tint pas, de les payer de leurs journées. Je m'étonne qu'Apollon, qui passe pour lire dans l'avenir, ait entrepris un si grand ouvrage et n'ait pas prévu qu'il n'en serait point payé. Neptune même, son oncle, frère de Jupiter et roi des mers, ne devait pas ignorer ce qui arriverait ; car Homère qui, suivant la commune opinion, vivait avant la fondation de Rome, lui fait prédire (2) de grandes choses de la postérité d'Énée, dont les descendans bâtirent cette ville, et ajoute même qu'il couvrit Énée d'un nuage pour le dérober à la fureur d'Achille, quoiqu'il eût

---

(1) Chap. 4.
(2) Iliade 2.

été bien aise, ainsi qu'il l'avoue dans Virgile (1), de raser jusqu'aux fondemens les murs de Troye pour se venger de son parjure. Ainsi, d'aussi grands dieux que Neptune et Apollon, ne sachant pas que Laomédon leur retiendrait leur salaire, bâtirent les murs de Troye pour des ingrats. Que nos adversaires prennent garde que ce ne soit un plus grand crime de croire en de telles divinités que de les tromper par un parjure. Homère même n'a pas trop ajouté foi à ce conte. Il est vrai qu'il introduit Neptune qui combat contre les Troyens, mais il fait aussi combattre Apollon pour eux, au lieu que la fable dit qu'ils furent tous deux offensés par le même parjure. Si donc ils croient aux fables, qu'ils aient honte d'honorer des dieux de cette sorte ; et, s'ils n'y croient pas, qu'ils ne nous allèguent plus le parjure de Troye, ou qu'ils s'étonnent que les dieux aient puni celui de Troye et aimé ceux des Romains. Combien y en avait-il en effet parmi les complices de Catilina, dont la main et la langue se nourrissaient de sang et de parjures ? Combien le peuple et les sénateurs en commettaient-ils tous les jours dans les jugemens ou dans les suffrages, à cette époque où, au milieu de la corruption générale des mœurs, on gardait encore l'ancienne coutume de faire serment, non pour s'abstenir du crime par un motif de religion, mais pour ajouter encore les parjures aux autres crimes ?

(1) Eneid., 5.

CHAPITRE III.

Les dieux n'ont pas pu être irrités par l'adultère de Pâris, puisque ce crime est commun parmi eux.

Il n'y a donc point de raison de feindre que les dieux irrités aient laissé périr Troye pour se venger de son parjure, lorsqu'il est démontré que c'est qu'ils n'ont pas été assez puissans pour se défendre eux-mêmes des armes victorieuses des Grecs. Ce n'est point non plus à cause de l'adultère de Pâris, comme quelques-uns le disent pour les excuser. Ne sait-on pas que leur coutume est plutôt d'enseigner et d'approuver les crimes que de les punir? « Les Troyens, dit Sal- » luste, ont fondé d'abord et habité la ville de Rome, » après s'être enfuis de Troye et avoir été long-temps » errans et vagabonds sous la conduite d'Énée. » Si donc les dieux ont cru devoir venger l'adultère de Pâris, ils en devaient aussi étendre la vengeance sur les Romains, puisque c'est la mère d'Énée (1) qui en fut cause. Mais comment auraient-ils haï l'adultère de Pâris, lorsqu'ils ne haïssaient pas celui que, sans parler d'une infinité d'autres, Vénus, leur protectrice, avait commis avec Anchise, dont elle eut Énée? Est-ce que le premier se fit malgré Ménélas (2), et l'autre

---

(1) Vénus, qui assista Pâris pour enlever Hélène.
(2) Mari d Hélène.

du consentement de Vulcain (1)? Il est évident que les dieux ne sont point jaloux de leurs épouses, et qu'ils sont même bien aises de les mettre en commun avec les hommes. On dira peut-être que je raille, et que je ne traite pas assez sérieusement une chose aussi importante que celle-là. Eh bien! ne croyons pas, si vous voulez, qu'Énée ait été fils de Vénus, j'y consens; mais ne croyons donc pas non plus que Romulus ait été fils de Mars. Si l'on croit l'un, pourquoi ne pas croire l'autre? Est-ce qu'il est permis aux dieux de se mêler avec des femmes, et que c'est un crime aux hommes d'habiter avec des déesses? Certes, ce serait une condition bien dure ou plutôt incroyable, que Mars ait pu faire une chose qui dépend de Vénus, et que la même chose ait été interdite à Vénus dont elle dépend. Aussi l'un et l'autre fait est-il également confirmé par l'histoire romaine, qui nous apprend que César n'a pas moins cru descendre de Vénus que Romulus de Mars.

CHAPITRE IV.

Sentiment de Varron sur l'utilité pour les hommes de se prétendre issus des dieux.

Quelqu'un dira : Est-ce que vous croyez ces choses? Non vraiment je ne les crois pas; car Varron même, le plus savant des Romains, n'est pas éloigné d'avouer

(1) Mari de Vénus.

qu'elles sont fausses, quoiqu'il n'ose pas l'assurer positivement. Mais il dit qu'il est avantageux à l'état que les grands hommes se croient issus des dieux, bien que cela soit faux; afin que la pensée d'une si haute origine les pique d'un noble aiguillon de gloire et leur fasse entreprendre et achever de plus grandes choses. Vous voyez quelle large porte cette opinion ouvre à la fausseté, et avec quelle facilité on a consacré des mensonges lorsqu'ils ont été jugés utiles aux peuples.

CHAPITRE V.

Il n'est pas probable que les dieux aient puni l'adultère de Pâris, et qu'ils aient laissé impuni celui de la mère de Romulus.

Mais je ne veux pas examiner maintenant si Vénus a pu engendrer Énée de son commerce avec Anchise, ou Mars Romulus, de celui qu'il eut avec la fille de Numitor (1); car il y a quelque chose dans nos Écritures (2) qui pourrait donner lieu à une semblable question, et faire demander si en effet les anges prévaricateurs ont habité avec les filles des hommes pour en engendrer ces géans dont la terre était alors remplie. Je me bornerai pour le moment à ce dilemme : Si ce qu'ils disent de la mère d'Énée et du père de Romu-

---

(1) Ilia Sylvia.
(2) Genes., 6, 4.

lus est vrai, comment les adultères des hommes peuvent-ils déplaire aux dieux, puisqu'ils les souffrent parmi eux ? Et s'il est faux, ils ne se peuvent pas encore offenser des adultères véritables des hommes, puisqu'ils sont bien aises qu'on en rapporte d'eux de feints et de supposés. Ajoutez à cela que si l'adultère de Mars est incroyable parce que celui de Vénus l'est aussi, il n'y a pas moyen de sauver l'honneur de la mère de Romulus sous prétexte d'un accouplement divin. Or, elle était vestale (1), et pour cette raison les dieux ont dû venger plus sévèrement ce sacrilège sur les Romains que l'adultère de Pâris sur les Troyens. Les anciens Romains enterraient même toutes vives les vestales convaincues d'impudicité, au lieu qu'ils se contentaient de châtier les femmes adultères sans les faire mourir, pour montrer qu'ils punissaient avec plus de rigueur la profanation des choses réputées sacrées que les attentats commis contre l'honneur du mariage.

CHAPITRE VI.

Les dieux n'ont pas vengé le parricide de Romulus.

Il y a plus : si les crimes des hommes déplaisaient tellement à ces divinités, que, pour punir celui de Pâris, ils eussent abandonné Troye, et permis qu'elle

(1) Vierge consacrée à la déesse Vesta.

fût brûlée et saccagée, le meurtre du frère de Romulus (1) devait plus les émouvoir contre les Romains qu'ils ne l'étaient contre les Troyens pour l'injure de Ménélas ; et ils auraient été plus offensés du parricide d'une ville naissante que de l'adultère d'un empire florissant. Et il n'importe, pour ce que nous disons, que Romulus ait commandé ce meurtre, ou qu'il l'ait commis lui-même ; ce que plusieurs ont l'effronterie de nier, tandis que plusieurs en doutent par pudeur, et que d'autres le dissimulent pour la douleur qu'ils en ressentent. Nous ne nous arrêterons pas à rapporter là-dessus les divers témoignages des écrivains ; toujours est-il certain que le frère de Romulus fut tué, et qu'il ne le fut point par les ennemis, ni par des étrangers. C'est Romulus qui commit ce crime, ou qui le commanda ; et Romulus était bien plus le chef des Romains que Pâris n'était celui des Troyens (2). D'où vient donc que ce ravisseur de la femme d'autrui provoque la colère des dieux contre sa patrie, et que ce meurtrier de son frère attire la faveur de ces mêmes dieux sur les Romains ? Que si Romulus n'a ni fait ni commandé ce crime, c'est donc toute la ville qui l'a commis, puisque, étant obligée à le venger et ne l'ayant point fait, elle témoigne y avoir consenti, et par conséquent ce n'est pas son frère, mais son père qu'elle a tué ; car Rémus a été aussi bien son fon-

(1) Rémus.
(2) Pâris n'était que le fils de Priam, roi des Troyens, et non pas leur roi ; au lieu que Romulus était le roi des Romains.

dateur que Romulus, quoiqu'il n'ait pas joui de la royauté à cause de sa mort précipitée. Je ne vois pas dès-lors qu'on puisse alléguer de raison qui ait obligé les dieux à abandonner Troye et à venir demeurer à Rome, si ce n'est qu'on dise qu'ayant été vaincus avec les Troyens, ils s'en sont enfuis vers les Romains pour les tromper à leur tour. Il est bien plus vrai qu'ils sont demeurés parmi les uns pour continuer à les séduire, et qu'ils ont passé chez les autres pour les abuser par de plus grands prestiges et en tirer de plus grands honneurs.

CHAPITRE VII.

De la ruine de Troye par Fimbria, l'un des capitaines de Marius.

Mais quel nouveau crime avait commis Troye pour mériter, pendant les guerres civiles, d'être détruite par Fimbria, le plus méchant homme du parti de Marius, et de l'être avec plus de barbarie et de cruauté qu'elle ne l'avait été par les Grecs ? Lorsque ceux-ci la prirent, plusieurs habitans se sauvèrent ou furent faits prisonniers ; mais Fimbria commanda qu'on n'en épargnât aucun, et brûla toute la ville avec tous ceux qui y étaient. Voilà comment Troye fut traitée, non par les Grecs que son crime avait irrités contre elle, mais par les Romains qui avaient profité de son malheur ; sans que les dieux, qui leur étaient communs, se missent en peine de la secourir, ou, pour mieux dire, sans qu'ils en eussent le pouvoir. Ne serait-ce point que les dieux qui protégeaient cette ville depuis son rétablissement, quittèrent alors ses temples et ses autels? Si cela est, je serais bien aise d'en savoir la raison; car la cause des dieux me paraît ici d'autant plus mauvaise, que je trouve celle des Troyens meilleure. Ils avaient fermé les portes de leurs villes à Fimbria pour la conserver à Sylla; or, le parti de Sylla valait mieux alors que celui de Marius; il tâchait en ce temps-là de délivrer la république opprimée. Le commencement de son entreprise était légitime, et elle n'avait point encore eu de mauvaises suites. Qu'est-ce donc que les Troyens pouvaient faire de mieux, de plus honnête, de plus fidèle, de plus digne de leur parenté avec les Romains, que de conserver leur ville au parti le plus juste, et fermer leurs portes à celui qui tournait ses armes parricides contre la république? Cependant cette résolution ne leur fut-elle pas funeste? Je veux que les dieux aient quitté des adultères, et abandonné Troye aux flammes des Grecs, afin que Rome, plus chaste, naquît de ses cendres; mais depuis, pourquoi l'ont-ils abandonnée, elle qui était la mère de Rome, et qui, bien loin de se révolter contre son illustre fille, gardait au contraire une sainte et inviolable fidélité au parti le plus juste? Pourquoi l'ont-ils laissée en proie, non aux Grecs généreux, mais au plus vil des Romains? Que si le parti de Sylla, à qui ces infortunés avaient voulu conserver leur ville, déplaisait aux dieux, d'où vient qu'ils lui promettaient tant de prospérités? Cela ne fait-il pas voir qu'ils sont plutôt les flatteurs de ceux à qui la fortune sourit, que les défenseurs des malheureux ? On ne peut pas dire que Troye ait été ruinée alors parce qu'ils l'ont abandonnée. Les démons, toujours vigilans, lorsqu'il s'agit de tromper, firent ce qu'ils purent (1). En effet, Tite-Live rapporte qu'au milieu des statues des autres dieux de la ville, toutes renversées et brûlées, on trouva celle de Minerve intacte sous les ruines de son temple; ce qui arriva, non pas afin qu'on pût dire à leur louange : « Voilà les » dieux sous la protection desquels Troye demeure » toujours (2); » mais de peur que l'on ne pût dire pour leur défense : « Tous les dieux sortirent de leurs » temples et abandonnèrent leurs autels. » Dieu permit qu'ils pussent faire une chose (3) qui ne prouvait pas qu'ils fussent puissans, mais qui attestait invinciblement leur présence.

CHAPITRE VIII.

Rome a-t-elle dû se mettre sous la protection des dieux de Troye.

Après un si grand exemple de l'impuissance des dieux de Troye, avec quelle prudence leur a-t-on pu

---

(1) Ce passage a été omis par Lombert. (*Note des nouveaux éditeurs.*)

(2) Eneid., 2.

(3) C'est-à-dire conserver entière l'image de Pallas.

confier la défense de Rome? On dira peut-être que, lorsque Troye fut ruinée par Fimbria, ils étaient déjà habitués dans Rome. D'où vient donc que l'on trouva encore à Troye cette statue de Minerve? D'ailleurs, s'ils étaient à Rome quand Fimbria détruisit Troye, peut-être étaient-ils à Troye quand Rome elle-même fut prise et brûlée par les Gaulois. Mais comme ces dieux entendent fort clair et sont fort lestes, ils y retournèrent en diligence au cri des oies, afin de sauver au moins le Capitole; attendu qu'ils furent avertis trop tard pour sauver le reste de la ville.

CHAPITRE IX.

Doit-on attribuer aux dieux la paix dont jouirent les Romains sous le règne de Numa?

On s'imagine encore que c'est eux qui furent cause que Numa Pompilius, successeur de Romulus, jouit de la paix pendant tout son règne, et ferma les portes du temple de Janus, qu'on avait coutume de tenir ouvertes durant la guerre; ce qui lui donna lieu d'établir grand nombre de cérémonies. Il est vrai qu'il y aurait lieu de se réjouir avec ce prince de la tranquillité de son règne, s'il avait su employer son loisir à des choses salutaires, et laisser ces curiosités pernicieuses pour chercher le vrai Dieu; mais on ne peut pas dire que ce sont les dieux qui lui aient donné ce loisir, ces dieux qui, peut-être, l'eussent moins trompé, s'ils l'eussent trouvé moins oisif. Ils l'ont d'autant plus occupé, qu'ils lui ont vu moins d'occupation. En effet, Varron a découvert tous ses mystères, et de quels moyens il s'est servi pour établir une société entre Rome et de tels dieux? Nous en parlerons plus amplement en son lieu, s'il plaît à notre Seigneur. Maintenant qu'il est question de leurs bienfaits, nous reconnaîtrons que la paix en est un très important; mais c'est le vrai Dieu qui le donne, comme le soleil, la pluie et les autres commodités de la vie, dont souvent il fait part même aux méchans. Si c'est les dieux qui ont accordé un si grand bien à Rome ou à Numa, qui les a empêchés de l'accorder depuis à l'empire romain, même dans les temps où les mœurs étaient le mieux réglées? Est-ce que leurs cérémonies avaient plus de pouvoir sur eux lorsqu'on les instituait, que lorsqu'on les célébrait après leur institution? Comme si la fin de leur institution n'était pas de les célébrer et les observer. Pourquoi donc ces quarante-trois, ou, selon d'autres, ces trente-neuf années du règne de Numa, se sont-elles passées dans une paix si profonde, et qu'ensuite les sacrifices une fois établis, et les dieux, qui avaient été invités par là à prendre l'empire sous leur protection, il ne se trouve qu'une année depuis la fondation de Rome jusqu'à Auguste, où l'on rapporte comme une grande merveille que les Romains purent fermer les portes de la guerre (1)?

(1) Ce fut Manlius qui les ferma après la seconde guerre Punique.

CHAPITRE X.

Il n'était pas besoin de tant de guerres pour accroître l'empire romain, puisque les dieux qui l'avaient fait fleurir sous Numa, pouvaient toujours le maintenir en paix et en sureté.

Répondront-ils que l'empire romain n'aurait pu étendre si loin sa gloire et ses limites sans des guerres continuelles? Mais n'est-ce pas se moquer de prétendre qu'un empire ne saurait être grand s'il n'est agité? Ne voyons-nous pas dans le corps humain qu'il vaut mieux n'avoir qu'une stature médiocre avec la santé, que d'atteindre à la taille d'un géant avec des peines incroyables, et endurer des douleurs d'autant plus grandes, qu'on a les membres plus grands et plus vastes? Quel mal y aurait-il, ou plutôt quel bien n'y aurait-il point à ce que l'on demeurât toujours dans ces temps heureux dont parle Salluste, quand il dit: « Au » commencement, les rois (car c'est la première » puissance qui aient gouverné le monde) avaient » des inclinations différentes. Les uns s'adonnaient » aux exercices de l'esprit, et les autres à ceux du » corps. Alors les hommes vivaient sans ambition; » et chacun se contentait de ce qui était à lui. » Fallait-il, pour rendre l'empire si puissant, que les maux que Virgile déteste arrivassent, « que les hommes » devinssent plus méchans qu'autrefois, et qu'ils fus-

« sent possédés d'une furieuse passion pour la guerre
» et d'une avarice insatiable (1)? Dira-t-on, pour
excuser les Romains de tant de guerres, qu'ils étaient
obligés de résister aux attaques de leurs ennemis, non
pour acquérir de la gloire, mais pour défendre leur
vie et leur liberté. A la bonne heure ; car comme dit
Salluste, « lorsque leur état fut un peu affermi par le
» moyen des lois et des bonnes mœurs, et qu'il com-
» mençait déjà à fleurir et à s'accroître, l'opulence fit
» naître l'envie, comme c'est l'ordinaire, de sorte
» que leurs voisins commencèrent à les attaquer. Peu
» de leurs amis venaient à leur secours ; la crainte
» éloignait les autres du péril. Cependant les Ro-
» mains, obligés en même temps de songer aux af-
» faires du dedans et du dehors, étaient attentifs à
» tout, se hâtaient d'assembler des forces, s'encoura-
» geaient l'un l'autre à bien faire, allaient au de-
» vant de leurs ennemis, et défendaient, les armes à
» la main, leurs parens, leur patrie, leur liberté.
» Quand ils avaient repoussé le danger, ils secou-
» raient leurs alliés, et s'acquéraient des amis plutôt
» en faisant du bien qu'en en recevant. Voilà les
» voies honnêtes et généreuses par lesquelles Rome
» s'aggrandit. » Mais je serais bien aise de savoir si,
sous le règne de Numa, où l'on jouit d'une si longue
paix, leurs voisins les attaquaient, ou s'ils demeuraient en repos afin de ne point troubler cet état pa-
cifique. Si Rome était même en ce temps-là travaillée
de guerres, et que, néanmoins, elle n'opposât point

(1) Eneid., 8.

ses armes à celles des ennemis, comme elle arrêtait alors leurs armes sans y opposer les siennes, elle aurait fort bien pu depuis se servir du même moyen pour demeurer toujours en paix, et fermer les portes du temple de Janus. Que si cela n'a pas été en son pouvoir, il s'ensuit qu'elle n'a pas été paisible tant que ses dieux l'ont voulu, mais tant qu'il a plu à ses voisins de la laisser en repos; si ce n'est que ses dieux prétendent se faire un mérite envers les hommes de ce qui dépend de la volonté des hommes. Il est vrai que les démons peuvent quelquefois, par la permission de Dieu, pousser les esprits des méchans et les faire agir par leurs propres passions; mais, s'ils le pouvaient toujours, et qu'ils ne fussent pas souvent arrêtés par une puissance secrète et supérieure, ils seraient toujours les arbitres de la paix et de la guerre, puisque ce sont presque toujours les passions des hommes qui en sont cause Cependant elles arrivent souvent contre la volonté de ces dieux-là, ainsi que, non-seulement la fable, mais même l'histoire romaine en fait foi.

CHAPITRE XI.

De la statue d'Apollon de Cumes, dont on prétend que les larmes présagèrent la défaite des Grecs qu'il ne pouvait secourir.

Apollon de Cumes n'eut point d'autre raison que celle-là de pleurer pendant quatre jours, lorsque les

Romains faisaient la guerre aux Achéens et au roi Aristonique. En effet, comme les aruspices, épouvantés de ce prodige, étaient d'avis qu'on jetât cette statue dans la mer, les vieillards de Cumes s'y opposèrent, et dirent que la même chose était arrivée à cette idole durant la guerre contre Antiochus (1) et contre Persée (2), ajoutant que le succès de ces guerres ayant été favorable aux Romains, ils envoyèrent des présens à Apollon de Cumes en vertu d'un sénatus-consulte. Alors on fit venir d'autres aruspices plus savans que les premiers, qui répondirent que les larmes d'Apollon étaient de bon augure pour les Romains, parce que, Cumes étant une colonie grecque, elles signifiaient le malheur qui devait arriver au pays d'où on l'avait apporté, c'est-à-dire à la Grèce. Peu de temps après on annonça que le roi Aristonique avait été défait et pris, contre la volonté d'Apollon, comme il le témoigna par les larmes que répandit sa statue. On voit par là que les poètes ne représentent pas tout-à-fait mal les mœurs des démons, quoique par des fictions, mais des fictions qui ressemblent à la vérité. Dans Virgile (3), Diane plaint Camille, et Hercule pleure la mort prochaine de Pallas. C'est peut-être aussi pour cette raison que Numa, jouissant d'une profonde paix, mais ne sachant pas de qui il la tenait, ni ne se mettant pas en peine de le savoir, et songeant dans son loisir à quels dieux il confierait le salut de

---

(1) Roi de Syrie.
(2) Roi de Macédoine.
(3) Eneid., 11.

Rome, parce que, d'un côté, il ne croyait pas que le Dieu véritable et tout puissant se mêlât du gouvernement du monde, et que, de l'autre, il se souvenait que les dieux des Troyens, apportés par Énée, n'avaient pu long-temps conserver le royaume de Troye, ni celui de Lavinium qu'Énée lui-même avait fondé; c'est peut-être, dis-je, par cette raison, que Numa crut devoir en ajouter d'autres à ceux qui avaient déjà passé à Rome avec Romulus, et qui devaient y passer après la destruction d'Albe, soit pour les garder comme fugitifs, soit pour les aider comme impuissans.

CHAPITRE XII.

Combien de dieux les Romains ajoutèrent à ceux de Numa, sans que cela leur ait servi de rien.

Toutefois, Rome ne crut pas devoir se contenter des dieux que Numa lui avait donnés en si grand nombre. Jupiter n'avait pas encore dans cette ville son principal temple, et ce fut le roi Tarquin qui bâtit le Capitole. Depuis, Esculape passa d'Epidaure à Rome, afin que ce célèbre médecin exerçât son art avec plus de gloire dans une ville si fameuse. La mère des dieux y vint aussi de je ne sais qu'elle Pessinunte (1); car il était indigne qu'elle demeurât encore dans un lieu inconnu, pendant que son fils présidait déjà dans

(1) Ville de Galatie, ou de Phrygie, suivant Arnobe.

le Capitole. Si néanmoins il est vrai de dire qu'elle est la mère de tous les dieux, elle n'a pas seulement suivi, mais précédé quelques-uns de ses enfans dans Rome. Je m'étonne cependant qu'elle soit mère de ce Cynocéphale qui y vint d'Egypte long-temps depuis. J'ignore si elle l'est aussi de la Fièvre ; je m'en rapporte à son petit-fils Esculape. Mais de qui que ce soit que cette dernière ait pris naissance, je ne crois pas que des dieux étrangers osent mépriser une déesse citoyenne de Rome. Du moment que Rome était sous la protection de tant de dieux, qui sont en si grand nombre, qu'à peine les peut-on compter, des indigètes et des étrangers, de ceux du ciel, de la terre, de l'enfer, de la mer, des fontaines, des fleuves, certains et incertains (1), mâles et femelles, elle ne devait pas tomber dans de si grandes et si horribles calamités que celles où elle est tombée, et dont je me contenterai de rapporter quelque chose. Certes, sa fumée (2) avait attiré chez elle, pour sa défense, une trop grande multitude de dieux à qui elle avait ordonné des temples, des autels, des sacrifices, des prêtres, au mépris du Dieu souverain et véritable qui seul a droit à ces hommages. Elle était en effet plus heureuse quand elle en avait moins ; mais, à mesure qu'elle s'est accrue, elle a pensé qu'elle avait besoin de plus de dieux, comme un plus grand navire demande un plus grand nombre de matelots : s'imaginant, je pense, que les

(1) Le latin a, *et comme dit Varron, certains et incertains.*

(2) La fumée des sacrifices ou de sa vanité.

divinités en petit nombre sous lesquelles ses mœurs étaient bonnes, en comparaison de ce qu'elles furent depuis, n'étaient pas assez puissantes pour la soutenir dans ce haut point de grandeur où elle était montée. Mais pour apporter quelques exemples des calamités que Rome a souffertes sous ses rois même (excepté sous Numa, dont j'ai parlé plus haut), combien faut-il que la discorde ait été grande sous Romulus, pour en venir au meurtre de son frère?

CHAPITRE XIII.

Quels maux causa aux Romains l'enlèvement des Sabines.

Comment se fait-il que ni Junon, qui, avec son Jupiter, favorisait alors les Romains, ni Vénus même qui devait venir au secours des descendans de son Énée, ne purent faire trouver à ces maîtres du monde de légitimes mariages, de sorte qu'ils furent obligés d'enlever des filles pour les épouser, et de faire ensuite à leurs beaux-pères une guerre dans laquelle ces malheureuses femmes, encore à peine reconciliées avec leurs maris pour l'injure qu'elles en avaient reçue, furent dotées du sang qui leur avait donné le jour? Mais, dit-on, les Romains vainquirent leurs voisins dans ce combat. A combien de parens et d'alliés cette victoire coûta-t-elle la vie? Combien y en eut-il de blessés de part et d'autre? C'est avec un trop juste sentiment de douleur que Lucain s'écrie au sujet de la guerre de César et de Pompée, c'est-à-dire d'un seul gendre et d'un seul beau-père: « Je chante cette guerre » plus que civile qui se décida dans les plaines de » Pharsale, et où le crime demeura victorieux et » triomphant. » Les Romains vainquirent donc, afin qu'ayant encore les mains toutes sanglantes du meurtre de leurs beaux-pères, ils obligeassent leurs filles à souffrir de funestes embrassemens, et que celles-ci, qui, pendant le combat, ne savaient pour qui elles devaient faire des vœux, n'osassent pleurer leurs pères morts, de crainte d'offenser leurs maris victorieux. Ce ne fut pas Vénus qui présida à ces noces, mais Bellone, ou plutôt Alecton, cette furie d'enfer, qui fit plus de mal aux Romains en cette rencontre, quoiqu'ils eussent Junon favorable, que quand cette déesse la déchaîna contre Énée. La captivité d'Andromaque (1) fut plus heureuse que ces mariages des Romains; car, depuis qu'elle eut épousé Pyrrhus, il ne fit plus mourir aucun Troyen; au lieu que les Romains tuaient sur le champ de bataille ceux dont ils embrassaient les filles dans leurs lits. Andromaque pouvait bien, sous la puissance du vainqueur, plaindre la mort de ses parens, mais elle n'avait plus à la craindre; au lieu que ces pauvres femmes (2) craignaient pour leurs pères quand leurs maris allaient au combat, et les plaignaient quand ils en revenaient,

(1) Femme d'Hector, que Pyrrhus, fils d'Achille, épousa après la prise de Troye.

(2) Les Sabines.

ou, pour mieux dire, n'avaient la liberté de faire ni l'un ni l'autre. En effet, elles ne pouvaient voir sans douleur la mort de leurs citoyens, de leurs proches, de leurs frères, de leurs pères, ni se réjouir sans cruauté des victoires de leurs maris. Ajoutez à cela que, comme les armes sont journalières, il y en eut quelques-unes qui perdirent en même temps leurs pères et leurs maris; car les Romains ne furent pas sans éprouver quelques revers. On les assiégea dans leur ville; et, après avoir éprouvé quelque résistance, les assiégeans ayant trouvé moyen d'y entrer, il s'engagea une horrible mêlée dans la place publique entre les gendres et les beaux-pères. Les ravisseurs même avaient le dessous et se sauvaient à tout moment dans leurs maisons : lâcheté qui ternit toute la gloire de leurs premiers succès, d'ailleurs honteux et deplorables. Alors Romulus, désespérant de la valeur des siens, pria Jupiter de les arrêter, ce qui lui fit donner depuis le surnom de Stator. Mais cela n'aurait encore servi de rien, si celles qui avaient été ravies ne se fussent jetées, toutes échevelées, aux pieds de leurs pères, et n'eussent apaisé leur juste colère par d'humbles supplications. Ensuite, Romulus, qui n'avait pu souffrir son frère pour compagnon du trône, fut contraint d'y recevoir Tatius, roi des Sabins; mais il s'en défit bientôt, et demeura seul maître, afin d'être un jour un plus grand dieu. Quels sont donc ces mariages, ou plutôt ces semences de guerres? Quels sont ces moyens de s'associer à un peuple, à une société, à des familles, à la divinité? Quelle est enfin cette belle conduite des Romains sous tant de dieux protecteurs ? Vous voyez bien ce que nous pourrions dire là-dessus, si nous voulions nous y arrêter, et si nous ne nous hâtions de passer au reste.

CHAPITRE XIV.

De la guerre impie que les Romains déclarèrent aux Albains, et du succès qu'en recueillit leur ambition.

Qu'arriva-t-il ensuite sous les autres rois depuis Numa ? quels maux la guerre d'Albe ne causa-t-elle point aux Romains, aussi bien qu'à ses habitans qu'ils avaient provoqués ? Dès qu'on eût commencé à s'ennuyer de la longue paix du règne de Numa, combien vit-on de défaites d'armées de Rome et d'Albe, et quels échecs ces deux villes n'éprouvèrent-elles point ? Tullus Hostilius attaqua Albe, qui avait été fondée par Ascagne, fils d'Énée, et était de plus près que Troye la mère de Rome ; mais si elle reçut du mal des Romains, elle ne leur en fit pas moins, au point qu'après plusieurs combats, les deux partis, lassés de leurs pertes, furent d'avis de terminer leurs différends par le combat singulier de trois jumeaux de chaque parti. Les trois Horaces ayant été choisis pour cela du côté des Romains, et les trois Curiaces de celui des Albains, deux Horaces furent tués d'abord par les trois Curiaces ; mais ceux-ci furent tués à leur tour par le seul Horace qui restait. Ainsi

Rome demeura victorieuse, en sorte néanmoins qu'elle y perdit deux des siens, et que de six combattans il n'y en eut qu'un qui échappa. Mais, après tout, pour qui fut le deuil et le dommage, si ce n'est pour les descendans d'Énée, pour la postérité d'Ascagne, pour la race de Vénus, pour les petits-fils de Jupiter? Dans le fait cette guerre ne fut-elle pas plus que civile, puisque la fille (1) y combattit contre la mère (2)? Ajoutez à cela un autre crime horrible et atroce qui suivit ce combat des jumeaux. Comme ces deux peuples étaient auparavant amis à cause du voisinage et de la parenté, la sœur des Horaces avait été fiancée à l'un des Curiaces; or, cette fille ayant aperçu son frère qui revenait chargé des dépouilles de son mari, ne put s'empêcher de pleurer, ce qui fut cause que son frère la tua. Je trouve qu'en cette rencontre cette fille eut des sentimens plus humains que tout le peuple romain, et je ne vois pas qu'on la puisse blâmer d'avoir pleuré celui à qui elle avait déjà donné sa foi, ou peut-être même plaint son frère d'avoir tué celui qu'il avait choisi pour son beau-frère. Ainsi, dans Virgile, Énée pleure son ennemi après l'avoir tué de sa propre main; ainsi Marcellus, sur le point de ruiner Syracuse, au souvenir de la splendeur où cette ville était parvenue avant que de tomber entre ses mains, laissa couler des larmes de compassion. Ne faisons donc point, je vous prie, un crime à une femme d'avoir pleuré son mari tué par son frère,

(1) Rome.
(2) Albe.

puisque des hommes ont été loués d'avoir pleuré leurs ennemis qu'ils avaient tués eux-mêmes. Dans le temps que cette fille pleurait la mort de son époux que son frère avait tué, Rome se réjouissait de son côté d'avoir combattu avec tant de rage contre sa mère, et de triompher après un si grand carnage de parens meurtris de part et d'autre.

A quoi bon m'alléguer ces beaux noms de courage et de victoire? Il faut considérer et examiner les crimes en eux-mêmes sans tous ces préjugés d'une folle opinion. Qu'on nous dise la faute d'Albe, comme on rapporte l'adultère de Troye; on ne trouvera rien de semblable. Tullus ne l'attaqua que pour réveiller la valeur endormie des Romains et pour leur acquérir de nouveaux triomphes (1). Ce ne fut que l'ambition qui le porta à un crime aussi grand que d'émouvoir la guerre entre deux peuples alliés et parens. C'est ce vice énorme que Salluste touche en passant, lorsque, après avoir loué les premiers temps où les hommes vivaient sans convoitise, et où chacun se contentait du sien, il ajoute : « Mais depuis que Cyrus en Asie,
» les Lacédémoniens et les Athéniens en Grèce, com-
» mencèrent à s'assujétir les villes et les nations, la
» passion de dominer commença aussi à devenir une
» raison pour faire la guerre, et l'on crut qu'il y avait
» plus de gloire à posséder un plus grand empire, etc. »
Cette passion de dominer cause d'étranges désordres parmi les hommes. C'est par elle que Rome, vaincue alors, se vantait d'avoir vaincu Albe; et les fausses

(1) Eneid., 6.

louanges qu'elle recevait de son crime lui tenaient lieu d'une gloire éclatante. « Car on loue, dit l'Écriture, le » pécheur de ses mauvaises convoitises, et l'on bénit le » méchant (1). » Bannissons donc ces déguisemens artificieux et ces fausses couleurs, afin de pouvoir juger nettement des choses. Que personne ne me dise : Celui-ci est un vaillant homme, car il s'est battu contre un tel et l'a vaincu. Les gladiateurs combattent aussi et triomphent, et leur cruauté trouve des applaudissemens et des éloges. Mais j'estime qu'il vaut mieux être puni de lâcheté que de mériter de telles récompenses. Cependant si, dans ces combats de gladiateurs, l'on voyait descendre dans l'arène le père contre le fils, qui pourrait souffrir un tel spectacle? qui n'en aurait horreur ? Comment donc ce combat de la mère et de la fille, d'Albe et de Rome, a-t-il pu être glorieux à l'une ou à l'autre? Dira-t-on que ce n'est pas la même chose, parce qu'on ne se battait pas dans l'arène ? Il est vrai, mais au lieu de l'arène c'était un vaste champ où l'on ne voyait pas deux gladiateurs, mais des armées entières joncher la terre de leurs corps. Ce combat n'était pas renfermé par un amphithéâtre, mais il avait pour spectateurs tout l'univers et tous ceux qui, dans la suite des temps, devaient entendre parler d'un si horrible spectacle.

Cependant ces dieux tutélaires de l'empire romain, qui étaient aussi spectateurs des combats de ces deux villes, souffraient quelque contrainte, et ne furent pas contens que la sœur des Horaces n'eût été envoyée

(1) Ps. 9, 24.

par son frère avec ses deux autres frères que les Curiaces avaient tués, afin que Rome victorieuse n'eût pas moins de morts qu'Albe vaincue. Quelque temps après, pour fruit de cette victoire, Albe fut ruinée, Albe où ces dieux avaient établi leur demeure pour la troisième fois depuis qu'ils étaient sortis de Troye ruinée par les Grecs, et de Lavinium où le roi Latinus avait reçu Énée étranger et fugitif. Mais peut-être en étaient-ils sortis selon leur coutume, et que c'est là ce qui fut cause de sa ruine. Vous verrez que tous les dieux protecteurs d'Albe s'étaient retirés, et avaient abandonné leurs autels et leurs temples. Vous verrez, je le répète, qu'ils sortirent pour la troisième fois, afin que Rome fut la quatrième ville qu'on leur confiât par un trait de prudence admirable. Albe leur avait déplu, parce qu'Amulius en avait chassé son frère (1) pour s'emparer du royaume; et Rome ne leur déplaisait pas, quoique Romulus eût tué le sien pour se saisir de l'empire. Mais, dit-on, avant que de détruire Albe, ses habitans furent transportés à Rome pour ne faire qu'une ville des deux. Je le veux bien; mais cela n'empêche pas que cette ville, le royaume d'Ascagne et la troisième retraite des dieux de Troye, n'ait été ruinée par sa fille. Et de plus, pour unir en un corps les misérables restes de cette guerre, combien de sang en coûta-t-il aux uns et aux autres? Qu'est-il besoin que je rapporte en détail comment ces guerres, qui semblaient terminées par tant de victoires, ont été renouvelées sous les autres rois; et comment, après tant de

---

(1) Numitor.

traités conclus entre les gendres et les beaux-pères, leurs descendans ne laissèrent pas de reprendre les armes et de se battre avec plus de rage que jamais? Ce n'est pas une légère preuve de ces calamités, qu'aucun d'eux n'ait fermé les portes du temple de Janus; ce qui prouve qu'aucun n'a régné en paix, bien qu'ils eussent tant de dieux tutélaires.

CHAPITRE XV.

Quelles ont été la vie et la fin des rois de Rome?

Et quelle a été la fin des rois même? La fable et la flatterie mettent Romulus dans le ciel; mais quelques-uns de leurs historiens rapportent qu'il fut mis en pièces par le sénat à cause de sa cruauté, et que l'on suborna un certain Julius Proculus pour faire croire qu'il lui était apparu, et l'avait chargé de dire au peuple romain qu'il désirait qu'on l'honorât comme un dieu; ce qui apaisa le peuple qui commençait à murmurer de sa mort. Une éclipse de soleil survint alors à-propos pour confirmer cette opinion; car le peuple, peu instruit des secrets de la nature, ne manqua pas de l'attribuer à la vertu de Romulus : comme si la défaillance de cet astre, à la prendre pour une marque de son deuil, ne devait pas plutôt faire croire que Romulus avait été assassiné, et que le soleil se cachait pour ne pas voir un si grand crime, ainsi qu'il arriva en effet lorsque la cruauté et l'impiété des

Juifs attachèrent notre Seigneur en croix. Pour montrer que l'obscurcissement du soleil, lors de ce dernier évènement, n'arriva pas suivant le cours ordinaire des astres, il suffit de considérer que les Juifs célébraient alors la pâque; ce qu'ils ne font que dans la pleine lune : or les éclipses de soleil n'arrivent jamais naturellement qu'à la fin de la lunaison. Cicéron témoigne aussi que la réception de Romulus dans le ciel est plutôt imaginaire que réelle, lorsque, le faisant louer par Scipion dans ses livres de la république, il dit: « Il fut si heureux, qu'étant disparu tout d'un coup » pendant une éclipse de soleil, on crut qu'il avait » été enlevé parmi les dieux; opinion qu'on n'a ja- » mais pu avoir d'un homme mortel, qu'il n'y ait » donné lieu par une vertu extraordinaire. » Et quant à ce qu'il dit, qu'il disparut tout d'un coup, il marque ou la violence de la tempête qui le fit périr, ou le secret de l'assassinat : attendu qu'il y a d'autres historiens qui rapportent que l'éclipse fut accompagnée de tonnerres, qui sans doute donnèrent occasion au crime, ou même consumèrent Romulus. En effet, Cicéron, dans les mêmes livres, à propos de Tullus Hostilius, troisième roi de Rome, qui fut tué aussi d'un coup de foudre, dit qu'on ne crut pas qu'il eût été reçu pour cela parmi les dieux, peut-être parce que les Romains ne voulurent pas avilir cet honneur en le rendant trop commun. Il dit encore ouvertement dans sa troisième action contre Catilina : « Nous avons » élevé par notre bienveillance au rang des dieux im- » mortels Romulus, le fondateur de cette ville, » pour montrer que ce n'est pas qu'en effet il fût devenu

dieu, mais qu'on répandit ce bruit à cause de sa vertu et de son mérite. Et dans son Hortensius, parlant des éclipses régulières du soleil : « Afin, dit-il, de pro-
» duire les mêmes ténèbres qu'elle produisit à la mort
» de Romulus, qui arriva pendant une éclipse de so-
» leil. » Certes, il n'hésite point à parler de Romulus comme étant véritablement mort, parce qu'il en parle plutôt là en philosophe qu'en panégyriste.

Quand aux autres rois de Rome, si l'on en excepte Numa et Ancus, qui moururent de maladie, combien leur fin a-t-elle été funeste ? Tullus Hostilius, ce destructeur de la ville d'Albe, fut consumé, comme j'ai dit, par le feu du ciel, avec toute sa maison. Tarquin l'Ancien fut tué par les enfans de son prédécesseur. Servius Tullius périt par le crime de son gendre Tarquin le Superbe, qui lui succéda. Cependant, après un tel assassinat, commis contre un si bon roi, les dieux ne quittèrent point leurs temples et leurs autels, eux qui, pour l'adultère de Pâris, sortirent de Troye et abandonnèrent cette malheureuse ville à la fureur des Grecs. Bien loin de là, Tarquin succéda à Tullius qu'il avait tué, et les dieux, au lieu de se retirer, eurent bien le courage de voir ce meurtrier de son beau-père monter sur le trône, remporter plusieurs victoires éclatantes sur ses ennemis, et de leurs dépouilles bâtir le Capitole ; ils souffrirent même que Jupiter, leur roi, présidât dans ce superbe temple, c'est-à-dire, dans un édifice construit par la main d'un parricide ; car Tarquin n'était pas innocent lorsqu'il construisit le Capitole, puisqu'il ne parvint à la couronne que par un horrible assassinat. Quand depuis les Romains le chassèrent du trône et de leur ville, ce ne fut qu'à cause du crime de son fils, qui fut commis non-seulement à son insçu, mais en son absence. Il assiégeait alors la ville d'Ardée et faisait la guerre pour le peuple romain ; on ne sait pas ce qu'il eût fait si l'on se fût plaint à lui de la violence de son fils ; mais sans attendre qu'il se fût déclaré là-dessus, le peuple le priva du royaume, et ayant ordonné aux troupes qui étaient devant Ardée de revenir à Rome, il lui en ferma les portes. Pour lui, après avoir soulevé contre eux leurs voisins et leur avoir fait beaucoup de mal, dans l'impossibilité de recouvrer son royaume, trahi par ceux en qui il avait mis sa confiance, il se retira à Tusculum, petite ville voisine de Rome, où il mena avec sa femme une vie privée l'espace de quatorze ans; terminant ses jours par une fin peut-être plus souhaitable que son beau-père, qui fut tué par le crime d'un gendre et d'une fille (1). Cependant les Romains ne l'appelèrent point cruel ou tyran, mais Superbe, peut-être parce qu'ils étaient trop orgueilleux pour souffrir son orgueil. En effet, ils firent si peu de cas du crime qu'il avait commis en tuant son beau-père, qu'ils l'élevèrent à la royauté ; en quoi je me trompe fort, si la récompense qu'ils accordèrent ainsi à son crime ne fut pas de leur part un crime plus énorme. Toutefois, les dieux ne quittèrent point leurs temples ni leurs autels. A moins qu'on ne veuille dire, pour les défendre, qu'ils ne demeurèrent à Rome que pour punir les Romains, en les séduisant par de vains

(1) On dit que sa fille en fut complice. *Liv.*, *lib.* 1.

triomphes, et les accablant en effet par des guerres sanglantes. Voilà quelle fut la fortune des Romains sous leurs rois, dans les plus beaux jours de cet état, et juqu'à l'exil de Tarquin le Superbe, c'est-à-dire, l'espace d'environ deux cent quarante-trois ans, pendant lesquels toutes ces victoires, achetées au prix de tant de sang et de calamités, étendirent à peine cet empire jusqu'à vingt milles (1) de Rome, territoire qui n'est pas comparable à celui de la moindre ville de Gétulie (2).

CHAPITRE XVI.

De Rome sous ses premiers consuls, dont l'un exila l'autre, et fut tué lui-même par un ennemi blessé, après s'être souillé des plus horribles parricides.

AJOUTONS à ce temps-là celui où Salluste dit que Rome se gouverna avec justice et modération, c'est-à-dire, tant qu'elle appréhenda le rétablissement de Tarquin, et qu'elle eut à soutenir les armes des Toscans. Elle souffrit en effet beaucoup lorsque ces peuples assistaient Tarquin pour le rétablir dans son royaume. C'est ce qui fait dire à Salluste qu'alors la république fut gouvernée avec équité et modération, plutôt par la crainte des ennemis que par amour pour.

(1) Environ cinq de nos lieues.
(2) Contrée d'Afrique.

la justice. Dans ce temps si court, combien fut désastreuse l'année où les premiers consuls furent créés après l'expulsion des rois! Ils n'achevèrent pas seulement le temps (1) de leur magistrature, puisque Junius Brutus chassa de la ville Tarquin Collatin, son collègue, après l'avoir obligé de se démettre de sa charge, et qu'il fut tué lui-même à peu de temps de là dans un combat où il s'enferra avec l'un des fils de Tarquin (2), après avoir fait mourir ses enfans et les frères de sa femme, parce qu'ils avaient des intelligences avec Tarquin. Virgile (3) ne peut s'empêcher de détester cette action, tout en lui donnant des éloges. A peine a-t-il dit : « Ce père fera mourir ses en- » fans séditieux pour maintenir la liberté, » qu'il s'écrie aussitôt : « Malheureux ! quelque jugement » qu'en fasse la postérité. » Quelques louanges, dit-il, que la postérité puisse donner à cette action, un père qui tue ses enfans est bien malheureux. Aussi, pour le consoler, en quelque sorte, de ce malheur, il ajoute : « L'amour de la patrie et un désir excessif de renom- » mée triompheront de son cœur. » Ne semble-t-il pas que tous ces malheurs qui arrivèrent à Brutus, de tuer ses enfans, d'être tué lui-même, et de laisser en vie Tarquin, son plus grand ennemi, lui arrivèrent pour venger l'innocence de son collègue Collatin, à qui il fit le même traitement qu'à Tarquin, quoique ce fût un fort bon citoyen ? On prétend que Brutus

---

(1) L'année.
(2) Arons.
(3) Eneid., 6.

était aussi parent de Tarquin, mais il n'en portait pas le nom comme Collatin. Il fallait donc seulement l'obliger à quitter son nom et non pas sa patrie; car il se fût aisément résolu à perdre un mot; mais Brutus ne voulut pas lui faire perdre une chose dont la perte ne lui eût porté aucun préjudice, afin de lui faire perdre sa dignité et sa patrie. Voudra-t-on aussi faire honneur à Brutus d'une injustice si horrible et si inutile à la république? Dira-t-on que ce fut l'amour de la patrie et un désir excessif de renommée qui l'obligèrent à la commettre? Après qu'on eut chassé Tarquin le Superbe, Tarquin Collatin, mari de Lucrèce, fut créé consul avec Brutus. Que le peuple fut équitable de s'arrêter plutôt aux mœurs qu'au nom d'un si bon citoyen; et que Brutus au contraire fut injuste d'ôter à son collègue sa charge et sa patrie, lorsqu'il pouvait ne lui ôter que son nom, si son nom le choquait! Voilà les maux que Rome a commis, et les malheurs qu'elle a soufferts au temps même qu'elle était gouvernée avec quelque sorte de justice et de modération. Lucrétius, qui avait été subrogé en la place de Brutus, mourut aussi avant la fin de l'année. Ainsi, Publius Valérius, qui avait succédé à Collatin, et Marcus Horatius, qui avait pris la place de Lucrétius, achevèrent cette année funeste et lugubre qui donna naissance au consulat, et durant laquelle on compta cinq consuls.

CHAPITRE XVII.

Des maux qui affligèrent les Romains depuis qu'ils eurent chassé leurs rois, sans que les dieux qu'ils adoraient se missent en peine de les en délivrer.

ALORS la crainte étant un peu diminuée, non que la guerre fût finie, mais parce qu'elle ne pressait pas si fort, le temps où l'on se gouvernait avec justice et modération cessa, et fit place à celui que le même Salluste décrit en ces termes : « Ensuite le sénat commença à » traiter le peuple en esclave; il disposait de sa vie et » de ses supplices avec une autorité pareille à celle des » rois, s'emparait de son bien, et s'attribuait à lui » seul tout le gouvernement. Le peuple donc irrité de » ces cruautés et accablé d'usures, parce qu'outre les » frais de la guerre, il lui fallait encore payer de » grands tributs, prit les armes et se retira sur le mont » Sacré et le mont Aventin ; et ce fut alors qu'il ob- » tint du sénat ses tribuns et d'autres prérogatives ; ce » qui toutefois n'apaisa pas encore les séditions, qui ne » furent entièrement éteintes qu'à la seconde guerre » punique. » Mais à quoi bon arrêter mes lecteurs ou m'arrêter moi-même aux détails de tant de maux? Salluste ne nous a-t-il pas appris en peu de paroles combien cette république a été misérable pendant tant d'années qui se sont écoulées jusqu'à la seconde guerre punique, pendant lesquelles elle n'a cessé d'être tour-

mentée au dehors par des guerres, et agitée au dedans par des séditions? Ainsi les victoires qu'elle a remportées ne lui ont point donné de joies solides, mais n'ont été que de vaines consolations pour les infortunés, et des amorces trompeuses à des esprits inquiets qu'elles engageaient de plus en plus dans des malheurs inutiles. Que les bons et sages Romains ne se fâchent point de ce que nous disons ici, si toutefois ils s'en peuvent fâcher, puisque nous ne disons pas des choses plus fortes d'eux que leurs auteurs, que, néanmoins, ils ont appris eux-mêmes, et qu'ils obligent encore leurs enfans à apprendre; outre que nous n'avons ni le loisir, ni l'éloquence de ces écrivains pour les représenter aussi vivement qu'ils le font. Si toutefois quelques-uns le trouvent mauvais, que feraient-ils donc si je disais ce qu'on lit dans Salluste? « Les querelles, les séditions,
» et enfin les guerres civiles s'élevèrent, tandis qu'un
» petit nombre d'hommes puissans, dont la plupart
» des autres dépendaient, affectaient la domination
» sous les prétextes spécieux du bien du peuple ou du
» sénat : et l'on appelait bons citoyens, non ceux qui
» prenaient les intérêts de la république (tous étaient
» également corrompus), mais ceux qui, par leurs
» richesses et leur crédit, maintenaient l'état présent
» des choses. » Si donc ces historiens ont cru qu'il leur était permis de rapporter les désordres de leur propre patrie, à laquelle ils donnent d'ailleurs tant de louanges, parce qu'ils ne connaissaient point cette autre patrie plus véritable qui doit être composée de citoyens immortels, que ne devons-nous point faire, nous qui devons avoir d'autant plus de liberté de parler

que notre espérance en Dieu est meilleure et plus certaine, et que nos adversaires imputent à Jésus-Chrit les maux qui affligent maintenant le monde, afin d'éloigner les personnes faibles et ignorantes de la seule Cité où l'on puisse jouir d'une vie éternellement heureuse? Au reste, nous ne rapportons pas plus d'horreurs de leurs dieux que leurs écrivains les plus estimés, puisque nous prenons d'eux ce que nous en disons, et que nous ne pouvons pas même relater tout ce qu'ils en ont écrit.

Où étaient donc ces dieux que l'on croit devoir servir pour la chetive et trompeuse félicité du monde, lorsque les Romains, dont ils se faisaient adorer par leurs prestiges et leurs impostures, souffraient de si grandes calamités? Où étaient-ils quand Valérius fut tué en défendant le Capitole contre les esclaves et les bannis qui s'en étaient emparés? Il fut plus aisé à ce consul de secourir le temple de Jupiter, qu'à cette troupe de divinités et à leur Jupiter même, leur roi souverain et tout-puissant, de l'assister. Où étaient-ils quand Rome, fatiguée de tant de séditions et qui attendait dans un état assez calme le retour des députés qu'elle avait envoyés à Athènes pour en emprunter les lois, fut désolée par une famine et une peste épouvantables? Où étaient-ils quand le peuple, encore affligé par la disette, créa pour la première fois un préfet de l'annone (1); et quand Spurius Mélius, pour avoir distribué du bled au peuple qui mourait de faim, encourut l'accusation de ce préfet, devant le vieux dic-

---

(1) Ou commissaire des vivres.

tateur Quintius, d'affecter la royauté, et fut tué par Servilius, général de la cavalerie, avec un tumulte effroyable de toute la ville? Où étaient-ils quand Rome, désolée d'une grande peste, après avoir employé les derniers remèdes et imploré long-temps en vain le secours des dieux, s'avisa enfin de leur dresser des lits dans les temples pour les traiter ; chose qui n'avait jamais été faite jusqu'alors, et qui donna le nom à ces mystères ou plutôt à ces sacrilèges qui furent appelés lectisternes? Où étaient-ils quand les armées romaines, épuisées par leurs défaites dans une guerre de dix ans contre les Véiens, allaient succomber sans l'assistance de Camille, qui fut depuis condamné par son ingrate patrie? Où étaient-ils quand les Gaulois prirent Rome, la pillèrent, la brûlèrent, la saccagèrent? Où étaient-ils quand cette furieuse peste la ravagea, et enleva ce généreux Camille qui l'avait défendue contre les Véiens et vengée des Gaulois? Ce fut durant cette peste qu'on introduisit à Rome les jeux de théâtre, autre peste fatale, non aux corps, mais aux mœurs. Où étaient-ils quand une autre peste terrible se déclara dans Rome, et que l'on attribua à plusieurs dames romaines des plus qualifiées, qui, par un attentat incroyable et pire que tous les fléaux, firent périr par le poison les principaux de la république? ou quand l'armée romaine, assiégée par les Samnites avec ses deux consuls dans les Fourches Caudines, fut obligée de recevoir des conditions honteuses et de passer sous le joug, après avoir donné six cents chevaliers en otage? Ou quand, au milieu des horreurs de la peste, plusieurs même furent frappés de la foudre dans le camp romain? Ou quand cette ville, affligée d'une autre calamité non moins insupportable, fut contrainte de faire venir d'Épidaure Esculape pour la guérir, parce que Jupiter, qui, depuis long-temps, faisait sa demeure dans le Capitole, s'étant diverti pendant sa jeunesse, n'avait probablement pas eu le temps d'étudier la médecine? Ou quand les Lucaniens, les Brutiens, les Samnites et les Toscans, ligués avec les Sénonais (1) contre les Romains, firent d'abord mourir leurs ambassadeurs, défirent ensuite leur armée, et taillèrent en pièces treize mille hommes, avec le préteur et sept tribuns militaires? Ou quand, après de longs et fâcheux mouvemens, le peuple s'étant retiré sur le Janicule, les choses furent réduites à tel point, qu'on fut obligé de recourir à une magistrature que l'on n'instituait que dans les périls extrêmes, et de créer Hortensius dictateur, qui, après avoir ramené le peuple dans la ville, mourut dans l'exercice de ses fonctions; ce qui n'était encore arrivé à aucun dictateur : faute d'autant plus grande de la part de ces dieux, qu'Esculape était déjà présent?

Alors tant de guerres s'allumèrent de toutes parts, que, faute de soldats, on fut obligé d'enrôler les prolétaires, c'est-à-dire ceux qui, trop pauvres pour porter les armes, ne servaient qu'à donner des enfans à la république (2). Les Tarentins appelèrent aussi Pyrrhus, roi d'Épire, alors si fameux, pour faire la

---

(1) Les Gaulois de Sens.
(2) On les appelait *Proletarii*, *à prole gignenda*.

guerre aux Romains. Ce fut à ce roi qu'Apollon répondit assez agréablement, lorsque, consulté par lui sur le succès de son entreprise, il lui rendit un oracle si ambigu, que, quoiqu'il arrivât, il ne pouvait manquer d'être prophète. Cet oracle était conçu de telle sorte qu'il pouvait signifier que Pyrrhus vaincrait les Romains, ou en serait vaincu (1); de sorte qu'Apollon pouvait attendre l'évènement en toute assurance. Quel horrible carnage n'y eut-il point alors en l'une et l'autre armée, bien que Pyrrhus demeurât vainqueur? Il pouvait dès-lors expliquer à son avantage la réponse d'Apollon, si, peu de temps après, dans un autre combat, les Romains n'eussent eu le dessus. A tant de meurtres succéda une étrange maladie qui enlevait les femmes enceintes avant qu'elles eussent pu se délivrer de leur fruit. Sans doute Esculape s'excusait alors sur ce qu'il était médecin et non sage-femme. Le mal même s'étendait au bétail, qui mourait en si grand nombre, qu'il semblait que la race allait s'en éteindre. Que dirai-je de cet hiver mémorable, où le froid fut si rigoureux, que les neiges demeurèrent prodigieusement hautes dans les rues de Rome pendant l'espace de quarante jours, et que le Tibre fut glacé? Si cela était arrivé de notre temps, que ne diraient point nos adversaires contre les chrétiens? Parlerai-je encore de

(1) *Dico te, Pyrrhe, vincere posse Romanos.* « Je t'assure, Pyrrhus, pouvoir les Romains vaincre. » Car on ne sait si c'est les Romains ou Pyrrhus qui vaincront. Cette prophétie s'exprime d'ordinaire par ce vers :

Aio te Æacida Romanos vincere posse.

cette grande peste qui emporta tant de monde, et qui, prenant d'une année à l'autre plus d'intensité, sans que la présence d'Esculape servît de rien, obligea d'avoir recours aux livres des Sybilles, espèces d'oracles pour lesquels, suivant Cicéron (1), l'on s'en rapporte aux conjectures de ceux qui les interprètent comme ils peuvent ou comme ils veulent? Les interprètes dirent donc alors que la peste venait de ce que plusieurs particuliers occupaient des lieux sacrés : réponse qui vint fort à-propos pour sauver Esculape du reproche d'une ignorance ou d'une négligence honteuse. Or, comment ne s'était-il trouvé personne qui s'opposât à l'occupation de ces lieux sacrés, sinon parce que tous étaient également las de s'adresser si long-temps et sans fruit à cette foule de divinités? Ainsi, ces lieux étaient peu-à-peu abandonnés par ceux qui les fréquentaient, afin qu'au moins, devenus vacans, ils pussent servir à l'usage des hommes. Les édifices même, qui furent alors réparés et rendus à leur destination pour arrêter la peste, furent encore depuis négligés et usurpés par les particuliers; puisque autrement on ne louerait pas Varron d'une si grande érudition, de ce qu'écrivant des lieux sacrés, il en rapporte tant qu'on ne connaissait pas : mais c'est qu'en effet on se servait plutôt alors de ce moyen pour excuser les dieux que pour chasser la peste.

(1) Lib. 2 de divinatione.

CHAPITRE XVIII.

Malheurs arrivés aux Romains pendant la première guerre punique, sans qu'ils aient pu obtenir l'assistance des dieux.

Mais, durant les guerres puniques, lorsque la victoire demeura si long-temps en balance, et que deux peuples belliqueux s'attaquaient l'un l'autre de toute leur puissance, combien de petits royaumes furent-ils détruits! combien de villes désolées! combien de provinces pillées! combien d'armées défaites! combien de flottes submergées! combien de sang répandu! Si nous voulions rapporter toutes ces choses, nous ferions une histoire. C'est alors que Rome effrayée eut recours à de vains remèdes. Par l'autorité des livres sybillins on recommença à célébrer les jeux séculaires, dont la mémoire s'était perdue en des temps plus heureux. Les pontifes rétablirent aussi les jeux consacrés aux dieux infernaux qui, comme les autres, avaient été négligés pendant la prospérité. Et véritablement je crois qu'en ce temps-là on se réjouissait aussi en enfer d'y voir venir tant de gens, lorsque les misérables mortels, par leurs animosités funestes et leurs victoires sanglantes, fournissaient aux démons de beaux spectacles, et leur faisaient de grands repas. Il n'y eut rien après tout de plus déplorable, dans la première guerre punique, que la défaite des Romains, qui entraîna la prise de Régulus, dont nous avons fait mention dans les deux livres précédens : grand homme qui, après avoir vaincu les Carthaginois, eut pu mettre fin à cette guerre, si, par un désir immodéré de gloire, il n'eût imposé des conditions trop dures à un peuple déjà épuisé. Si la captivité imprévue de ce héros, si l'indignité de sa servitude, si sa fidélité à garder son serment, si sa mort cruelle et inhumaine, ne forcent pas les dieux à rougir, il faut avouer qu'ils sont aussi insensibles que leurs statues.

Au reste, durant ce temps, Rome ne manqua pas de fléaux qui l'affligèrent aussi au-dedans de ses murailles. Un débordement extraordinaire du Tibre ruina presque tous les lieux bas de la ville ; plusieurs maisons furent renversées d'abord par la violence du fleuve, et les autres tombèrent ensuite par le trop long séjour des eaux. Ce déluge fut suivi d'un incendie encore plus cruel. Le feu, qui commença par les plus hauts édifices du forum, n'épargna pas même le temple de Vesta, où des vierges, dont l'emploi était plutôt un supplice qu'un honneur, avaient soin de l'alimenter continuellement. Mais alors il n'y brûlait pas seulement ; il y exerçait toutes ses fureurs, au point que les vestales épouvantées, ne pouvant sauver de l'embrasement cette divinité fatale qui avait déjà fait périr trois villes où elle était adorée (1), le pontife Métellus, sans s'inquiéter de son propre salut, se jeta à travers les flammes, et à demi-brûlé en tira cette idole. Le feu ne le reconnut pas lui-même ; et cependant, selon

---

(1) Troye, Lavinie, Albe.

vous, il y avait là une divinité, qui n'aurait pas eu néanmoins la force de s'enfuir, si un homme n'était venu à son secours. Un homme fut donc plus puissant pour secourir une déesse qu'une déesse ne le fut pour assister un homme. Que si ces dieux ne se pouvaient défendre eux-mêmes du feu, comment en auraient-ils pu garantir une ville qui était sous leur protection ? En effet, il parut bien qu'ils n'y pouvaient rien du tout. Nous n'objecterions point ceci à nos adversaires s'ils disaient que ces idoles ont été consacrées, non pour conserver les biens temporels, mais pour signifier les éternels; et qu'ainsi, quand il arriverait qu'elles périraient parce que ce sont des corps, les choses qu'elles représentent n'en souffriraient aucun dommage, et on serait toujours à même de les rétablir pour l'usage auquel elles étaient destinées dans l'origine. Mais aujourd'hui, par un aveuglement déplorable, ils s'imaginent que des idoles périssables pouvaient maintenir dans une ville la félicité; de sorte que, lorsqu'on leur fait voir tant de malheurs arrivés sous le règne de l'idolâtrie, ils ont honte de quitter une opinion qu'il leur est impossible de défendre.

CHAPITRE XIX.

État déplorable des Romains pendant la seconde guerre punique, qui épuisa les forces des deux partis.

Quant à la seconde guerre punique, il serait trop long de rapporter toutes les pertes qu'y firent ces deux peuples (1), dont les querelles se répandirent si loin; puisque, de l'aveu même de ceux qui n'ont pas tant entrepris de décrire les guerres des Romains que de les louer, le parti qui remporta la victoire sembla plutôt avoir été vaincu. Lorsque Annibal, sorti d'Espagne, se fut jeté dans l'Italie comme un torrent impétueux, après avoir passé les Pyrénées, traversé les Gaules, franchi les Alpes, et accru ses forces dans une si longue marche en saccageant ou subjugant tout, combien la guerre devint sanglante! que de combats, de défaites d'armées romaines, de villes prises, forcées, ou détachées du parti des Romains! Que dirai-je de cette funeste journée de Cannes, où la rage d'Annibal, tout cruel qu'il était, fut tellement assouvie, qu'il ordonna la fin du carnage? Que dirai-je de ces trois boisseaux d'anneaux d'or qu'il envoya à Carthage après la bataille, pour leur faire entendre qu'il y était mort tant de chevaliers romains, qu'il était plus aisé

---

(1) Les Romains et les Carthaginois.

de les mesurer que de les compter, et pour laisser à juger quelle épouvantable boucherie on y avait fait de combattans d'un rang moins élevé? Aussi la disette des soldats devint si grande parmi les Romains, qu'ils promirent l'impunité aux criminels, et donnèrent la liberté aux esclaves, plutôt pour former de ces troupes infames un corps d'armée entier que pour en faire des recrues. Mais les armes manquèrent à ces esclaves, ou, pour les appeler d'un nom moins flétrissant, à ces nouveaux affranchis enrôlés pour la défense de la république. On en prit donc dans les temples, comme si les Romains eussent dit à leurs dieux : Quittez ces armes que vous avez si long-temps inutilement portées, pour voir si nos esclaves n'en feront point meilleur usage que vous. Cependant le trésor public manquant d'argent pour payer les troupes, les particuliers y contribuèrent de leur bien avec tant d'ardeur, que, hors leurs anneaux et leurs médailles d'or, misérables marques de leur dignité, le sénat ni les autres ordres ne se réservèrent rien de précieux. Quels reproches les payens ne nous feraient-ils point si l'on en était maintenant réduit à cette indigence, puisqu'ils nous les épargnent si peu dans ce temps où l'on donne plus aux comédiens pour un vain plaisir qu'on ne donnait autrefois aux légions pour tirer la république d'un péril extrême?

CHAPITRE XX.

De la ruine de Sagonte, qui périt pour n'avoir point voulu quitter l'alliance des Romains, sans que les dieux des Romains la secourussent.

Mais de tous les malheurs qui arrivèrent pendant cette seconde guerre punique, il n'y eut rien de plus digne de compassion que la prise de Sagonte. Cette ville d'Espagne, si affectionnée au peuple romain, fut en effet détruite pour lui être demeurée trop fidèle. Annibal, après avoir rompu la paix, jaloux de trouver quelque occasion de pousser les Romains à la guerre, l'assiégea avec une puissante armée. Dès que l'on apprit cette nouvelle à Rome, on lui envoya des ambassadeurs pour l'obliger à lever le siége, qui, sur son refus d'en rien faire, passèrent à Carthage, où ils se plaignirent de cette infraction, et s'en retournèrent sans avoir pu obtenir ce qu'ils demandaient. Cependant cette ville opulente, si chère à toute la contrée et à la république romaine, fut ruinée par les Carthaginois après huit ou neuf mois de siége. On n'en saurait lire la ruine sans horreur, et encore bien moins l'écrire. Je la rapporterai néanmoins en peu de mots, parce que mon sujet m'en impose la loi. D'abord elle fut tellement pressée de la faim, que quelques historiens rapportent qu'elle fut obligée de se repaître des cadavres de ses habitans. Ensuite, accablés de toutes sortes de misères, pour ne pas tomber entre les mains d'Annibal, les Sagontins dressèrent un grand bûcher où ils mirent le feu avant de s'y précipiter eux et les leurs, et s'y poignardèrent. Certainement ces dieux, si gourmands, si débauchés, si âpres à humer le parfum des sacrifices, et qui se plaisent tant à abuser les hommes par leurs oracles ambigus, devaient faire quelque chose en cette rencontre en faveur d'une ville si affectionnée aux Romains, et ne pas souffrir qu'elle pérît pour lui avoir gardé une inviolable fidélité, d'autant plus qu'ils avaient été les médiateurs de leur alliance. Mais Sagonte, fidèle à la parole qu'elle avait jurée en présence des dieux, fut assiégée, opprimée, saccagée par un perfide, pour n'avoir pas voulu se rendre coupable d'un parjure. Si ces dieux épouvantèrent depuis Annibal par des foudres et des tempêtes lorsqu'il était sous les murs de Rome, d'où ils l'obligèrent à se retirer, que n'en faisaient-ils autant pour Sagonte? J'ose dire qu'il y eût eu plus d'honneur à eux à se déclarer en faveur des alliés du peuple romain, attaqués pour leur fidélité et dénués de tout secours, qu'en faveur des Romains même qui combattaient pour leur propre intérêt et étaient dans le cas de tenir tête à Annibal. S'ils étaient donc véritablement les défenseurs de la félicité et de la gloire de Rome, ils l'auraient défendue du blâme de la ruine de Sagonte. Mais maintenant n'est-ce pas une folie de croire que c'est eux qui ont sauvé Rome des mains d'Annibal victorieux, lorsqu'ils n'ont pu garantir de sa fureur une ville qui lui était si fidèle? Si le peuple de Sagonte eût été chrétien, et qu'il eût souffert quelque chose de semblable pour la foi de l'Évangile, encore qu'il ne se fût pas tué ni brûlé lui-même, il l'aurait souffert dans la même espérance par laquelle il aurait cru en Jésus-Christ, non pour la récompense d'une félicité passagère, mais d'une éternité bienheureuse. Pour ces dieux que l'on doit, dit-on, servir et honorer afin de s'assurer la jouissance des biens périssables de cette vie, que pourront alléguer leurs défenseurs pour les excuser de la ruine de Sagonte, à moins qu'ils ne reproduisent les argumens qu'ils pensent les justifier de la mort de Régulus? Il n'y a ici d'autre différence, sinon que Régulus n'est qu'un seul homme, et que Sagonte est une ville entière; mais ni Régulus ni les Sagontins ne sont morts que pour avoir gardé leur foi. C'est pour cela que l'un voulut retourner aux ennemis, et que les autres refusèrent de s'y joindre. Est-ce donc que la foi conservée irrite les dieux, ou que l'on peut avoir les dieux favorables et ne pas laisser de périr, soit villes ou particuliers? Qu'ils choisissent lequel des deux il leur plaira. Si ces dieux s'offensent contre ceux qui gardent la foi jurée, qu'ils cherchent des perfides qui les adorent; mais si, avec toute leur faveur, les villes et les particuliers peuvent périr après avoir souffert une infinité de maux, certainement c'est en vain qu'on les sert pour jouir de la félicité de cette vie. Que ceux donc qui croient qu'ils sont devenus malheureux, parce que le culte de pareilles divinités leur a été interdit, cessent de se courroucer contre nous, puisque enfin ils pourraient avoir leurs dieux présens et même favorables, et ne pas laisser non-seulement d'être malheureux, mais encore de mourir d'une mort cruelle, comme Régulus et les Sagontins.

CHAPITRE XXI.

De l'ingratitude de Rome envers Scipion, son libérateur, et de ses mœurs à l'époque où Salluste en fait le tableau le plus flatteur.

Je laisse de côté beaucoup de choses pour ne pas excéder les bornes que je me suis prescrites, et je viens au temps qui s'est écoulé entre la seconde et la dernière guerre de Carthage, où Salluste dit que les bonnes mœurs et la concorde florissaient parmi les Romains. Or, à cette époque où l'on vivait si bien et en si bonne intelligence, le grand Scipion, le libérateur de Rome et de l'Italie, qui avait achevé la seconde guerre punique si funeste et si dangereuse, vaincu Annibal, dompté Carthage, et dont toute la vie avait été consacrée au service des dieux, se vit obligé, après le triomphe le plus éclatant, de céder aux accusations de ses ennemis, et de se retirer de sa patrie, qu'il avait sauvée et affranchie par sa valeur, pour passer le reste de ses jours dans la petite ville de Linterne, avec tant d'indifférence pour son retour qu'on dit qu'il ne voulut pas même qu'après sa mort on l'enterrât dans cette ville ingrate. Ce fut en ce même temps que le proconsul Manlius, après avoir subjugué les Galates, apporta dans Rome les délices de l'Asie, pires que les plus redoutables ennemis. On y vit alors, pour la première fois, des lits superbes (1) et de riches tapisseries ; alors on fit entrer des musiciennes dans les festins, et la porte fut ouverte à toutes sortes de dissolutions et de licence. Mais je passe tout cela sous silence ; car je n'ai entrepris maintenant que de parler des maux que les hommes souffrent malgré eux, et non de ceux qu'ils sont bien aises de faire. C'est pourquoi ce que j'ai dit de Scipion, qui mourut victime de la rage de ses ennemis, loin de sa patrie dont il avait été le libérateur, fait plus au sujet que je traite, puisque les dieux de Rome, qu'on ne sert que pour la félicité de cette vie, l'abandonnèrent, lui qui avait défendu leurs temples de la fureur d'Annibal. Mais, parce que Salluste dit que les bonnes mœurs florissaient à Rome en ce temps-là, j'ai cru devoir toucher un mot des délices de l'Asie, pour montrer que l'assertion de Salluste ne doit s'entendre qu'en comparaison des autres époques où les mœurs furent beaucoup plus dépravées et les factions plus redoutables. Ce fut alors, c'est-à-dire entre la seconde et la troisième guerre punique, que fut publiée la loi Voconia, qui défendait d'instituer une femme héritière, non pas même une fille unique. Cependant je ne vois pas qu'il se puisse rien imaginer de plus injuste que cette loi. Il est vrai que, dans l'intervalle de ces deux guerres, les malheurs furent un peu plus supportables, attendu que, si Rome était travaillée de guerres au dehors, elle avait pour se consoler et ses victoires et la tranquillité intérieure dont

(1) *Garnis d'airain*, dit le latin.

elle n'avait pas joui depuis long-temps. Mais, dans la dernière guerre punique, la rivale de l'empire ayant été ruinée de fond en comble par un autre Scipion, qui prit de là le surnom d'Africain, la république, qui n'avait plus d'ennemis à craindre, fut tellement corrompue par la prospérité, et cette corruption suivie de calamités si désastreuses, que l'on peut dire que Carthage lui fit plus de mal en tombant qu'elle ne lui en avait causé dans sa plus grande puissance. Je ne dirai rien des revers et des malheurs sans nombre qui accablèrent les Romains depuis ce temps-là jusqu'à Auguste, qui leur ôta la liberté, mais, comme ils le reconnaissent eux-mêmes, une liberté malade et languissante, querelleuse et nuisible. Je ne dirai rien non plus de l'accord honteux qu'ils firent avec les Numantins (1), parce que les poulets sacrés s'étaient envolés de leur cage; ce qui était, à ce que l'on assure, d'un fort mauvais présage pour le consul Mancinus : comme si, pendant tant de temps que la petite ville de Numance fut la terreur de l'empire romain, tous les autres ne l'eussent attaquée que sous de funestes auspices.

(1) Numance est une ville d'Espagne appelée maintenant Garray.

CHAPITRE XXII.

De Mithridate, qui fit tuer dans le même jour tous les citoyens romains qui se trouvèrent en Asie.

Je passe, dis-je, tout cela sous silence ; mais je ne puis omettre que Mithridate, roi d'Asie, commanda qu'on tuât en un même jour tous les citoyens romains qui y séjournaient en grand nombre pour leurs affaires ; ce qui fut exécuté. Quel horrible spectacle que celui-là, que dans le même temps, en quelque lieu que les Romains se trouvassent, à la campagne, par les chemins, dans les villes, dans les maisons, dans les rues, sur les places publiques, dans les temples, au lit, à table, ils fussent soudain et inhumainement massacrés ! Quelles furent les plaintes des mourans et les larmes des spectateurs, ou peut-être même des bourreaux ! Quelle dure nécessité à leurs hôtes, non-seulement de voir commettre chez eux tant d'assassinats, mais encore d'être obligés eux-mêmes d'en être les exécuteurs ; de quitter tout d'un coup leur air doux et humain pour exercer durant la paix des actes d'hostilité, et recevoir intérieurement le contre-coup des blessures mortelles qu'ils portaient aux Romains ! Tous ceux-là avaient-ils donc aussi méprisé les augures ? N'avaient-ils pas des dieux publics et domestiques qu'ils pouvaient consulter avant que d'entreprendre un voyage si funeste ? S'ils ne l'ont pas fait, nos adversaires n'ont pas sujet de se plaindre du christianisme, puisqu'il y a déjà si long-temps que les Romains méprisaient ces vaines prédictions : et, s'ils l'ont fait, quel profit en ont-ils retiré, lorsque les lois même des hommes autorisaient ces superstitions ?

CHAPITRE XXIII.

Des maux intérieurs qui affligèrent la république romaine à la suite d'une rage soudaine dont furent atteints tous les animaux domestiques.

Rapportons maintenant le plus succinctement que nous pourrons des maux qui furent d'autant plus grands qu'ils furent plus intérieurs ; je veux parler des dissensions civiles et domestiques. Ce n'était plus des séditions, mais de véritables guerres où l'on ne s'amusait pas à répondre à un discours par un autre, mais où l'on opposait le fer au fer. Combien de sang romain fut répandu dans les guerres civiles, dans celles des alliés, dans celles des esclaves ! quelle désolation, quelle destruction par toute l'Italie ! On dit qu'avant la guerre des alliés tous les animaux domestiques devinrent tout d'un coup tellement farouches, qu'ils sortirent de leurs étables et s'enfuirent çà et là, sans que personne osât les approcher sans courir risque de perdre la vie. Le mal dont ce prodige menaçait ne pouvait être que bien grand, puisque le prodige lui seul qui l'annonçait était un si grand mal. Si pareille chose était arrivée de notre temps, nous verrions les payens plus enragés contre nous que leurs animaux ne l'étaient alors contre eux.

CHAPITRE XXIV.

De la discorde civile qu'allumèrent les séditions des Gracques.

Les séditions excitées à l'occasion des lois des Gracques donnèrent commencement aux guerres civiles. Elles avaient pour objet de partager entre le peuple les terres que la noblesse possédait injustement. Mais quoique cette usurpation fût injuste, elle était trop ancienne pour être impunément attaquée, et l'évènement montra que cette entreprise n'était pas seulement dangereuse, mais pernicieuse à la république. Combien de meurtres, lorsque le premier des Gracques fut tué! que de meurtres nouveaux, lorsque son frère subit le même sort peu de temps après! Le même massacre enveloppait également et nobles et plébéiens, sans égard à l'ordre des lois dans le désordre et la fureur des armes. On dit qu'après la mort du second des Gracques, le consul Lucius Opimius, qui avait soulevé la ville contre lui, et fait un horrible carnage de citoyens, afin de l'accabler avec ses complices, poursuivant le reste de ce parti par les formes de la justice, condamna à mort jusqu'à trois mille hommes; d'où l'on peut juger combien il en avait été tué dans la chaleur de la sédition, puisque le consul en fit périr un si grand nombre de sang froid. Le meurtrier de Gracchus lui vendit sa tête son pesant d'or, ainsi qu'il avait été convenu entre eux avant le massacre dans lequel fut tué aussi le consulaire (1) Marcus Fulvius avec ses enfans.

CHAPITRE XXV.

Du temple élevé à la Concorde par arrêt du sénat, au lieu même où il s'était fait un horrible massacre des citoyens pendant la sédition.

Le sénat ordonna poliment qu'il fût élevé un temple à la Concorde au même lieu où cette sanglante sédition enleva tant de citoyens de toutes les conditions, afin que ce monument du supplice des Gracques frappât les yeux et l'esprit des harangueurs. La construction de ce temple n'était-elle pas une véritable dérision contre les dieux ? Si la déesse à laquelle on le consacrait eût été alors dans Rome, sans doute cette ville n'aurait pas été déchirée par de si cruelles dissensions, à moins que l'on ne prétende que la Concorde, responsable de ces tumultes pour avoir abandonné le cœur des citoyens, méritait bien d'être enfermée dans ce temple comme dans une prison. En effet, si l'on

---

(1) C'est-à-dire qui avait été consul. Consulaire signifie aussi quelquefois, qui est de la race des consuls.

voulait faire quelque chose qui eût du rapport à ce qui s'était passé, pourquoi ne bâtissait-on pas plutôt un temple à la Discorde ? Y a-t-il des raisons pour que la Concorde soit une déesse et que la Discorde n'en soit pas une : celle-là bonne et celle-ci mauvaise, selon la distinction de Labéon ? Cette distinction semble n'avoir eu d'autre fondement que la remarque faite par cet auteur, du temple que les Romains avaient érigé à la Fièvre, aussi bien qu'à la Santé. Pour être conséquens, ils devaient en dédier un, non-seulement à la Concorde, mais aussi à la Discorde. Ils s'exposaient à de trop grands périls en négligeant d'apaiser la colère d'une si méchante déesse, et ils ne se souvenaient plus que son indignation avait été le principe de la ruine de Troye. Ce fut elle en effet qui, pour se venger de ce qu'on ne l'avait point invitée avec les autres dieux aux noces de Pélée et de Thétis, mit la division entre les trois déesses (1), en jetant dans l'assemblée la fameuse pomme d'or (2), d'où prit naissance le différend de ces divinités, la victoire de Vénus, le ravissement d'Hélène, et enfin la destruction de Troye. C'est pourquoi, si elle s'était trouvée offensée de ce que Rome n'avait pas daigné lui donner un temple parmi ceux de tant d'autres dieux qu'elle adorait, et que ce fût pour cela qu'elle y excita tant de troubles et de désordres, son indignation dût encore s'accroître de ce qu'au lieu même où le massacre était arrivé, c'est-à-dire, au lieu où elle avait montré de

(1) Junon, Pallas et Vénus.
(2) Autour de laquelle était écrit : *A la plus belle.*

ses œuvres, on avait construit un temple à son ennemie. Les savans et les sages que nous combattons ne peuvent souffrir que nous nous moquions ainsi de ces vaines superstitions; et cependant, comme ils adorent les bonnes et les mauvaises divinités, ils ne sauraient se tirer de l'objection que nous leur adressons au sujet de la Concorde et de la Discorde. De deux choses l'une, ou ils ont négligé le culte de ces déesses, et leur ont préféré la Fièvre et la Guerre, qui ont d'anciens temples à Rome; ou s'ils les ont honoréees, pourquoi ont-ils été abandonnés par la Concorde, et poussés par la Discorde jusqu'à la fureur des guerres civiles?

CHAPITRE XXVI.

Des guerres qui suivirent la construction du temple de la Concorde.

Ils crurent donc devoir mettre devant les yeux des orateurs le temple de la Concorde, comme un monument du supplice des Gracques, et un merveilleux obstacle contre les séditions; mais la suite montre comment cette précaution leur réussit. A partir de cette époque, les orateurs, bien loin de songer à éviter l'exemple des Gracques, s'étudièrent à le surpasser. C'est ainsi que Saturnin, tribun du peuple, le préteur Caïus Servilius, et, quelques années après, Marcus Drusus, excitèrent d'horribles séditions accompagnées d'une infinité de meurtres et suivies de la guerre des alliés, qui désola toute l'Italie, et la réduisit à un état déplorable. La guerre des esclaves vint après et fut suivie des guerres civiles pendant lesquelles il se livra tant de combats, et qui coutèrent tant de sang. On eût dit que tous les peuples d'Italie, dont se composait la principale force de l'empire romain, eussent été vaincus par les Barbares. Rappellerai-je comment soixante-dix gladiateurs donnèrent commencement à la guerre des esclaves, combien cette poignée de gens s'accrut en nombre et en fureur, combien ils vainquirent de généraux d'armées romaines, combien ils ruinèrent de villes et de provinces? A peine les historiens même suffisent-ils à décrire toutes ces calamités. Encore ne fut-ce pas la seule guerre faite par les esclaves; ils avaient auparavant ravagé la Macédoine, la Sicile et toute la côte. Qui pourrait encore rapporter convenablement les cruautés inouies des pirates, qui commencèrent d'abord par des brigandages, et se terminèrent enfin par des guerres sanglantes?

CHAPITRE XXVII.

De la guerre civile de Marius et de Sylla.

Après que Marius, encore tout sanglant du massacre de ses nombreux compatriotes qui lui étaient opposés, eût été vaincu à son tour et obligé de se retirer de la ville, Rome commençait un peu à respirer, quand Cinna et lui y rentrèrent plus puissans que jamais. Ce fut alors, pour me servir des termes de Cicéron (1), que, par le meurtre des plus grands personnages, les lumières de la république se trouvèrent éteintes. Sylla vengea depuis une victoire si cruelle, mais non pas sans qu'il en coutât la vie à plusieurs citoyens, et sans que l'état eût à en gémir. Voici comment Lucain parle de cette vengeance, qui fut plus pernicieuse que ne l'aurait été l'impunité des crimes de Marius et de ses complices : « Le remède fut pire que le mal, et » l'on porta la main à des blessures auxquelles il ne » fallait pas toucher. Il est vrai que l'on fit périr les » coupables, mais c'est qu'il n'y avait plus d'innocens. » Alors on lâcha la bride à la vengeance, et, l'animo- » sité n'étant plus retenue par les lois, on se porta » aux dernières extrémités (2). » Dans cette lutte de Marius et de Sylla, outre ceux qui furent tués sur le champ de bataille, tous les quartiers de la ville, les places, les marchés, les théâtres, les temples même étaient remplis de cadavres, tellement qu'il était difficile de juger si les vainqueurs avaient commis plus de meurtres pour vaincre que par suite de leur victoire. Marius, de retour de son exil, eut à peine rétabli ses affaires que, sans parler d'innombrables assassinats qui se firent de tous côtés, la tête du consul Octavius fut exposée sur la tribune aux harangues, César et Fimbria furent tués chez eux, les deux Crassus père et fils égorgés en présence l'un de l'autre, Bébius et Numitorius traînés par les rues et mis en

(1) Act. 3 in Catilin.
(2) Lucan., lib. 2.

pièces, Catulus forcé de recourir au poison pour se sauver des mains de ses ennemis, et qu'enfin Mérula, prêtre de Jupiter, se coupa les veines et offrit à ce dieu son propre sang en sacrifice. On alla jusqu'à massacrer aux yeux de Marius tous ceux à qui il ne donnait pas sa main à baiser lorsqu'ils le saluaient.

CHAPITRE XXVIII.

Quelle fut la victoire de Sylla, qui vengea les cruautés de Marius.

La victoire de Sylla qui suivit et vengea ces cruautés au prix du sang de tant de citoyens, éteignit bien la guerre; mais, comme elle n'avait pas éteint les animosités, elle rendit la paix encore plus sanglante. Le jeune Marius et Carbon, qui suivait le même parti, avaient déjà ajouté beaucoup de meurtres à ceux du premier Marius. Instruits de l'approche de Sylla, et sans espoir non-seulement de remporter la victoire, mais même de sauver leurs têtes, ils remplirent Rome de massacres, tant des leurs que de ceux du parti contraire; et, non contens du carnage qui se faisait par toute la ville, ils assiégèrent le sénat, et tirèrent du palais comme d'une prison un grand nombre de sénateurs qu'ils firent égorger en leur présence. Le pontife Mucius Scévola fut tué au pied de l'autel de Vesta, où il s'était réfugié comme à un asile inviolable, et faillit éteindre de son sang le feu que les Vestales avaient soin d'entretenir. Ensuite Sylla entra victorieux dans la ville, après avoir fait égorger, dans une ferme publique, non pendant la guerre, mais durant une paix funeste, sept mille hommes de pied désarmés et hors de défense. Après qu'il fut entré, ses partisans massacrèrent tous ceux qu'ils voulurent, au point qu'il était impossible de compter les morts, jusqu'à ce que l'on suggéra à Sylla d'en laisser vivre quelques-uns, afin que les vainqueurs eussent à qui commander. Alors fut arrêtée cette furieuse licence de tuer, et l'on proposa avec grand applaudissement le rôle qui contenait les noms de deux mille personnes, tant chevaliers que sénateurs, désignés à la proscription et aux poignards. Ce nombre de deux mille causait quelque douleur, mais il avait du moins cela de consolant qu'il mettait fin au carnage ; et l'on s'affligeait moins de la perte de tant de proscrits, que l'on ne se réjouissait de ce que les autres n'avaient plus rien à craindre. Nonobstant cette cruelle assurance, on ne laissa pas de gémir des divers genres de supplices qu'une cruauté ingénieuse faisait souffrir à quelques-uns de ceux qui étaient destinés à la mort. Il y en eut un que l'on déchira à belles mains : on vit alors des hommes traiter plus inhumainement un homme vivant que les bêtes farouches n'ont coutume de traiter un homme mort. On arracha les yeux à un autre, et on lui coupa tous les membres par morceaux, puis on le laissa vivre ou plutôt mourir lentement dans de si effroyables tortures. On mit des villes célèbres à l'encan, comme on aurait fait une ferme : il y en eut même une dont on condamna à mort tous les habitans, comme s'il se fût agi d'un seul criminel. Toutes ces horreurs se passèrent en pleine paix, non pour hâter une victoire, mais pour n'en pas perdre le fruit. La paix et la guerre disputèrent ensemble de cruauté, et la paix l'emporta. La guerre n'attaquait que des gens armés, et la paix au contraire immolait des hommes sans défense. Le droit de la guerre était de rendre blessure pour blessure, et celui de cette paix était de se laisser égorger sans opposer de résistance.

CHAPITRE XXIX.

Rome eut moins à souffrir de l'irruption des Goths que de l'invasion des Gaulois et des guerres civiles.

QUELLE rage des nations barbares et étrangères peut être comparée à ces victoires de citoyens sur des citoyens? Qu'est-ce que Rome a jamais vu de plus funeste et de plus inhumain? Y a-t-il quelque proportion entre l'ancienne irruption des Gaulois ou la nouvelle invasion des Goths, et les cruautés inouïes exercées par Marius, par Sylla, et par tant d'autres chefs renommés, qui étaient comme les lumières de ces deux partis, sur des gens qui composaient avec eux les membres d'un même corps? Il est vrai que les Gaulois égorgèrent tout ce qu'ils trouvèrent de sénateurs dans la ville; mais au moins permirent-ils à ceux qui s'étaient sauvés dans le Capitole, et qu'ils pouvaient faire périr par un long siége, de racheter leur vie à prix d'argent. Pour les Goths, ils en ont épargné un si grand nombre, qu'il y a même lieu de s'étonner qu'ils en aient tué quelques-uns. Mais Sylla, du vivant même de Marius, entra dans le Capitole qu'avaient respecté les Gaulois, d'où il dicta en vainqueur ses arrêts de mort et de confiscation, qu'il fit autoriser par un sénatus-consulte. Et quand Marius, qui avait pris la fuite, rentra dans Rome en l'absence de Sylla, plus féroce et plus sanguinaire qu'il ne l'avait jamais été, y eut-il rien de si saint qui se sauva de sa fureur, puisqu'il ne pardonna pas même à Mutius Scévola, citoyen, sénateur et pontife, qui embrassait l'autel auquel on croyait que les destins de Rome étaient attachés ? Et enfin cette dernière proscription de Sylla, pour ne point parler d'une infinité d'autres massacres, ne fit-elle pas périr plus de sénateurs que les Goths n'en ont pu même dépouiller ?

CHAPITRE XXX.

De l'enchaînement des guerres civiles qui précédèrent la naissance de Jésus-Christ.

NE faut-il donc pas que les gentils soient bien hardis et bien impudens, ou, pour mieux dire, bien insensés, pour imputer leurs dernières calamités à Jésus-Christ, et ne pas imputer les autres à leurs dieux ? Ces guerres civiles plus cruelles, de l'aveu de leurs propres écrivains, que toutes les étrangères, et qui, à leur jugement, n'ont pas seulement agité la république, mais l'ont entièrement ruinée, sont arrivées long-temps avant la naissance de Jésus-Christ, et, par un enchaînement de causes funestes, ont passé de la guerre de Marius et de Sylla à celles de Sertorius et de Catilina, dont le premier avait été proscrit et l'autre formé par Sylla. Après vint la guerre de Lépide et de Catulus, dont l'un voulait abroger ce qu'avait fait Sylla, et l'autre le maintenir; puis celle de César et de Pompée, dont le dernier suivit Sylla, égala et même surpassa sa puissance, et le premier ne put, par jalousie, souffrir la puissance de Pompée, qu'il porta cependant bien plus loin après avoir vaincu ce dangereux compétiteur; et enfin celle d'Octave, qui reçut depuis le nom d'Auguste, sous l'empire duquel Jésus-Christ prit naissance. Ce second César figura aussi dans plusieurs guerres civiles, où périrent quantité de grands personnages, entre autres Cicéron, cet homme d'état si éloquent. Pour Jules, après avoir défait Pompée et usé avec tant de modération de sa victoire, qu'il pardonna à tous ses adversaires et les rétablit dans leurs dignités, il fut poignardé dans le sénat même par la conspiration de quelques patriciens, sous prétexte qu'il aspirait à la royauté. Après sa mort, Marc-Antoine, de mœurs bien différentes et tout perdu de vices, affecta la même puissance; mais Cicéron lui résista vigoureusement pour la défense de la liberté. On vit alors s'élever cet autre César, fils adoptif de Jules, qui, comme j'ai dit, fut ensuite surnommé Auguste, jeune homme d'un excellent naturel. Cicéron le favorisait contre Antoine, dans l'espérance qu'après avoir ruiné cet ennemi de la république, il rendrait la liberté aux Romains; mais il s'abusa dans ses conjectures. Auguste l'abandonna bientôt après à Antoine en gage de leur réconciliation, et opprima ensuite cette liberté pour laquelle Cicéron avait fait tant de bruit.

CHAPITRE XXXI.

Impudence des gentils d'attribuer les malheurs présens au christianisme qui interdit le culte des dieux, lorsqu'il est constant que tant de calamités sont arrivées quand ce culte était en vogue.

Que ceux qui sont ingrats envers Jésus-Christ de tant de biens qu'ils en ont reçu, accusent plutôt leurs dieux de tant de maux. Au moins faut-il qu'ils demeurent d'accord que, lorsqu'ils sont arrivés et que le sang de tant de citoyens était répandu par des citoyens jusque sur les autels des dieux, ces autels fumaient de celui des victimes, leurs prêtres étaient honorés et leurs temples magnifiques; qu'on y sacrifiait de toutes parts, qu'on y représentait toutes sortes de jeux, et qu'il s'y rendait des oracles. Cicéron ne s'y réfugia pas, parce que Mutius Scévola s'y était vainement réfugié : au lieu que ceux qui font des reproches si peu mérités aux chrétiens, ou se sont eux-mêmes sauvés dans les lieux consacrés à Jésus-Christ, ou y ont été conduits par les barbares pour être en sûreté. Il est avéré, et tous ceux qui ne sont point prévenus en conviendront aisément avec moi, que si les hommes eussent reçu la Religion chrétienne avant les guerres puniques, et que les mêmes malheurs qui ont désolé l'Europe et l'Afrique fussent survenus ensuite, il n'est pas un seul de nos persécuteurs actuels qui ne les lui eût attribués. Que ne diraient-ils point surtout si elle eût précédé l'irruption des Gaulois, ou les débordemens du Tibre, ou l'embrasement de Rome, ou, ce qui surpasse tous ces maux, la fureur des guerres civiles? Tant d'autres calamités si étranges qu'on les a mises au rang des prodiges, à qui les imputeraient-ils, sinon aux chrétiens, si elles étaient arrivées au temps du christianisme? Je ne parle point d'une foule d'autres évènemens qui ont causé plus de surprise que de dommage : que des bœufs parlent, que des enfans aient prononcé quelques mots dans le ventre de leurs mères; que l'on voie des serpens voler, des femmes devenir hommes, et des poules se changer en coqs, et d'autres accidens semblables, vrais ou faux, qui se lisent, non dans leurs poètes, mais dans leurs historiens; ces prodiges, je le répète, étonnent plus les hommes qu'ils ne leur nuisent. Mais quand il plut de la terre, ou de la craie, ou des pierres, cela pouvait occasionner beaucoup de mal. Nous lisons aussi que les flammes du mont Etna se répandirent jusque sur les rivages de la mer avec tant de violence, qu'elles firent fendre les rochers et fondre la poix des navires; ce qui pouvait faire encore beaucoup de mal. Nous lisons pareillement qu'il sortit une autre fois tant de cendres du même volcan, que toute la Sicile en fut couverte, et les maisons de Catane accablées et ensevelies, tellement que les Romains, touchés de ce désastre, lui remirent les tributs de cette année-là. Leurs historiens rapportent encore que l'Afrique, réduite dès-lors en province romaine, fut couverte d'une prodigieuse quantité de sauterelles, qui, après avoir brouté tous les fruits et toutes les feuilles des arbres, vinrent fondre dans la mer en forme d'une épaisse et effroyable nuée; et que la mer les ayant rejetées mortes sur le rivage, l'air en fut tellement corrompu, que, dans le seul royaume de Massinissa (1), la peste fit mourir quatre-vingt mille hommes, et beaucoup plus dans les lieux maritimes; et que, dans Utique, il ne resta que dix soldats des trente mille dont se composait la garnison. Est-il une seule de ces calamités que les insensés qui nous attaquent aujourd'hui et à qui nous sommes obligés de répondre, n'imputassent au christianisme, si elles étaient arrivées du temps des chrétiens? Cependant ils ne les imputent point à leurs dieux, qu'ils veulent servir pour s'exempter des petits maux qu'ils souffrent, bien que ceux qui les servaient alors comme eux en aient soufferts de beaucoup plus grands.

(1) La Numidie, gouvernée alors par Micipsa, fils de Massinissa à qui les Romains l'avaient donnée en reconnaissance de ses services.

REMARQUES

SUR

LE LIVRE III.

Page 407, ligne 15. « Si donc les dieux ont cru devoir
» venger l'adultère de Pâris, ils en devaient aussi étendre
» la vengeance sur les Romains. » Je ne lis que, *aut certè
etiam in Romanis*, avec les onze manuscrits, et j'omets avec
eux, *aut magis in Trojanis*.

Page 411, l. 11. « Nous ne nous arrêterons pas à rappor-
» ter là-dessus les divers témoignages des écrivains. » Nous
avons rétabli ce passage omis dans la traduction de Lombert.
(*Note des nouveaux éditeurs.*)

Page 414, l. 4. « Les démons, toujours vigilans lorsqu'il
» s'agit de tromper, firent ce qu'ils purent. » Lombert a supprimé cette phrase qui lui semblait rompre la suite du raisonnement. Cela serait vrai, si la phrase française était calquée
exactement sur la phrase latine ; mais en l'isolant, comme
nous avons fait, nous nous sommes rapprochés du texte sans
qu'il en résulte aucun embarras. (*Note des nouveaux éditeurs.*)

Page 416, l. 24. « Depuis la fondation de Rome. » Ce fut
Numa lui-même qui ordonna que les portes du temple de
Janus seraient ouvertes pendant la guerre : et elles furent fer-
mées durant tout son règne, comme l'a dit plus haut saint
Augustin (liv. III, chap. 9). Ce fut donc depuis Numa jus-

qu'à Auguste et dans cet intervalle, après la seconde guerre punique, que les portes de ce temple furent fermées pendant un an.

Page 419, l. 18. « Cependant elles arrivent souvent contre
» la volonté de ces dieux là, comme non-seulement la fable,
» mais l'histoire romaine en fait foi. » Le latin porte :
« comme non-seulement les fables, qui feignent beaucoup
» de choses, et qui à peine marquent ou signifient quelque
» chose de vrai. » Cela m'a paru inutile au raisonnement, pour ne pas dire contraire, puisque moins on donne d'autorité aux fables, et moins peuvent-elles servir de preuve. Or, ici l'auteur les emploie comme preuve.

Page 428, l. 25. « Et l'on crut qu'il y avait plus de gloire
» à posséder un plus grand empire. » C'est la fin d'un passage de Salluste. Le latin ajoute : « Et le reste que Salluste avait
» commencé à dire. Mais c'est assez d'en avoir rapporté ces
» paroles. »

Page 430, l. 7. « Et de Lavinium, où le roi Latinus avait
» reçu Énée étranger et fugitif. » UBI *rex Latinus Æneam regem peregrinum atque fugitivum constituerat.* Les onze manuscrits de France ont : *Ubi Æneas regnum peregrinum atque fugitivum constituerat;* ce qui signifie : « Où Énée, ce
» roi étranger et fugitif, avait établi son royaume. » L'une et l'autre de ces deux leçons paraît bonne.

Page 430, l. 26. « Qu'est-il besoin que je rapporte en dé-
» tail comment ces guerres, qui semblaient terminées par
» tant de victoires, ont été renouvelées sous les autres rois;
» et comment, après tant de traités conclus entre les gendres
» et les beaux-pères, leurs descendans ne laissèrent pas de
» reprendre les armes et de se battre avec plus de rage que
» jamais. » Ceci se rapporte aux Sabins, dont il a été parlé au

chapitre précédent ; et non à ceux d'Albe, dont il est parlé en celui-ci.

Page 432, l. 27. « Nous avons élevé, par notre bienveil-
» lance, au rang des dieux immortels, Romulus, etc. » Le latin ajoute, « et en le publiant partout, » *famâque* ; ce qui a rapport à la réflexion que saint Augustin fait ensuite : « mais
» qu'on répandit ce bruit à cause de sa vertu et de son mé-
» rite. » Cela se supplée pourtant assez de soi-même.

Page 436, l. 20. « L'amour de la patrie et un désir exces-
» sif de renommée triompheront de son cœur. » C'est un vers de Virgile que je lis ainsi avec cinq manuscrits : *Vincet amor patriæ*, etc., et non pas *vicit*, comme ont toutes les éditions, ou *vincit*, comme portent quelques manuscrits. C'est une prédiction d'Anchise à Énée, lorsqu'il le fut trouver dans les enfers ; et par conséquent ce ne doit être ni un présent, ni un passé, mais un futur.

Page 440, l. 27. *Spurius Mélius*. C'est ainsi qu'ont nos onze manuscrits de France, et bien, au lieu de *Æmilius* que portent l'édition de Louvain et les autres.

Page 445, l. 8. « Combien de petits royaumes furent-ils
» détruits ? » J'abrège un peu cet endroit pour le rendre plus fort et en donner une image plus vive. Toutes les petites distinctions du latin ne se font guère par un homme bien échauffé ; et d'ailleurs je n'omets rien d'important.

Page 446, l. 6. « Si la captivité imprévue de ce héros,
» si l'indignité de sa servitude, si sa fidélité à garder son
» serment, si sa mort cruelle et inhumaine ne forcent pas les
» dieux à rougir, il faut avouer qu'ils sont aussi insensibles
» que leurs statues. » Le latin porte : « Ils sont aussi durs
» que l'airain, » ou « cela fait bien voir qu'ils sont vraiment

» d'airain et n'ont point de sang. » Mais cela ne se souffrirait pas en notre langue.

Page 446, l. 29. « Et cependant, selon vous, il y avait là » une divinité, qui n'aurait pas eu néanmoins la force de » s'enfuir, si un homme n'était venu à son secours. » Ce passage, qui est difficile au latin et où sans doute il y a quelque chose à dire, se peut rétablir aisément en mettant un point interrogant, et le ponctuant ainsi : *Aut verò erat ibi numen, quod non etiam, si fuisset, fugisset!* Comme qui dirait : « Y avait-il là une divinité qui n'eût pris aussi la fuite » s'il y en avait eu une ? sans avoir besoin du secours d'un homme. Car il faut lire *etiam si* en deux mots ; à moins qu'on n'aime mieux lire cet endroit avec un seul manuscrit, qui porte : *At verò erat ibi numen, quod non etiam, nisi fuisset homo, fugisset :* ce qui revient entièrement au sens que j'ai donné à la leçon commune, en y faisant le peu de changement que j'ai fait. Au reste, s'il faut en croire dom Delfau, la leçon de ce manuscrit unique ne serait qu'une addition de l'écrivain qui voulait applanir la difficulté.

Page 451, l. 30. « Si le peuple de Sagonte eût été chré- » tien, et qu'il eût souffert quelque chose de semblable pour » la foi de l'Évangile, encore qu'il ne se fût pas tué ni brûlé » lui-même, il l'aurait souffert dans la même espérance par » laquelle il aurait cru en Jésus-Christ, non pour la récom- » pense d'une félicité passagère, mais d'une éternité bien- » heureuse. » J'ôte ici, avec nos onze manuscrits, un *potiretur* qui rompt visiblement le sens de ce passage.

Page 454, l. 14. « Mais, parce que Salluste dit, etc., j'ai » cru devoir toucher un mot des délices de l'Asie. » Il faut lire avec onze manuscrits, *proptereà hoc de asiana luxuria commemorandum putavi*; et non pas *propter hoc*, comme ont nos livres.

REMARQUES.

Page 455, l. 11. « Depuis ce temps-là jusqu'à Auguste, » qui leur ôta leur liberté, mais, comme ils le reconnais- » saient eux-mêmes, une liberté malade et languissante, » querelleuse et nuisible. » Le reste qui est au latin serait inutile et trop long pour une chose qui n'est dite qu'en passant.

Page 457, l. 12. « Je veux parler des dissensions civiles et » domestiques. » Le latin dit *civiles ou plutôt inciviles*. C'est un petit jeu de paroles qui n'est pas beau en notre langue.

Pag. 457, l. 13. « Où l'on ne s'amusait pas à répondre à un dis- » cours par un autre. » La traduction de Lombert porte : « Où » l'on ne s'amusait pas à se quereller de paroles et à faire des » clameurs. » Ce traducteur a probablement lu *contentionum*; au lieu que nous avons préféré, avec les bénédictins, *concio- num*, qu'ils ont adopté d'après les manuscrits. (*Note des nouveaux éditeurs*.)

Page 459, l. 15. « La construction de ce temple n'était-elle » pas une véritable dérision contre les dieux ? » Il faut lire *construere* à l'infinitif avec les onze manuscrits de France, au lieu de *constituére* au prétérit parfait avec nos livres.

Page 470, l. 1.re « Il est avéré, et tous ceux qui ne sont » point prévenus en conviendront aisément avec moi, etc. » J'omets ici une parenthèse qui ne paraît pas nécessaire.

Page 470, l. 24. « Mais quand il plut de la terre, ou de la » craie, ou des pierres. » Le latin ajoute : « Je ne dis pas de » la grêle ; car elle est quelquefois si grosse que, par un abus, » on dit qu'il pleut des pierres ; mais je dis des pierres. »

LA CITÉ DE DIEU.

LIVRE IV.

CHAPITRE PREMIER.

Récapitulation des livres précédens.

Comme j'ai entrepris de parler de la Cité de Dieu, il m'a semblé à propos de répondre d'abord à ceux qui, épris des seules joies passagères du monde, attribuent à la Religion chrétienne, la seule Religion salutaire et véritable, tout ce qui traverse la jouissance de leurs plaisirs, quoique cela arrive plutôt par une dispensation favorable de la miséricorde de Dieu qui les avertit de se corriger, que par une punition sévère de sa justice (1). Il est des ignorans parmi eux qui s'imaginent que les malheurs arrivés de leur temps ne sont point arrivés de même dans les siècles passés ; et ceux d'entre eux qui sont plus instruits, et qui sa-

(1) C'est en partie le sujet du premier livre.

vent fort bien le contraire, le dissimulent, afin d'animer davantage les autres contre nous; j'ai dû, en conséquence, faire voir par leurs historiens même qu'il en est tout autrement qu'ils ne pensent (1). Il a fallu aussi montrer (2) que ces faux dieux qu'ils adoraient autrefois publiquement, et qu'ils adorent encore aujourd'hui en secret, ne sont que des esprits immondes, des démons qui poussent l'artifice et la méchanceté jusqu'à se complaire dans leurs crimes véritables ou supposés, mais qui sont toujours leurs crimes, et dont ils ont exigé la représentation dans leurs fêtes, afin que les hommes faibles soient d'autant plus portés à les imiter, qu'ils les voient autorisés par leur exemple. Nos preuves à cet égard ne reposent pas sur de simples conjectures, mais en partie sur ce qui s'est passé de notre temps où nous avons vu nous-mêmes célébrer ces jeux, et en partie sur les livres de nos adversaires, qui transmettent ces crimes à la postérité, non pour faire injure à leurs dieux, mais dans l'intention de les honorer. Ainsi Varron, homme si savant et de si grande autorité parmi eux, traitant des choses humaines et divines, et les distinguant les unes des autres, met les jeux de théâtre au rang des divines, au lieu qu'ils ne devraient pas seulement être mis au rang des humaines dans un état qui ne serait composé que d'honnêtes gens : ce qu'il n'a pas fait néanmoins de son autorité privée, mais parce qu'étant né et nourri à Rome, il les avait trou-

(1) C'est la matière du troisième livre.
(2) C'est une partie du dessein du second livre.

vés en ce rang. Comme sur la fin du premier livre j'avais proposé en abrégé ce que je devais traiter dans la suite de cet ouvrage, et que j'ai déjà commencé à en dire quelque chose dans les deux livres précédens, il faut maintenant passer au reste.

~~~~~~

CHAPITRE II.

Récapitulation du second et du troisième livres.

J'avais donc promis de répondre à ceux qui veulent faire retomber sur notre Religion les calamités de l'empire romain, et de rapporter tous les malheurs qui l'ont affligé avant que les sacrifices de l'idolâtrie fussent défendus, et qu'ils ne manqueraient pas de nous imputer, si notre Religion eût paru dès-lors, ou qu'elle leur eût interdit leurs cérémonies sacrilèges : c'est ce que je pense avoir suffisamment fait dans le second et le troisième livres. Dans l'un j'ai parlé des mauvaises mœurs, qui sont les seuls ou les plus grands de tous les maux; et dans l'autre, j'ai rapporté ceux qui sont les seuls que les méchans appréhendent, c'est-à-dire, ceux qui attaquent le corps ou les biens de la fortune (quoiqu'ils soient aussi communs aux bons); au lieu que ces hommes pervers souffrent, non-seulement en patience, mais encore avec plaisir, les autres maux qui les rendent tels. Cependant, combien peu de choses ai-je dit de Rome et de son empire, à ne prendre que ce qui s'est passé jusqu'au règne d'Auguste? Que serait-ce si j'avais voulu rapporter et exagérer, je ne dis pas les maux que les hommes se font les uns aux autres, comme les meurtres et les saccagemens de villes, mais ceux qui proviennent du ravage des élémens, et dont Apulée parle en passant dans son livre du Monde, pour montrer que toutes les choses d'ici-bas sont sujètes à une infinité de changemens et de révolutions. Il dit en propres termes que des villes ont été abîmées par d'effroyables tremblemens de terre; que des déluges d'eau ont noyé des régions entières; que le continent a été changé en îles par l'impétuosité des flots, et les mers en continent par leur retraite; que des tourbillons de vent ont renversé des villes; que des foudres échappées des nuées ont consumé des contrées d'Orient; et que d'autres pays en Occident ont été ravagés par de furieuses inondations. Ainsi on a vu quelquefois le volcan de l'Etna rompre ses barrières et vomir dans les plaines des torrens de feu. Si j'avais voulu recueillir tous ces désastres et d'autres de même nature que fournit l'histoire, quand aurais-je détaillé toutes les calamités qui sont arrivées avant que le nom de Jésus-Christ eût arrêté les pernicieuses superstitions de l'idolâtrie? J'avais encore promis de montrer pourquoi le vrai Dieu, arbitre souverain de tous les royaumes, a daigné faire fleurir celui des Romains; et que tant s'en faut que ceux qu'ils prennent pour des dieux y aient contribué en quoi que ce soit; qu'ils y ont au contraire beaucoup nui par leurs illusions : c'est de quoi j'ai maintenant à parler, et surtout de la grandeur de l'empire romain. J'ai déjà dit beaucoup de choses, principalement au second livre, pour faire voir combien les faux dieux ont corrompu les mœurs des Romains par leurs prestiges. Nous avons aussi fait remarquer dans les trois premiers livres, lorsque l'occasion s'en est présentée, combien Dieu, qui « fait » lever son soleil sur les bons et sur les méchans, et » pleuvoir sur les justes et sur les injustes, » a ménagé de consolations aux uns et aux autres parmi la fureur des armes, par le nom de Jésus-Christ, à qui les Barbares ont rendu tant d'honneur contre les lois même de la guerre.

CHAPITRE III.

Doit-on réputer heureux un empire qui ne s'accroît que par la guerre ?

Voyons donc maintenant par quelle raison les payens osent attribuer l'étendue et la durée de l'empire romain à ces dieux qu'ils prétendent avoir honorés par la représentation même de jeux infames et par le ministère d'hommes impudens. Avant d'aller plus loin, je voudrais bien savoir comment ils peuvent se glorifier de la grandeur de leur empire, lorsqu'ils ne sauraient prouver que ceux qui l'ont possédé aient été heureux. En effet, ils ont toujours été tourmentés de guerres civiles ou étrangères, toujours parmi le sang et le carnage, toujours en proie à des craintes funestes ou à une sanglante ambition ; de sorte que, s'ils ont eu quelque joie, on peut la comparer au verre dont l'éclat ne sert qu'à en faire plus craindre la fragilité. Pour en mieux juger, ne nous laissons point surprendre à ces termes vains et pompeux de peuples, de royaumes, de provinces; mais comme chaque homme, considéré individuellement, est le principe d'un état et d'un royaume, quelque grand et étendu qu'il puisse être; de même qu'une lettre est l'élément d'un discours; représentons-nous deux hommes, dont l'un soit pauvre, ou plutôt dans une fortune médiocre, et l'autre extrêmement riche, mais sans cesse agité de craintes, accablé de fâcheries, tourmenté de convoitises, jamais en repos, toujours inquiet, toujours en querelle et en dissension, accroissant néanmoins prodigieusement ses richesses au sein de tant de misères, et augmentant en même temps ses soins et ses inquiétudes : que, d'autre part, l'homme d'une condition médiocre se contente de son petit bien, qu'il soit chéri de ses parens, de ses voisins, de ses amis, jouisse d'une agréable tranquillité d'esprit, soit pieux, doux, sain de corps, sobre, chaste et innocent, je ne sais s'il y a quelqu'un assez fou pour douter lequel il doit préférer des deux. Or, il est certain que la même règle qui nous sert pour juger du bonheur de ces deux hommes, doit nous servir pour juger de celui de deux familles, de deux peuples, de deux royaumes, et que si nous voulons mettre de côté nos préjugés pour faire une juste application de cette règle, nous démêlerons aisément une chimérique vanité d'avec la félicité véritable. C'est pourquoi, lorsque le culte du vrai Dieu est établi, et qu'il consiste dans de justes sacrifices et des mœurs innocentes, il est avantageux que les gens de bien règnent long-temps et étendent au loin leur empire, non pas tant pour leur avantage que dans l'intérêt de ceux à qui ils commandent. Quant à eux, leur piété et leur innocence, qui sont de grands dons de Dieu, suffisent pour les rendre véritablement heureux en cette vie et en l'autre. Mais pour les méchans, la souveraineté leur est extrêmement nuisible, parce que la licence de mal faire qu'elle leur donne ne sert qu'à les rendre plus vicieux; et en ce qui regarde leurs sujets, il n'y a que leur propre corruption qui leur nuise; car tout ce que les gens de bien souffrent de l'injuste domination de leurs maîtres n'est pas la peine de leurs crimes, mais l'épreuve de leur vertu. Par cette raison, un homme de bien est libre quoiqu'il soit esclave, et au contraire un méchant homme est esclave sur le trône même; il n'est pas esclave d'un seul homme, mais il a autant de maîtres qu'il a de vices. C'est de ces maîtres que parle l'Écriture, lorsqu'elle dit que « chacun » est esclave de celui qui l'a vaincu (1). »

(1) II Pierre, 2, 19.

CHAPITRE IV.

Les royaumes, sans la justice, ne sont que des ramas de brigands.

En effet, que sont les empires quand la justice en est bannie, si non de grandes assemblées de brigands, puisqu'une assemblée même de brigands n'est autre chose qu'un petit empire ? N'est-ce pas véritablement une troupe d'hommes gouvernés par un chef, liés par une espèce de société, et qui partagent ensemble le butin suivant leurs conventions? Que s'il arrive qu'une compagnie de cette sorte grossisse, et que des hommes perdus s'y joignent en si grand nombre qu'elle se saisisse de places où elle établisse le siége de sa domination, qu'elle prenne des villes, subjugue des peuples; alors elle s'attribue ouvertement le nom de royaume, non parce que sa cupidité est diminuée, mais parce que son impunité est accrue. C'est ce qu'un pirate répondit avec autant de finesse que de raison à Alexandre le Grand qui l'avait pris. Comme ce prince lui eût demandé à qui il en avait de troubler ainsi la mer, il lui répondit fièrement : A qui en avez-vous vous-même de troubler toute la terre ? Mais parce que je n'ai qu'un vaisseau on m'appelle corsaire, et parce que vous avez une grande flotte on vous nomme conquérant.

CHAPITRE V.

La puissance des gladiateurs fugitifs fut presque égale à celle des souverains.

Je ne veux point en conséquence examiner quels étaient les gens que Romulus ramassa pour en composer sa ville, attendu que dès qu'ils furent mis, par le droit de Cité dont il les gratifia, à couvert des supplices qu'ils méritaient, et dont la crainte pouvait les porter à commettre encore de plus grands crimes, ils devinrent plus doux et plus humains. Je suis bien aise seulement de faire remarquer ici une circonstance qui consterna l'empire romain et pensa le porter à deux doigts de sa ruine, dans un temps où il était déjà très puissant et redoutable à tous les autres peuples. Ce fut quand un petit nombre de gladiateurs de la Campanie, renonçant aux jeux de l'amphithéâtre, levèrent une armée considérable sous la conduite de trois chefs, et ravagèrent cruellement l'Italie entière. Qu'on nous dise par le secours de quelle divinité, d'un si obscur et si misérable brigandage, ils parvinrent à une puissance formidable à toutes les forces de l'empire? Concluera-t-on de ce que leur règne fut court que les dieux ne les ont point assistés? Comme si la vie de quelque homme que ce soit était de longue durée. A ce titre, les dieux n'aident personne pour le faire régner, parce qu'il n'y a personne qui ne meure bientôt ; et ce qui s'évanouit comme une vapeur en chaque homme, et successivement en tous les hommes, ne doit point passer pour un bienfait. Qu'importe à ceux qui ont servi les dieux sous Romulus, et qui sont morts il y a long-temps, que depuis leur trépas l'empire romain se soit élevé à un si haut point, lorsque pour eux ils sont réduits à défendre leur cause dans les enfers? Qu'elle soit bonne ou mauvaise, ce n'est pas ici le lieu de l'examiner; mais enfin, tous tant qu'ils sont, qui ont vécu sous cet empire dans cette longue suite de siècles, ils ont promptement achevé leur vie et ont passé comme un éclair (1). Que si au contraire il faut attribuer à la faveur des dieux tous les biens, quelque courts qu'ils soient, ces gladiateurs ne leur sont pas peu redevables, puisqu'ils ont rompu leurs fers (2) et s'en sont enfuis ; qu'ils ont assemblé une puissante armée; que, sous la conduite de leurs rois, ils ont fait trembler l'empire romain, défait ses armées, pris ses villes, remporté plusieurs victoires, joui à leur gré de tous les plaisirs, fait tout ce qu'il leur a plu, et enfin vécu en princes et en souverains, jusqu'à ce qu'on les ait entièrement domptés, ce qui ne s'est pas fait aisément. Mais passons à des choses plus importantes.

(1) *Portant le fardeau de leurs actions*, ajoute le latin; mais il ne s'agit pas de cela ici.
(2) *Les fers d'une condition servile*, dit le latin.

LIVRE IV.

CHAPITRE VI.

De l'ambition du roi Ninus, qui le premier déclara la guerre à ses voisins, afin d'étendre son empire.

Justin, qui a écrit en latin l'histoire grecque, ou plutôt l'histoire étrangère, et abrégé Trogue Pompée, commence ainsi son ouvrage : « Dans le principe, les » peuples vivaient sous la domination des rois, qui » étaient élevés à cette dignité suprême, non par la » faveur du peuple, mais pour leur justice et leur » modération. Il n'y avait point alors d'autres lois » que la volonté du prince. Les rois songeaient plutôt » à conserver leurs états qu'à les accroître, et chacun » se contenait dans les bornes de son empire. Ninus, » roi des Assyriens, fut le premier qui, poussé par » l'ambition, s'écarta de cette ancienne coutume et » déclara la guerre à ses voisins. Comme il avait à » faire à des peuples encore neufs dans le métier des » armes, il assujétit tout jusqu'aux confins de la Li-» bye. » Et un peu après : « Ninus confirma ses grandes » conquêtes par une longue possession. Après donc » avoir vaincu ses voisins, devenu plus fort par leur » jonction, il fit servir les premières victoires à en » remporter de nouvelles, et soumit tout l'Orient. » Quelle que soit la fidélité de Justin ou de Trogue Pompée, car il y a des historiens plus exacts qui les convainquent quelquefois d'infidélité, au moins tous conviennent-ils que Ninus étendit beaucoup l'empire des Assyriens. Quant à sa durée, elle excède bien celle de l'empire romain : les chronologistes comptent douze cent quarante ans depuis la première année du règne de Ninus, jusqu'à ce que ses états furent transportés aux Mèdes. Or, faire la guerre à ses voisins, attaquer des peuples de qui l'on n'a reçu aucun déplaisir, et seulement pour satisfaire son ambition, qu'est-ce autre chose qu'un grand brigandage ?

CHAPITRE VII.

Doit-on attribuer à l'assistance, ou à l'abandon des dieux l'établissement, ou la décadence des royaumes de la terre ?

Si l'empire d'Assyrie a été si grand et a duré si longtemps sans le secours des dieux, pourquoi donc attribuer aux dieux de Rome la grandeur et la durée de l'empire romain ? Il n'y a pas lieu de faire ici la moindre distinction. Si l'on prétend que le premier a été maintenu par l'assistance des dieux, je demande de quels dieux, attendu que les peuples assujétis par Ninus n'adoraient point d'autres dieux que ceux des payens. Ou si les Assyriens avaient des dieux particuliers, comme de plus habiles ouvriers pour bâtir et conserver un empire, ces dieux sont-ils morts lorsque l'empire est sorti de leurs mains ? Ou bien serait-ce que, faute d'avoir été payés de leur salaire, ou sur la promesse d'une plus grande récompense, ils ont mieux aimé passer aux Mèdes, et depuis encore aux Perses, en faveur sans doute de Cyrus, qui les appelait et leur faisait espérer une condition plus avantageuse? En effet, ce dernier peuple conserve toujours son ancien état depuis le règne d'Alexandre le Grand, roi de Macédoine (1), et n'occupe pas dans l'Orient une petite étendue de pays. S'il en est ainsi, ou les dieux sont infidèles d'abandonner leurs amis pour passer du côté des ennemis, et font ce que Camille, qui n'était qu'un homme, a eu honte de faire, lorsqu'après avoir défait un peuple puissant et ennemi de Rome, il éprouva l'ingratitude de sa patrie, qu'il délivra encore des mains des Gaulois, bien loin de conserver le moindre ressentiment de l'injure qu'il en avait reçue; ou ces dieux ne sont pas aussi puissans que des divinités doivent l'être, puisqu'ils peuvent être vaincus par la prudence ou par la force. Si, lorsque les hommes combattent les uns contre les autres, les dieux ne sont pas vaincus par les hommes, mais par d'autres dieux que chaque état a adoptés, il y a donc aussi des inimitiés entre eux, dont ils se chargent pour l'intérêt du parti qu'ils embrassent : et en ce cas, un état ne devait pas plutôt adorer ses dieux que ceux des autres états qui auraient secouru les leurs. Quoi qu'il en soit de ce passage ou de cette fuite des dieux d'une nation à l'autre, ou de leur désertion dans les combats, il est certain qu'on ne connaissait point encore Jésus-Christ

(1) Le latin ajoute, *de qui le royaume fut de grande etendue, mais ne dura pas long-temps.*

quand ces monarchies ont été détruites et transférées; Car si, lorsque l'empire des Assyriens a été ruiné après avoir duré plus de douze cents ans, la Religion chrétienne eût déjà annoncé un royaume éternel, et défendu le culte sacrilège des faux dieux, les Assyriens n'auraient-ils pas prétendu n'avoir perdu l'empire qu'ils possédaient depuis si long-temps, que pour avoir quitté la religion de leurs ancêtres, et embrassé celle de Jésus-Christ ? Que nos adversaires reconnaissent dans la vanité de ces plaintes l'injustice de leurs accusations, et qu'ils en rougissent pour peu qu'il leur reste encore quelque pudeur. Bien que l'empire romain soit plutôt affligé que détruit, malheur qui lui est arrivé en d'autres temps avant Jésus-Christ, il ne faut pas désespérer qu'il ne s'en relève, comme il l'a fait par le passé. Qui sait en effet la volonté de Dieu là-dessus ? .

CHAPITRE VIII.

Il y a une infinité de dieux parmi les Romains à qui ils n'oseraient attribuer l'accroissement et la conservation de leur empire, puisqu'ils ne les croient pas capables d'avoir soin en même-temps de deux bagatelles.

D'AILLEURS, de cette grande troupe de dieux que les Romains adoraient, quels sont ceux que nos adversaires croient avoir principalement contribué à la

LIVRE IV. 491

conservation et à la grandeur de leur empire ? Je ne pense pas qu'ils osent attribuer quelque part dans ce merveilleux ouvrage à Cloacine (1), ou à Volupie, qui tire son nom de la volupté, ou à Libentine, qui prend le sien du libertinage (2), ou à Vagitan, qui préside aux vagissemens des petits enfans (3), ou à Cunine, qui veille sur leur berceau (4). Il est impossible de rappeler dans un seul endroit de ce livre tous les noms des dieux et des déesses que nos adversaires ont à peine pu comprendre en de gros volumes, où ils assignent à chacun leurs fonctions pour chaque chose. Ils n'ont pas jugé à propos de donner par exemple la charge des terres à un seul ; mais ils ont établi sur les biens ruraux la déesse Rusine (5), sur les jougs des montagnes le dieu Jugatin (6), la déesse Collatine (7) sur les collines, et la déesse Vallonie (8) sur les vallées. Ils n'ont pu même trouver une divinité assez vigilante pour lui confier exclusivement le soin de leurs moissons ; ils les ont recommandées à la déesse Seïe (9), lorsque les semences sont encore en terre ; à

(1) Dont l'idole fut trouvée dans un cloaque.
(2) *A libidine.*
(3) *Infantum vagitibus.*
(4) *A cunis.*
(5) De *rus.*
(6) *A jugis.*
(7) *A colle.*
(8) *A vallo.*
(9) *A sato frumento.*

la déesse Ségèce (1), quand les bleds sont levés ; et à la déesse Tutiline, quand la récolte est faite, et que les grains sont serrés dans les greniers, afin qu'elle les prît sous sa protection tutélaire; dans l'idée où ils sont que la déesse Ségèce, qui a soin des bleds depuis leur naissance jusqu'à leur maturité, n'était pas suffisante pour tout cela. Comme si ce n'était pas assez de cette foule de divinités pour ces hommes misérables, dont l'ame dédaignait les chastes embrassemens de son Dieu pour se prostituer à une troupe infame de démons, ils ont fait présider Proserpine (2) au germe des bleds, un dieu Nodot (3) aux nœuds du tuyau, à l'enveloppe de l'épi la déesse Volutine (4), la déesse Patelène (5) à l'épi qui s'ouvre, et la déesse Hostiline (6) quand la barbe et l'épi sont de niveau. Flore (7) avait soin des fromens en fleur, Lacturce (8) quand ils sont en lait, Mature (9) quand ils sont murs, Roncine (10) quand on les coupe. Je ne dis pas tout ; car je me lasse de rapporter tant de sottises, quoiqu'ils n'en aient point de

(1) *A segetibus.*
(2) *A proserpendo.*
(3) *A nodo.*
(4) *Ab involumentis.*
(5) De *patescere.*
(6) Les anciens Romains disaient *hostire* pour *égaler.*
(7) *A flore.*
(8) *A lacte.*
(9) *A fromento maturo.*
(10) De *runcinare,* vieux mot qui veut dire *couper.*

honte; et le peu même que j'en ai dit n'est que pour montrer qu'ils n'oseraient soutenir que ces sortes de divinités aient fondé, ou accru, ou conservé l'empire romain, puisqu'elles étaient tellement attachées à leur unique emploi, qu'il y eût eu de l'imprudence de leur en confier plusieurs ensemble. Comment Ségèce se fût-elle mêlée du gouvernement de l'empire, elle à qui il n'était pas permis d'avoir soin en même-temps des arbres et des bleds? Comment Cunine aurait-elle pensé à la guerre, lorsque sa charge ne s'étendait pas au-delà du berceau des enfans? Comment Nodot eût-il aidé dans les combats, tandis que son pouvoir n'allait pas seulement jusqu'à l'épi, mais était borné aux nœuds du tuyau? On se contente d'un portier pour garder l'entrée de chaque maison, et il suffit parce que c'est un homme : nos adversaires y ont mis trois dieux, Forcule (1) à la porte, Cardée (2) aux gonds, et Limentin (3) au seuil; comme si Forcule n'eût su garder à la fois la porte, le seuil et les gonds.

(1) *A foribus.*
(2) *A cardine.*
(3) *A limine.*

CHAPITRE IX.

Doit-on attribuer la grandeur et la durée de l'empire romain à Jupiter, que ses adorateurs regardent comme le roi des dieux ?

Mais laissons là cette foule de petits dieux, ou plutôt, avant de revenir à eux, voyons les importantes occupations de ces grandes divinités qui ont fait fleurir Rome si long-temps, et établi son empire sur tant de peuples. Un si grand ouvrage appartient sans doute à Jupiter, qu'ils donnent pour le roi de tous les dieux et de toutes les déesses, ainsi que le marquent le sceptre dont ils l'ont armé et le temple qu'ils ont construit en son honneur sur le mont Capitolin. C'est de lui qu'ils prônent comme excellent ce mot qui est d'un de leurs poètes : « Tout est plein de Jupiter. » Varron croit que c'est lui qu'adorent ceux même qui n'adorent qu'un seul dieu sans image, quoiqu'ils le nomment autrement. Si cela est, d'où vient qu'on l'a si peu respecté à Rome et dans quelques autres pays, que de lui dresser une statue ; ce qui a tellement déplu à Varron que, tout entraîné qu'il était par le torrent de la coutume, il n'a pas laissé d'écrire que ceux qui ont introduit les statues des dieux ont ôté au peuple la crainte de la divinité, et l'ont jeté dans une nouvelle erreur ?

CHAPITRE X.

Des opinions qui attribuent des dieux différens aux différentes parties de l'univers.

Par quelle raison avoir associé à Jupiter, Junon que l'on donne en même temps pour sa sœur et sa femme? C'est, répondent-ils, que Jupiter occupe la plus haute région de l'air, et Junon la plus basse, et que ces deux élémens sont joints ensemble. Il cesse donc d'être ce dieu dont on a dit : « Tout est plein de Ju- » piter, » si Junon en remplit une partie. Ou serait-ce qu'ils remplissent tous deux ces deux élémens, et qu'ils sont ensemble en chacun d'eux? Pourquoi, dans ce cas, attribuer l'un à Jupiter et l'autre à Junon? D'ailleurs, s'il suffisait de ces deux divinités, à quelle fin attribue-t-on la mer à Neptune et la terre à Pluton? Et, de peur qu'ils ne demeurent aussi sans femmes, l'on joint Salacie à l'un, et Proserpine à l'autre. De même, disent nos adversaires, que Junon occupe la plus basse partie du ciel, c'est-à-dire l'air, Salacie, de son côté, occupe la plus basse partie de la mer, et Proserpine la plus basse partie de la terre. Voilà comment ils tâchent d'ajuster leurs fables; mais ils n'y parviennent pas. Si les choses étaient comme ils le disent, leurs savans compteraient trois élémens et non pas quatre, afin de n'en mettre qu'autant qu'il y a de mariages de dieux. Cependant ils assurent que l'éther est absolument différent de l'air. Quant à l'eau, je veux que celle qui est plus haut diffère de celle qui est plus bas ; mais cela empêche-t-il que l'une et l'autre ne soient de l'eau ? Il en est de même de la terre. La différence du lieu peut bien changer ses qualités, mais non sa nature. Au surplus, comme ces trois ou quatre élémens composent tout le monde, où sera Minerve ? quel lieu occupera-t-elle ? quel lieu remplira-t-elle ? On l'a mise aussi dans le Capitole avec Jupiter et Junon, bien qu'elle ne soit pas venue de leur mariage. Si l'on dit qu'elle habite dans la plus haute région de l'air, et que c'est là ce qui a donné occasion aux poètes de feindre qu'elle est née du cerveau de Jupiter, que n'est-elle plutôt la reine des dieux, puisqu'elle est au-dessus de leur roi ? N'eût-il pas été convenable de préférer la fille au père ? D'où vient donc qu'on n'a pas gardé la même justice entre Saturne et Jupiter ? Est-ce parce que Jupiter a vaincu Saturne ? Ils ont donc combattu l'un contre l'autre. Point du tout, répondent les payens : ce sont des inventions de la fable. Et bien, ne croyons point à la fable, et ayons meilleure opinion des dieux. Puisque l'on n'a pas mis le père de Jupiter au-dessus de lui, que ne l'a-t-on du moins placé au même rang ? C'est, ajoutent-ils, que Saturne se prend pour la durée du temps. Ainsi, ceux qui adorent Saturne adorent le temps, et l'on peut en conclure que Jupiter, roi des dieux, est fils du temps. Dans le fait, quelle injure fait-on à Jupiter et à Junon lorsque l'on dit qu'ils sont nés du temps, si l'un est le ciel et l'autre la terre, puique le ciel et la terre ont été faits dans le temps ? On trouve aussi cela dans les

livres de leurs savans et de leurs sages; et ce n'est pas
selon les fictions des poètes, mais suivant la doctrine
des philosophes que Virgile a dit : « Alors le père
» tout-puissant, le Ciel, descend au sein de son épouse,
» et la réjouit par des pluies fécondes; » c'est-à-dire
qu'il descend au sein de la Terre, ou de *Tellus*; car
ils veulent qu'il y ait encore ici quelque différence;
et qu'autre chose soit *Terra* (1), autre chose *Tellus*,
et autre chose *Tellumo*. Ils assignent à chacun de ces
dieux-là leurs noms, leurs fonctions, leurs autels et
leurs cérémonies particulières. Ils appellent aussi la
Terre la mère des dieux, en sorte que les fictions des
poètes sont en quelque sorte supportables, puisque les
livres même qui traitent du culte des dieux nous apprennent que Junon n'est pas seulement la sœur et la
femme, mais aussi la mère de Jupiter. Ils veulent encore que la terre soit Cérès et Vesta, quoique le plus
souvent ils prennent Vesta pour le feu des foyers,
sans lesquels une ville ne peut exister; c'est pour cette
raison que des vierges sont préposées à l'entretien du
feu qui ne produit rien non plus qu'elles. Toutes ces
rêveries ont dû être abolies par celui qui a pris naissance d'une vierge. Et qui pourrait souffrir qu'après
avoir attribué au feu tant d'honneur et presque de la
chasteté, ils ne rougissent point de faire quelquefois passer Vesta pour Vénus, afin que la virginité,
si révérée dans ses prêtresses, ne soit plus qu'une

(1) *Terra* est la terre élémentaire; *Tellus*, la déesse de
la terre; *Tellumo*, le dieu à qui la vertu de la terre était consacrée.

vaine chimère? En effet, si Vesta est la même que Vénus, comment des vierges qui s'abstiennent des actions vénériennes la peuvent-elles servir dignement? Y aurait-il par hasard deux Vénus, l'une vierge et l'autre femme? ou plutôt trois, l'une pour les vierges, qui est la même que Vesta; l'autre pour les femmes mariées, et la troisième pour les courtisanes, à qui les Phéniciens offraient le prix de la prostitution de leurs filles avant que de les marier? Laquelle de ces trois est la femme de Vulcain? Ce n'est pas la vierge, puisqu'elle a un mari. A Dieu ne plaise que ce soit la courtisane! ce serait faire trop d'injure au fils de Junon et à l'émule de Minerve. C'est donc celle des femmes mariées; qu'elles prennent garde en ce cas de ne pas l'imiter dans le crime qu'elle commit avec le dieu Mars. Vous revenez, disent-ils, aux fables; mais avec quelle justice s'emportent-ils contre nous de ce que nous parlons de ces crimes de leurs dieux, et ne se courroucent-ils pas contre eux-mêmes de ce qu'ils les voient avec tant de plaisir représenter sur les théâtres, et, ce qui serait incroyable, si le fait n'était pas constant, de ce que ces représentations même sont consacrées à leur honneur?

CHAPITRE XI.

Les plus savans d'entre les payens soutiennent que tous les dieux ne sont autres que Jupiter.

Qu'ils apportent donc autant de raisons naturelles qu'il leur plaira, pour prouver que Jupiter est tantôt l'ame du monde, qui remplit et qui meut toute cette grande machine composée de quatre ou d'un plus grand nombre d'élémens; tantôt qu'il fait part de sa puissance à sa sœur et à ses frères; tantôt qu'il est la partie supérieure de l'air, afin d'embrasser sa Junon, qui est l'air répandu au-dessous de lui; tantôt qu'avec l'air il est tout le ciel, et que, par des pluies bienfaisantes, il fertilise la terre, comme sa femme et en même temps sa mère, car cela n'est point déshonnête parmi les dieux; tantôt enfin, pour n'être pas obligé de parcourir toute la nature, qu'il est ce Dieu unique dont plusieurs croient qu'a entendu parler Virgile, lorsqu'il a dit : « Dieu se répand par toutes les terres, par les » vastes espaces des mers et par l'étendue profonde du » ciel. » Qu'ainsi, au sommet de l'éther, il soit Jupiter, Junon dans l'air, Neptune dans la mer, Salacie au fond de la mer, Pluton dans la terre, Proserpine dans la plus basse partie de la terre, Vesta dans les foyers des maisons, Vulcain dans la forge, le Soleil, la Lune et les Étoiles parmi les astres, Apollon dans les prédictions, Mercure dans le commerce, Janus en tout ce qui commence, Terminus en tout ce qui finit, Saturne dans le temps, Mars et Bellone dans la guerre, Bacchus dans les vignes, Cérès dans les bleds, Diane dans les forêts, Minerve dans les arts; en un mot, qu'il soit toute cette foule de petits dieux qui sont comme le peuple des divinités; qu'il préside sous le nom de Liber à la vertu générative des hommes, et sous celui de Libéra à celle des femmes; qu'il soit ce Diespiter, qui conduit l'enfantement à terme; ou la déesse Ména, préposée aux menstrues des femmes; ou Lucine, qu'elles invoquent dans leurs couches; ou cette Ops, qui secourt les enfans naissans et les reçoit sur terre; que ce soit lui qui leur ouvre la bouche pour crier, et de là prend le nom de Vagitan; qui les lève de terre sous le nom de Levane; qui a soin de leur berceau, et que l'on appelle Cunine; qu'il réside dans ces déesses qui annoncent aux enfans leurs destinées, et qu'on nomme Carmentes; qu'il préside aux évènemens fortuits et s'appelle Fortune; que, sous le nom de la déesse Rumine, il fasse prendre la mamelle aux enfans (1); que, sous celui de Potine, il leur donne à boire, et à manger sous celui de la déesse Educe; qu'il s'appelle Paventia de la peur qui surprend les enfans, Vénilie de l'espérance qui vient, Volupie de la volupté, Aénorie de l'action, Stimule des aiguillons qui portent les hommes trop loin dans leurs actions, Strenue de ce qu'il rend courageux, Numéria de ce qu'il apprend à compter, Camœna de ce qu'il enseigne à chanter, Consus de ce qu'il

---

(1) Les anciens Romains appelaient une mamelle *ruma*.

donne des conseils, Sentia de ce qu'il inspire des pensées; qu'il soit la déesse Juventas, qui fait passer de l'enfance à la jeunesse ; qu'il soit la Fortune Barbue, qui couvre de duvet le menton des jeunes gens, et que l'on devait par honneur nommer Fortunius, plutôt que Fortune, ou Barbu de barbe, comme on nomme le dieu Nodot des nœuds du tuyau de l'épi, puisque, quelle que puisse être cette divinité, elle est indubitablement mâle, attendu qu'elle a de la barbe ; que ce soit lui qui, sous le nom de Jugatin, joint ensemble les nouveaux époux, et que l'on invoque sous celui de la déesse Virginale, quand on ôte la ceinture à la mariée qui est encore vierge ; et s'il n'en a point de honte, qu'il soit aussi ce dieu Mutinus ou Tutunus, qui est le même que Priape parmi les Grecs. Que toutes ces choses donc que j'ai dites, et toutes celles que je n'ai pas dites (car je n'ai pas eu dessein de tout dire); que tous ces dieux et toutes ces déesses soient, si l'on veut le seul Jupiter, en admettant que toutes ces choses soient ou ses parties ou ses vertus, ainsi que le croient ceux qui regardent Jupiter comme l'ame du monde, opinion la plus répandue parmi les plus savans d'entre les Gentils; en admettant donc cette hypothèse, que je n'ai pas en ce moment l'intention d'examiner à fond, qu'y perdraient nos adversaires, si, par un calcul plus court et plus prudent, ils n'adoraient qu'un seul dieu ? Que mépriserait-on de lui lorsqu'on l'adorerait lui-même ? S'il y avait à craindre que quelques parties de sa divinité omises ou négligées n'en conçussent de l'indignation, il n'est donc pas vrai que ce dieu soit la vie de tous les autres dieux comme de ses membres, de ses vertus ou de ses parties; mais il faut que chaque partie ait sa vie particulière distincte de celle des autres, puisque l'une peut se fâcher ou s'apaiser sans l'autre. Prétendra-t-on que toutes ses parties ensemble, c'est-à-dire tout Jupiter, s'offenserait si chaque partie n'était particulièrement servie et adorée? On aurait tort, par cela seul que l'on n'omettrait d'en servir aucune du moment où l'on servirait celui qui les comprendrait toutes. Sans entrer à ce sujet dans une multitude infinie d'observations, quand ils disent que tous les astres sont des parties de Jupiter, qu'ils vivent tous et ont des ames raisonnables, et qu'ainsi, sans difficulté, ce sont des dieux, ils ne voient pas qu'il s'ensuit de là qu'il y a bien des dieux qu'ils n'adorent point et à qui ils n'élèvent ni temples, ni autels, puisqu'il y a si peu d'astres à qui ils en aient dressé et à qui ils sacrifient en particulier. Si donc les dieux s'offensent quand on ne les adore pas en particulier, comment les payens, qui ne cherchent à se rendre qu'un très petit nombre d'astres favorables, ne craignent-ils point d'avoir tout le ciel contraire? Mais s'ils s'imaginent adorer toutes les étoiles, parce qu'elles sont toutes en Jupiter qu'ils adorent, ils pourraient donc aussi fort bien servir tous les dieux en le servant lui seul; et ce serait le moyen de les contenter tous; au lieu que le culte rendu à quelques-uns doit mécontenter le grand nombre d'autres qui sont négligés, pour peu surtout qu'ils considerent qu'on leur préfère Priape dans un hideux état de nudité, tandisque eux brillent au ciel d'une lumière si éclatante.

CHAPITRE XII.

De l'opinion de ceux qui ont cru que Dieu est l'ame du monde, et le monde le corps de Dieu.

Que dirai-je de cette opinion (1)? Ne doit-elle pas faire soulever tout ce qu'il y a de gens d'esprit ou plutôt toute sorte de gens? En effet, il n'est pas besoin d'une grande subtilité, mais seulement de bonne foi, pour concevoir que si Dieu est l'ame du monde, et le monde le corps de cette ame, en sorte que ce soit un animal composé d'ame et de corps, et que si ce ce Dieu est comme le sein de la nature contenant toutes choses en soi, tellement que les ames de tous les êtres animés soient tirées de son ame qui donne la vie à toute cette grande machine, il n'y a rien qui ne soit une partie de Dieu. Or, qui ne voit les conséquences impies de ce sentiment? S'il en est ainsi, quand on foule quelque chose aux pieds, on foule aux pieds une partie de Dieu; et toutes les fois que l'on tue un animal, c'est une partie de Dieu que l'on tue. Je ne veux pas dire tout ce qui peut venir en pensée là-dessus et qui ne saurait se dire sans honte.

(1) Que Dieu est l'ame du monde.

CHAPITRE XIII.

De ceux qui allèguent qu'il n'y a que les animaux raisonnables qui soient des parties de Dieu.

S'ils avancent qu'il n'y a que les animaux raisonnables, comme sont les hommes, qui soient des parties de Dieu, je ne vois pas sur quoi ils fondent cette assertion, attendu que, si tout le monde est le corps de Dieu, il faut nécessairement que les bêtes en fassent partie. Mais, pour abréger une vaine discussion, qu'y a-t-il de plus ridicule, même à propos de l'animal raisonnable, c'est-à-dire de l'homme, que de prétendre que, quand on frappe un enfant, c'est une partie de Dieu que l'on frappe? Qui serait assez fou pour avancer que des parties de Dieu deviennent vicieuses, impudiques, impies, détestables? Enfin, pourquoi Dieu se fâche-t-il contre ceux qui ne l'adorent pas, puisque ce sont ses parties même qui manquent à l'adorer? Que ne disent-ils tout de suite que chaque dieu a sa vie propre, qu'aucun d'eux ne fait partie d'un autre, et qu'il faut adorer tous ceux que l'on peut connaître et servir, parce qu'il y en a tant qu'il est impossible de les connaître tous. Ainsi, comme Jupiter est leur roi, j'imagine qu'ils lui attribuent la fondation et l'accroissement de l'empire romain. S'il n'était l'auteur d'un si grand ouvrage, à quel autre dieu en feraient-ils honneur, lorsqu'ils ont tous des emplois distincts qui les occupent assez et ne leur laissent pas le temps d'entreprendre sur la charge les uns des autres ? Il n'y a donc sans contredit que le roi des dieux qui ait pu travailler à l'accroissement et à la grandeur du roi des peuples.

CHAPITRE XIV.

On attribue faussement à Jupiter l'accroissement des états, puisque, si la Victoire est une déesse, comme ils le prétendent, elle a pu seule suffire à cette affaire.

Je demande d'abord ici pourquoi l'empire même n'est pas un dieu ? qui s'opposerait à ce qu'il le fût, si la Victoire est une déesse ? Qu'est-il même besoin de Jupiter pour cela, si la Victoire va toujours trouver ceux qu'elle veut rendre vainqueurs ? Avec la protection de cette déesse, quand Jupiter demeurerait les bras croisés, ou serait occupé ailleurs, quelles nations ne seraient vaincues ? quels royaumes ne seraient assujétis ? Serait-ce que les gens de bien ne sont point jaloux d'entreprendre des guerres injustes, et d'attaquer leurs voisins qui ne leur font aucun mal, seulement pour accroître leur empire ? Si nos adversaires sont dans ce sentiment, je m'en réjouis et je les en félicite.

CHAPITRE XV.

Il n'est pas d'un peuple vertueux de chercher à étentendre ses limites.

Je dois alors leur faire observer qu'il sied mal à un peuple vertueux de se réjouir de l'extension de ses limites, qui fussent en effet restées les mêmes, si l'injustice de ses voisins ne lui eussent donné lieu de s'agrandir par la guerre. Véritablement, tous les royaumes seraient d'une très petite étendue, si tous les peuples qui sont proches les uns des autres s'étaient tenus en paix ; et il y aurait plusieurs royaumes dans le monde comme il y a plusieurs maisons dans une ville. Ainsi c'est un bonheur pour les méchans de faire la guerre et d'accroître leur empire en subjuguant plusieurs nations ; mais les gens de bien ont besoin d'y être contraints par la nécessité. Toutefois, comme le mal serait plus grand si ceux qui ont fait l'injure devenaient les maîtres de ceux qui l'ont soufferte, on a raison d'appeler bonheur les conquêtes des gens de bien ; ce qui n'empêche pas que le bonheur ne soit plus grand de vivre en paix avec un bon voisin que d'être obligé d'en subjuguer un mauvais. Il n'y a qu'un méchant qui souhaite d'avoir que qu'un qu'il haïsse ou qu'il craigne, afin de se ménager quelqu'un qu'il puisse vaincre. Si donc les Romains sont parvenus à acquérir un si grand empire en n'entreprenant que des guerres justes, ne doivent-ils pas adorer l'injustice d'autrui comme une déesse, puisqu'elle a si fort contribué à leur accroissement, par le soin qu'elle a pris de leur fournir des gens injustes à qui ils pouvaient faire justement la guerre? Et pourquoi l'Injustice ne serait-elle pas une déesse, au moins des nations étrangères, lorsque la Crainte, la Pâleur et la Fièvre sont au rang des divinités romaines? C'est donc à ces deux déesses, l'Injustice des ennemis et la Victoire, qu'il convient de rapporter la grandeur des Romains, puisqu'ils doivent à l'une des sujets de guerre, que l'autre a terminées heureusement sans que Jupiter s'en soit mêlé. Quelle part y pourrait-il avoir, du moment où les faveurs qui seraient réputées venir de lui sont elles-mêmes prises pour des divinités, et sont honorées et invoquées comme telles? Il y aurait part s'il s'appelait aussi Empire comme l'autre s'appelle Victoire. Ou si l'on dit que l'empire est un présent de Jupiter, pourquoi la victoire n'en sera-t-elle pas un aussi? Certainement c'en serait un, si l'on n'adorait pas une pierre dans le Capitole, mais celui qui est vraiment le roi des rois et le souverain des souverains.

CHAPITRE XVI.

Pourquoi les Romains avaient placé hors de la ville le temple du Repos, pendant qu'ils en avaient élevé dans l'intérieur à tant d'autres divinités.

Je m'étonne de ce qu'ayant attribué une divinité à chaque chose et presque à chaque mouvement, et bâti des temples dans la ville à la déesse Agénore qui nous fait agir, à la déesse Stimule qui nous pousse trop loin, à la déesse Murice qui, bien loin de nous exciter, comme dit Pomponius, nous rend mous et languissans, à la déesse Strenue qui nous inspire le courage, ils n'ont pas voulu y admettre le repos, et l'ont laissé hors la porte Colline. N'était-ce point pour marquer leur esprit inquiet, ou plutôt pour faire voir que ceux qui adorent cette troupe, je ne dis pas de dieux, mais de démons, ne peuvent jouir du repos auquel le vrai médecin nous appelle quand il dit : « Apprenez de moi à être doux et humble de cœur, et vous trouverez le repos de vos ames (1). »

(1) Matth., 11, 29.

CHAPITRE XVII.

Si la toute-puissance réside en Jupiter, la Victoire doit-elle être estimée déesse?

Diront-ils que Jupiter envoie la déesse Victoire qui, par suite de l'obéissance qu'elle doit au roi des dieux, va trouver ceux qu'il lui désigne, et se range de leur leur côté? Il peut se dire avec fondement, non de ce Jupiter qu'ils réputent le roi des dieux, mais du vrai roi des siècles, qu'il envoie son ange et non pas la Victoire, qui n'est pas une substance, et qu'il fait vaincre ceux qu'il lui plaît, lui dont les conseils peuvent être cachés, mais ne sauraient jamais être injustes. Si la Victoire est une déesse, qui empêche que le Triomphe ne soit aussi un dieu, et que n'en font-ils son mari, ou son frère, ou son fils? Dans le fait, les opinions qu'ils ont eu des dieux sont telles, que si les poètes en avaient dit autant, et que nous les voulussions relever, ils répondraient que ce sont des fictions poétiques dont il faut rire, et ne pas les attribuer à de véritables divinités: et cependant ils ne riaient pas d'eux-mêmes, lorsque, au lieu de lire ces rêveries dans les poètes, ils les consacraient d'eux-mêmes dans les temples. Ils devaient donc demander toutes choses à Jupiter et ne s'adresser qu'à lui, puisque quelque part qu'il eût envoyé la Victoire, comme c'est une déesse qui lui est soumise, elle n'eût osé lui résister,

CHAPITRE XVIII.

Raisons qui ont porté les payens à mettre la Fortune et la Félicité au nombre des déesses.

Que dirai-je de ce qu'on a fait aussi une déesse de la Félicité? Ne lui a-t-on pas construit un temple, dressé un autel, offert des sacrifices? Il fallait en ce cas s'en tenir à elle, attendu que tout bien doit abonder où elle se trouve; mais non, la Fortune a obtenu comme elle le rang et les honneurs divins. Y a-t-il donc quelque différence entre la Fortune et la Félicité? Cette différence consisterait-elle en ce que la Fortune peut être mauvaise, au lieu que si la Félicité était mauvaise, elle ne serait plus félicité? Cependant, tous les dieux, de quelque sexe qu'ils soient, si toutefois ils ont aucun sexe, doivent être réputés également bons. Au moins est-ce le sentiment de Platon et des autres philosophes, aussi bien que des plus excellens législateurs. Comment donc la déesse Fortune est-elle tantôt bonne, tantôt mauvaise? Serait-ce par hasard que, lorsqu'elle devient mauvaise, elle cesse d'être déesse et se change tout d'un coup en un pernicieux démon? Combien y a-t-il donc de Fortunes? Il faut assurément qu'il y en ait autant de bonnes qu'il y a d'hommes heureux; et puisqu'il existe en même temps plusieurs malheureux, il faut dire aussi qu'il y a plusieurs mauvaises Fortunes. S'il n'y en avait qu'une, ne serait-il pas évident qu'elle serait en même temps bonne et mauvaise, bonne pour les uns et mauvaise pour les autres ? La question est de savoir si celle qui est déesse est toujours bonne. En cas d'affirmative, c'est la même chose que la Félicité. Pourquoi donc leur donner des noms différens ? Passe encore pour cela, vu qu'il n'est pas extraordinaire qu'une même chose porte deux noms. Mais à quoi bon avoir distingué leurs temples, séparé leurs autels, différencié leurs cérémonies ? Cela vient, disent-ils, de ce que la Félicité est celle que les gens de bien possèdent par leurs mérites, au lieu que la bonne Fortune arrive fortuitement aux bons et aux méchans, sans avoir aucun égard aux mérites des personnes, ce qui fait qu'elle s'appelle Fortune. Comment donc est-elle bonne, puisqu'elle arrive sans discernement aux bons et aux méchans ? A quelle fin la servir, puisqu'elle est si aveugle qu'elle s'offre indifféremment à tous, et laisse même souvent ceux qui la servent pour s'attacher à ceux qui la méprisent ? Que si ceux qui l'adorent se flattent de fixer son attention et son amour, elle a donc égard aux mérites et n'arrive point fortuitement. Que devient alors la définition de la Fortune, et comment peut-on dire qu'elle se nomme ainsi parce qu'elle est fortuite ? De deux choses l'une : ou il est inutile de la servir si elle est fortune ; si elle sait discerner ceux qui la servent, pour leur faire du bien, elle cesse d'être fortune. Jupiter l'envoie-t-il aussi où il lui plaît ? Qu'on ne serve donc que Jupiter, puisque la Fortune n'a pas le pouvoir de lui résister, et qu'il faut qu'elle aille partout où il l'envoie, ou du moins qu'il n'y ait que les méchans qui la servent et ceux qui ne veulent rien faire pour appeler à eux la Félicité.

CHAPITRE XIX.

De la Fortune des femmes.

Les payens ont tant de vénération pour la Fortune, qu'ils ont consigné dans leurs livres que la statue qui lui a été érigée par les dames romaines, sous le nom de *la Fortune des femmes*, avait parlé, et dit plus d'une fois qu'elles avaient fort bien fait de lui rendre cet honneur; cela serait vrai qu'il ne faudrait pas encore s'en étonner; car il n'est pas mal aisé aux démons de tromper ainsi les hommes. Mais ce qui devait les désabuser, c'est que cette déesse qui a parlé est celle qui arrive fortuitement, et non celle qui a égard aux mérites. La Fortune a parlé, et la Félicité est demeurée muette. A quelle fin, sinon afin que les hommes ne se souciassent pas de bien vivre, assurés d'avance de la protection de celle qui devait les rendre heureux sans considérer s'ils le méritaient? Et véritablement, si la Fortune eût eu à parler, ce devait être *la Fortune des hommes*, plutôt que celle des *femmes*, pour prévenir l'idée qu'un aussi grand miracle avait été publié faussement par le caquet des femmes même qui avaient dédié cette statue.

CHAPITRE XX.

Il n'y avait pas plus de raisons pour faire des déesses de la Vertu et de la Foi, que des autres qualités estimables.

Ils ont fait une déesse de la Vertu : si véritablement elle en était une, elle serait préférable à beaucoup d'autres ; mais comme ce n'est pas une déesse, mais un don de Dieu, demandons-la à celui qui seul peut la donner, et toute la tourbe des faux dieux s'évanouira. Sur quel fondement a-t-on cru aussi la Foi une déesse, et lui a-t-on consacré un temple et un autel, elle qui réside comme dans son temple, en quiconque la connaît parfaitement ? D'où nos adversaires savent-ils ce que c'est que la Foi, dont le premier et le principal office est d'inspirer la croyance du vrai Dieu ? La Vertu ne suffisait-elle pas ? Ne comprend-elle pas la Foi ? Eux-mêmes ont divisé la Vertu en quatre espèces, la prudence, la justice, la force et la tempérance. Or, la Foi fait partie de la justice, surtout parmi nous qui savons que « le juste vit de la » Foi (1). » Mais je m'étonne que des gens si désireux de posséder une foule de dieux, aient fait une déesse de la Foi, et oublié tant d'autres vertus à qui ils pouvaient tout aussi bien dédier des temples et des autels.

(1) Habacuc, 4.

Par exemple, la Tempérance n'a-t-elle pas merité d'être déesse, après avoir fait acquérir tant de gloire à quelques-uns des plus illustres Romains ? Pourquoi la Force n'a-t-elle pas obtenu les honneurs de la divinité, elle qui assura la main de Mutius au milieu d'un brasier ardent, qui porta Curtius à se jeter dans un abîme pour sa patrie, et assista les deux Décius, lorsqu'ils se dévouèrent pour le salut de l'armée ? si toutefois il est vrai que ces Romains eussent une véritable force, ce qu'il ne s'agit pas d'examiner maintenant. Qui empêche que la Sagesse et la Prudence ne figurent au rang des déesses ? Est-ce qu'on les honorerait toutes sous le nom général de Vertu ? De cette sorte, ils pourraient aussi n'adorer qu'un seul dieu, ceux qui croient que les autres dieux n'en sont que des parties. Mais la Vertu comprend aussi la Foi et la Chasteté, qui cependant ont mérité d'avoir des autels dans des temples séparés.

CHAPITRE XXI.

Les payens qui n'avaient pas la connaissance des dons de Dieu devaient au moins se contenter de la Vertu et de la Félicité.

Toutes ces déesses ne sont pas l'ouvrage de la vérité, mais de la vanité. Dans le fait, ce sont des dons du vrai Dieu, et non pas des déesses. D'ailleurs, quand on possède la Vertu et la Félicité, qu'a-t-on à désirer encore ? Quelle chose peut suffire à celui à qui ne suffisent pas la Vertu, qui embrasse tout ce que l'on doit faire, et la Félicité, qui renferme tout ce qu'on doit souhaiter ? Si l'on servait Jupiter pour les obtenir de lui (car si la durée et l'étendue d'un empire est un bien, il appartient à la Félicité), comment ne comprenait-on pas que c'était des dons de Dieu, et non des déesses ? Et si elles étaient réputées déesses, pourquoi du moins ne s'en contentait-on pas, sans aller recourir à un si grand nombre d'autres dieux ? Après avoir considéré les fonctions de tous les dieux et de toutes les déesses, telles qu'il leur a plu se les imaginer, qu'ils trouvent, s'ils peuvent, quelque chose qu'un dieu puisse donner à un homme qui possède la Vertu et la Félicité. Quelle science demanderait-on à Mercure et à Minerve, du moment que la Vertu contient en soi toutes les sciences, suivant la définition des anciens, qui entendaient par Vertu l'art de bien vivre, et faisaient venir le mot latin ARS (1), du mot grec APETH, qui signifie vertu ? Si la vertu ne peut être possédée que par ceux qui ont de l'esprit, qu'était-il besoin du vieux dieu Catius pour rendre les hommes cauts, c'est-à-dire fins, puisque la Félicité pouvait leur donner cet avantage ? Naître spirituel est un bonheur : il suit de là que si ceux qui n'étaient pas encore nés ne pouvaient servir la Félicité pour obtenir d'elle cette faveur, le culte que lui rendaient leurs parens devait suppléer à ce défaut. Quelle nécessité pour les femmes en couches d'invoquer Lucine, lorsque, avec l'assis-

---

(1) Art.

tance de la Félicité, elles pouvaient, non-seulement accoucher heureusement, mais encore mettre au monde des enfans bien partagés ? Etait-il besoin de recommander à la déesse Ops les enfans naissans, au dieu Vagitan ceux qui crient, à la déesse Cunine ceux qui sont au berceau, à la déesse Rumine ceux qui prennent la mamelle, au dieu Statilin ceux qui sont debout, à la déesse Adéone ceux qui nous abordent, à la déesse Abéone ceux qui s'envont ? Pourquoi fallait-il s'adresser à la déesse Intelligence pour être intelligent, au dieu Volumnus et à la déesse Volumna pour porter la volonté au bien, aux dieux des noces, afin que les mariages fussent heureux, aux dieux champêtres, et surtout à la déesse Fructésée, pour récolter une grande abondance de fruits, à Mars et à Bellone pour bien faire la guerre, à la déesse Victoire pour vaincre, au dieu Honorin pour être honoré, à la déesse Pécune pour être pécunieux, au dieu Æsculan et à son fils Argentin pour avoir de la monnaie de cuivre et d'argent ? Ils ont fait Æsculan père d'Argentin, parce que la monnaie d'airain a eu cours avant celle d'argent ; mais je m'étonne qu'Argentin n'ait point aussi engendré Aurin, puisque la monnaie d'or est venue ensuite. Sans doute, s'ils eussent eu ce dieu, ils l'auraient préféré à son père Argentin et à son grand-père Æsculan, comme ils ont préféré Jupiter à Saturne. Qu'était-il besoin, en faveur des biens de l'esprit, ou du corps, ou de la fortune, d'adorer et d'invoquer cette foule de dieux que je n'ai pas tous nommés, et qu'eux-mêmes n'ont pu partager en aussi grand nombre qu'il le faudrait pour assigner à chacun chaque commodité de la vie, lorsque la seule déesse Félicité pouvait leur donner tout cela à la fois? Non-seulement ils ne devaient point s'adresser à d'autre qu'à elle pour obtenir les biens, mais encore pour éviter les maux. Car, à quoi bon invoquer la déesse Fessonie pour ceux qui étaient las, ou la déesse Pellone pour repousser les ennemis, Apollon ou Esculape pour les malades, ou tous deux ensemble quand le danger était grand? Fallait-il implorer le dieu Spinence pour qu'il arrachât les épines des champs, ou la déesse Nielle pour l'empêcher d'approcher des bleds? La seule Félicité, par sa présence et sa protection, pouvait détourner ou dissiper tous ces maux. Enfin, puisque nous parlons ici de la Vertu et de la Félicité, si la félicité est la récompense de la vertu, ce n'est pas une déesse, mais un don de Dieu; et si c'est une déesse, que ne dit-on que c'est elle-même qui donne la vertu, vu que c'est un grand bonheur d'être vertueux?

CHAPITRE XXII.

Varron se vante à tort d'avoir appris aux Romains la science de servir les dieux.

Qu'a donc Varron de faire valoir comme une grande obligation que lui ont ses concitoyens, le soin qu'il a pris de leur enseigner, non-seulement quels dieux ils doivent honorer, mais encore quelle fonction appartient à chacun d'eux? « Comme il ne sert à rien, » dit-il, de connaître un médecin de nom et de visage, si l'on ne sait que c'est un médecin, de même » il est inutile de savoir qu'Esculape est un dieu, si » l'on ignore qu'il guérit les maladies, et que l'on soit » ainsi hors d'état de recourir à lui en cas de nécessité? » Il se sert encore d'une autre comparaison pour confirmer l'étendue de son service. « De même, » poursuit-il, que l'on ne saurait vivre à l'aise, ni » même conserver sa vie, si l'on ne connaît ceux qui » exercent les métiers de maréchal, de boulanger, de » couvreur, ceux qui fabriquent les divers ustensiles, » ceux que l'on peut employer au besoin comme aides » ou comme maîtres et régulateurs; ainsi, la connaissance des dieux n'est utile qu'autant qu'elle est » jointe à celle de la puissance et de la vertu que chaque dieu possède en chaque chose. Par ce moyen, » nous pouvons savoir quel dieu il nous faudra invoquer pour tel ou tel objet, et nous ne courrons pas » le risque de nous adresser, comme les baladins, à » Bacchus pour avoir de l'eau, et aux nymphes pour » obtenir du vin. » Voilà sans doute une science très importante; il n'y a personne qui ne rendît grace à Varron, si ce qu'il enseigne était véritable, et qu'il apprît aux hommes à servir le seul vrai Dieu, qui est la source de tous biens.

CHAPITRE XXIII.

Les Romains ont été long-temps sans adorer la Félicité, quoiqu'ils adorasssent tant de dieux et qu'elle seule dût leur tenir lieu de tous les autres.

Mais, et c'est ce dont il est ici question, si les livres et les cérémonies des payens sont véritables, et que la Félicité soit une déesse, que ne l'ont-ils uniquement adorée, elle qui pouvait tout donner et rendre sans délai un homme heureux? Eh! que désirons-nous autre chose que le bonheur? Pourquoi ont-ils attendu si tard à lui bâtir un temple (1)? Pourquoi Romulus lui-même, qui voulait fonder une Cité heureuse, ne lui en a-t-il pas construit un de préférence à tous les autres dieux qu'il pouvait se dispenser d'invoquer, attendu que rien ne lui aurait manqué avec elle? En effet, sans son assistance, il n'aurait pas été roi, ni mis ensuite au rang des dieux. A quelle fin donc a-t-il donné pour dieux aux Romains Janus, Jupiter, Mars, Picus, Faune, Tibérinus, Hercule? Quelle nécessité que Titus Tatius y ait ajouté Saturne, Ops, le Soleil, la Lune, Vulcain, la Lumière, et une infinité d'autres, jusqu'à la déesse Cloacine, en

---

(1) Ce temple fut construit par Lucullus, plus de six cents ans après la fondation de Rome, en reconnaissance des victoires qu'il avait remportées sur Tigrane et Mithridate.

même temps qu'il négligeait la Félicité ? Pour quelle cause Numa a-t-il introduit tant de dieux et tant de déesses sans celle-ci ? Serait-ce point qu'il n'a pu la découvrir dans une si grande foule de divinités ? Au moins si Hostilius l'eût connue et adorée, il n'aurait pas consacré la Peur et la Pâleur, qui, l'une et l'autre, fussent disparues à l'aspect de la Félicité.

Au surplus, comment se fait-il que l'empire romain s'était déjà extrêmement accru, avant que personne adorât encore la Félicité ? N'est-ce point pour cela qu'il était plus grand qu'heureux ? Et comment y aurait-il eu de véritable félicité où il n'y avait point de véritable piété ? La piété en effet est le culte sincère du vrai Dieu, et non celui de tant de fausses divinités qui sont autant de démons. Mais depuis même que la Félicité eût été reçue au nombre des dieux, les guerres civiles arrivèrent. Ces malheurs viendraient-ils par hasard de ce qu'elle fut justement indignée d'y avoir été reçue si tard, et de ce qu'on ne l'y recevait pas tant pour lui faire honneur que pour lui faire injure, puisqu'on la joignait à Priape, à Cloacine, à la Peur, à la Pâleur, à la Fièvre, et à tant d'autres qui sont moins des puissances à adorer que la honte de leurs criminels adorateurs ?

Si l'on voulait après tout associer une si grande déesse à une troupe si méprisable, que ne lui rendait-on au moins plus d'honneur qu'aux autres ? Qui ne s'indignerait de ce que la Félicité n'a été placée ni entre les dieux Consentes, qu'ils disent composer le conseil de Jupiter, ni entre les dieux Choisis ; et de ce que son temple ne se fait remarquer ni par sa position élevée ni par la magnificence de son architecture ? Pourquoi ne ferait-on pas plus pour elle que pour Jupiter même, puisque c'est elle qui a mis Jupiter sur le trône, si toutefois il a été heureux pendant son règne ? Bien plus, elle vaut mieux qu'un royaume ; car il est constant que l'on trouverait sans peine un homme qui craignît d'être roi, au lieu qu'il n'y en a point qui renonçât à être heureux. Que l'on demande aux dieux, par le moyen des augures ou de toute autre manière, s'ils le voudraient céder à la Félicité, au cas où leurs temples et leurs autels ne laisseraient plus de place pour lui bâtir un édifice digne d'elle ; je ne doute point que Jupiter lui-même ne consentît à ce qu'elle occupât le Capitole. Personne ne s'opposerait à la Félicité, que celui qui voudrait être malheureux : ce que personne ne peut vouloir. Certes Jupiter n'en userait pas comme en usèrent à son égard les dieux Mars et Terme, et la déesse Juventas, qui ne voulurent point lui céder, bien qu'il soit leur souverain. On lit en effet dans leurs auteurs que quand Tarquin se proposait de bâtir le Capitole, il fit choix du lieu qui lui semblait le plus propre pour cela, mais qui se trouvait occupé par plusieurs autres dieux ; comme il n'osait en disposer sans leur consentement, quoiqu'il crût que ces dieux céderaient volontiers à leur roi, il s'enquit par les augures s'ils voudraient bien abandonner la place à Jupiter ; à quoi tous consentirent, excepté Mars, Terme et Juventas : de sorte que ces derniers furent aussi admis dans le Capitole, mais sous des représentations si obscures, qu'à peine les plus doctes savaient qu'ils y fussent (1). Mais assurément ceux même qui ont résisté à Jupiter le céderaient à la Félicité, qui leur a donné Jupiter pour roi ; ou, s'ils ne lui cédaient pas, ce serait moins par mépris que par le désir de demeurer inconnus dans le temple de la Félicité, plutôt que d'avoir sans elle les plus éminens sanctuaires.

Ainsi, dès que la Félicité serait exposée dans un lieu élevé et spacieux, tout le peuple saurait à qui il devrait adresser ses vœux ; et, portés naturellement à laisser là cette multitude inutile de divinités, tous ceux qui aspireraient au bonheur, c'est-à-dire tout le monde, n'adoreraient plus que la Félicité, n'invoqueraient plus qu'elle, ne fréquenteraient plus que son temple, et lui demanderaient à elle-même ses propres faveurs qu'ils imploraient auparavant de tous les dieux. Eh ! que désire-t-on autre chose, de quelque dieu que ce soit, sinon la félicité, ou ce qu'on croit pouvoir y contribuer ? Si donc il dépend de la Félicité de se donner à qui bon lui semble, ce dont on ne saurait douter si elle est en effet déesse, n'est-ce pas une folie de la demander à quelque autre dieu, lorsqu'on peut l'obtenir d'elle-même ? Ils devaient en ce cas l'honorer sur tous les autres dieux, en lui donnant un lieu plus éminent. C'est ainsi, comme on l'apprend encore de leurs auteurs, que les anciens Romains rendaient plus d'honneur à je ne sais quel dieu Summan à qui ils

---

(1) Il y a ici deux lignes au latin qui ne sont qu'une pure redite.

attribuaient les foudres de la nuit, qu'à Jupiter de qui dépendaient ceux du jour; mais que, depuis que Tarquin a bâti un temple superbe à celui-ci en un lieu éminent, la beauté et la magnificence de cet édifice ont tellement attiré tout le monde, qu'à peine s'en trouve-t-il, je ne dis pas qui aient entendu parler de Summan, car il y long-temps qu'on n'en parle plus, mais qui se souviennent même d'avoir jamais lu son nom. Si en définitif la Félicité n'est pas une déesse, comme en effet elle n'en est pas une, mais bien un don de Dieu, qu'on cherche donc ce qui peut la donner, et qu'on abandonne cette multitude pernicieuse de faux dieux après laquelle court une multitude d'hommes insensés, qui se fait des dieux des dons de Dieu, et offense, par une obstination superbe, le maître et le dispensateur de ces dons. Celui qui adore la Félicité comme une déesse, et abandonne Dieu qui est l'auteur de la Félicité, ne peut non plus manquer d'être malheureux que celui-là ne peut manquer d'avoir faim qui lèche un pain en peinture, au lieu d'en demander un véritable à celui qui en a.

CHAPITRE XXIV.

Des raisons qu'apportent les payens pour se défendre de ce qu'ils adorent les dons de Dieu comme des dieux.

Voyons maintenant les raisons des idolâtres. Peut-on croire, disent-ils, que nos ancêtres eussent assez peu de sens pour ignorer que ces choses sont, non pas des dieux, mais bien des dons de Dieu ? Comme ils savaient aussi que personne ne peut les avoir, si quelque dieu ne les lui donne, dans l'impossibilité de trouver le nom des dieux qui les distribuent, ils les appelaient du nom de ces choses même, tantôt avec un léger changement, comme de *Bellum* ils ont fait Bellone, Ségèce de *Segetes*, de *Poma* Pomone, de *Bubus* Bubone; et tantôt sans aucun changement, comme ils ont appelé Pécune la déesse qui donne l'argent, sans penser toutefois que l'argent même fut une divinité. C'est ainsi qu'ils ont appelé Vertu celle qui donne la vertu, Honneur celui qui donne l'honneur, Concorde celle qui donne la concorde, Victoire celle qui donne la victoire. De même, ajoutent-ils, quand on dit que la Félicité est une déesse, on n'entend pas la félicité qui nous est donnée, mais la divinité même qui nous la donne.

CHAPITRE XXV.

On ne doit adorer qu'un dieu, que ceux même qui ignorent son nom ne peuvent s'empêcher de reconnaître pour l'unique distributeur de la félicité.

D'après ces explications, nous parviendrons peut-être plus aisément à persuader ce que nous voulons à ceux dont le cœur n'est pas tout-à-fait endurci. Si l'humaine faiblesse n'a pas laissé de reconnaître qu'il n'y a qu'un dieu qui puisse donner la félicité; si tel a été le sentiment des hommes qui adoraient plusieurs dieux à la tête desquels ils plaçaient Jupiter; si enfin, dans l'ignorance où ils étaient du nom de ce dieu, distributeur de la félicité, ils se sont accordés à l'appeler du nom de la chose même dont ils le croyaient le dispensateur; ils ont assez montré par là que Jupiter même qu'ils adoraient déjà ne pouvait donner la félicité, mais qu'il fallait l'attendre de celui qu'ils jugeaient devoir adorer sous le nom de la félicité même. Il est donc évident, je le répète, qu'ils croyaient que la félicité est un don de quelque dieu qu'ils ne connaissaient pas. Qu'on le cherche donc ce dieu, qu'on le serve, et cela suffit; qu'on bannisse cette troupe tumultueuse de démons; que ce dieu ne suffise pas à celui à qui il ne suffit pas d'être heureux. Non, qu'il ne se contente pas d'honorer le dispensateur de la félicité, celui qui ne se contente pas d'obtenir la félicité en partage. Mais que celui qui ne demande rien que le bonheur (et qui peut porter plus loin ses désirs ?) serve ce dieu seul à qui il appartient de rendre heureux. Ce dieu n'est pas celui qu'ils nomment Jupiter ; car, s'ils reconnaissaient Jupiter pour l'auteur de la félicité, ils ne chercheraient pas, sous le nom de Félicité, un autre dieu ou une autre déesse qui pût la leur assurer. Ils seraient d'ailleurs plus respectueux envers lui, et ne rappeleraient plus sans cesse, comme ils le font, ni ses nombreux adultères, ni l'impudique enlèvement de Ganimède.

CHAPITRE XXVI.

Des représentations théâtrales que les dieux ont exigées de leurs adorateurs.

Mais ce sont, dit Cicéron, des fictions d'Homère, qui attribuait aux dieux les vices des hommes. J'aimerais mieux, ajoute-t-il, qu'il eût attribué aux hommes les perfections des dieux. Cet homme grave a eu raison de ne pas approuver un poète qui prête des crimes aux dieux. Pourquoi les plus savans d'entre les payens mettent-ils donc au rang des choses divines les jeux de théâtre où ces crimes sont représentés en l'honneur des dieux même ? Que Cicéron se recrie à ce sujet non contre les fictions des poètes, mais contre la religion de ses ancêtres. Mais ceux-ci n'auraient-ils pas également raison de s'écrier : Quel mal avons-nous fait? Ce sont les dieux même qui ont voulu que ces jeux fussent célébrés en leur honneur, qui nous les ont demandés avec instance et avec menaces, qui nous ont sévèrement punis de ce que nous y avions négligé quelque chose, et qui se sont apaisés quand nous avons réparé cette négligence. Voici ce que l'on rapporte comme un de leurs beaux faits : Un paysan, nommé Titus Latinius, fut averti en songe de dire au sénat que l'on recommençât les jeux, à cause que, le premier jour qu'on les célébra, on avait mené au supplice un criminel devant tout le peuple qui les regardait, et que ce triste spectacle avait déplu à la cour céleste qui ne cherchait dans ces représentations qu'un agréable passe-temps. Comme Latinius n'eût osé s'acquitter de sa commission, la même chose lui fut commandée la nuit d'ensuite, mais plus rudement; et, pour n'avoir pas obéi, il perdit son fils. La troisième nuit il lui fut dit qu'un grand châtiment lui était réservé s'il n'était pas plus docile. Sa timidité le retint encore, et il tomba dans une horrible et dangereuse maladie. Ses amis lui conseillèrent alors d'en avertir les magistrats; à cet effet, il se fit porter en litière au sénat, où il n'eut pas plutôt raconté son songe qu'il se trouva parfaitement guéri et s'en retourna à pied sain et sauf. Le sénat, stupéfait d'un si grand miracle, ordonna une nouvelle célébration des jeux, dans laquelle on ferait quatre fois plus de dépense. Quel homme de bon sens ne reconnaîtra que ces pauvres gens, asservis sous la domination des démons, dont on ne peut être délivré que par la grace de notre Seigneur Jésus-Christ, étaient forcés de donner à ces dieux des spectacles dont l'impureté était manifeste ? On y représentait en effet les mêmes crimes que les poètes leur attribuent ; d'infames acteurs y faisaient voir un Jupiter adultère, et l'apaisaient par là. Si ces crimes étaient supposés, Jupiter ne devait-il pas s'en offenser ? et, s'il prenait plaisir à se voir déshonoré par la représentation de ses véritables crimes, n'est-il pas évident que l'adorer, c'était servir les démons ? Peut-on croire que ce soit lui qui ait fondé l'empire romain, qui l'ait accru, qui l'ait conservé, lui qui est plus méprisable que les derniers des Romains que ces obscénités révoltaient ? Pouvait-il donner le bonheur, celui qui recevait de si malheureux hommages, et qui se mettait encore plus malheureusement en colère s'il n'était honoré de la sorte ?

CHAPITRE XXVII.

Des trois espèces de dieux distinguées par le pontife Scévola.

On trouve quelque part que le savant pontife Scévola distingue les dieux en trois classes, dont l'une a été introduite par les poètes, l'autre par les philosophes, et la troisième par les chefs des gouvernemens. Ainsi, dit-il, la première espèce des dieux est fabuleuse, parce qu'on leur attribue beaucoup de choses indignes d'eux ; la seconde ne convient pas aux gouvernemens, parce qu'elle renferme des choses superflues, et quelques-unes même dont la connaissance peut nuire aux peuples. Pour les superflues, cela n'est pas fort important; car c'est une maxime de droit, que ce qui est superflu ne nuit point. Maintenant quelles sont celles dont la connaissance peut être préjudiciable aux peuples? C'est, selon ce pontife, qu'Hercule, Esculape, Castor et Pollux ne sont pas des dieux; car les savans déclarent qu'ils étaient hommes, et qu'ils ont payé à la nature le tribut que lui doit l'humanité. Que signifie cela, sinon que les peuples n'ont point les vraies images des dieux, parce que le vrai dieu n'a ni sexe, ni âge, ni membres corporels ? C'est ce que Scévola ne veut pas qu'ils sachent, et ce que lui-même suppose vrai. Il croit donc qu'il leur est avantageux d'être trompés en matière de religion. Varron ne fait point de difficulté de le déclarer positivement dans ses traités des choses divines. Sublime Religion et bien capable de délivrer de l'erreur ceux qui y ont recours ! Au lieu de leur offrir la vérité qu'ils cherchent, on pense qu'il faut les tromper pour leur bien. Quant aux dieux des poètes, nous apprenons, à la même source, que Scévola les rejète, attendu qu'ils sont tellement défigurés par les poètes, qu'ils ne méritent pas même d'être comparés aux hommes de quelque probité. Leurs chantres les représentent, les uns comme des voleurs, les autres comme des adultères; ils leur mettent dans la bouche des infamies ou des sottises; ils feignent que trois déesses ont disputé ensemble du prix de la beauté, et que les deux qui furent vaincues par Vénus ruinèrent Troye pour se venger; que Jupiter même s'est changé en cygne ou en taureau pour abuser de quelques femmes; que des déesses ont épousé des hommes; que Saturne a dévoré ses enfans; en un mot, on ne peut inventer de forfaits ni de vices qu'ils n'imputent aux dieux, quoique tout cela soit fort éloigné de leur nature. Illustre pontife, supprimez donc les jeux si vous pouvez; commandez aux peuples qu'ils ne rendent plus aux dieux immortels des honneurs où l'on se plaît à admirer leurs crimes, pour les imiter ensuite. Si le peuple vous répond que ce sont les pontifes eux-mêmes qui les ont introduits, priez donc au moins les dieux par l'ordre desquels vous les avez établis, qu'ils ne commandent plus qu'on leur offre de tels spectacles. S'ils sont mauvais, et que ce qu'on y représente soit indigne de la majesté des dieux, l'injure qu'on leur fait est d'autant plus grande qu'elle est gratuitement supposée. Mais ne craignez pas qu'ils vous exaucent; ce sont des démons qui ne donnent que de mauvais préceptes et ne se plaisent qu'aux turpitudes. Tant s'en faut qu'ils tiennent à injure ces suppositions, qu'ils se courrouceraient si on ne les étalait pas sur un théâtre. Vous invoqueriez en vain Jupiter contre ces jeux, sous prétexte que c'est de lui qu'ils retracent le plus fréquemment les crimes; comment vous exaucerait-il, vous qui lui faites l'outrage de l'adorer avec les autres démons et de l'appeler leur roi?

CHAPITRE XXVIII.

Le culte des dieux a-t-il servi aux Romains pour obtenir et étendre leur empire ?

Ces dieux que l'on apaise, ou plutôt que l'on accuse par de semblables honneurs, et qui seraient moins coupables de se plaire à la représentation de crimes véritables que supposés, n'ont donc pu, en aucune manière, accroître et conserver l'empire romain. S'ils en avaient eu véritablement le pouvoir, ils en auraient usé de préférence en faveur des Grecs, qui leur ont rendu bien plus d'honneur dans ces jeux scéniques, en ce qu'ils n'ont pas voulu se soustraire à la médisance des poètes qui déchiraient les dieux, et leur ont au contraire permis de diffamer qui bon leur semblerait, et encore en ce que, bien loin de réputer les comédiens infames, ils les ont jugés dignes des premières charges de l'état. Mais, de même que les Romains avaient de la monnaie d'or sans adorer un dieu Aurin, de même qu'ils pouvaient avoir de la monnaie d'argent ou de cuivre quand ils n'auraient point eu Argentin ni Æsculan, et ainsi des autres choses ; de même, est-il vrai de dire qu'ils ne pouvaient parvenir à l'empire sans la volonté du vrai Dieu, lors même qu'ils n'auraient point connu cette multitude de faux dieux, ou qu'ils l'auraient méprisée; pourvu seulement qu'ils eussent connu et adoré celui-là par une foi sincère et des mœurs pures, ils auraient obtenu ici-bas un royaume plus heureux que le leur, et après l'avoir possédé, ou même sans l'avoir possédé, ils seraient parvenus à un royaume éternel.

CHAPITRE XXIX.

De la fausseté du présage sur lequel les Romains fondaient la force et la stabilité de leur empire.

Que dirons-nous de ce qu'ils ont pris pour un heureux présage ce que nous avons rapporté ci-dessus, que Mars, Terme et Juventas ne voulurent pas céder la place à Jupiter, le maître souverain des dieux ? Cela signifiait, selon eux, que le peuple de Mars, c'est-à-dire le peuple romain, ne serait jamais chassé des lieux qu'il aurait conquis, que personne ne remuerait les bornes de son empire, et que la jeunesse romaine serait invincible. Comment donc pouvaient-ils reconnaître Jupiter pour roi des dieux et pour celui de qui ils tenaient leur empire, en même temps qu'ils acceptaient ce présage en faveur de ceux qui faisaient gloire de ne lui pas céder ? Après tout, quand ils diraient vrai, ils n'ont absolument rien à craindre; car ils ne conviendront pas sans doute que les dieux, qui n'ont point voulu céder à Jupiter, aient cédé à Jésus-Christ. Ils l'ont pu faire néanmoins, et sortir des lieux où ils étaient adorés, et surtout du cœur des vrais croyans, sans toucher aux bornes de l'empire. Mais avant que Jésus-Christ vînt au monde revêtu de chair, avant même que l'on eût écrit ce que nous rapportons de leurs livres, et, toutefois, depuis ce prodige arrivé sous le roi Tarquin, les armées romaines, réduites plusieurs fois à prendre la fuite, ont démontré la fausseté du présage que l'on tirait de ce que la déesse Juventas n'avait pas voulu céder à Jupiter ; le peuple de Mars a été vaincu dans Rome même lors de l'irruption des Gaulois, et les bornes de l'empire furent extrêmement resserrées par la défection de plusieurs villes qui se rangèrent du côté d'Annibal. Ainsi se sont évanouies les belles promesses de ce grand présage, et il n'est resté que la seule rebellion, non des dieux, mais des démons contre Jupiter. On ne prétendra pas que ce soit la même chose de n'avoir point quitté les lieux qu'on occupait, ou d'être rentré dans ceux qu'on avait quittés. Ajoutez même à cela qu'un ordre d'Adrien changea depuis en Orient les bornes de l'empire romain, par la cession qu'il fit au roi de Perse de trois belles provinces, l'Arménie, la Mésopotamie et l'Assyrie; en sorte qu'il semble que le dieu Terme, qui, selon eux, gardait les frontières de l'empire, et qui, par ce beau présage, n'avait pas voulu céder sa place à Jupiter, ait plus appréhendé d'offenser Adrien que le roi des dieux. Ces provinces, à la vérité, furent dans la suite réunies à l'empire ; mais depuis, et presque de notre temps, le dieu Terme a encore été forcé de se reculer, lorsque Julien, si adonné aux oracles de ces dieux, eut la témérité de faire mettre le feu aux vaisseaux qui portaient les vivres : le défaut de subsistances, et bientôt après la mort de l'empereur lui-même, qui avait été grièvement blessé dans le combat, réduisirent l'armée à une telle extrémité, que personne n'en fût échappé, si, par un accord, on n'eût remis les bornes de l'empire où elles sont aujourd'hui; accord qui, à la vérité, fut moins onéreux que le traité de l'empereur Adrien, mais dont toutefois les conditions étaient loin d'être avantageuses. C'est donc par un vain augure que le dieu Terme ne céda point à Jupiter, puisqu'il céda plus tard aux ordres d'Adrien, à la témérité de Julien et à l'embarras où se trouvait Jovien, successeur de ce dernier. Les plus sages et les plus clairvoyans d'entre les Romains ont bien vu tout cela, mais ils étaient trop faibles pour lutter contre l'ancienne coutume qui avait engagé leur république dans le culte des démons; outre qu'eux-mêmes croyaient qu'on devait rendre à la nature les hommages qui n'appartiennent qu'à Dieu, qui en est le maître et le moteur, « servant, » comme dit l'apôtre, la créature plutôt que le Créa- » teur, qui est béni dans tous les siècles (1). Le secours de ce vrai Dieu était nécessaire pour envoyer des hommes vraiment saints et pieux, qui souffrissent la mort pour la Religion véritable, afin d'abolir la fausse.

(1) Rom., 1, 25.

CHAPITRE XXX.

Idée que les payens se font de leurs dieux.

Cicéron, tout augure qu'il était, se moque des augures, et reprend ceux qui se laissent gouverner par le cri des corbeaux et des corneilles. Mais ce philosophe de l'académie, qui prétend que tout est incertain, ne mérite aucune créance en cette matière. Il introduit, au second livre de la Nature des dieux, un certain Lucilius Balbus, qui, après avoir aussi établi les superstitions sur la nature des choses comme étant à la fois physiques et philosophiques, ne laisse pas de s'emporter contre l'institution des statues et contre les opinions fabuleuses. Voici comme il s'exprime :
« Voyez-vous comment les choses naturelles, inventées
» pour le bien et l'utilité des hommes, ont donné
» lieu de former des dieux supposés et imaginaires ?
» Telle est la source d'une infinité de fausses opinions,
» d'erreurs désolantes et de superstitions ridicules. De
» là proviennent les figures que l'on attribue aux
» dieux, leur âge, leurs habillemens, leurs sexes,
» leurs mariages, leurs alliances, et enfin toutes
» autres choses qu'on a accommodées à la faiblesse
» humaine, comme leurs passions, leurs convoitises,
» leurs chagrins et leurs colères. Si même nous vou-
» lons nous en rapporter aux fables, ils ont eu aussi
» leurs guerres et leurs combats. Ils n'ont pas seule-

» ment pris parti entre deux armées opposées, comme
» on le voit dans Homère, mais ils ont livré bataille
» pour leur propre querelle contre les Titans et les
» géans. Cependant on est assez fou pour dire et pour
» croire ces fables, quoiqu'il n'y ait rien de plus vain
» ni de plus frivole. » C'est ainsi que se prononcent
les défenseurs des dieux du paganisme. Après avoir dit
ensuite que tout cela n'est que superstition, et que la
véritable religion consiste en ce que lui-même semble
enseigner conformément à la philosophie des Stoïciens,
il ajoute : « Car ce ne sont pas seulement les philoso-
» phes, mais nos ancêtres même, qui ont séparé la
» Religion de la superstition. En effet, poursuit-il,
» ceux qui passaient tous les jours à prier les dieux et
» à leur faire des sacrifices, afin que leurs enfans leur
» survécussent, ont été appelés superstitieux. » Qui
ne voit que dans la crainte de blesser les usages de son
pays, il fait tous ses efforts pour louer la religion des
ancêtres et pour la séparer de la superstition, mais
qu'il n'y saurait parvenir ? En effet, si leurs ancêtres
appelaient superstitieux ceux qui passaient tous les
jours à prier et à sacrifier, ceux-là ne l'étaient-ils
point qui, comme lui-même les en reprend, ont inventé les images des dieux d'âge et d'habillemens différens, leurs genres, leurs mariages, leurs alliances ?
Blâmer ces choses comme superstitieuses, c'est accuser
de superstition les anciens qui les ont inventées et honorées : l'accusation retombe même sur l'accusateur,
qui, quelque liberté qu'il affecte dans ce discours,
était obligé d'adorer ces idoles, et qui n'eût osé dire
en public la moindre chose de ce qu'il relève avec

tant d'éloquence dans une conversation particulière. Pour nous chrétiens, rendons grace, non au ciel et à la terre, comme le veut ce philosophe, mais au Seigneur notre Dieu, qui a fait le ciel et la terre, de ce que, par la profonde humilité de Jésus-Christ, par la prédication des apôtres, par la foi des martyrs qui sont morts pour la vérité et qui vivent avec la vérité, il n'a pas seulement détruit dans les cœurs, mais dans les temples, ces superstitions que Balbus ne condamne qu'en tremblant.

CHAPITRE XXXI.

Bien que Varron n'ait pas connu le vrai Dieu, il a cru qu'il ne fallait en adorer qu'un, regardant le polythéisme comme une misérable superstition.

Varron, à qui l'on peut reprocher au reste d'avoir mis les jeux de théâtre au rang des choses divines, quoique ce ne soit point son propre sentiment, n'avoue-t-il pas, dans divers passages où il recommande d'honorer les dieux, que ce n'est point par son choix qu'il suit le culte que Rome leur rend, et que, s'il avait à fonder une nouvelle république, il consacrerait plutôt les dieux et les noms des dieux selon les règles de la nature ? Mais il ajoute qu'il est obligé de s'en tenir à ce que l'antiquité en avait reçu et transmis à son siècle, et que c'est dans ce dessein qu'il est bien aise de rechercher les traditions et de les consigner dans ses livres, afin que le peuple soit porté à servir les dieux plutôt qu'à les dédaigner. Cet ingénieux écrivain fait assez entendre par là qu'il ne découvre pas toutes les choses que non-seulement il méprisait dans sa religion, mais que le peuple même aurait méprisées si on les lui eût découvertes. On pourrait croire que ceci n'est qu'une conjecture, si lui-même, parlant ailleurs des religions, ne disait clairement qu'il y a plusieurs vérités qu'il n'est pas à-propos que le peuple sache, et beaucoup d'impostures qu'il est bon de lui inculquer comme des vérités, et que les Grecs n'ont pas eu d'autre motif pour couvrir leurs mystères du silence et du secret : paroles qui révèlent toute la prudence des chefs de gouvernemens. Cependant les démons malicieux sont charmés de cet artifice, eux qui tiennent également en leur pouvoir et ceux qui trompent et ceux qui sont trompés, sans que rien puisse en délivrer les uns et les autres, que la grace de dieu par notre Seigneur Jésus-Christ.

Le même auteur dit encore qu'il lui semble que ceux-là seuls ont compris la nature de Dieu, qui ont cru que c'est une ame qui gouverne le monde par le mouvement et par la raison. Il résulte de là que, bien que Varron n'eût pas encore atteint la vérité, parce que le vrai dieu n'est pas une ame, mais le créateur de l'ame, toutefois, s'il eût pu se défaire des préjugés de la coutume, il aurait reconnu lui-même et tâché de faire connaître aux autres qu'on ne doit adorer qu'un seul Dieu qui gouverne le monde par le mouvement et par la raison ; de sorte que tout le différend qui subsisterait entre lui et nous roulerait sur

ce qu'il avance que Dieu est une ame, au lieu d'affirmer qu'il est le créateur de l'ame. Il dit encore que les anciens Romains ont été plus de cent soixante et dix ans qu'ils adoraient les dieux sans en faire aucune image. « Et si cela, dit-il, s'observait encore mainte-
» nant, le culte qu'on leur rend en serait plus pur et
» plus saint. » Il allègue même, entre autres exemples, à l'appui de son sentiment celui du peuple juif, et conclut sans hésiter que ceux qui ont donné les premiers aux peuples les images des dieux ont ôté la crainte et accru l'erreur; jugeant avec raison que le mépris des dieux devait être la suite immédiate de l'impuissance de leurs simulacres. En ne disant pas qu'ils ont fait naître l'erreur, mais qu'ils l'ont augmentée, il veut faire entendre qu'on était dans l'erreur à l'égard des dieux avant même qu'il y eût des idoles. Ainsi, quand il soutient que ceux-là seuls ont connu la nature de Dieu qui l'ont défini l'ame du monde, et que la religion en serait plus pure s'il n'y avait point d'idoles, qui ne voit combien il a approché de la vérité? S'il eût eu quelque pouvoir contre une erreur enracinée depuis tant de siècles, je ne doute point qu'il n'eût recommandé le culte de ce Dieu seul par qui il croyait que le monde était gouverné, et dont il eût proscrit toute image. Peut-être même, une fois aussi rapproché de la vérité, aurait-il été porté, par la considération de la nature variable de l'ame, à croire que le vrai Dieu est une nature immuable qui a créé l'ame même. Dans cet état de choses, il faut avouer que toutes les railleries de ces écrivains touchant la pluralité des dieux, n'étaient pas tant

destinées à éclairer le peuple qu'à manifester la providence secrète de Dieu qui les a forcés de rendre ce témoignage à la vérité. Si donc nous tirons quelques preuves de leurs livres, c'est afin de convaincre ceux qui ne veulent pas ouvrir les yeux pour voir combien est grande et tyrannique la domination des démons, dont nous sommes délivrés par la vertu de l'admirable sacrifice de ce sang précieux répandu pour notre salut, et par le don du saint Esprit qui nous a été communiqué.

CHAPITRE XXXII.

Pour quel genre d'utilité les chefs des gouvernemens ont introduit le culte des faux dieux.

VARRON dit encore, à propos de la génération des dieux, que les peuples ont eu plus d'inclination pour les poètes que pour les philosophes, et que c'est ce qui a porté les anciens Romains à croire le sexe et la naissance des dieux aussi bien que leurs mariages. La source de cette croyance est, à ce qu'il me semble, dans l'intérêt qu'ont eu les gouvernans à tromper le peuple en matière de religion ; en cela ils imitaient parfaitement les démons qu'ils adoraient et qui n'ont point de plus grande passion que de tromper les hommes. De même en effet que les démons ne peuvent se rendre maîtres que de ceux qu'ils ont abusé, ainsi ces hommes d'état qui leur ressemblaient inspiraient aux peuples, sous prétexte de religion, des opinions qu'ils savaient fort bien eux-mêmes être fausses, afin de s'en rendre les maîtres en les tenant ainsi attachés à eux par les liens les plus étroits de la société civile. Or, comment des gens faibles et ignorans auraient-ils pu se sauver des pièges de leurs conducteurs et des démons qui conspiraient ensemble à les séduire.

CHAPITRE XXXIII.

La durée des royaumes de la terre ne dépend que de la volonté et de la puissance du vrai Dieu.

CE Dieu donc, auteur et dispensateur de la félicité, parce qu'il est le seul vrai Dieu, distribue aussi les royaumes de la terre aux bons et aux méchans ; et, comme c'est Dieu et non la fortune, il ne les donne pas fortuitement et au hasard, mais suivant l'ordre des choses et des temps qu'il connaît et que nous ignorons. Il n'est pas néanmoins assujéti à cet ordre, mais lui-même le règle et en dispose comme il lui plaît. Quant à la félicité, il ne la donne qu'aux gens de bien ; car les peuples aussi bien que les souverains peuvent la posséder aussi bien que ne la posséder pas. Mais personne n'en jouira pleinement que dans cette vie où il n'y aura ni maîtres ni sujets. Or, il donne les royaumes de la terre aux bons et aux méchans, de peur que ceux qui le servent et qui ne sont pas encore bien avancés dans la vertu, ne le servent pour ces récompenses. C'est en cela que consiste le secret de l'ancien Testament qui cachait le nouveau sous ses figures. On y promettait les biens de la terre ; mais les personnes intelligentes et spirituelles voyaient fort bien que ces biens temporels figuraient ceux de l'éternité, et n'ignoraient pas en quels dons de Dieu consiste la félicité suprême.

CHAPITRE XXXIV.

Du royaume des Juifs, qui fut institué par le vrai Dieu, et conservé par lui tant qu'ils persévérèrent dans la véritable religion.

Ainsi, pour montrer que c'est de lui, et non de cette multitude de faux dieux à qui les Romains ont cru devoir adresser leurs vœux, que dépendent les biens même de la terre, les seuls auxquels aspirent ceux qui n'en peuvent concevoir de meilleurs, Dieu a fait considérablement multiplier son peuple en Égypte, d'où il l'a ensuite tiré par des miracles surprenans. Cependant les femmes juives n'invoquaient point la déesse Lucine lorsque Dieu sauva leurs enfans des mains de leurs ennemis qui voulaient les faire tous mourir (1). Ils furent alaités sans la déesse Rumine, et emmaillottés sans la déesse Cunine. Ils n'eurent pas besoin d'Éduce et de Potine pour boire et pour man-

(1) Exod., 1, 15.

ger; ils furent élevés sans le secours de tant de dieux enfantins; ils se marièrent sans l'assistance des dieux conjugaux, et habitèrent avec leurs femmes sans adorer Priape. La mer s'ouvrit pour leur faire passage, sans qu'ils eussent invoqué Neptune; et elle ramena ses flots sur les Égyptiens qui les poursuivaient. Ils ne consacrèrent point une déesse Mannie quand ils reçurent la manne du ciel, ni n'adorèrent les Nymphes quand la pierre frappée par Moïse donna de l'eau pour les désaltérer. Ils firent la guerre sans toutes les folles cérémonies de Mars et de Bellone, et quoiqu'ils ne vainquissent pas sans la victoire, ils ne la prirent point pour une déesse, mais pour un don de leur dieu. Ils ont eu des moissons sans Ségèce, des bœufs sans Bubone, du miel sans Mellone, et des fruits sans Pomone. Enfin ils ont obtenu très heureusement du seul Dieu véritable toutes les choses pour lesquelles les Romains ont voulu qu'on adorât tant de fausses divinités. S'ils ne l'avaient point offensé en se laissant aller à l'impiété et à l'idolâtrie, et ensuite en faisant mourir le Christ, ils auraient conservé leur royaume et maintenu leur empire, sinon plus étendu, du moins plus heureux que l'empire romain. S'ils sont maintenant dispersés presque par toute la terre, c'est un effet de la providence du vrai Dieu, afin que nous puissions prouver par leurs livres même que le renversement des statues des faux dieux, l'abolition de leurs autels, la destruction de leurs bocages, la démolition de leurs temples, la cessation de leurs sacrifices; que tous ces évènemens en un mot dont nous sommes aujourd'hui témoins ont été prédits il y a long-temps:

car si on ne les lisait que dans nos Écritures, on s'imaginerait peut-être que nous les avons controuvés. Mais réservons ce qui suit pour un autre livre, et finissons celui-ci qui est déjà assez long.

REMARQUES

SUR

LE LIVRE IV.

Page 481, ligne 3. « Nous avons aussi fait remarquer » dans les trois premiers livres. » Je lis *commendavimus* avec tous mes manuscrits pour *commemoravimus*.

Page 483, l. 6. « Pour les rendre véritablement heureux » en cette vie et en l'autre. » L'auteur ajoute : « Ici-bas » donc, lorsqu'un prince est homme de bien, ce n'est pas » tant son avantage d'être roi que l'avantage de ceux qu'il » gouverne. » Mais cela est exprimé presque mot pour mot quatre lignes plus haut.

Page 491, l. 5. « Ou Libentine, qui prend le sien du li- » bertinage. » Lombert dit, « de la convoitise. » Nous avons fait dans ce chapitre plusieurs changemens de cette espèce, afin de rapprocher, autant que possible, le mot français du mot latin, qui indique l'étymologie des noms de ces petites divinités. Ce motif nous a obligés quelquefois à employer de vieux mots; mais, sous ce dernier rapport, nous avons encore le texte latin pour excuse. (*Note des nouveaux éditeurs.*)

Page 492, l. 16. « Lacturce, quand ils sont en lait. » *Lactescentibus deam Lacturciam.* Tous les onze manuscrits de France font un dieu de cette divinité, et lisent *deum Lacturum, le dieu Lacture.* Dieu ou déesse, cela importe peu.

Page 498, l. 22. « De ce que ces représentations même » sont consacrées à leur honneur. » Je lis *sunt* pour *esse* avec neuf manuscrits ; car je ne vois point de construction à *esse*, ni ce qui le régit.

Page 502, l. 16. « Puisqu'il y a si peu d'astres à qui ils en » aient dressé. » Il y a au latin, *quas tamen paucissimis syderum staduendas esse putaverunt*. Mais je crois qu'il faut lire, *tam paucis syderum*, etc.; *tamen* est une adversative qui ôte le sens.

Page 515, l. 22. « Pour rendre les hommes cauts. » Nous avons risqué ce vieux mot, afin de nous rapprocher du mot latin, ainsi que nous l'avons pratiqué dans le chap. 8 de ce livre. (*Note des nouveaux éditeurs.*)

Page 521, l. 2. « Pourquoi ne ferait-on pas plus pour elle » que pour Jupiter même, puisque c'est elle qui a mis Ju- » piter sur le trône ? » Il y a au texte : *Nam quæ etiam Jovi regnum nisi Felicitas dedit.* Ou il faut ici un point interrogant, qui, comme je l'ai déjà observé, s'oublie aisément par les copistes, et c'est ainsi que je l'ai traduit; ou il faut lire *neque* avec six manuscrits, au lieu de *quæ*.

Page 526, l. 8. « Ils seraient d'ailleurs plus respectueux » envers lui. » *Neque enim ipsum Jovem.* Otez *enim* avec nos onze manuscrits de France.

Page 528, l. 6. « Et s'il prenait plaisir à se voir déshonoré » par la représentation de ses véritables crimes. » Lombert a traduit, « déshonoré par de faux crimes; » parce qu'il a lu *fictis* où nous lisons *factis*, qui nous semble préférable comme opposé à *si illud fingebantur* du premier membre de la phrase latine. (*Note des nouveaux éditeurs.*)

Page 530, l. 23. « Comment vous exaucerait-il ? » Le latin ajoute : « quoique vous disiez que c'est lui qui conduit et

» gouverne tout le monde. » Mais cela n'est pas nécessaire.

Page 531, l. 25. « Pourvu seulement qu'ils eussent connu
» et adoré celui-là par une foi sincère et des mœurs pures. »
Je suis la leçon des onze manuscrits qui ont *cognito* au lieu
d'*incognito* que portent tous nos livres, et qui est manifestement une faute, à moins qu'on n'ôte l'*et* qui suit, et qu'on ne
lise : *atque illo uno incognito fide sincerâ et moribus culto*,
au lieu de, *atque uno illo incognito, et fide sinceré, et moribus culto*. Car en ce cas cette leçon se peut fort bien soutenir, et se rapporte à ce qu'il a dit au chap. 25, « que les Ro-
» mains, sous le nom de la Félicité, adoraient un dieu qu'ils
» ne connaissaient pas, comme eux-mêmes en tombaient
» d'accord, et qu'ils devaient adorer ce dieu inconnu, auteur
» de la félicité, plutôt que leur Jupiter, qu'ils reconnaissaient
» par là être incapable de la leur donner. » C'est peut-être à
ce dieu inconnu aux payens, c'est-à-dire au vrai Dieu, qu'il
fait allusion ici. Toutefois la leçon de nos manuscrits est plus
nette.

Page 536, l. 8. « Et que la véritable Religion consiste en
» ce que lui-même semble enseigner conformément à la phi-
» sophie des Stoïciens. » *Ad religionem verò quam ipse secundùm Stoicos videtur docere*. Tous les manuscrits ont *quæ
ipse*, et bien.

Page 537, l. 8. « Il n'a pas seulement détruit dans les
» cœurs, mais dans les temples. » Le latin ajoute, « par la
» libre servitude des siens. » Cela n'est pas nécessaire à exprimer.

Page 537, l. 9. « Que Balbus ne condamne qu'en trem-
» blant. » Le latin porte : *Balbus velut balbutiens vix reprehendit*. Lombert a traduit en conséquence, « que Balbus
» ne reprend qu'en bégayant; » et il ajoute en note : « Balbus

» signifie bègue. » Un bon mot commenté ne signifie plus rien. *Balbutiant* substitué à *bégayant* eût rendu plus exactement la phrase latine, mais n'eût après tout produit qu'un jeu de mots puéril en français. (*Note des nouveaux éditeurs.*)

LA CITÉ DE DIEU.

LIVRE V.

PRÉFACE.

Puisqu'il est constant que tous nos désirs possibles ont pour terme la Félicité, qui est un don de Dieu, et non pas une déesse, et qu'ainsi les hommes ne doivent point adorer d'autre dieu que celui qui peut les rendre heureux ; d'où il suit que si la Félicité était une déesse aussi bien qu'elle est un don de Dieu, elle mériterait seule d'être adorée; voyons maintenant pourquoi Dieu, le seul maître de ces biens que peuvent posséder les hommes même qui ne sont pas vertueux, et qui, par conséquent, ne sont pas heureux, a voulu que les Romains possédassent un empire si grand et de si longue durée : avantage que ne pouvait leur assurer cette multitude innombrable de dieux qu'ils adoraient, ainsi que nous l'avons déjà fait voir amplement, et que nous le montrerons encore quand l'occasion s'en présentera.

CHAPITRE PREMIER.

Le sort de l'empire romain, comme celui de tous les autres états, n'a jamais dépendu, ni de la Fortune, ni de la position des astres.

La cause de la grandeur de l'empire romain n'est donc ni fortuite, ni fatale, à entendre ces mots dans le sens de ceux qui les appliquent, savoir : le premier, aux évènemens sans causes, ou dont les causes ne sont point conformes à l'ordre de la raison; et l'autre, aux choses qui arrivent sans la volonté de Dieu et des hommes, par une espèce de nécessité. Il est hors de doute que c'est la providence de Dieu qui établit les royaumes de la terre; et si quelqu'un prétend qu'ils dépendent du destin, parce qu'il donne à la volonté de Dieu ou à sa puissance le nom de destin, qu'il demeure dans son sentiment, mais qu'il s'exprime d'une autre manière. Eh ! que ne dit-il d'abord ce qu'il dira ensuite, lorsqu'on lui demandera ce qu'il entend par destin ? En effet, dans le langage ordinaire des hommes, on prend le destin pour la force de la position des astres qui président à la naissance ou à la conception de quelqu'un, et il y en a qui la font indépendante de la volonté de Dieu, et d'autres qui soutiennent qu'elle en dépend. Mais, à dire vrai, le sentiment qui affranchit nos actions de la volonté de Dieu, et fait dépendre des astres et nos biens et nos maux, doit être rejeté, non-seulement de ceux qui professent la véritable Religion, mais aussi de ceux qui en ont une fausse, quelle qu'elle puisse être. Où tend cette opinion, si ce n'est à la proscription de toute espèce de culte? Mais ce n'est pas à ceux qui la soutiennent que nous nous adressons ici; nos adversaires sont les payens qui, pour la défense de leurs dieux, font la guerre à la Religion chrétienne. Quant à ceux qui font dépendre la position des étoiles de la volonté de Dieu, s'ils croient qu'elles tiennent de lui le pouvoir qu'ils leur attribuent sur les actions et les fortunes des hommes, ils font une grande injure au ciel de s'imaginer que, dans ce sénat tout brillant de lumière, on ordonne des crimes si énormes, que si quelque république en ordonnait de semblables, le genre humain devrait se liguer pour la détruire. D'ailleurs, quel jugement laisse-t-on à Dieu (1) des actions des hommes, du moment que le ciel les rend nécessaires? S'ils disent que les étoiles n'en disposent pas à leur gré par la puissance qu'elles en ont reçue de Dieu, mais qu'elles ne font qu'exécuter ses ordres dans la nécessité qu'elles imposent, nous leur demanderons comment ils peuvent avoir de Dieu un sentiment qu'il serait indigne d'avoir seulement des étoiles? Prétendront-ils que les étoiles marquent plutôt les évènemens qu'elles ne les font, comme quelques personnes fort habiles l'ont cru; je réponds que les astrologues n'en parlent pas de la sorte, et ne disent pas par exemple que Mars, dans une telle position, si-

---

(1) Le latin ajoute, *le maître des astres et des hommes.*

gnifie un homicide, mais bien qu'il le fait. Je veux toutefois qu'ils ne s'expliquent pas correctement, et qu'il faille les renvoyer aux philosophes pour apprendre d'eux à s'énoncer comme il faut, et à dire que les étoiles ne font qu'annoncer ce qu'ils disent qu'elles font; d'où vient qu'ils n'ont jamais pu rendre raison de la diversité qui, dans la vie de deux jumeaux, dans leurs actions, dans leurs professions, dans leurs charges, dans leurs emplois, dans tout le reste de leur existence et dans leur mort même, est quelquefois si grande, que des étrangers leur sont plus semblables qu'ils ne le sont l'un à l'autre, quoiqu'ils n'aient été séparés dans leur naissance que par un très petit espace de temps, et que leur conception ait eu lieu dans le même moment?

CHAPITRE II.

Ressemblance et diversité des maladies de deux jumeaux.

Cicéron rapporte qu'Hippocrate, ce célèbre médecin, a écrit que les communes intermittences et les redoublemens simultanés de la maladie dont deux frères étaient atteints, et qui les avait pris tous les deux en même temps, lui firent juger qu'ils étaient jumeaux. De son côté, le stoïcien Possidonius, homme tout entier à l'astrologie, soutenait que cette ressemblance provenait de ce qu'ils avaient été conçus et étaient nés

LIVRE V. 553

sous la même constellation. Ainsi, ce que le médecin regardait comme la conséquence d'un même tempérament, l'astrologue l'attribuait à une même situation des astres. Mais la conjecture du médecin est beaucoup plus probable; car il se peut fort bien faire que comme ces deux enfans avaient été conçus ensemble, ils eussent reçu une pareille impression de la disposition du corps de leurs parens, de sorte qu'ayant pris ensuite un même accroissement dans le ventre de leur mère, ils naquirent avec une complexion toute semblable. Ajoutez à cela que, nourris dans la même maison, des mêmes alimens, respirant le même air, buvant de même eau, faisant les mêmes exercices, toutes choses qui, selon les médecins, influent beaucoup sur la santé, soit en bien, soit en mal; ce genre de vie commun à l'un et à l'autre avait rendu leur tempérament si semblable, que les mêmes causes les faisaient tomber malades en même temps. Je ne sais à quel degré il faut avoir poussé l'impudence pour imputer cela à la constitution du ciel et des astres au moment de leur conception ou de leur naissance, lorsque tant de personnes d'inclinations différentes, et à qui il arrive des choses toutes contraires, ont pu être conçues et naître en même temps, dans le même pays, et sous le même ciel. Pour nous, nous savons qu'il y a des jumeaux dont, non-seulement les actions sont diverses, mais dont les maladies même sont tout opposées. Il me semble qu'Hippocrate rendrait aisément raison de cette variété, en l'attribuant à la différence des alimens et des exercices, qui dépendent de la volonté et non du tempérament; mais quant à Possidonius ou à quelque autre défenseur que ce soit de la fatalité des astres, je ne vois pas ce qu'il pourrait dire à cela, s'il ne voulait pas abuser de la crédulité des gens qui n'entendent rien à ces matières. Relativement à l'avantage que l'on prétend tirer du court intervalle qui sépare la naissance de deux jumeaux, et d'où provient la différence de leur horoscope (1), ou il n'est pas assez considérable pour motiver une si grande diversité d'actions, d'inclinations et d'accidens, ou il l'est trop pour convenir avec la commune bassesse ou noblesse de leur condition, dont on fait consister toute la différence dans le moment de la naissance. Or, si l'un naît immédiatement après l'autre, de manière à ce qu'ils aient tous deux le même horoscope, je demande une entière ressemblance en toutes choses, ce qui ne peut se rencontrer en quelques jumeaux que ce soit; et si le second met tant de temps à suivre que cela change l'horoscope, je cherche ce qui ne saurait se trouver en deux jumeaux, la diversité de père et de mère.

(1) *Horæ notatio*, remarque de l'heure.

CHAPITRE III.

De l'argument de la roue du potier, allégué par Nigidius, pour trancher la question qu'on lui proposait sur deux jumeaux.

On aurait donc en vain recours au fameux argument de la roue du potier, que Nigidius allégua, dit-on, pour se tirer de cette difficulté, d'où le surnom de Potier lui demeura. Tandis qu'une roue de potier, docile à l'impulsion qu'elle avait reçue de lui, tournait avec une extrême rapidité, il la marqua d'encre deux fois de suite, le plus vîte qu'il put, tellement qu'on aurait dit qu'elle n'aurait été marquée qu'en un seul endroit; mais lorsqu'elle fut arrêtée, on trouva sur la roue deux marques distantes l'une de l'autre d'un intervalle assez grand. Ainsi, concluait-il, dans une si grande rapidité du ciel, encore que deux jumeaux se suivent l'un l'autre avec la même vîtesse que j'ai frappé deux fois la roue, cela fait une grande distance dans les cieux, et de là résulte toute la diversité qui se remarque dans leurs mœurs et dans les accidens de leur vie. Mais cet argument est plus frêle que les vases façonnés sur cette roue. En effet, si cette énorme distance qui se trouve dans le ciel à la naissance de deux jumeaux, empêche de décider pourquoi l'un est riche et l'autre pauvre; comment a-t-on la hardiesse de prédire à d'autres, qui ne sont point jumeaux, de semblables évènemens dont la cause est un secret incompréhensible, et va-t-on jusqu'à l'attribuer au moment de leur naissance? Diront-ils que, dans l'horoscope de ceux qui ne sont point jumeaux, ils déduisent leurs predictions de plus longs espaces de temps, au lieu que le court intervalle qui se rencontre entre la naissance de deux jumeaux ne peut produire de différence entre eux qu'en de petites choses sur lesquelles l'on n'a pas coutume de consulter les astrologues, comme pour s'asseoir, se promener, etc.? Nous arrêtons-nous à ces bagatelles, quand nous montrons que la différence qui se rencontre entre deux jumeaux embrasse leurs mœurs, leurs inclinations et les divers accidens dont leur vie se compose?

CHAPITRE IV.

Des deux jumeaux Esaü et Jacob, si différens de mœurs et d'actions.

Du temps de nos premiers pères naquirent deux jumeaux, pour ne parler que des plus célèbres, qui se suivirent de si près en venant au monde, que l'un tenait l'autre par la plante du pied (1). Cependant, leur vie et leurs mœurs furent si différentes, leurs actions si contraires, l'affection de leurs parens si dissemblable, que le petit intervalle qui sépara leur

(1) Genes., 25, 25

naissance suffit pour les rendre même ennemis. Disons-nous que quand l'un parlait, l'autre était assis, ou que celui-ci dormait ou se taisait tandis que celui-là veillait ou parlait? car ce sont là les minuties qui dépendent de ce petit intervalle de temps que ne sauraient marquer ceux qui signalent la position des astres au moment de la naissance, pour ensuite consulter là-dessus les astrologues. L'un a été long-temps mercénaire, et l'autre n'a point servi; l'un était aimé de sa mère, et l'autre ne l'était pas; l'un perdit son droit d'aînesse, si important parmi eux, et l'autre l'acquit. Parlerai-je de leurs femmes, de leurs enfans, de leurs biens? quelle diversité en tout cela entre les deux frères! Si ces choses qui, au reste, ne peuvent être attribuées aux constellations, dépendent du peu de temps qui se rencontre entre la naissance des deux jumeaux, pourquoi les prédisent-ils à la simple inspection des constellations des autres? Et s'ils les prédisent parce qu'elles ne dépendent pas de ces momens imperceptibles, mais des espaces de temps plus grands qui peuvent être observés, que fait ici la roue du potier, sinon d'étourdir les esprits crédules, et les empêcher de convaincre de vanité la prétendue science des astrologues?

CHAPITRE V.

L'astrologie judiciaire convaincue de fausseté.

Quoi ! ces deux frères dont la maladie augmentait et diminuait en même temps, d'où Hippocrate, qui en jugeait par les règles de la médecine, conclut qu'ils étaient jumeaux, ne convainquent-ils pas assez ceux qui veulent imputer aux astres une conformité qui procédait de celle du tempérament ? Pourquoi étaient-ils malades en même-temps et non l'un après l'autre, de même qu'ils étaient nés l'un après l'autre, ce qui ne pouvait être autrement ? Ou, si les divers momens de la naissance ne contribuaient en rien à les rendre malades en divers temps, comment auraient-ils contribué à diversifier tant d'autres accidens ? Pourquoi seront-ils cause de ce que ces jumeaux auront voyagé en divers temps, qu'ils se seront mariés en divers temps, qu'ils auront eu des enfans en divers temps; et ne seront-ils pas cause qu'ils aient été malades en divers temps ? Que si la diversité du temps de la naissance a changé l'horoscope et produit de la diversité dans les autres choses, il n'y a pas de raison pour que l'égalité du temps de la conception ne soit demeurée que dans les maladies ? Ou, si l'on dit que les destins de la santé sont attachés à la conception, et que ceux des autres choses dépendent de la naissance, les astrologues ne devraient rien prédire dès-lors touchant la santé d'après les constellations de la naissance, attendu qu'on leur laisse forcément ignorer l'instant de la conception. D'un autre côté, s'ils prédisent les maladies sans voir l'horoscope de la conception, parce qu'elles sont indiquées par les momens de la naissance, comment auraient-ils pu prédire à ces jumeaux, d'après l'heure où ils étaient nés, à quelle époque ils tomberaient malades, puisqu'ils devaient l'être en même temps, quoique nés dans un temps différent ? Bien plus, si l'intervalle entre la naissance de deux jumeaux est tel qu'il change les constellations et par conséquent tous les ascendans auxquels on attribue tant d'influence sur les destinées, sur quoi reposera cette prédiction, du moment où les deux frères ont été conçus en même temps ? Ou si les destinées de ces jumeaux peuvent être dissemblables pour la naissance, qui empêche que les destinées de deux enfans qui naissent en même temps ne soient différentes pour la vie et pour la mort ? En effet, si le même moment où ils ont été conçus n'a pas empêché que l'un ne vînt avant l'autre, je ne vois pas par quelle raison le même moment où ils sont nés s'opposerait à ce que celui-ci ne mourût avant celui-là. Si une conception simultanée a eu pour eux des résultats si différens dans le ventre de leurs mères, pourquoi une naissance simultanée ne serait-elle pas suivie d'accidens aussi dissemblables dans le cours de la vie, afin de confondre toutes les rêveries d'un art chimérique ? D'où vient cette différence dans le moment de la naissance de deux frères conçus au même moment, sous la même position des astres ? et comment en déduire quelque ressemblance entre la vie et la mort de deux enfans de mères différentes, nés dans le même instant et sous les mêmes signes? Est-ce que les enfans déjà conçus ne peuvent cependant avoir de destinée qu'en naissant? Pourquoi dire en ce cas que, si l'on pouvait savoir le moment de la conception, les astrologues annonceraient des choses bien plus merveilleuses? De là vient ce que l'on rapporte d'un homme fort sage, qu'il choisit une heure pour coucher avec sa femme, afin qu'elle lui donnât un fils accompli; c'est encore par la même raison que Possidonius, qui était à la fois philosophe et grand astrologue, voulait que les deux jumeaux dont nous avons parlé fussent malades en même temps, parce qu'ils étaient nés et conçus en même temps. Remarquez qu'il ajoutait *conçus*, pour prévenir l'objection qu'ils n'avaient pu naître tout-à-fait en même temps, tandis qu'il était certain qu'ils avaient été entièrement conçus dans le même moment : ce qu'il disait afin de n'être pas obligé d'attribuer à la ressemblance de leur tempérament la même maladie qui leur était survenue en même temps, et de pouvoir l'imputer, non à cette cause qui était probablement la seule véritable, mais aux astres qui avaient présidé à leur conception. Si donc le temps de la conception a tant de force pour régler les destinées et les rendre semblables, la naissance ne devait pas les changer ; ou, si les destinées des jumeaux sont diverses à cause qu'ils naissent en divers temps, que ne jugeons-nous plutôt qu'elles sont déjà changées par cela seul qu'ils naissent en divers temps ? Se peut-il que la volonté des hommes ne change point les destins de la naissance, lorsque l'ordre même de la naissance change ceux de la conception ?

CHAPITRE VI.

Des jumeaux de sexe différent.

Il arrive même souvent dans la conception des jumeaux, laquelle a lieu, sans contredit, dans le même moment, et sous la même constellation fatale, que l'un est conçu mâle et l'autre femelle. Nous connaissons deux jumeaux de sexe différent qui sont encore vivans et dans la fleur de leur âge. Bien qu'ils se ressemblent extérieurement autant que le comporte la différence des sexes, ils mènent toutefois un genre de vie si opposé, abstraction faite des occupations qui sont propres aux hommes ou aux femmes, que l'un est à l'armée, à la suite de l'empereur, et presque toujours éloigné de sa maison, et l'autre ne sort jamais de son pays, ni même de sa maison de campagne. Ajoutez à cela, ce qui semblerait plus incroyable, si l'on croyait à l'influence des astres, mais ce qui n'a rien d'étonnant, si l'on considère le libre arbitre et la grace d'en haut, c'est que le frère est marié, et que la sœur est vierge consacrée à Dieu ; que l'un a beaucoup d'enfans, et que l'autre n'en veut point avoir. Mais, dira-t-on, la force de l'horoscope peut beaucoup. J'ai déjà suffisamment prouvé la vanité de l'horoscope ; et après tout, les astrologues tombent d'accord qu'il n'a de pouvoir que pour la naissance. Il est donc inutile pour la conception, qui, comme on n'en saurait douter, s'opère par une seule action, puisque tel est l'ordre inviolable de la nature, que, dès qu'une femme a conçu un enfant, elle n'en peut plus concevoir un autre ; d'où résulte la nécessité que deux jumeaux soient conçus au même instant. N'est-ce point par hasard, qu'étant nés sous différent horoscope, ils ont été changés, lors de leur naissance, l'un en mâle et l'autre en femelle ? Il ne serait pas tout-à-fait absurde de soutenir que les influences des astres entrent pour quelque chose dans la différence des corps, de la même manière que l'approche ou l'éloignement du soleil produit la variété des saisons, que certaines choses augmentent ou diminuent au croissant ou au décours de la lune, comme les hérissons de mer, les huîtres et les marées. Mais vouloir soumettre aux mêmes influences les volontés des hommes, c'est nous donner lieu de chercher des raisons pour en affranchir jusqu'aux objets corporels. Qu'y a-t-il de plus réellement corporel que le sexe ? et cependant, des jumeaux de sexe différent peuvent être conçus sous la position des mêmes astres. Ainsi, n'est-ce pas avoir perdu le sens que de dire ou de croire que la position des astres, qui a été la même pour ces deux jumeaux, au moment de leur conception, n'a pu leur donner un même sexe ; et que celle qui a présidé au moment de leur naissance a eu le pouvoir de les engager dans des états aussi peu semblables que le mariage et la virginité ?

CHAPITRE VII.

Du choix des jours, soit pour se marier, soit pour semer ou planter.

Comment s'imaginer qu'il ne tienne qu'au choix des jours pour s'assurer de nouveaux destins? Un tel, disent-ils, n'était pas né pour avoir un fils excellent, mais plutôt pour en avoir un méprisable; comme il était habile homme, il a choisi le bon moment pour habiter avec sa femme. Il s'est donc fait un destin qu'il n'avait pas, et par là, ce qui ne lui était pas fatal par sa naissance, commence à le devenir. Étrange folie! On choisit un jour pour se marier : c'est apparemment de peur de s'engager dans quelque jour malencontreux, et dès-lors d'être mal marié. Que deviennent en ce cas les destins de la naissance? Dépend-il d'un homme de changer à son gré ce qui aura été ordonné de lui; et ce qu'il se sera prescrit à lui-même ne peut-il être changé par une autre puissance? D'ailleurs, s'il n'y a sous le ciel que les hommes qui soient soumis aux astres, pourquoi choisit-on certains jours pour planter les vignes ou les arbres, pour semer les bleds, pour dompter les chevaux et les taureaux, pour les accoupler, et pour une foule d'autres opérations de la même espèce? Si ce choix est de si grande importance, parce que tous les corps animés ou inanimés dépendent de la position des astres, que l'on considère combien de choses naissent, commencent ou se développent dans la même seconde, et dont néanmoins la fin est tellement diverse que cela suffit pour rendre ces pratiques méprisables aux enfans même. Quel insensé osera dire que tous les arbres, toutes les herbes, toutes les bêtes (1) naissent chacune en divers temps? Cependant, pour éprouver la science des astrologues, on a coutume de leur apporter l'horoscope des animaux, et de préférer aux autres ceux qui, après l'avoir considéré, disent : Ce n'est pas un homme qui est né, mais une bête. Ils vont jusqu'à désigner hardiment l'espèce à laquelle elle appartient, si c'est une bête à laine ou une bête de trait, propre au labourage ou pour la garde de la maison. On les consulte même sur la destinée des chiens, et l'on écoute leur réponse avec de grands applaudissemens. Les hommes sont-ils assez sots pour s'imaginer que la naissance d'un homme arrête tellement le développement de tous les autres germes, qu'une mouche ne saurait naître sous la même constellation que lui? S'ils admettaient en effet la production d'une mouche, il faudrait, par une gradation nécessaire, remonter à celle d'un chameau et d'un éléphant. Ils ne veulent pas remarquer que lorsqu'ils ont choisi un jour pour ensemencer un champ, une infinité de grains tombent à terre en même temps, germent en même temps, lèvent en même temps, croissent en même temps, murissent en même temps, et que néanmoins, de tous ces épis

---

(1) Le latin ajoute, *serpens, oiseaux, poissons, vermisseaux*.

de même âge, et presque du même germe, les uns sont brûlés par la rouille, les autres mangés par les oiseaux, les autres arrachés par les passans. Nos adversaires diront-ils que ces épis, qui ont des destinées si diverses, ont eu des constellations différentes? ou avoueront-ils qu'ils ont eu tort de choisir des jours pour ces sortes de choses, comme n'étant pas soumises aux causes célestes; et n'y assujétiront-ils que les hommes, c'est-à-dire, les seules créatures d'ici-bas à qui Dieu ait donné une volonté libre? D'après toutes ces considérations, on a quelque raison de croire que quand les astrologues donnent des réponses véritables qui surprennent, ils ont été secrètement inspirés par les démons, dont le soin le plus cher est de propager et d'établir dans les esprits ces fausses et dangereuses opinions de la fatalité des astres, et qu'ils n'ont pas été guidés dans leurs prédictions par l'inspection de l'horoscope et par l'observation des étoiles, qui est absolument chimérique.

CHAPITRE VIII.

De ceux qui appellent destin, non la position des astres, mais l'enchaînement des causes dépendantes de la volonté de Dieu.

Quant à ceux qui appellent destin, non la disposition des astres au moment de la conception ou de la naissance, mais la suite et l'enchaînement de toutes

les causes efficientes, nous ne nous arrêterons pas beaucoup à les chicaner sur un mot, attendu qu'ils attribuent cet enchaînement de causes à la volonté et à la puissance souveraine de Dieu, que l'on croit avec raison savoir toutes choses avant qu'elles arrivent, ne rien laisser qu'il n'ordonne, et de qui procèdent toutes les puissances, mais non pas toutes les volontés. Or, qu'ils appellent destin la volonté de Dieu dont la puissance invincible se répand partout, il est aisé de le prouver par ces paroles de Sénèque : « Père et souve-
» rain régulateur de l'univers, conduisez-moi partout
» où vous voudrez, je vous suis et vous obéis sans dif-
» férer. Aussi bien, quand je m'y refuserais, j'y se-
» rais obligé malgré moi, et ma coupable résistance
» me forcerait à faire ce que je ferais volontiers si
» j'étais vertueux. Les destins guident les hommes do-
» ciles et entraînent les rebelles (1). » Il paraît clairement qu'il nomme *destins*, dans ces dernières paroles, ce qu'il avait auparavant appelé la volonté du Père souverain de l'univers, à qui il offre d'obéir volontairement, pour ne pas y être forcé contre sa volonté; car *les destins* guident les hommes dociles et entraînent les rebelles. Homère exprime à-peu-près la même pensée dans ces vers que Cicéron a traduits : « Les vo-
» lontés des mortels sont ce qu'il plaît chaque jour au
» père des dieux et des hommes (2). » Il est vrai que le sentiment d'un poète ne serait pas ici de grand poids; mais, comme Cicéron nous apprend que les

---

(1) Epist. 107.
(2) Odyss., 18.

stoïciens ont coutume d'alléguer ces vers d'Homère pour prouver la puissance du destin, il ne s'agit pas tant de la pensée du poète que de celle de ces philosophes. On voit au moins clairement ce qu'ils entendent par *destin,* lorsqu'ils lui donnent le nom de Jupiter, qu'ils regardent comme le dieu suprême, et dont ils font dépendre l'enchaînement des destinées.

CHAPITRE IX.

Réfutation d'une opinion de Cicéron touchant la prescience de Dieu et le libre arbitre de l'homme.

Cicéron (1) tâche de combattre ceux qui sont de ce sentiment; mais il ne juge pas pouvoir les réfuter solidement s'il ne ruine d'abord la divination. Dans cette vue, il nie qu'il existe une science des choses à venir; il emploie tous ses efforts pour montrer qu'elle n'est ni en Dieu ni en l'homme, et que par conséquent il est impossible de rien prédire. Par là il nie la prescience de Dieu et tâche d'anéantir toute prophétie quoique plus claire que le jour, et cela par de vains raisonnemens et en s'opposant quelques oracles aisés à convaincre de fausseté, encore que lui-même ne les en convainque pas. Il triomphe lorsqu'il réfute les conjectures des astrologues, parce qu'en effet elles sont telles qu'elles se détruisent et se réfutent d'elles-

(1) De divinat., 2.

mêmes ; mais ceux qui établissent une fatalité dans les astres sont beaucoup plus supportables que lui qui rejète toute possibilité de connaître l'avenir. N'est ce pas une folie manifeste que d'admettre un Dieu et de lui refuser la prescience ? Cicéron s'en doutait si bien, qu'il a tâché de justifier cette parole de l'Écriture : « L'insensé a dit en son cœur : Il n'y a point » de Dieu (1). » Il s'est bien gardé toutefois de se mettre personnellement en avant ; et, pour ne pas se charger de l'odieux de cette opinion, il a préféré la faire soutenir par Cotta contre les stoïciens, dans le livre de la nature des dieux ; quant à lui, il se range du côté de Balbus à qui il fait plaider la cause de ces philosophes. Mais, dans les livres de la divination, il se déclare ouvertement l'adversaire de la prescience ; ce qu'il ne semble faire que dans la crainte de reconnaître la fatalité, et de ruiner par conséquent le libre arbitre. Il part de ce point, que la connaissance de l'avenir une fois admise, la fatalité en est une conséquence immédiate qu'il est impossible de ne pas admettre. Quoiqu'il en soit après tout de ces disputes sophistiques et embarrassées, nous qui confessons un Dieu souverain et véritable, nous reconnaissons sa prescience, aussi bien que son pouvoir et sa volonté ; et nous ne craignons point de ne pas faire contre notre gré ce que nous faisons volontairement, sous prétexte que celui dont la prescience ne peut se tromper a prévu que nous le ferions. C'est ce que craignaient Cicéron et les stoïciens, lorsque l'un a combattu la

(1) Ps. 13, 1.

prescience, et que les autres ont dit que toutes choses n'arrivent pas nécessairement, quoiqu'ils soutinssent qu'elles arrivent toutes par l'ordre du destin.

Qu'avait donc de si redoutable aux yeux de Cicéron la prescience de l'avenir pour qu'il s'efforçât de la détruire par une discussion détestable? C'est sans doute parce que si tous les évènemens futurs sont prévus, tous arriveront dans le même ordre qu'ils ont été prévus. S'ils arrivent dans cet ordre, il y a donc un ordre de choses certain dans la prescience de Dieu; et, si l'ordre des choses est certain, l'ordre des causes l'est donc aussi, puisqu'il n'y a point d'évènement possible qui ne soit précédé d'une cause efficiente quelconque. Or, si l'ordre des causes est certain, par lequel se fait tout ce qui se fait, c'est le destin, dit-il, qui fait tout ce qui arrive. Ainsi rien n'est en notre puissance, et il n'y a point de libre arbitre; si nous accordons ce point, ajoute-t-il, toutes les règles de la conduite de la vie sont renversées : c'est en vain que l'on fait des lois, en vain que l'on a recours aux reproches, aux louanges, au blâme, aux exhortations : il n'y a plus de justice à punir les méchans, ni à récompenser les bons. C'est donc pour prévénir des conséquences si monstrueuses, si absurdes, et si pernicieuses à la société, qu'il ne veut pas qu'il y ait de prescience de l'avenir; tellement qu'il réduit un esprit religieux à la pénible alternative de professer, ou qu'il y a quelque chose qui dépend de notre volonté, ou qu'il y a une prescience de l'avenir. Il pense en effet que ces deux choses ne sauraient subsister ensemble, et qu'on ne peut établir l'une sans ruiner l'autre; que si nous adorons la prescience, nous rejetons le libre arbitre, et si nous admettons le libre arbitre, nous détruisons la prescience. C'est pour cela qu'en homme éclairé et doué d'une grande expérience, il se décide pour le libre arbitre; et, afin de l'établir, il nie la prescience de l'avenir, c'est-à-dire que, pour rendre les hommes libres, il les fait sacrilèges. Mais un cœur vraiment religieux adopte l'une et l'autre, confesse l'une et l'autre, et les soutient également toutes deux par la foi qu'il tient de la piété. Comment cela, dit-on? S'il y a en effet une prescience de l'avenir, cette opinion, par une conséquence nécessaire, nous mène à conclure que rien ne dépend de notre volonté. Si au contraire notre volonté a quelque chose en son pouvoir, on arrivera, en remontant par les mêmes degrés, à nier la prescience de l'avenir. Voici comment on y procède: Si la volonté est libre, le destin ne fait pas tout; si le destin ne fait pas tout, l'ordre de toutes les causes n'est pas certain; si l'ordre de toutes les causes n'est pas certain, l'ordre des choses n'est pas non plus certain dans la prescience de Dieu, parce qu'elles ne peuvent arriver qu'en vertu des causes efficientes qui les précèdent; si l'ordre des choses n'est pas certain dans la prescience de Dieu, les choses n'arrivent pas comme il les a prévues; et si les choses n'arrivent pas comme il les a prévues, il n'y a point en Dieu de prescience de l'avenir.

A ces raisonnemens impies et téméraires, nous répondons que Dieu connaît toutes choses avant qu'elles arrivent; et que nous faisons par notre volonté tout ce que nous sentons ne faire que parce que nous le voulons. Nous ne disons pas pour cela que ce soit le destin qui fasse toutes choses; loin de là, nous soutenons que rien ne se fait par le destin, puisque nous démontrons que le destin, selon l'acception ordinaire de ce mot auquel on fait signifier certaine disposition des astres au moment de la naissance ou de la conception, est un nom aussi vide de sens que la chose qu'il exprime est frivole et chimérique. Pour l'ordre des causes où la volonté de Dieu a la plus grande puissance, ni nous ne le nions, ni nous ne l'appelons destin (1), à moins qu'on ne fasse venir ce mot d'un autre qui signifie parler (2), et qu'on ne le prenne en ce sens. Car nous ne pouvons contester qu'il ne soit écrit dans les livres saints : « Dieu a parlé une » fois, et j'ai entendu ces deux choses, que la puis- » sance est à Dieu, et que la miséricorde est à vous, » Seigneur, et que vous rendrez à chacun selon ses » œuvres (3). Or, quand il dit : Dieu a parlé une fois, cela signifie que sa parole est immuable, de même qu'il connaît immuablement tout ce qui doit arriver et tout ce qu'il doit faire. Nous pourrions dès-lors appeler cela destin, du mot latin qui signifie parler, si ce nom ne se prenait d'ordinaire dans un autre sens dont nous sommes bien aises de détourner les hommes. Mais de ce que si l'ordre des causes est certain relativement à Dieu, il ne s'ensuit pas que rien ne dépende de notre volonté; nos volontés même sont dans

(1) Fatum.
(2) Fari.
(3) Ps. 61, 11.

l'ordre des causes qui est certain dans la prescience divine, parce que les volontés des hommes sont aussi les causes de leurs actions; tellement que celui qui d'avance a su toutes les causes n'a pu ignorer nos volontés, qu'il a prévu devoir être les causes de nos actions.

L'aveu même de Cicéron, que rien n'arrive qui ne soit précédé d'une cause efficiente, suffit ici pour le convaincre. Il ne lui sert à rien d'ajouter que toute cause n'est pas fatale, qu'il y en a de fortuites, de naturelles et de volontaires; c'est assez qu'il reconnaisse que rien ne se fait sans quelque cause précédente. Nous ne nions pas toutefois qu'il n'y ait des causes fortuites d'où vient même le nom de fortune; mais nous disons qu'elles sont cachées, et nous les attribuons à la volonté du vrai Dieu ou de quelques autres esprits. Nous ne séparons point non plus les naturelles de la volonté du Créateur de la nature. Et quant aux volontaires, elles sont de Dieu, ou des anges, ou des hommes, ou des autres animaux, si toutefois on peut appeler volontés les mouvemens qui portent les bêtes à fuir ou à rechercher certaines choses, selon qu'elles sont contraires ou conformes à leur nature. Lorsque je parle des volontés des anges, j'entends ou des bons anges, que nous nommons anges de Dieu, ou des mauvais anges, que nous appelons anges du diable ou démons. Il en est de même des volontés des hommes, c'est-à-dire des bons et des méchans. Il suit de là qu'il n'y a point d'autres causes efficientes de tous les évènemens que des causes volontaires, c'est-à-dire, procédant de cette nature, qui est l'esprit de vie.

A la vérité, l'air ou le vent s'appelle aussi esprit en latin; mais comme c'est un corps, ce n'est pas l'esprit de vie. L'esprit de vie donc, qui vivifie toutes choses, et qui est le créateur de tous les corps et de tous les esprits créés, c'est Dieu, esprit véritablement incréé. La souveraine puissance réside dans sa volonté, qui aide les bonnes volontés des esprits créés, juge les mauvaises, les ordonne toutes, donne le pouvoir d'agir à quelques-unes et ne l'accorde pas à d'autres. De même qu'il est le créateur de toutes les natures différentes, il est aussi le dispensateur de toutes les puissances, mais non pas de toutes ces volontés; car les mauvaises volontés ne viennent pas de lui, vu qu'elles sont contre la nature qui est de lui. Les corps sont soumis aux volontés, les uns aux nôtres, c'est-à-dire à celles de tous les animaux mortels, mais plus à celles de hommes que des bêtes; les autres à celles des anges; mais tous sont principalement subordonnés à la volonté de Dieu, à qui sont assujéties même toutes les volontés, parce qu'elles n'ont de pouvoir que ce qu'elles en tiennent de lui. Dieu est donc la cause qui fait toutes choses et qui n'est point faite; les autres causes font et sont faites; tels sont tous les esprits créés et surtout les raisonnables. Quant aux causes corporelles, qui sont plutôt faites qu'elles ne font, on ne doit pas les compter au nombre des causes efficientes, attendu qu'elles ne peuvent que ce que les esprits veulent faire par elles. Comment donc l'ordre des causes qui est certain dans la prescience de Dieu, peut-il faire que rien ne dépende de notre volonté, lors même que nos volontés tiennent une place si considérable dans l'ordre des causes ? Que Cicéron dispute tant qu'il voudra contre ceux qui disent que cet ordre des causes est fatal, ou plutôt qui l'appellent destin ; cela ne nous regarde point, puisque c'est une chose que nous avons en horreur, surtout à cause du mauvais sens dans lequel on prend abusivement ce mot. Mais quand il nie que cet ordre soit certain, et que Dieu le connaisse par sa prescience, nous le détestons encore plus que ne faisaient les stoïciens ; car où il combat l'existence de Dieu, comme il l'a tenté dans les livres de la Nature des dieux, sous le nom d'un autre personnage qu'il y introduit ; ou si en même temps qu'il en reconnaît un il lui refuse la prescience, il ne dit encore autre chose que ce que dit au fond du cœur l'insensé dont parle l'Écriture : « Il n'y a point de Dieu. » En effet, celui qui ne connaît pas l'avenir n'est point Dieu. Ainsi, nos volontés n'ont de pouvoir qu'autant que Dieu l'a voulu et prévu ; d'où il résulte qu'elles peuvent très certainement tout ce qu'elles peuvent, et qu'elles feront bien réellement tout ce qu'elles feront, parce que celui dont la prescience est infaillible a prévu tout cela. C'est pourquoi, si je voulais me servir du mot de destin, je dirais que le destin du plus faible est la volonté du plus fort, plutôt que de dire avec les stoïciens, que l'ordre des causes, qu'ils ont abusivement appelé destin, est destructif de notre libre arbitre.

CHAPITRE X.

S'il y a quelque nécessité qui domine les volontés des hommes.

Il ne faut point conséquemment appréhender davanvantage cette nécessité dont la crainte a obligé les stoïciens à distinguer les causes dont ils ont soustrait les unes et soumis les autres à la nécessité, et à placer entre les premières nos volontés, de peur qu'elles ne fussent pas libres si elles étaient nécessaires. Véritablement, si l'on entend par la nécessité ce qui n'est pas en notre pouvoir et qui arrive malgré nous, comme la nécessité de la mort, il est évident que nos volontés, qui nous font bien ou mal vivre, ne sont pas soumises à une semblable nécessité. Nous faisons en effet beaucoup de choses qu'il ne tiendrait qu'à nous de ne pas faire. Telle est l'essence de la volonté : si nous voulons, elle existe; dans le cas contraire, elle n'existe pas; car nous ne voudrions pas si nous ne voulions pas. Mais si l'on définit la nécessité conformément à notre manière de nous énoncer, quand nous disons qu'il est nécessaire que telle chose soit ou se fasse ainsi, je ne vois pas pourquoi nous craindrions qu'elle nous privât de notre liberté. Nous ne soumettons pas à la nécessité ni la vie de Dieu, ni sa prescience, lorsque nous disons qu'il est nécessaire que Dieu vive toujours, et qu'il connaisse toutes choses avant qu'elles arrivent;

de même que nous ne diminuons rien de sa puissance quand nous affirmons qu'il ne peut mourir ni être trompé, puisque au contraire il serait moins puissant s'il pouvait l'un ou l'autre. C'est avec raison que nous l'appelons tout-puissant, quoiqu'il ne puisse ni mourir ni être trompé, et sa toute-puissance résulte de ce qu'il fait ce qu'il veut, et de ce qu'il ne souffre point ce qu'il ne veut point souffrir. S'il en était autrement, il ne serait pas tout-puissant. Or, il est tout-puissant par cela même qu'il y a des choses qu'*il ne peut pas.* De même, quand nous disons qu'il est nécessaire que quand nous voulons nous veuillons par notre libre arbitre, nous énonçons assurément une vérité, et cependant nous ne soumettons pas notre libre arbitre à une nécessité qui détruit la liberté. Nos volontés sont donc à nous, et c'est par elles que nous faisons ce que nous voulons faire, et ce que nous ne ferions pas si nous ne le voulions. Il y a plus, ce qu'un homme souffre malgré lui de la volonté d'autres hommes est encore l'effet de la volonté, non pas, il est vrai, de celle de cet homme, mais de la volonté du Dieu tout-puissant; car ceux qui le font souffrir auraient beau vouloir, s'ils ne le pouvaient, ce ne serait qu'une simple volonté qui serait empêchée par une volonté plus puissante; et, dans ce cas, ce ne serait pas toutefois une volonté, si ce n'était une volonté, et cette volonté ne laisserait pas d'appartenir à celui qui l'aurait conçue, et non à d'autres, lors même qu'il n'aurait pu l'accomplir. Ainsi, quoi que ce soit, qu'un homme souffre contre sa volonté, il ne doit l'attribuer ni à une volonté humaine, ni à celle des anges, ou de quelque autre esprit créé, mais à la seule volonté de celui qui donne le pouvoir à ceux qui ont la volonté.

On aurait tort de conclure que rien ne dépend de notre volonté, de ce que Dieu a prévu ce qui devait en dépendre ; au contraire, par cela seul qu'il a prévu que quelque chose en dépendrait, il faut qu'il y ait en effet quelque chose qui en dépende, puisque autrement il ne l'aurait pas prévu, sa prévoyance ne s'étendant pas sur le néant. Par cette raison, nous ne sommes point obligés de ruiner le libre arbitre pour maintenir la prescience de Dieu, ni de nier cette prescience (ce qui serait un crime) pour faire subsister le libre arbitre ; mais nous embrassons également ces deux vérités, et nous les confessons avec la même foi et la même sincérité, l'une pour bien croire, et l'autre pour bien vivre : deux choses dont l'une dépend essentiellement de l'autre, puisque la bonté de notre croyance décide de la régularité de notre vie. Gardons-nous donc bien, sous prétexte de vouloir être libres, de nier la prescience de Dieu, dont l'assistance nous rend ou nous rendra libres. Ainsi, ce n'est pas en vain qu'il y a des lois, ni que l'on recourt aux exhortations, aux réprimandes, au blâme et aux louanges, parce que Dieu a prévu tous ces moyens, et qu'ils ont autant de force qu'il a prévu qu'ils en auraient. Les prières de même servent pour obtenir de lui les biens qu'il a prévu devoir accorder à ceux qui le prieraient; et il y a de la justice à récompenser les bonnes actions et à punir les mauvaises. Un homme ne pèche pas par cela seul que Dieu a prévu qu'il pécherait ; il est au contraire hors de doute que lorsqu'il pèche c'est lui-même qui pèche, attendu que celui dont la prescience ne peut se tromper a prévu que ce ne serait point le destin, ni la fortune, ni quelque autre chose, mais lui-même qui pécherait. Il est vrai qu'il ne pèche point s'il ne le veut; mais s'il ne veut point pécher, Dieu l'a aussi connu par sa prescience.

CHAPITRE XI.

De la providence de Dieu, qui soumet tout à ses lois.

Est-il croyable, d'après ce qui précède, que le Dieu souverain et véritable qui, avec son Verbe et son saint Esprit ne forme qu'un seul Dieu en trois personnes, auteur et créateur de toutes les ames et de tous les corps, qui est la source de la félicité de tous ceux dont la félicité repose sur la vérité, et non sur des chimères; qui a fait l'homme animal raisonnable composé d'ame et de corps; qui, après son péché, ne l'a pas laissé sans châtiment ni sans miséricorde; qui a donné aux bons et aux méchans l'être avec les pierres, la vie végétative avec les plantes, la vie sensitive avec les bêtes, la vie intellectuelle avec les anges; qui est le principe de tout ce qu'il y a de beau, de réglé et d'ordonné, et de tout ce qui se fait avec poids, nombre et mesure; qui est l'auteur de tous les ouvrages de la nature, de quelque genre et de quelque prix qu'ils soient; de qui viennent les semences des formes, les formes des semences, et le mouvement des semences et des formes;

qui a créé la chair et lui a donné sa beauté, sa vigueur, sa fécondité, la souplesse de ses membres, avec ce rapport et cette concorde, principes et garans de leur mutuelle conservation ; qui a doué l'ame des bêtes de mémoire, de sens, de désirs, et ajouté à l'ame raisonnable l'esprit, l'entendement et la volonté : est-il croyable, dis-je, que ce Dieu, qui a fait tant de choses excellentes, et qui n'a laissé, je ne dirai pas le ciel et la terre, les anges ou les hommes, mais les entrailles du plus petit et du plus vil des animaux, la plume d'un oiseau, la fleur de la moindre herbe, la feuille d'un arbre, sans la convenance et l'accord de toutes ses parties, ait voulu que les royaumes et les empires de la terre demeurassent étrangers aux lois de sa providence?

CHAPITRE XII.

Par quelles vertus les Romains ont mérité que le vrai Dieu accrût leur empire, quoiqu'ils ne le servissent pas.

Voyons maintenant en faveur de quelles vertus le vrai Dieu, qui tient en sa main tous les royaumes de la terre, a daigné contribuer à élever l'empire romain à un si haut point de grandeur. C'est pour en venir là que nous avons montré, dans le livre précédent, que les dieux qu'ils honoraient par des jeux ridicules n'ont pu concourir en rien à cet accroissement, et au commencement de celui-ci, qu'il n'y a point de destin ; afin d'éviter que ceux qui seraient déjà persuadés que la conservation et l'augmentation de l'empire ne sont pas dus au culte de ces dieux, ne les attribuassent à je ne sais quelle destinée, plutôt qu'à la volonté toute-puissante de Dieu. Encore que les anciens Romains, comme nous l'apprenons de leur histoire, adorassent de fausses divinités et offrissent des sacrifices, non au vrai Dieu, mais aux démons, aussi bien que toutes les autres nations, à la réserve du peuple hébreu, toutefois prodigues de leurs biens, seulement avides de renommée, ils se contentaient d'une fortune honnête et médiocre, pourvu qu'ils eussent beaucoup de gloire. C'est pour la gloire seule qu'ils respiraient ; ils ne voulaient vivre que pour elle, et pour elle ils n'hésitaient pas à mourir. Cette passion était si forte dans leur cœur, qu'elle y étouffait toutes les autres. Ainsi, dans l'opinion où ils étaient qu'il était honteux à leur patrie d'obéir, et glorieux de commander, ils appliquèrent d'abord tous leurs soins à assurer sa liberté, et s'étudièrent ensuite à fonder sa domination. De là vint que ne pouvant souffrir l'autorité des rois, ils se firent tous les ans deux souverains qu'ils appelaient consuls, titre moins fastueux que celui de roi ou de seigneur (1). Or, après l'expulsion de Tarquin et l'établissement du consulat, il arriva, ce que rapporte Salluste à la louange des Romains, que, depuis qu'ils eurent recouvré leur liberté, leur empire s'accrut en peu de temps d'une manière presque incroyable, tant

(1) Je passe ici une explication grammaticale qui ferait confusion : elle se trouve aux remarques.

ils étaient possédés de l'amour de la gloire. Il faut donc rapporter à ce même désir de gloire cette multitude d'actions si grandes et si honorables au jugement des hommes.

Salluste donne encore beaucoup d'éloges à deux illustres personnages de son temps, Caton et César, dont il dit qu'il y avait long-temps que la république n'avait produit deux hommes aussi vertueux, quoique de mœurs différentes. Or, entre autres éloges qu'il prodigue à César, il le loue d'avoir désiré une grande puissance, une bonne armée et quelque guerre nouvelle où il pût faire éclater sa valeur. Ainsi, ces hommes si vertueux souhaitaient que Bellone, armée d'un fouet sanglant, excitât de misérables peuples à prendre les armes, afin d'avoir quelque occasion de signaler leur courage. Voilà sans doute les effets de cette passion si démesurée qu'ils avaient pour la gloire. Il suit de là que les belles actions des Romains eurent d'abord pour objet la liberté, et ensuite la domination et l'amour de la renommée. Leur grand poète (1) rend témoignage de l'un et de l'autre, quand il dit : « Porsenna leur ordonnait de recevoir le roi Tarquin » qu'ils avaient chassé, et les tenait étroitement as- » siégés ; mais les Romains exposaient généreusement » leur vie pour la liberté. « C'est qu'ils n'avaient point alors d'autre ambition que de vivre libres, ou de mourir vaillamment ; mais depuis qu'ils furent libres, l'amour de la gloire s'empara tellement de leur cœur, qu'ils comptèrent pour rien la liberté, si elle n'était

---

(1) Virg. Eneid., 8

accompagnée de la domination, au point qu'ils ne pouvaient trop admirer ce passage dans lequel le même poète fait dire à Jupiter : « Junon même qui fatigue
» maintenant de ses craintes la mer, la terre et le ciel,
» reviendra à des sentimens plus doux, et protégera
» avec moi les Romains, ce peuple grave et né pour
» commander au monde. Un temps viendra, les des-
» tins l'ont ainsi résolu, où la race d'Énée subjuguera
» Phtie et Mycènes, et régnera sur la Grèce soumise. »
Il convient de remarquer ici que Virgile fait prédire à Jupiter des évènemens accomplis de son temps, et dont lui-même était témoin ; mais j'ai été bien aise de les rapporter pour montrer que les Romains, après la liberté, ont tellement estimé la domination, qu'ils en ont fait le sujet de leurs plus hautes louanges. De là vient encore que le même poète préfère à tous les arts qu'exerçaient les autres nations, la science de gouverner et de soumettre les peuples, comme spécialement affectée au peuple romain : « D'autres,
» dit-il, sculpteront peut-être avec plus de légèreté
» le bronze animé sous leur ciseau ; ils sauront
» mieux que vous, je le crois, tirer une figure hu-
» maine du sein d'un bloc de marbre ; ils seront
» meilleurs orateurs et plus habiles à lire dans les
» cieux ; pour vous, Romains, souvenez-vous de com-
» mander à l'Univers ; toute votre science sera de
» gouverner les peuples, d'être les arbitres de la paix,
» de pardonner aux humbles et de dompter les su-
» perbes. »

Ils excellaient d'autant mieux dans cette science, qu'ils étaient moins adonnés aux voluptés qui éner-

vent l'ame et le corps, et qu'ils couraient moins après les richesses, toujours fatales aux bonnes mœurs, et que l'on ravît à de pauvres citoyens pour les donner à d'infames histrions. Comme cette corruption exerçait ses ravages du temps de Salluste et de Virgile, on ne montait plus à la gloire par des moyens honnêtes, mais par la fraude et l'artifice. C'est ce qui fait dire à Salluste : « D'abord les hommes se laissaient plutôt aller
» à l'ambition qu'à l'avarice, comme à un vice qui ap-
» proche plus de la vertu. En effet, les lâches aussi
» bien que les cœurs généreux désirent la gloire,
» l'honneur et la puissance; mais ceux-ci n'y tendent
» que par la bonne voie, au lieu que les autres y as-
» pirent par de mauvais moyens, attendu que les bons
» leur manquent. » Or, les moyens honnêtes pour parvenir à la gloire, à l'honneur et à la puissance résident dans la vertu, dont les gens de bien se servent comme d'une voie qui les conduit à leur fin. Que ce sentiment ait été celui des Romains, je n'en veux pour preuve que les temples même de la Vertu et de l'Honneur qu'ils ont bâtis l'un à côté de l'autre, en prenant pour des dieux les dons de Dieu. On peut connaître par là quelle fin ils proposaient à la vertu, et à quoi la rapportaient ceux qui passaient parmi eux pour gens de bien, c'est-à-dire à l'honneur; car les méchans ne la possédaient point, quoiqu'ils désirassent aussi les honneurs auxquels ils s'efforçaient de parvenir par de mauvais moyens, c'est-à-dire, par l'intrigue et la dissimulation.

Le même Salluste fait un bel éloge de Caton, lorsqu'il dit que « moins il recherchait la gloire, plus elle

» le suivait. » Cette gloire, en effet, dont ils étaient si avides, n'est après tout qu'un jugement favorable que les hommes portent de quelqu'un. Pour cette raison, il y a plus de vertu à se contenter du témoignage de sa conscience, qu'à rechercher les applaudissemens d'autrui, ainsi que le déclare l'apôtre : « Nous n'avons » point, dit-il, d'autre gloire que le témoignage de » notre conscience (1); » et ailleurs : « Que chacun » examine ses actions, et alors il trouvera en lui-même » des sujets d'une véritable gloire, et il ne les cher- » chera pas dans les autres (2). » Conséquemment, ce n'est pas la vertu qui doit rechercher la gloire, l'honneur et l'empire que les Romains désiraient si vivement posséder, et auxquels les hommes vertueux n'aspiraient que par des voies honnêtes ; mais ce sont ces biens au contraire qui doivent rechercher la vertu. La véritable vertu en effet est celle qui a pour fin le souverain bien de l'homme. Ainsi Caton eut tort de solliciter de ses concitoyens des honneurs qu'ils devaient lui déférer à cause de sa vertu, sans qu'il les demandât.

Véritablement, de ces deux grands hommes qui parurent en ce temps-là, Caton et César, Caton fut celui dont la vertu approcha le plus de la vertu par excellence. Voyons maintenant quelle était alors la république, et quelle elle avait été autrefois au jugement de Caton. « Ne vous imaginez pas, dit-il, que » ce soit par les armes que nos ancêtres ont tellement

---

(1) II Cor., 1, 12.
(2) Galat., 6, 4.

LIVRE V. 595

» agrandi la république. Si cela était, elle serait beau-
» coup plus belle de nos jours que par le passé,
» puisque nous avons un bien plus grand nombre de
» citoyens et d'alliés, aussi bien que d'armes et de
» chevaux. Mais il y a eu d'autres choses qui les ont
» rendus puissans, que nous n'avons point. Ils étaient
» laborieux, justes, sincères et tempérans. Au lieu
» de cela, nous sommes perdus de débauches et d a-
» varice, l'état est pauvre et les particuliers opulens;
» nous louons les richesses et nous aimons l'oisiveté;
» il n'y a point de distinction entre les bons et les
» méchans; la faveur emporte toutes les récompenses
» de la vertu. Et il ne faut pas s'en étonner, lorsque
» tous ne songent qu'à leurs propres intérêts : chez eux
» abandonnés à la volupté, et ici esclaves de l'argent
» ou de la faveur. Voilà, voilà comment la républi-
» que désarmée se trouve exposée en proie au plus
» fort qui l'attaquerait. »

Quand on entend Caton ou Salluste parler de la sorte, on s'imagine peut-être que tous les anciens Romains, ou du moins la plupart, étaient tels qu'ils les présentent à notre admiration; mais il n'en est pas ainsi, autrement ce que dit le même historien, et que j'ai rapporté au second livre de cet ouvrage, ne serait pas véritable. « Dès la naissance de Rome, dit-il, les
» violences des personnes puissantes, qui furent cause
» que le peuple se sépara d'avec le sénat, et d'autres
» dissensions troublèrent la république, et l'on n'y
» vit fleurir la modération et l'équité qu'au temps où
» les rois furent expulsés, lorsqu'elle craignit les Tar-
» quins, et qu'elle avait à soutenir la guerre contre

« les Toscans ligués avec eux. Mais après le sénat traita
» le peuple en esclave. Il disposait de sa vie et de son
» corps avec une autorité pareille à celle des rois,
» s'emparait de son bien, et enfin était seul le maître
» et l'arbitre de toutes choses... Les dissensions et les
» animosités ne furent entièrement éteintes qu'à la
» seconde guerre punique, parce que la crainte des
» ennemis, en détournant ailleurs leurs soins et leurs
» pensées, calma et réunit ces esprits inquiets. » Mais
alors même il n'y avait qu'un petit nombre de gens
de bien, s'entend à leur manière, qui exécutassent de
grandes choses, et dont les conseils, au milieu des désordres tolérés, mais adoucis par là, fissent fleurir la
république. C'est ce que le même historien déclare
lorsqu'il dit que, voulant rechercher comment le
peuple romain avait fait tant de belles actions, soit
en guerre, soit en paix, sur terre ou sur mer, souvent
avec une poignée de gens contre des armées très puissantes, il avait remarqué qu'il ne fallait attribuer qu'à
la vertu d'un petit nombre d'excellens citoyens, les
avantages qu'un petit peuple pauvre avait remportés
sur des rois opulens, et peu de soldats sur des armées
nombreuses. « Mais depuis, poursuit-il, que Rome
« fut corrompue par le luxe et l'oisiveté, la républi-
» que soutint par sa grandeur les vices de ses généraux
» et de ses magistrats. » Caton ne louait donc que ce
petit nombre de personnes qui s'élevaient aux honneurs par la vertu. Eux seuls étaient vigilans, laborieux, et enrichissaient le trésor public par leur modération à accroître leur fortune particulière, tandis que,
comme il le remarque, la corruption des mœurs avait

produit un effet contraire : le trésor était devenu pauvre et les particuliers opulens.

~~~~~~

CHAPITRE XIII.

L'amour de la gloire, quoique vice, passe pour vertu parce qu'il surmonte des vices plus grands.

Ainsi, après que les royaumes d'Orient eurent long-temps brillé sur la terre, Dieu voulut que l'empire d'Occident, qui était le dernier dans l'ordre des temps, devint le premier de tous par sa grandeur et son étendue. Dans le dessein qu'il avait de châtier les crimes de plusieurs nations, il en a mis en possession des hommes qui, par amour pour la louange et la renommée, ne pouvaient manquer de pourvoir au salut de la patrie, pour laquelle ils mettaient leur gloire à se sacrifier eux-mêmes, et qui, par ce seul sentiment, c'est-à-dire par le désir de la renommée, triomphaient de l'amour de l'or et de tous les autres vices. Il ne faut pas toutefois se dissimuler que ce désir de louange ne soit un vice. Horace en est convenu lorsqu'il a dit : « Êtes-vous possédé de l'amour de la louange ? Il y » a certains remèdes qui pourront vous guérir de » cette maladie, comme par exemple de lire trois » fois attentivement quelque petit livre de morale. » Et dans ses odes, pour réprimer la passion de dominer : « Vous étendrez, dit-il, votre empire plus » loin en mettant des bornes à votre ambition, que

» si vous conquériez les royaumes les plus reculés. »
Toutefois, si l'on ne surmonte les passions honteuses par la grace de la foi (1) et par l'amour de la beauté souveraine, au moins vaut-il mieux les vaincre par un désir de gloire que de s'y laisser aller ; et quoique ceux qui en usent ainsi ne soient pas encore gens de bien, ils sont pourtant moins vicieux (2) que les autres. D'où vient que Cicéron, dans ses livres de la république, lorsqu'il parle de l'institution du prince, dit qu'il faut le nourrir de gloire, et ajoute, pour le prouver, que cet amour de la gloire a fait faire à leurs ancêtres une infinité de belles actions. Ainsi, non-seulement ils ne résistaient point à ce vice, mais ils croyaient même le devoir fomenter comme une chose utile à la république. Cicéron, dans ses livres même de philosophie, témoigne assez combien il était sensible à cette passion, et cela paraît plus clair que le jour ; car, quoiqu'il dise qu'il y a certaines choses où l'on ne doit se proposer pour fin que la seule vertu, et non la vaine gloire, il ne laisse pas d'établir cette maxime générale, que l'honneur fait vivre les arts, et que tout le monde est poussé au travail par un motif de gloire ; d'où vient qu'il ne se trouve personne qui veuille entreprendre les choses qui sont universellement méprisées.

(1) *En impétrant le saint Esprit*, ajoute le latin.
(2) *Moins infames*, dit le latin.

CHAPITRE XIV.

Il faut tâcher de surmonter la vaine gloire, parce que toute la gloire des justes est en Dieu.

Il vaut donc mieux sans doute résister à cette passion que de s'y laisser aller ; car on est d'autant plus semblable à Dieu qu'on en est plus exempt (1). Il est vrai qu'il n'est pas possible de la déraciner entièrement du cœur de l'homme pendant cette vie, parce qu'elle ne cesse de tenter même les plus vertueux ; mais tâchons au moins de la surmonter par l'amour de la justice ; et si les choses que le monde méprise sont bonnes et saintes, que l'amour de la louange humaine en ait de la confusion (2) et qu'il cède à l'amour de la vérité. Ce vice est tellement ennemi de la vraie foi, lorsqu'il l'emporte dans notre cœur sur la crainte ou l'amour de Dieu, que notre Seigneur dit dans l'Évangile : « Comment pouvez-vous croire, vu que vous » attendez de la gloire les uns des autres, et ne re- » cherchez point la gloire qui vient de Dieu seul (3) ? » Et l'évangéliste dit aussi de certaines personnes qui croyaient en Jésus-Christ et appréhendaient de l'avouer publiquement : « Ils aimaient plus la gloire des

---

(1) *Que l'on est plus pur de cette impureté*, dit le latin.
(2) C'est-à-dire de ce qu'on les méprise ainsi.
(3) Jean, 5, 44.

» hommes que celle de Dieu (1). » C'est ce que les bienheureux apôtres ne firent pas ; car ils prêchaient le nom de Jésus-Christ en des lieux où non-seulement il était rejeté, et où par conséquent, selon la maxime de Cicéron, il ne devait se trouver personne qui entreprît de le défendre, mais où il était même en détestation ; parce qu'ils se souvenaient de cette parole de ce bon maître et de ce charitable médecin des ames : « Si (2) quelqu'un me renonce devant les hom-
» mes, je le renoncerai aussi devant mon père qui est
» dans les cieux, et devant les anges de Dieu (3). » Si bien que les malédictions ni les opprobres dont on les chargeait, ni les persécutions les plus rudes et les plus cruelles ne les purent détourner d'annoncer l'Évangile à des gens que cette doctrine avait étrangement révoltés. Et, quant à la gloire éclatante qu'ils ont reçue dans l'Église de Jésus-Christ, après avoir dompté en quelque sorte la dureté de ces cœurs rebelles (4) par la grandeur de leurs miracles et par l'innocence de leur vie, ils ne s'y sont pas reposés comme dans la fin de leur vertu, mais l'ont rapportée à Dieu, par la grace de qui ils étaient tels. Et c'était ce qu'ils proposaient à ceux qu'ils tâchaient d'embraser de son amour, afin que Dieu les fît tels qu'ils étaient eux-mêmes ; car leur maître leur avait appris à ne pas faire le bien pour

(1) Jean, 12, 43.
(2) Matth., 10, 33.
(3) Luc., 12, 9.
(4) *Et y avait introduit la paix et la justice*, ajoute le latin.

la vaine gloire, lorsqu'il leur disait : « Prenez garde
» de ne pas faire vos bonnes œuvres devant les hom-
» mes pour en être regardés, autrement vous n'en re-
» cevrez point de récompense de votre père qui est
» dans les cieux (1). » Mais aussi, d'un autre côté,
de peur qu'ils ne prissent pas bien ce qu'il leur disait,
et ne craignissent tellement de paraître vertueux aux
yeux des hommes, que l'exemple de leur vertu ne leur
pût profiter, pour leur apprendre à quelle fin ils se
devaient faire connaître : « Que vos œuvres, dit-il,
» paraissent devant les hommes, afin qu'ils voient le
» bien que vous faites et en rendent gloire à votre père
» qui est dans les cieux (2). » Que ce ne soit donc
pas afin qu'ils vous voient, c'est-à-dire afin qu'ils
s'attachent à vous, puisque vous n'êtes rien de vous-
mêmes, mais afin qu'ils rendent gloire à votre père
qui est dans les cieux, et que, s'attachant à lui, ils
deviennent ce que vous êtes. C'est ce qu'ont pratiqué
ces glorieux martyrs, qui ont autant surpassé par leur
nombre que par leur véritable vertu les Scévolas, les
Curtius et les Décius, non en se donnant la mort
à eux-mêmes, mais en supportant patiemment celle
qu'on leur faisait souffrir. Mais comme ces Romains
vivaient dans une cité terrestre, et ne se proposaient
pour fin des services qu'ils lui rendaient que sa conservation et sa grandeur, et d'acquérir un royaume,
non pas dans le ciel, mais sur la terre, non pas dans
la vie éternelle, mais dans une vicissitude de vie et de

---

(1) Matth., 6, 1.
(2) Matth., 5, 16.

mort, parmi des gens dont les uns mouraient, et les autres devaient bientôt mourir, qu'eussent-ils aimé que la gloire, qu'ils prétendaient devoir les faire vivre, même après leur mort, dans l'estime de ceux qui les loueraient ?

CHAPITRE XV.

De la récompense temporelle que Dieu a donnée aux vertus morales des Romains.

Si donc Dieu n'eût donné la gloire passagère d'un empire florissant à ceux à qui il ne devait pas donner la vie éternelle (1), parce qu'il ne la donne qu'à ceux qui le servent, les vertus morales par lesquelles ils s'efforçaient de parvenir à cette gloire seraient demeurées sans récompense ; car notre Seigneur a dit de ces sortes de personnes qui semblent faire quelque chose de bon, afin d'être estimées des hommes: « Je vous » dis en vérité qu'ils ont reçu leur récompense. (2) » Ainsi, il est vrai que ces Romains ont méprisé leurs fortunes particulières pour le bien de l'état, qu'ils ont mieux aimé accroître les revenus du trésor que

(1) Le latin porte : *Avec ses saints anges dans sa Cité céleste, à la société de laquelle mène la vraie piété, qui ne rend le culte religieux, que les Grecs appellent latrie, qu'au seul vrai Dieu.*

(2) Matth., 6, 2.

les leurs, qu'ils ont surmonté l'avarice, qu'ils ont donné des conseils désintéressés à leur patrie, et qu'ils n'ont été sujets à aucun vice qui tombât sous la censure de leurs lois; mais ils ne pratiquaient toutes ces vertus que pour parvenir aux honneurs, au commandement et à la gloire. Aussi ils ont été respectés presque par toutes les nations, ils ont assujéti une infinité de peuples à leur empire, et aujourd'hui même l'histoire a porté leur renommée dans presque toutes les parties de la terre. Ils n'ont donc pas sujet de se plaindre de la justice du vrai Dieu; ils ont reçu leur récompense.

CHAPITRE XVI.

De la récompense des citoyens de la Cité éternelle; à qui peut être utile l'exemple des vertus morales des Romains.

Mais il n'en est pas de même de la récompense des saints qui souffrent ici-bas pour la Cité de Dieu, objet de la haine de ceux qui aiment le monde. Cette Cité est éternelle, et personne n'y naît parce que personne n'y meurt. C'est là que règne la véritable et parfaite félicité, qui n'est pas une déesse, mais un don de Dieu. C'est de là que nous avons reçu le gage de notre foi, qui nous fait soupirer pour sa beauté pendant le temps de notre pélerinage. Là le soleil ne se lève point sur les bons et sur les méchans; mais le soleil de justice y luit seulement sur les bons. Là l'on ne sera point en peine d'enrichir le trésor public aux dépens des particuliers, parce qu'il n'y a qu'un trésor de vérité auquel tous ont part. Ainsi, ce n'a pas été seulement pour récompenser les Romains de leurs vertus que leur empire est devenu si puissant, mais aussi pour servir d'exemple aux citoyens de cette Cité éternelle, et leur faire considérer, pendant leur pélerinage, combien ils doivent aimer la céleste patrie pour la vie immortelle, puisqu'une patrie terrestre a été tellement aimée de ses citoyens pour une gloire humaine et mortelle.

CHAPITRE XVII.

A le bien prendre, les victoires des Romains ne les ont pas rendus meilleurs que ceux qu'ils avaient vaincus.

Pour ce qui est de cette vie mortelle qui se termine en si peu de jours, qu'importe à un homme qui doit mourir à quel souverain il soit soumis, pourvu qu'il ne l'oblige à rien qui soit contraire à la justice et à la piété? Les Romains ont-ils autrement nui aux peuples à qui ils ont imposé leurs lois, sinon en ce qu'ils l'ont fait par des guerres cruelles et sanglantes? S'ils avaient pu les assujétir à leur puissance de leur consentement, le succès en aurait été meilleur; mais, comme il n'y eût point eu de victoire, ils n'auraient point remporté l'honneur du triomphe; car les Romains vivaient eux-mêmes sous les lois qu'ils donnaient aux autres. Si donc cela se fût fait sans l'entremise de Mars et de Bellone, personne n'étant le vainqueur par ce qu'on n'aurait point combattu, la condition des Romains et des autres n'aurait-t-elle pas été égale, surtout si l'on eût fait d'abord ce qu'on accorda depuis comme une grace, de donner le droit de bourgeoisie romaine à tous les sujets de l'empire (1)? car je ne vois pas en quoi la sûreté publique, ni les bonnes mœurs, ni même les charges et les dignités étaient intéressées à ce que les uns fussent plutôt vainqueurs que les autres. Il n'y avait que le vain éclat d'une gloire humaine qui y eût intérêt; et c'est pourquoi ç'a été la récompense de ceux qui en étaient éperduement amoureux, et qui ont entrepris de grandes guerres pour ce sujet. Eh! du reste, leurs terres ne paient-elles pas aussi tribut? Leur est-il permis d'apprendre quelque chose que les autres ne puissent apprendre comme

(1) Le latin ajoute : *Et de rendre commune à tous une chose qui n'était accordée auparavant qu'à peu de personnes, à la charge seulement que les peuples qui n'auraient point de terres pour leur subsistance, vivraient aux dépens du public, et recevraient ainsi leur nourriture des bons administrateurs de la république, avec plus de satisfaction de la part de ceux qui la leur donneraient ainsi étant en bonne intelligence avec eux, qu'ils n'en auraient à la leur ravir de force après les avoir vaincus.* Mais tout cela n'est pas fort nécessaire pour le but de saint Augustin, et c'est un détail qui causerait de l'obscurité.

eux? N'y a-t-il pas plusieurs sénateurs dans les provinces qui n'ont pas seulement vu Rome? Otez le faste et la vanité, que sont tous les hommes, sinon des hommes? Quand même la malice du siècle souffrirait que les plus gens de bien fussent les plus considérés, encore ne devrait-on pas faire grand cas de l'honneur humain, puisque ce n'est qu'une légère fumée. Mais (1) profitons même en ceci du bienfait de notre Dieu. Considérons combien ont méprisé de plaisirs, enduré de travaux, dompté de passions pour la gloire humaine, ceux qui ont mérité de la recevoir comme la récompense de telles vertus, et que cela nous serve à nous humilier. Puisque cette Cité, où l'on nous fait espérer que nous régnerons un jour, est autant au-dessus de celle d'ici-bas que le ciel est au-dessus de la terre, les joies de la vie éternelle au-dessus des joies temporelles, la gloire solide au-dessus des vaines louanges, la compagnie des anges au-dessus de celle des hommes, la lumière de celui qui a fait le soleil et la lune au-dessus de la lumière du soleil et de la lune, comment les citoyens d'une si illustre patrie peuvent-ils croire avoir fait quelque chose de grand, quand ils ont fait quelque bien ou souffert quelque mal pour

---

(1) Si les chapitres étaient bien distingués, ce devrait être ici le commencement du chapitre 18; car il est visible que le sujet qui y est traité n'est autre que celui-ci. Il y en a bien d'autres comme cela; mais je remarque seulement celui-ci pour tous les autres. Il faut voir ce que je dis aux remarques touchant cette division des chapitres et les titres; car ni l'un ni l'autre n'est de saint Augustin.

l'acquérir, tandis que ceux-là ont tant fait et tant souffert pour une patrie terrestre qu'ils avaient déjà acquise? surtout lorsqu'il y a ce rapport entre les deux Cités, que cet asile où Romulus réunit ensemble cette multitude de coupables qui fondèrent Rome par l'impunité qu'il leur procurait, est comme une figure de la rémission des péchés qui rassemble tous les citoyens dont se compose la céleste patrie.

CHAPITRE XVIII.

Les chrétiens n'ont pas lieu de se glorifier s'ils font quelque chose pour l'amour de la céleste patrie, lorsque les Romains ont tant fait pour une patrie terrestre et pour la gloire humaine.

Qu'y a-t-il donc de si grand à mépriser tous les charmes de la vie présente pour cette patrie céleste et éternelle, lorsque Brutus a pu se résoudre à faire mourir ses enfans pour une patrie terrestre et temporelle? Il est sans doute bien plus difficile de tuer ses propres enfans que d'accomplir ce que Jésus-Christ nous a commandé, c'est-à-dire de donner aux pauvres, ou d'abandonner pour la foi et pour la justice des biens que l'on aurait amassés et conservés pour ses enfans. Ce ne sont pas les richesses de la terre qui nous rendent heureux ni nous ni nos enfans, puisque nous les pouvons perdre durant notre vie, ou qu'au moins après notre mort elles seront possédées par des personnes que nous ne savons pas, ou que peut-être nous ne voudrions pas qui les possédassent ; mais Dieu, qui est la seule richesse de nos esprits, est aussi le seul qui puisse nous rendre heureux. Quant à Brutus, le poète même qui le loue de cette action ne laisse pas de l'estimer malheureux de l'avoir faite : « Ce père, dit-il, fera mourir ses enfans séditieux » pour maintenir la liberté. Malheureux ! quelque » jugement que la postérité porte de cette action.... » Mais il ajoute ensuite pour le consoler : « Mais l'amour » de la patrie et un désir excessif de renommée l'em- » porteront sur les sentimens de la nature. » C'est ce désir de la liberté et cet amour de la gloire qui ont fait faire aux Romains tout ce qu'ils ont fait de beau. Si donc le désir de procurer la liberté à des gens qui devaient mourir, et l'amour d'une gloire mortelle, ont bien pu armer un père contre ses propres enfans, quelle merveille si, pour la véritable liberté qui nous affranchit de l'empire du péché, de la mort et du diable, et pour satisfaire, non pas notre ambition, mais notre charité, en délivrant les hommes, non de la domination du roi Tarquin, mais de celle des démons et de leur prince, nous ne faisons pas mourir nos enfans, mais nous mettons les pauvres de Jésus-Christ au nombre de nos enfans?

Si Torquatus, général romain, punit de mort son fils victorieux, de ce que, par une ardeur de jeunesse, il avait combattu contre son commandement l'ennemi qui l'attaquait, dans l'idée que l'exemple de son autorité méprisée pouvait faire plus de mal à l'éta que la victoire obtenue sur l'ennemi ne lui était avantageuse; quel sujet de se glorifier peuvent avoir ceux qui, pour obéir aux lois de cette immortelle patrie, méprisent les biens de la terre qu'on aime bien moins que des enfans? Si Camille, après avoir délivré sa patrie de la fureur des Véiens, ses mortels ennemis, ne laissa pas, quoiqu'elle l'eût sacrifié à ses envieux, de la sauver encore des mains des Gaulois, par la raison qu'il n'en avait point d'autre où il pût vivre avec gloire; pourquoi celui-là se vanterait-il comme d'un trait généreux, de ce que l'injure atroce qu'il pourrait avoir reçu dans l'Église de la part de ses ennemis, loin de l'avoir jeté parmi les hérétiques ou engagé à former une hérésie nouvelle, ne l'a pas empêché de défendre de tout son pouvoir la pureté de la doctrine de l'Église contre les efforts des hérétiques, parce qu'il n'y a point d'autre Église où l'on puisse, je ne dirai pas vivre avec l'estime des hommes, mais acquérir la vie éternelle? Si Mutius Scévola, ayant manqué à tuer Porsenna qui assiégeait étroitement la ville de Rome, étendit la main sur un brasier ardent en présence de ce prince, l'assurant qu'il existait encore plusieurs jeunes gens aussi hardis que lui qui avaient juré sa mort, de sorte que Porsenna, effrayé de tant de hardiesse et d'une si grande conjuration, conclut sans différer la paix avec les Romains; qui croira avoir mérité le royaume des cieux quand, pour l'obtenir, il aura abandonné, je ne dis pas sa main, mais tout son corps aux flammes de ses persécuteurs? Si Curtius se précipita tout armé avec son cheval dans un abîme, pour obéir à l'oracle qui avait commandé que les Romains y jetassent ce qu'ils avaient de meilleur (1); qui s'imaginera avoir rien fait qui soit digne de la céleste patrie, pour avoir, non pas prévenu, mais souffert une semblable mort, après avoir reçu de son Seigneur et du Roi de cette patrie cet oracle bien plus certain : « Ne craignez point ceux qui tuent le corps, » mais qui ne peuvent tuer l'ame (2). » Si les Décius se dévouèrent à la mort pour apaiser par leur sang les dieux irrités et sauver l'armée romaine ; que les martyrs ne s'énorgueillissent point si, par l'ardeur de leur foi et de leur charité, ils ont combattu jusqu'à l'effusion de leur sang pour cette patrie où se trouve la vraie et immortelle félicité, et n'ont pas seulement aimé leurs frères pour qui ils le répandaient, mais encore, conformément à l'ordre qu'ils en avaient reçu, leurs ennemis même qui le répandaient. Si lorsque Marcus Pulvillus dédiait un temple à Jupiter, à Junon et à Minerve, il méprisa la fausse nouvelle de la mort de son fils (que ses envieux lui portèrent malicieusement afin de lui faire quitter la cérémonie et de ménager à son collègue la gloire de cette dédicace), au point qu'il commanda même que l'on jetât son corps sans sépulture, faisant ici céder à l'amour de la gloire la douleur d'une perte si sensible ; quelqu'un

---

(1) C'est qu'ils crurent que, comme ils excellaient en hommes et en armes, le sens de l'oracle était qu'on y jetât un homme armé. Cette explication est dans le latin; mais je l'ai rejetée en note pour plus de clarté.

(2) Matth., 10, 28.

pourra-t-il prétendre avoir fait quelque chose de considérable pour la prédication de l'Évangile qui délivre d'une infinité d'erreurs les citoyens de la céleste patrie, par cela seul qu'il aura laissé son père sans sépulture afin de l'annoncer, d'après cet ordre qu'il a reçu de notre Seigneur : « Suivez-moi, et laissez les morts » ensevelir leurs morts (1). » Si Régulus, pour ne pas manquer de parole à de cruels ennemis, retourna parmi eux, dans l'impossibilité, à ce qu'il disait, de vivre à Rome avec honneur après avoir été esclave des Carthaginois, qui le firent mourir dans les supplices à cause qu'il avait empêché le sénat de consentir à ce qu'ils demandaient; quels tourmens ne doit-on point mépriser pour garder la foi à cette patrie dont l'heureuse possession est le prix de cette foi même ? Et que rendrons-nous à notre Seigneur pour tous les biens que nous avons reçus de lui, quand nous souffrirons, pour la foi que nous lui devons, ce que souffrit Régulus pour celle qu'il devait à d'impitoyables ennemis ? Comment un chrétien osera-t-il tirer vanité de la pauvreté qu'il a embrassée afin de marcher plus librement dans la voie qui mène à la patrie dont Dieu même doit faire toutes les richesses, lorsqu'il peut avoir appris que Valérius Publicola, qui mourut consul, fut si pauvre, qu'il fallut que le peuple contribuât pour les frais de ses funérailles; et que Quintus Cincinnatus, dont toute la fortune se bornait à quatre arpens de terre qu'il cultivait lui-même, fut tiré de la charrue pour être fait dictateur, et qu'après avoir

---

(1) Matth., 8, 22.

vaincu les ennemis et s'être couvert d'une gloire immortelle, il demeura pauvre comme auparavant ? Ou qui peut avoir grande opinion de sa vertu pour ne s'être laissé aller par l'attrait d'aucun des biens de ce monde à se séparer de la bienheureuse patrie, lorsqu'il voit Fabricius rejeter généreusement toutes les offres de Pyrrhus, roi d'Épire, même la quatrième partie de son royaume, pour demeurer pauvre et simple citoyen dans Rome ? En effet, dans le temps où la république était riche, les particuliers néanmoins étaient si pauvres que l'un d'eux (1), après avoir été deux fois consul, fut chassé du sénat par le censeur, parce qu'il avait dans sa maison dix marcs de vaisselle d'argent; tous les chrétiens, qui mettent leur bien en commun par un motif plus élevé, afin qu'on les distribue à ceux qui en ont besoin, comme il est rapporté dans les actes (2), ne doivent-ils pas comprendre qu'ils n'ont aucun sujet de se glorifier de ce qu'ils font pour être admis dans la compagnie des anges, puisque ces idolâtres en ont fait presque autant pour conserver la gloire de leur pays ?

Comment ces choses et autres semblables seraient-elles venues à notre connaissance, si l'empire romain ne s'était extrêmement accru ? Ainsi les Romains ont reçu la récompense qu'ils désiraient de leurs actions, et ces actions nous sont proposées comme des exemples qui nous avertissent de notre devoir, afin que si nous ne pratiquons pas pour la glorieuse Cité de Dieu

---

(1) Cornelius Rufinus.
(2) Act., 2, 45.

les vraies vertus auxquelles ressemblaient en quelque sorte celles qu'ils exerçaient pour la gloire d'une Cité de la terre, nous en ayons de la confusion ; et que, si nous les pratiquons, nous n'en concevions point de vanité. Nous apprenons de l'apôtre que « les souf- » frances de cette vie n'ont point de proportion avec » la gloire que Dieu doit un jour découvrir en nous (1). » Mais, quant à la gloire humaine et passagère, la vertu des Romains en était assez digne. Si donc les Juifs, qui ont fait mourir Jésus-Christ, ont été livrés aux Romains pour servir de trophée à leur gloire, c'est que Dieu a voulu que ceux qui recherchaient et ont acquis la gloire humaine par des vertus quelconques, assujétissent sous leur puissance cette nation criminelle qui a rejeté et mis à mort l'auteur de la véritable gloire et le dispensateur de la Cité éternelle.

CHAPITRE XIX.

En quoi l'amour de la gloire diffère de l'amour de la domination.

Il y a certainement de la différence entre l'amour de la gloire et l'amour de la domination. Encore que ceux qui aiment trop la gloire se laissent ordinairement emporter au désir de dominer, ils s'efforcent toutefois de ne pas s'aliéner les bons esprits. Il y a en

---

(1) Rom., 8, 18.

effet beaucoup de choses dans les mœurs dont plusieurs jugent bien, quoiqu'ils ne les pratiquent pas; et c'est par là que tendent à la gloire et au commandement ceux dont Salluste dit qu'ils marchent par la bonne voie. Au contraire, quiconque désire la domination sans aimer la gloire, qui fait que les hommes appréhendent de déplaire aux juges éclairés, tâchent le plus souvent d'y parvenir par des crimes qu'il ne prend pas même la peine de dissimuler, au lieu que celui qui aime la gloire aspire à la domination par les bonnes voies, ou du moins par les déguisemens et les artifices, attendu qu'il est bien aise de passer pour homme de bien. C'est dès-lors une grande vertu à un homme vertueux de mépriser la gloire, parce qu'il n'y a que Dieu qui soit témoin du mépris qu'il en fait, et que les hommes n'en peuvent juger. Véritablement, quand on fait quelque chose devant les hommes pour leur faire croire qu'on méprise la gloire, on n'a pas sujet de trouver étrange qu'ils jugent qu'on ne la méprise que pour en acquérir une plus grande. Mais celui qui méprise les louanges des hommes méprise aussi leurs soupçons téméraires, quoique, s'il est vraiment homme de bien, il ne méprise pas leur salut. Comme sa vertu est un don du saint Esprit, il a tant d'amour pour la justice, qu'il aime jusqu'à ses ennemis et ses envieux, et les aime de telle sorte, qu'il souhaite les voir se corriger, afin de les avoir pour compagnons de la félicité qu'il espère. Quant à ceux qui le louent, bien qu'il fasse peu de cas de leurs louanges, il tient beaucoup à leur amitié. C'est pourquoi, comme il ne veut pas tromper ses amis, il fait tout ce qu'il peut pour les porter plutôt à louer celui de qui nous tenons tout ce qu'il y a de louable en nous. Mais pour celui qui, sans être sensible à la gloire, désire ardemment la domination, il est plus cruel et plus brutal que les bêtes. Il y en a eu quelques-uns de cette espèce parmi les Romains, qui, peu jaloux de leur réputation, n'en aspiraient pas moins vivement à la domination. De tous ceux dont l'histoire fait mention, l'empereur Néron est le premier qui ait porté ce vice le plus loin. Il était si débauché, qu'on n'eût pas cru devoir appréhender rien de sa part qui demandât quelque résolution, et si cruel, qu'on ne se fût jamais imaginé qu'il y eût rien de mou en lui, si l'on ne l'eût su. La puissance souveraine n'est pourtant donnée à de tels hommes que par la providence de Dieu, quand il juge que les peuples méritent d'avoir de tels maîtres. Sa parole est claire là-dessus ; c'est la sagesse même qui dit : « C'est moi qui fais régner les rois et dominer » les tyrans (1). » Et afin qu'on ne croie pas que *tyran* se prenne ici dans l'ancienne signification de ce mot pour un roi légitime, comme Virgile l'a employé lorsqu'il a dit : « Je prendrai pour un gage de la paix » d'embrasser le tyran des Troyens, » il est dit clairement de Dieu en un autre endroit, que « c'est lui » qui fait régner les princes fourbes, à cause des péchés du peuple (2). » Ainsi, bien que j'aie assez montré, selon mon pouvoir, pourquoi les Romains, qui étaient des gens de bien, selon les règles de la Cité

---

(1) Prov., 8, 15.
(2) Job, 34, 30.

de la terre, ont été aidés de Dieu pour obtenir un si grand empire, il peut y en avoir néanmoins une cause plus cachée, comme les divers mérites des hommes que Dieu connaît mieux que nous. Mais il n'importe, pourvu qu'il demeure pour constant parmi tous ceux qui sont vraiment pieux, que personne ne peut avoir une véritable vertu sans une véritable piété, c'est-à-dire sans le culte du vrai Dieu, et que la vertu est fausse lorsqu'elle se propose pour fin la gloire humaine; et que cependant ceux qui ne sont pas citoyens de la Cité éternelle, nommée dans l'Ecriture la Cité de Dieu, sont plus utiles à la Cité du monde quand ils possèdent de fausses vertus, que s'ils n'en possédaient point du tout. Et quant à ceux qui sont véritablement pieux, et qui joignent à une bonne vie la science de gouverner les peuples, il ne peut rien arriver de plus avantageux au monde que lorsque Dieu les lui donne pour souverains. Mais ces sortes de personnes, quelque grandes que soient leurs vertus, ne les attribuent qu'à la grace de Dieu, qui les a accordées à leur foi et à leurs prières, et reconnaissent combien ils sont éloignés de la perfection des saints anges à qui ils désirent ardemment d'être associés. Quant à cette vertu, qui a pour but la gloire des hommes et est destituée de la véritable piété, quelques louanges qu'on lui donne, elle ne mérite pas seulement d'être comparée aux faibles commencemens des fidèles qui mettent leur espérance dans la grace et la miséricorde du vrai Dieu.

CHAPITRE XX.

Il n'est guères moins honteux d'asservir les vertus à la gloire humaine, qu'à la volupté.

Les philosophes, qui font consister le souverain bien de l'homme dans la vertu, pour faire honte à d'autres philosophes qui l'estiment véritablement, mais qui la rapportent à la volupté comme à celle que l'on doit rechercher pour elle-même, ont coutume de représenter la Volupté assise sur un trône, comme une reine délicate, et de la faire servir par les Vertus, qui observent tous ses mouvemens, afin d'exécuter ponctuellement ses ordres. Elle commande à la Prudence de veiller au repos et à la sûreté de son empire ; à la Justice de répandre des bienfaits pour acquérir les amitiés nécessaires aux besoins du corps, et de ne faire tort à personne, de crainte que la violation des lois ne cause du trouble et du désordre ; à la Force, que s'il arrive quelque douleur au corps, qui ne soit pas assez violente pour l'obliger à se délivrer de la vie, de retenir la Volupté, sa souveraine dans le fond de l'ame, afin que le souvenir des plaisirs passés adoucisse l'amertume de la douleur présente ; et à la Tempérance, de ne pas prendre plus de nourriture qu'il ne faut, de peur que la santé, en quoi consiste principalement la volupté, selon les épicuriens, n'en soit grièvement altérée. Ainsi les Vertus, avec toute leur gloire et leur éclat, serviront la Volupté comme une femmelette impérieuse et impudente. Ils disent qu'il n'y a rien de plus infame, ni dont la vue soit moins supportable aux gens de bien, que cette peinture, et ils ont raison. Mais je n'estime pas non plus qu'on puisse avec bienséance en faire une où les Vertus soient asservies à la Gloire humaine. Encore que cette Gloire ne soit pas une femme délicate, elle est toutefois bouffie et pleine de vent, et parconséquent, il ne serait guères à propos de lui assujétir les Vertus, qui ont tant de solidité et de fermeté, et de vouloir que la Prudence ne prévoie rien, que la Justice n'ordonne rien, que la Force ne supporte rien, et que la Tempérance ne modère rien que pour plaire aux hommes et pour servir à la vaine Gloire. Il ne faut pas que ceux qui se croient sages et se complaisent en eux-mêmes; parce qu'ils méprisent les jugemens des hommes, s'imaginent être exempts de cette ignominie; leur vertu, si toutefois ils en ont quelqu'une, est toujours esclave des louanges des hommes, puisqu'ils sont hommes et qu'ils la rapportent à eux-mêmes avec complaisance. Mais celui qui croit et espère sincèrement en Dieu qu'il aime, s'applique plus à considérer ses défauts que ses vertus, et se déplait autant des uns qu'il se plait peu dans les autres, afin qu'elles plaisent davantage à la Vérité; de sorte que, s'il y a quelque chose qui puisse plaire en lui, il ne l'attribue qu'à la miséricorde de celui à qui il craint de déplaire, le remerciant des plaies qu'il a gueries, et le priant pour celles qui restent à guérir.

CHAPITRE XXI.

C'est le vrai Dieu, souverain et unique dispensateur des royaumes, qui a donné l'empire aux Romains.

N'ATTRIBUONS donc la puissance de disposer des royaumes qu'au vrai Dieu, qui ne donne qu'aux bons le royaume des cieux, mais qui donne les royaumes de la terre aux bons et aux méchans comme il lui plaît, lui à qui rien d'injuste ne peut plaire. Quoique nous ayons apporté quelques raisons de la conduite qu'il tient en cela, selon qu'il a daigné nous les découvrir, nous reconnaissons pourtant qu'il est bien au-dessus de nos forces de discerner exactement les mérites secrets des hommes, pour lesquels les royaumes leur sont donnés. Ainsi, ce seul vrai Dieu, qui ne laisse jamais le genre humain sans sa conduite et son assistance, a donné l'empire aux Romains quand il l'a voulu, et aussi grand qu'il a voulu; comme il l'a donné aux Assyriens et même aux Perses, qui, selon qu'on l'apprend de leurs livres, n'adoraient que deux dieux, l'un bon et l'autre mauvais; pour ne point parler ici du peuple Hébreu qui, tant qu'il a régné, n'a servi qu'un seul Dieu. Celui donc qui a donné aux Perses des moissons et les autres biens de la terre, sans qu'ils rendissent aucun culte à la déesse Ségèce, ni à tant d'autres divinités que les Romains faisaient présider chacune à chaque chose, ou plusieurs à une chose; ce même Dieu leur a donné l'empire sans tenir compte du culte de toutes ces divinités à qui Rome s'en est crue redevable. C'est encore lui qui a donné la puissance souveraine à Marius et à César, à Auguste et à Néron, à Titus les délices du genre humain, et à Domitien le plus cruel de tous les tyrans, à Constantin cet empereur si chrétien, et à Julien l'apostat, dont les bonnes inclinations furent corrompues par l'ambition et par une curiosité détestable et sacrilège, en laquelle il se confia trop aveuglément lorsque, comme s'il eût été assuré de la victoire, il fit brûler les vaisseaux qui portaient les vivres nécessaires pour la subsistance de l'armée. Il s'engagea ensuite dans une entreprise téméraire où il fut tué misérablement, laissant ses soldats à la merci de la faim et de l'ennemi, tellement qu'il ne s'en fût pas sauvé un seul si, malgré le présage du dieu Terme, dont nous avons parlé au livre précédent, on n'eût déplacé les bornes de l'empire romain; car ce dieu, qui n'avait pas voulu céder à Jupiter, fut obligé de céder à la nécessité. C'est le vrai Dieu seul qui règle et gouverne toutes ces choses comme il l'entend; et si les raisons de sa conduite nous sont cachées, peut-on dire pour cela qu'elles soient injustes ?

CHAPITRE XXII.

La durée et l'issue des guerres dépendent de la volonté de Dieu.

DE même qu'il dépend de lui d'affliger ou de consoler les hommes, et que l'un et l'autre est un effet de sa justice ou de sa miséricorde, c'est lui aussi qui dispose des temps de la guerre, et qui permet que les unes finissent plutôt et les autres plus tard. La guerre des pirates et la troisième guerre punique furent terminées, celle-là par Pompée, et celle-ci par Scipion, avec une incroyable célérité. La guerre des gladiateurs fugitifs, où plusieurs généraux d'armée furent défaits, deux consuls vaincus, et toute l'Italie étrangement désolée, ne laissa pas de s'achever en trois ans. Les Picentins, les Marses et les Péligniens, peuples d'Italie, après avoir vécu long-temps sous la domination romaine, à laquelle ils paraissaient tout dévoués, tentèrent de recouvrer leur indépendance, quoique plusieurs nations étrangères fussent déjà assujéties à l'empire et que Carthage même fût détruite. Les Romains furent souvent battus dans cette guerre, et deux consuls y périrent avec plusieurs sénateurs; toutefois elle ne dura pas long-temps, et on la vit finir au bout de cinq années. Mais la seconde guerre punique fut continuée pendant l'espace de dix-huit ans avec des revers signalés pour les Romains, qui y perdirent près de soixante et dix mille hommes en deux batailles ; ce qui faillit de ruiner la république. La première guerre punique dura vingt-trois ans, et celle de Mithridate quarante ans. Et afin qu'on ne s'imagine pas qu'ils achevassent leurs guerres plus promptement dans ces premiers temps où leur vertu a reçu tant d'éloges, la guerre des Samnites dura près de cinquante ans, et les Romains y furent si maltraités, qu'ils passèrent même sous le joug. Or, comme ils n'aimaient pas la gloire pour la justice, mais la justice pour la gloire, ils rompirent bientôt l'accord qu'ils avaient conclu. Je rapporte tout ceci parce que plusieurs, ignorant les choses passées ou les dissimulant, quand ils voient de nos jours quelque guerre un peu longue, s'attaquent insolemment à notre Religion, et s'écrient que si l'on servait les dieux comme autrefois, cette vertu romaine qui terminait si rapidement les guerres avec l'assistance de Mars et de Bellone, les terminerait aujourd'hui de même. Qu'ils songent donc à ces longues guerres des anciens Romains qui eurent pour eux des suites si funestes, et qu'ils considèrent que le monde est sujet à ces agitations comme la mer aux tempêtes ; afin que, tombant d'accord de la vérité, ils cessent de tromper les ignorans, et de se perdre eux-mêmes par les discours insensés qu'ils tiennent contre Dieu.

CHAPITRE XXIII.

Défaite de Radagaise, roi des Goths, qui fut vaincu dans une seule action avec toute son armée.

Ils n'ont garde de le remercier du succès merveilleux et favorable qui vient d'arriver de notre temps (1); au contraire, ils font tout ce qu'ils peuvent pour en éteindre la mémoire. Si de notre côté nous n'en disions rien, nous serions aussi ingrats qu'eux. Comme Radagaise, roi des Goths, se fut approché de Rome avec une armée redoutable, sur le point d'y entrer, il fut défait avec tant de bonheur pour les Romains, qu'ils tuèrent plus de cent mille hommes des ennemis sur la place, sans qu'aucun d'eux fût blessé, prirent Radagaise lui-même avec ses enfans et le firent mourir. Si ce prince idolâtre fût entré dans Rome avec cette multitude effroyable de soldats aussi impies que lui, à qui eût-il pardonné ? quelles églises n'eût-il point profanées ? qui eût-il épargné pour la crainte de Dieu ? qui n'aurait-il point tué ou déshonoré ? Mais comment nos adversaires se seraient-ils élevés contre nous en faveur de leurs dieux ? N'auraient-ils pas crié que la victoire de Radagaise ne venait que de ce qu'il se rendait les dieux favorables par les sacrifices qu'il leur of-

---

(1) L'an 406, quatre ans avant la prise de Rome par Alaric, roi des Goths.

frait journellement, ce que la Religion chrétienne défend aux Romains? En effet, comme il était près des lieux où Dieu l'a terrassé par sa puissance, la renommée s'en étant répandue partout, l'on nous disait à Carthage que les payens publiaient hautement que ce roi ayant de son côté les dieux à qui il sacrifiait tous les jours, ne pourrait jamais être vaincu par ceux qui ne voulaient pas qu'on leur sacrifiât. Cependant ces misérables ne rendent point graces à la bonté infinie de Dieu, de ce qu'ayant résolu de punir les crimes des hommes par l'irruption d'un barbare, il a tellement tempéré son indignation, qu'il a voulu que Radagaise fût défait d'abord, de peur qu'on n'attribuât sa victoire aux démons qu'il servait, et que cela n'ébranlât les consciences faibles; il a permis ensuite que Rome ait été prise par des barbares, qui, contre la coutume observée jusqu'alors dans les guerres, pardonnèrent, par respect pour la Religion chrétienne, à tous ceux qui se réfugièrent dans les lieux saints, et étaient tellement ennemis des démons et de tout ce culte idolâtre dans lequel Radagaise mettait toute sa confiance, qu'il semblait qu'ils leur eussent déclaré une guerre plus rude qu'aux hommes même. Ainsi, ce maître et cet arbitre souverain de l'univers a usé de miséricorde en châtiant les Romains, et fait voir, par cette défaite merveilleuse des idolâtres, que leurs sacrifices ne sont point nécessaires pour le salut des empires; afin que les personnes sages et modérées ne quittent point la véritable Religion par la considération des maux qui affligent maintenant le monde, mais s'y tiennent fermement attachés dans l'attente de la vie éternelle.

CHAPITRE XXIV.

Le bonheur des princes chrétiens est le seul véritable.

Nous n'appelons pas heureux quelques empereurs chrétiens pour avoir régné long-temps, ou pour être morts en paix, laissant leurs enfans successeurs de leur couronne, ou pour avoir vaincu les ennemis extérieurs, ou opprimé les séditieux. Ces biens et ces consolations d'une malheureuse vie ont été aussi le partage de princes qui adoraient les démons et n'appartenaient point comme ceux-ci au royaume de Dieu ; et cela s'est fait par une dispensation particulière de sa miséricorde, afin que ceux qui croiraient en lui ne désirassent pas ces biens comme le terme suprême du bonheur. Mais nous appelons les princes heureux, lorsqu'ils font régner la justice, lorsqu'au milieu des louanges qu'on leur donne, ou des respects qu'on leur rend, ils ne s'énorgueillissent point, mais se souviennent qu'ils sont hommes ; lorsqu'ils soumettent leur puissance à la puissance souveraine de Dieu, et la font servir à faire fleurir son culte ; lorsqu'ils craignent Dieu, qu'ils l'aiment et qu'ils l'adorent ; lorsqu'ils préfèrent à leur royaume celui où ils ne redoutent point d'avoir des associés ; lorsqu'ils sont lents à punir et prompts à pardonner ; qu'ils ne punissent que dans l'intérêt de l'état, et non pour le plaisir de la vengeance ; qu'ils ne pardonnent que dans l'espoir que les coupables se corrigeront, et non pour assurer l'impunité aux crimes ; lorsque, forcés d'user de sévérité, ils la tempèrent par quelques actes de douceur et de clémence ; lorsqu'ils sont d'autant plus retenus dans leurs voluptés, qu'ils seraient plus libres de s'y abandonner ; lorsqu'ils aiment mieux commander à leurs passions qu'à tous les peuples du monde ; qu'ils font toutes ces choses, non pour la vaine gloire, mais pour l'amour de la félicité éternelle ; et qu'enfin ils ont soin d'offrir au vrai Dieu, pour leurs péchés, le sacrifice de l'humilité, de la miséricorde et de la prière. Voilà les princes chrétiens que nous appelons heureux ; heureux dès ce monde par l'espérance, et heureux en effet quand celui que nous attendons sera arrivé.

CHAPITRE XXV.

Prospérités que Dieu répandit sur Constantin, empereur chrétien.

Dieu, dans le dessein d'empêcher que ceux qui croient qu'il le faut adorer pour la vie éternelle, ne pensassent qu'il est impossible d'acquérir les grandeurs et les royaumes de la terre sans la faveur des démons qui ont tant de pouvoir en cela, le vrai Dieu a comblé l'empereur Constantin, qui, loin d'avoir recours à eux, n'adorait au contraire que lui, de plus de biens qu'un autre n'en eût seulement osé souhaiter. Il lui a même permis de fonder une ville (1) compagne de l'empire romain, et qui est comme la fille de Rome, mais où il n'y a pas un temple de faux dieux ni une seule idole. Ce prince a long-temps régné, gouvernant et défendant lui-seul tout l'empire avec autant de bonheur que de succès, victorieux dans toutes ses guerres et fortuné dans ses entreprises contre les tyrans (2). Il mourut chargé d'années et de triomphes, et laissa l'empire à ses enfans. Mais d'un autre côté, de peur que les empereurs n'adoptassent le christianisme qu'afin de posséder la félicité de Constantin, tandis qu'on ne doit l'embrasser que pour acquérir la vie éternelle, Dieu a voulu que le règne de Jovien ait été bien plus court que celui de Julien, et permis même que Gratien soit tombé sous le fer d'un usurpateur : plus heureux néanmoins dans sa disgrace que le grand Pompée, qui adorait les dieux de Rome, puisque Pompée ne put être vengé par Caton qu'il avait laissé, pour ainsi dire, son héritier dans la guerre civile ; au lieu qu'encore que les ames pieuses n'aient pas besoin de pareilles consolations, Gratien fut vengé par Théodose qu'il avait associé à l'empire, malgré qu'il eût un jeune frère ; plus jaloux en cela d'une fidèle association que d'une puissance trop étendue.

(1) Constantinople.
(2) Maxence et Licinius.

CHAPITRE XXVI.

De la félicité et de la piété de Théodose.

Aussi Théodose ne fut pas fidèle à Gratien, seulement tant que ce dernier vécut, mais même après sa mort il prit sous sa protection le jeune Valentinien, son frère, que Maxime avait chassé, et à qui, en prince vraiment chrétien, il témoigna un amour de père, lorsqu'il pouvait s'en défaire aisément s'il eût eu plus d'ambition que de justice. Loin de là, il le traita comme empereur, et parvint, à force de soins et d'égards, à le consoler de son infortune. Comme Maxime était devenu plus fier et plus redoutable par le succès de son entreprise, Théodose, au milieu des inquiétudes que l'issue de cette guerre lui causait, ne se laissa point emporter à des curiosités sacrilèges et illicites; mais il envoya vers Jean, solitaire d'Egypte, qu'il avait appris être un grand serviteur de Dieu rempli de l'esprit de prophétie, et reçut de lui l'assurance de la victoire. Il ne tarda pas en effet à vaincre le tyran Maxime, et sur le champ il rétablit le jeune Valentinien sur le trône avec des témoignages d'une tendresse et d'une estime toute particulière. Valentinien étant mort bientôt après, par trahison ou autrement, Théodose marcha, plein de foi et d'espérance, contre Eugène, qui s'était fait proclamer successeur de Valentinien, et défit l'armée puissante de ce tyran, moins par l'effort de ses armes que par la force de ses prières. Des soldats qui s'étaient trouvés à la bataille nous ont rapporté qu'ils se sentaient enlever des mains les traits qu'ils lançaient contre les ennemis ; car il se leva un vent si impétueux du côté de Théodose, que non-seulement il poussait avec violence tout ce que l'on jetait contre les ennemis, mais qu'il faisait même retourner leurs flèches contre eux. C'est pour cette raison que le poète Claudien, quoique ennemi du nom de Jésus-Christ, a dit à la louange de Théodose : « O prince trop aimé de Dieu ! Éole arme en votre » faveur ses légions impétueuses ; le ciel combat pour » vous, et les vents conjurés se rangent de votre » côté. » Le vainqueur, au retour de cette expédition, dont le succès lui avait été prédit, et qu'il regardait dès lors comme assuré, fit abattre des statues de Jupiter, qui avaient été consacrées dans les Alpes, avec je ne sais quels sortilèges, dans la vue de le faire périr, et il donna libéralement les foudres d'or dont elles étaient armées à ses coureurs, qui lui dirent en riant qu'ils voudraient bien en être foudroyés. Il traita favorablement les enfans de ses ennemis qui avaient été tués, non par ses ordres, mais dans la chaleur du combat; et comme ils se réfugiaient dans les églises, quoiqu'ils ne fussent pas encore chrétiens, il saisit cette occasion de leur faire embrasser le christianisme, montra pour eux une charité vraiment chrétienne, et leur fit de nouvelles graces, bien loin de les dépouiller de leurs biens. Il ne permit à personne, après la victoire, d'exercer ses vengeances particulières. Sa conduite dans les guerres civiles ne ressembla pas à celle de Cinna, de Marius, de Sylla et des autres qui voulaient éterniser leurs ressentimens; il fut au contraire aussi fâché d'avoir à combattre un parti, que prompt à lui pardonner lorsqu'il l'eût vaincu. Cependant, et dès le commencement de son règne, il fit plusieurs lois très justes et très saintes en faveur de l'Église, que l'empereur Valens, protecteur des Ariens, avait violemment tourmentée, et il tenait à plus grand honneur d'être un des membres de cette Église que le maître du monde entier. Il fit abattre partout les idoles, persuadé que les biens même de la terre dépendent de Dieu et non des démons. Mais qu'y a-t-il de plus admirable que son humilité, lorsqu'après avoir promis, à la prière des évêques, de pardonner à la ville de Thessalonique le crime qu'elle avait commis contre lui, et s'être cru néanmoins obligé, à la sollicitation de quelques-uns de ses courtisans, de se venger malgré lui, ce qui lui attira les censures de l'Église; il en fit une telle pénitence, que le peuple même de cette ville intercéda pour lui, plus affligé de voir la majesté de l'empereur humiliée, qu'il n'avait été effrayé de sa colère. Ce sont ces bonnes œuvres et d'autres semblables qu'il serait trop long de rapporter, que Théodose a emportées avec lui de toute cette vaine pompe d'une grandeur humaine et passagère, et qui ont pour récompense la félicité éternelle, que Dieu n'accorde qu'à ceux qui sont véritablement pieux. Pour tous les autres biens de cette vie, tels que les grandeurs, les richesses, l'existence, la lumière, l'air, la terre, l'eau, les fruits, l'ame, le corps, le sens, l'esprit, Dieu les donne aux bons et aux méchans ; et dans ces biens sont aussi compris les empires, quelque grands qu'ils soient, lesquels il dispense selon les temps comme il lui plaît.

Il s'agit maintenant de répondre à ceux qui, convaincus par des preuves très claires que la multitude des faux dieux ne sert à rien pour obtenir les biens temporels, seuls objets des vœux des insensés, prétendent qu'il ne faut pas les adorer pour les avantages de la vie présente, mais pour ceux de l'autre vie. Quant à ceux qui veulent les servir pour les biens de ce monde, et se plaignent de ce qu'on ne leur permet pas de s'abandonner à ces vaines et ridicules superstitions, je pense leur avoir suffisamment répondu dans ces cinq premiers livres. Lorsque je publiai les trois premiers, j'appris qu'on y préparait une réponse, et depuis j'ai été averti qu'elle était prête, mais que ceux qui l'ont faite attendent l'occasion de pouvoir la faire paraître sûrement ; je les avertis de ne pas souhaiter une chose qui ne saurait leur être avantageuse. On se flatte aisément d'avoir répondu quand on n'a pas été assez sage pour se taire ; car la vanité ne se tient jamais pour condamnée au silence. Mais, de ce qu'elle n'est jamais courte de paroles, il ne s'ensuit pas qu'elle soit plus forte que la vérité, à cause qu'il ne tient qu'à elle de crier plus haut. Qu'ils considèrent donc bien toutes choses ; et si, après s'être dépouillés de tout esprit de parti, ils reconnaissent par hasard qu'il est plus aisé d'attaquer ce que nous disons par un bavardage impudent et satyrique que par des raisons solides, qu'ils s'abstiennent de publier des sottises, et qu'ils aiment mieux être corrigés par des personnes sages que loués par des étourdis. S'ils n'attendent en effet l'occasion que pour pouvoir médire avec plus de liberté, et non pour dire la vérité plus sûrement, je les invite à prendre garde de ressembler à celui qui n'était estimé heureux que parce qu'il pouvait faire du mal impunément, et dont Cicéron dit : « Malheureux ! à qui il était permis de mal faire. » Ainsi, s'il y a quelqu'un qui mette son bonheur à pouvoir médire librement, il sera bien plus heureux de n'en avoir jamais la faculté, attendu qu'il peut même dès à présent proposer tout ce qu'il voudra contre nous pour s'instruire, et non pour remporter une stérile victoire; et, de notre côté, nous ne manquerons pas de lui dire en ami et avec non moins de décence que de franchise ce que nous croirons capable de le satisfaire.

REMARQUES

SUR

LE LIVRE V.

Page 551, ligne 25. « Prétendront-ils que les étoiles mar-
» quent plutôt les évènemens qu'elles ne les font. » Le latin
ajoute : « En sorte que leur position ne soit que comme une
» parole qui prédit l'avenir et qui ne le fait pas. » Je ne dis
pas autre chose.

Page 557, l. 20. « Que fait ici la roue du potier, sinon
» d'étourdir les esprits crédules ? » Le latin porte : Sinon de
» faire que des hommes qui ont des cœurs de boue ou de
» terre, soient tournoyés. » Ce sont de petits jeux qui ont
quelque grace en latin, mais qui n'en auraient point en notre
langue, de quelque façon qu'on les tournât.

Page 560, l. 5. « Pourquoi dire en ce cas que si l'on pou-
» vait savoir le moment de la conception, les astrologues
» annonceraient des choses bien plus merveilleuses ? » Je lis
diviniùs avec les onze manuscrits de France, au lieu de *divi-
nitus* qu'ont nos livres.

Page 571, l. 16. « A la suite de l'empereur. » Le texte
porte *in officio comitis* ; mais nous n'avons pas cru pouvoir
traduire le mot latin par celui de comte, qui est un titre inconnu des anciens, comme le remarque fort bien Vivès, et
nous avons rendu l'idée en d'autres termes. (*Note des nouveaux éditeurs.*)

Page 583, l. 16. « De tous les animaux mortels. » Saint
Augustin a cru que les anges ont des corps fort subtils et sont
par conséquent des animaux, mais immortels. Or, il est certain qu'ici il ne parle point selon l'opinion des platoniciens,

puisqu'il n'en dit pas un mot, mais selon la sienne, quoique assurément il ait pris cette opinion de l'école de Platon.

Page 586, l. 25. « Ce ne serait pas toutefois une volonté, » si ce n'était une volonté. » Voici comme saint Jean Chrysostôme s'explique sur cette matière : « Jésus-Christ dit : Il » est de nécessité que les scandales viennent. Et par là il n'a » pas prétendu faire violence à notre libre arbitre, ou impo- » ser une nécessité à notre vie; mais il a prédit les effets de la » mauvaise volonté des hommes; effets qui arriveront, non » parce que Dieu l'a prévû, mais parce que la volonté des « hommes est irrémédiable. Les choses n'arrivent pas par » cela seul que Dieu les a prédites ; mais il les a prédites » parce qu'elles devaient être la conséquence immédiate de » la mauvaise volonté des hommes. » (*Note des nouveaux éditeurs.*)

Page 590, l. 22. « Ils se firent tous les ans deux souve- » rains, qu'ils appelaient consuls. » Le latin ajoute : « d'un » mot latin qui veut dire donner conseil [*à consulendo*], » et non rois ou seigneurs, qui viennent des noms qui signi- » fient régner et dominer [*à regnando atque dominando*], » quoique le nom de roi semble plutôt venir de régir [*à re- » gendo*], et celui de royaume de celui de roi. Mais ce faste » des rois a plutôt été considéré comme un orgueil plein de » domination que comme la conduite modérée que doit avoir » celui qui gouverne un état, ou la bienveillance de celui qui » l'aide de ses conseils. »

Page 591, l. 12. « Ainsi, ces hommes si vertueux souhai- » taient. » Je lis *fiebat in votis* avec quelques manuscrits ; car je ne vois point de sens à *fidebat*.

Page 593, l. 15. « Or, les moyens honnêtes, etc. » Le latin ajoute : « Et non dans l'ambition; quoique la gloire et » l'empire soient l'objet des vœux des lâches aussi bien que » des généreux. Mais les généreux y aspirent par la bonne

» voie. La vertu est la voie par laquelle on tend à l'honneur,
» à la gloire, et à l'empire comme à sa fin. » Mais ce qu'il y
a ici de plus que la version n'est qu'une redite qui ne servirait
qu'à causer de l'embarras.

Page 606, l. 12. « Quand ils possèdent de fausses vertus. »
Quandò habent virtutem vel ipsam. Je crois qu'il faut *fal-sam* pour *ipsam*. Les manuscrits n'en disent rien, quoique
ce lieu soit corrompu, comme le remarque Vivès.

Page 609, l. 7. « Par la raison qu'il n'en avait point d'autre
» où il pût vivre avec gloire. » Je lis *gloriosus* avec tous les
manuscrits; nos livres ont *gloriosiùs*.

Page 613, l. 9. « Si donc les Juifs qui ont fait mourir Jésus-
» Christ, etc. » Le latin ajoute : « Le nouveau Testament
» découvrant ce qui était voilé dans l'ancien, qu'on ne doit
» pas adorer le seul vrai Dieu pour les biens de ce monde,
» qu'il donne également aux bons et aux méchans, mais pour
» la vie éternelle et les récompenses immortelles de la vie
» bienheureuse. » Mais cela ne me paraît pas nécessaire ici;
joint que ce n'est pas la première fois que l'auteur le dit.

Page 624, l. 15. « Il a permis ensuite que Rome ait été
» prise par des Barbares. » Je lis, *deindè ab his Barbaris
Roma caperetur*, etc., avec tous nos manuscrits, au lieu que
la leçon ordinaire a, *deindè cùm ab his Barbaris*, etc.

Page 625, l. 7. « Ces biens ou ces consolations d'une
» malheureuse vie, etc. » J'ôte l'*enim* qui est au latin,
comme l'ôtent tous nos manuscrits.

LA CITÉ DE DIEU.

LIVRE VI.

PRÉFACE.

Il me semble avoir suffisamment réfuté dans les cinq livres précédens ceux qui croient qu'on doit adorer (1) pour les biens temporels cette multitude de faux dieux que la vérité de la Religion chrétienne nous apprend n'être que de vaines statues, ou des esprits immondes et des démons, ou du moins des créatures, et non pas le Créateur. Je n'ignore pas toutefois que ces cinq livres, et mille autres, sont insuffisans pour satisfaire les esprits aveugles ou opiniâtres. Ne sait-on pas qu'il en est qui se font un point d'honneur de ne céder jamais à la vérité la plus claire? Cette obstination ne tourne sans doute qu'au dommage de celui en qui elle domine; c'est une maladie invincible

---

(1) Du culte qui s'appelle en grec latrie, et n'est dû qu'au seul vrai Dieu, *ajoute le latin.*

et incurable à tous les soins de celui qui la traite, non par la faute du médecin, mais par celle du malade. Quant à ceux qui pèsent et considèrent ce qu'ils lisent sans opiniâtreté, ou au moins sans trop d'obstination dans la vieille erreur, j'espère qu'ils jugeront que nous avons plus que suffisamment résolu dans ces cinq livres la question proposée, et qu'ils nous blâmeront plutôt en cela de nous être trop étendus que d'avoir rien omis. Je crois aussi qu'ils verront aisément que la haine que les ignorans veulent exciter contre le christianisme au sujet des guerres et des calamités présentes, et que les savans tâchent d'entretenir par une coupable dissimulation, est absolument déraisonnable et l'effet de la passion et de l'animosité.

CHAPITRE PREMIER.

De ceux qui disent qu'ils ne servent pas les dieux pour cette vie, mais pour la vie éternelle.

Maintenant donc que, pour suivre l'ordre que je me suis prescrit, j'ai à répondre à ceux qui soutiennent qu'il faut servir les faux dieux, non pour les biens d'ici-bas, mais pour l'autre vie, je veux entrer en matière par cet oracle du Pseaume : « Heureux celui » qui met son espérance au Seigneur, et qui ne s'ar- » rête point à des vanités et à de folles impostures(1)! »

(1) Ps. 39, 5.

Toutefois, au milieu des vanités et des folies du paganisme, les philosophes qui ont désapprouvé les erreurs populaires touchant les dieux, sont plus supportables; et (1) c'est avec eux qu'il ne sera pas hors de propos de traiter la question de savoir si ce n'est pas le vrai Dieu, auteur de toutes les créatures spirituelles et corporelles, qu'il faut servir pour l'autre vie, mais cette pluralité de dieux, que quelques-uns de leurs plus célèbres philosophes ont cru avoir été créés et élevés au-dessus des autres dieux par ce seul et véritable Dieu.

Quant aux divinités dont j'ai parlé au quatrième livre, et dont l'emploi restreint à de petites choses ne les occupe pas moins tout entières, qui oserait prétendre qu'elles donnent la vie éternelle à qui que ce soit? En effet, ces gens si habiles et si subtils qui croient que le monde leur est fort obligé de lui avoir appris ce qu'il faut demander à chaque dieu, de crainte que, par une méprise ridicule, on ne demande de l'eau à Bacchus ou du vin aux Nymphes, voudraient-ils qu'un homme qui s'adresse aux Nymphes pour avoir du vin, sur leur réponse qu'elles n'ont que de l'eau et qu'il faut demander du vin à Bacchus, leur répliquât : Si vous n'avez point de vin, au moins donnez-nous la vie éternelle? Y aurait-il rien de plus absurde, et les Nymphes, si elles ne voulaient pas tromper cet homme en leur qualité de démons, n'auraient-elles pas sujet de lui ré-

---

(1) J'omets ici quelque chose qui a été dit aux livres précédens, et qui n'est pas nécessaire.

pondre en riant (car ce sont de grandes rieuses) (1) :
Pauvre homme, crois-tu que la vie dépende de nous,
de qui la vigne seulement ne dépend pas ? Ne serait-ce
donc pas le comble de la folie et de l'impudence d'attendre la vie éternelle de ces dieux dont les fonctions
sont tellement partagées pour les choses qui regardent
cette vie courte et mortelle, et la puissance si restreinte
et si limitée, qu'on ne saurait demander à l'un ce qui
dépend de la charge de l'autre sans tomber dans une
absurdité pareille aux bouffoneries de théâtre ? Lorsque
les farceurs donnent exprès dans ces méprises, on en
rit ; mais il y a encore bien plus de sujet d'en rire
lorsque des superstitieux les font par ignorance. Les
savans ont très ingénieusement découvert et mis par
écrit auxquelles de ces divinités instituées par les
hommes il fallait s'adresser pour chaque chose, et ce
qu'il convient demander par exemple à Bacchus, aux
Nymphes, à Vulcain, et aux autres dont j'ai fait
mention dans le quatrième livre ou que j'ai cru devoir passer sous silence. Conséquemment, si c'est une
erreur de demander du vin à Cérès, du pain à Bacchus,
de l'eau à Vulcain, et du feu aux Nymphes ; n'est-ce
pas une extravagance de demander la vie éternelle à
aucun de ces dieux ?

S'il résulte de ce qui précède, et l'on n'en saurait
douter, que les plus grands dieux des payens ne peuvent pas seulement disposer des royaumes de la terre,
combien moins ces dieux obscurs pourront-ils disposer

---

(1) Il fait allusion à ce vers de Virgile :

Et quo, sed faciles nymphæ risere, sacello.

de la vie éternelle, qui est sans comparaison préférable à tous les royaumes ? Et de ce qu'ils n'en peuvent pas disposer, ce n'est pas que ces choses soient au-dessous de leur majesté, et que dès-lors ils dédaignent de s'en occuper ; mais, quelque peu d'importance que l'on doive attacher aux fragiles grandeurs de la terre, ces dieux sont si méprisables, qu'ils n'ont pas paru dignes d'en être les distributeurs. Or, si, comme nous l'avons démontré aux deux livres précédens, aucun de cette foule de dieux, ni petit, ni grand, ne peut donner les couronnes mortelles aux mortels, à combien plus forte raison ne saurait-il de mortels les rendre immortels?

Ajoutez à cela, puisque nous avons à faire maintenant à ceux qui ne croient pas que l'on doive servir les dieux pour cette vie-ci, mais pour l'autre, qu'il faut que nos adversaires tombent d'accord qu'on ne doit pas au moins servir de tels dieux pour les choses que leur attribuent vainement ceux qui veulent qu'on les serve pour les biens de cette vie, et dont je pense avoir suffisamment réfuté l'opinion dans les cinq premiers livres de cet ouvrage. Ainsi, quand il serait vrai que ceux qui adorent la déesse Juventas jouiraient d'une jeunesse fleurie, et que ceux qui la méprisent mourraient jeunes, ou ressentiraient dès cet âge les incommodités de la vieillesse : quand la Fortune Barbue couvrirait d'un duvet agréable les joues de ses adorateurs, et refuserait de la barbe à ceux qui ne l'honorent point, ou leur en donnerait une vilaine, nous aurions toujours raison de dire que ces déesses ont leurs fonctions limitées, et qu'ainsi l'on ne doit demander la vie éternelle, ni à Juventas, qui ne peut pas même donner de la barbe, ni à la Fortune Barbue, dont le pouvoir ne s'étend seulement pas à donner la jeunesse. Dès-lors qu'il n'est pas besoin de les servir pour obtenir ce dont même nos adversaires croient qu'elles disposent, puisque plusieurs de ceux qui adorent la déesse Juventas ont une jeunesse peu vigoureuse, tandis que d'autres qui ne l'honorent point sont sains et robustes en cet âge; et que plusieurs de même qui invoquent la Fortune Barbue n'ont point de barbe, ou l'ont si mal en ordre qu'ils font rire ceux qui en ont une belle sans l'avoir demandée; comment pousser la folie jusqu'à s'imaginer que le culte de ces dieux, si inutile pour obtenir des biens passagers auxquels ils président uniquement, est réellement utile pour obtenir la vie éternelle? Ceux-là même ne l'ont osé dire, qui, pour les faire adorer du vulgaire ignorant, leur ont distribué à chacun ces emplois, de crainte que, comme ils étaient en grand nombre, il n'y en eût quelqu'un qui demeurât oisif.

CHAPITRE II.

Quelle a été l'opinion de Varron sur les dieux dont il a découvert tant et de telles choses, qu'il leur eût mieux prouvé son respect s'il n'en eût pas parlé du tout.

Qui a recherché ces choses plus curieusement que Varron ? Qui les a considérées avec plus d'attention, distinguées avec plus de finesse, écrites avec plus de soins et de détails que lui? Quoique son style soit véritablement moins fleuri, il est si plein de sens et de doctrine, qu'en ce qui touche les sciences humaines, nommées par nos adversaires arts libéraux, il satisfait autant ceux qui recherchent les choses, que Cicéron plaît à ceux qui aiment les paroles. Cet orateur le témoigne lui-même dans ses livres académiques, où il dit qu'il a conféré du sujet qu'il y traite avec Varron, l'homme du monde, ajoute-t-il, le plus subtil, et sans contredit le plus savant. Il ne dit pas le plus éloquent, car Varron lui est très inférieur en éloquence, mais le plus subtil de tous les hommes. De sorte que, dans les livres même où il soutient qu'il faut douter de tout, il ne laisse pas, en parlant de Varron, de dire qu'il est sans doute le plus savant homme du monde, comme s'il n'y eût eu que cette vérité au monde dont il fût assuré, et pour laquelle seule il eût abjuré le doute si cher aux philosophes de la secte académique. Dans l'endroit

du premier livre, où il célèbre les ouvrages de Varron, il s'adresse ainsi à cet écrivain : « Lorsque nous étions
» voyageurs, incertains et comme étrangers dans nos
» murs, vos écrits nous ont en quelque façon ramené
» chez nous, et nous ont enfin appris qui nous étions
» et où nous étions. Vous nous avez découvert l'anti-
» quité de notre patrie, l'ordre et la suite des temps,
» les cérémonies sacrées et les droits des pontifes, la
» discipline privée et publique, l'assiette des lieux et
» des villes, les noms, les genres et les offices des
» dieux, et enfin les causes de toutes les choses divines
» et humaines. » Si donc cet homme d'une rare érudition, dont Térentianus a dit, dans un élégant phaleuque (1), qu'il était savant de tous points, qui a tant lu que l'on s'étonne qu'il ait eu le loisir d'écrire, et qui a plus écrit que personne n'a peut-être jamais lu, si, dis-je, cet homme qui possédait tant d'esprit et de savoir, avait entrepris de combattre et de détruire les choses dont il traite comme de choses divines, et prétendu qu'il y avait en tout cela plus de superstition que de religion, je ne sais s'il aurait relevé plus de choses ridicules, méprisables et détestables qu'il n'a fait. Mais comme il a adoré ces mêmes dieux et les a jugés véritablement dignes d'adoration, tellement qu'il avoue sa crainte qu'ils ne périssent, non par l'invasion des ennemis, mais par la négligence de ses citoyens, et qu'il dit n'entreprendre son ouvrage que pour les sauver de l'oubli, plus utilement que Métellus ne sauva la déesse Vesta de l'embrasement de

---

(1) Espèce de vers latin.

son temple, ou Énée les dieux Pénates du sac de Troye; et que néanmoins il ne laisse pas de consigner à la postérité des choses que tout le monde croit devoir rejeter, comme tout-à-fait contraires à la véritable piété, que pouvons-nous penser, si ce n'est que cet écrivain, d'ailleurs très subtil et très profond, mais qui n'avait pas été délivré par le saint Esprit, a été accablé sous le poids de la coutume et des lois de son pays, et que toutefois, sous prétexte de relever sa religion, il n'a pas voulu taire les choses qu'il y trouvait à redire ?

CHAPITRE III.

Plan des antiquités romaines de Varron.

IL a écrit quarante et un livres d'antiquités divines et humaines, dont il a employé les vingt-cinq premiers à traiter de ces dernières, et seize à parler des autres. Il divise le traité des choses humaines en quatre parties, chacune de six livres : division fondée sur ce qu'il considère quels sont ceux qui font quelque chose, où ils la font, quand ils la font, et quelle est la chose même qu'ils font. Ainsi, dans les six premiers livres, il parle des personnes; dans les six suivans, des lieux; des temps dans les six autres, et dans les six derniers des choses. Cela ne fait que vingt-quatre livres, mais il les a fait précéder d'un autre où il considère ces quatre parties en général. Il garde le même ordre pour les choses divines. Comme ce sont les hommes qui offrent aux dieux, qu'ils offrent quelque part, en quelque temps et quelque chose, il distingue tout cela fort subtilement et emploie douze livres à traiter de ces quatre choses, trois livres pour chacune. Mais parce qu'il fallait dire aussi à qui les hommes offrent, et que c'est là l'objet le plus intéressant, il le fait dans les trois derniers livres, où il parle des dieux. Ces trois livres ajoutés aux autres font quinze livres, et si l'on y joint celui qui est au commencement de ceux-ci, dans lequel il parle en général de tout ce qui concerne les dieux, cela fait le nombre de seize. Des trois premiers livres des choses divines relatifs aux personnes, le premier traite des pontifes, le second des augures, le troisième du collège des Quindécemvirs (1). Des trois suivans qui regardent les lieux, dans l'un il parle des chapelles des particuliers, dans l'autre des temples, et au troisième des lieux consacrés. Les trois autres d'après ont rapport au temps, c'est-à-dire aux jours de fêtes, de sorte que le premier traite des fêtes, le second des spectacles du cirque, et le troisième des jeux de théâtre. Pour les trois derniers qui concernent le culte des dieux, il parle d'abord des consécrations, ensuite des sacrifices domestiques, enfin des sacrifices publics. Les dieux même suivent, dans les trois livres qui restent, toute cette pompe de cérémonies, et le premier est consacré aux dieux certains, le second aux

(1) Prêtres au nombre de quinze, ainsi que l'indique leur nom latin, à qui appartenait entre autres choses la connaissance des livres sybillins.

incertains, et le dernier aux dieux principaux et choisis.

CHAPITRE IV.

Il résulte des dissertations de Varron que les adorateurs des faux dieux regardaient les choses humaines comme antérieures aux divines.

De ce que nous avons déjà dit et de ce que nous dirons ensuite, il résulte évidemment pour tout homme qui n'est point opiniâtre et ennemi de soi-même, qu'il y aurait de l'impudence à espérer trouver la vie éternelle dans toutes ces belles et savantes divisions. Toutes ces choses en effet sont ou de l'institution des hommes ou de l'invention des démons, non de ceux que les gentils appellent bons démons, mais, pour parler plus clairement, des esprits impurs, et sans contredit malins, qui, par envie, répandent secrètement dans l'esprit des impies, et confirment quelquefois ouvertement par leurs prestiges des opinions pernicieuses, pour égarer les hommes de plus en plus, et les empêcher de s'unir à la vérité éternelle et immuable. Varron lui-même témoigne qu'il a traité premièrement des choses humaines, et puis des divines, parce que celles-ci n'ont été instituées par les gouvernemens qu'après leur fondation. Quant à la véritable Religion, elle ne tire point son origine de l'établissement des états, mais du ciel même. C'est elle qui forme la Cité céleste, et c'est le vrai Dieu, dispensateur de la vie éternelle, qui l'inspire et l'enseigne à ses véritables adorateurs.

Varron avoue donc qu'il a traité des choses humaines avant que de parler des divines, parce que celles-ci ont été instituées par les hommes, et voici comment il raisonne : « Comme le peintre, dit-il, existe avant
» son tableau, et l'architecte avant son édifice, de
» même l'existence des gouvernemens précède celle
» des choses que ces gouvernemens ont instituées. » Il ajoute qu'il aurait d'abord parlé des dieux et ensuite des hommes, s'il traitait de toute la nature divine : comme s'il ne traitait que d'une partie de cette nature, et non pas de toute ; ou même comme si une partie de la nature divine ne devait pas précéder la nature humaine! Mais puisque, dans ses trois derniers livres, il explique avec tant d'exactitude quels sont les dieux certains, incertains et choisis, ne semble-t-il pas qu'il n'oublie aucune nature de dieux? Que veut-il donc dire, que, s'il écrivait de toute la nature des dieux et des hommes, il aurait traité tout ce qui concerne les choses divines avant que de passer aux humaines? De trois choses l'une : ou il écrit de toute la nature des dieux, ou il écrit de quelque nature de dieux, ou il n'écrit d'aucune autre nature de dieux. S'il écrit de toute la nature des dieux, il n'y a point de doute qu'on ne doive la préférer aux choses humaines. S'il écrit de quelque nature de dieux, pourquoi ne précéderait-elle pas aussi les choses humaines? Est-ce que quelque partie que ce soit de la nature des dieux est indigne d'être préférée à toute la nature des hom-

mes? Que si c'est trop pour une partie de la nature divine d'être préférée à toutes les choses humaines, du moins mérite-t-elle bien de l'être à celles qui ne touchent que les Romains; car les livres que Varron a écrits des choses humaines ne regardent qu'eux et non pas tous les hommes. Cependant il dit que c'est avec raison qu'il a mis ces livres avant ceux où il parle des choses divines, comme le peintre précède son tableau et l'architecte son édifice; n'est-ce pas avouer nettement que les choses divines ont pris leur origine de l'institution des hommes, comme la peinture et l'architecture? Il ne reste donc plus que l'hypothèse où il n'aurait traité d'aucune nature de dieux; ce dont il n'aurait pas voulu convenir ouvertement, mais qu'il aurait laissé à entendre aux esprits éclairés. En effet, il se sert d'une expression équivoque (1) et qui, bien qu'elle signifie, selon l'usage ordinaire, qu'il parle de quelque nature de dieux, peut aussi signifier qu'il ne parle d'aucune. Dans le fait, ainsi qu'il le dit lui-même, s'il écrivait de toute la nature des dieux, l'ordre serait d'en parler avant les choses humaines; et comme la vérité le dit quoiqu'il ne le dise pas, quand il ne traiterait que d'une partie de cette nature, au moins devrait-elle précéder ce qui est relatif aux Romains. Mais il prétend qu'il a raison de ne la mettre qu'après; et, par conséquent, il ne parle pas même d'une partie de la nature divine. Ce n'est pas dès-lors qu'il ait voulu préférer les choses

---

(1) *Non omnis natura*; ce qui signifie ou *aliqua natura*, ou *nulla*.

humaines aux divines, mais plutôt qu'il n'a pas voulu préférer des choses fausses à des choses réelles. Véritablement, en ce qu'il a écrit des choses humaines, il a suivi l'histoire des évènemens; au lieu que dans celles qu'il appelle divines, qu'a-t-il suivi que des opinions vaines et fantastiques ? Et c'est ce qu'il a voulu montrer adroitement, non-seulement en ne parlant de celles-ci qu'après avoir parlé des autres, mais aussi en rendant raison de ce qui l'a porté à suivre cet ordre. Peut-être, s'il n'en avait point rendu raison, s'en trouverait-il qui prétendraient que ce n'a pas été là sa pensée ; mais maintenant on ne saurait lui en attribuer d'autre, et il a fait voir assez qu'il n'a pas préféré la nature des hommes à celle des dieux, mais seulement qu'il a préféré les hommes aux inventions des hommes. Ainsi, il a reconnu que le sujet de ses livres des choses divines n'est pas la vérité, qui est de l'essence de la nature, mais la fausseté, qui est de l'essence de l'erreur. Il le déclare encore plus formellement ailleurs, comme je l'ai remarqué dans mon quatrième livre, quand il dit qu'il parlerait des dieux selon les principes de la nature s'il fondait un nouvel état ; mais que, comme il se trouvait dans une cité établie depuis long-temps, il ne pouvait éviter d'en suivre les coutumes.

CHAPITRE V.

De la science des dieux, divisée par Varron en théologie fabuleuse, en théologie naturelle et en théologie civile.

Il y a plus : pourquoi établit-il trois espèces de science des dieux, qu'il distingue en théologie fabuleuse, théologie naturelle et théologie civile ? « La théologie fa-
» buleuse, ajoute-t-il, est celle des poètes ; la natu-
» turelle, celle des philosophes ; et la civile, celle des
» peuples. Dans la première espèce de théologie, dit-il
» encore, il y a beaucoup de choses inventées à plaisir
» contre la dignité et la nature des dieux immortels,
» comme par exemple lorsque l'on fait naître une di-
» vinité du cerveau de Jupiter, une autre de sa cuisse,
» et une autre de quelques gouttes de sang ; ou lorsque
» l'on prétend que des dieux ont dérobé, commis des
» adultères, et été au service des hommes. Enfin, dans
» ce genre, on attribue aux dieux tous les désordres
» non-seulement des hommes, mais des derniers des
» hommes. » On voit par là que Varron s'est expliqué sans ambiguïté sur les injures atroces que les fables font à la nature des dieux, lorsqu'il a cru pouvoir le faire impunément ; car il ne parlait pas ici de la théologie naturelle ou civile, mais de la fabuleuse ; et c'est pourquoi il a pensé qu'il pouvait librement la censurer.

Voyons ce qu'il dit de la théologie naturelle : « La
» seconde espèce de théologie que j'ai établie, dit-il,
» est celle dont les philosophes nous ont laissé plu-
» sieurs livres. Ils y examinent quels sont les dieux,
» où ils résident, de quel genre et de quelle qualité ils
» sont, depuis quel temps, s'ils sont éternels, ou s'ils
» ont pris naissance, soit du feu, comme le croit Hé-
» raclite, soit des nombres, suivant le système de Py-
» thagore, soit des atômes, ainsi que le prétend Épi-
» cure, et semblables questions qu'il est plus sûr de
» discuter dans l'intérieur d'une école qu'en public. »
Il ne trouve rien à redire à cette théologie prétendue
naturelle qui appartient aux philosophes ; seulement
il remarque la diversité de leurs opinions, par laquelle
ils ont été partagés en différentes sectes. Il la bannit
toutefois du forum, c'est-à-dire du public, et la renferme dans les écoles. Mais il n'interdit pas de même
aux peuples la première espèce de théologie, qui est
toute pleine de mensonges et d'infamies. Quelle sus-
ceptibilité religieuse dans les oreilles des peuples et
surtout des Romains ! Ils ne sauraient souffrir que
les philosophes disputent sur les dieux immortels, et
ils ne se contentent pas de tolérer, mais encore ils
écoutent avec plaisir ce qu'en disent des poètes et des
comédiens, parce que ceux-ci supposent des faits qui
sont contre l'honneur et la nature de ces dieux, et
dont les derniers même des hommes ne seraient pas
capables. Bien plus, ils croient que ces abominations
sont agréables aux dieux, et ils les leur consacrent dans
l'intention de les apaiser.

Quelqu'un dira peut-être : Séparons les théologies

fabuleuse et naturelle de la civile, comme Varron lui-même les a séparées, et voyons ce qu'il dit de celle-ci. Je vois bien, à la vérité, pour quelles raisons il faut mettre à part la théologie fabuleuse ; c'est qu'elle est fausse, c'est qu'elle est infame, c'est qu'elle est indigne. Mais à quelle intention séparer la théologie naturelle de la civile ? N'est-ce pas demeurer d'accord que la civile même est fausse ? En effet, si elle est naturelle, qu'y peut-on trouver à redire pour l'exclure ? Et si elle n'est pas naturelle, pour quel mérite l'admet-on ? Or, ce qui a déterminé Varron à parler des choses humaines avant de parler des divines, c'est qu'en traitant de ces dernières, il n'a pas suivi la nature des dieux, mais l'institution des hommes. Examinons néanmoins cette théologie civile. « La troisième espèce » de théologie, dit-il, est celle dont les citoyens des » villes, et surtout les prêtres, doivent être instruits » pour l'administrer. Elle consiste à savoir quels dieux » il convient d'adorer publiquement, et les cérémo- » nies ou les sacrifices auxquels chacun est obligé. » Considérons encore ce qu'il dit ensuite : « La première » espèce de théologie est propre au théâtre, la seconde » au monde, et la troisième aux villes. » Qui ne voit clairement à laquelle il donne la préférence ? Ce ne peut être qu'à la seconde, qu'il a dit auparavant être celle des philosophes, puisqu'il témoigne qu'elle appartient au monde, et que, selon eux, il n'y a rien de plus excellent que le monde. Pour les deux autres, c'est-à-dire, la première qu'il affecte au théâtre, et la dernière qui convient aux villes, on ne sait s'il les distingue ou s'il les confond. Au fond, il ne s'ensuit pas que tout ce qui appartient aux villes appartienne au monde, quoique les villes soient dans le monde; et il peut arriver que, sur de fausses opinions, on croie et l'on adore dans les villes des choses qui ne subsistent ni dans le monde, ni hors du monde. Et quant aux théâtres, où sont-ils que dans les villes? Qui a établi des théâtres, sinon les gouvernemens? Pourquoi les ont-ils établis, si ce n'est pour y représenter des spectacles? Et en quel rang met-on ces spectacles, sinon parmi les choses divines, dont les livres de Varron traitent avec tant de profondeur?

CHAPITRE VI.

Réfutation de Varron touchant les théologies fabuleuse et civile.

O vous, Varron, qui êtes le plus adroit et sans difficulté le plus savant de tous les hommes, mais un homme après tout et non un dieu, ni même éclairé ni élevé à l'état de la vraie liberté par l'esprit de Dieu pour connaître et annoncer les choses divines, vous voyez bien, il est vrai, qu'il faut les séparer des folies et des mensonges des hommes, mais vous craignez de choquer les fausses opinions des peuples et les superstitions autorisées par la coutume, quoique vous reconnaissiez vous-même, après les avoir examinées avec soin et que tous vos livres n'inculquent autre chose, combien elles sont éloignées de la nature des dieux, même de ceux que la faiblesse humaine se figure dans les élémens du monde. Que fait ici l'esprit de l'homme, quelque excellent qu'il soit? A quoi toute cette science, si variée et si profonde, vous sert-elle pour vous tirer de l'embarras où vous êtes? Vous voudriez bien adorer les dieux naturels, et vous vous trouvez obligé de servir les civils. Vous en avez trouvé d'autres fabuleux sur qui vous pensez pouvoir décharger plus librement votre colère; mais vous ne voyez pas que bon gré malgré tout ce que vous dites contre eux retombe sur les dieux civils. A votre sens, les dieux fabuleux sont propres au théâtre, les naturels au monde, et les civils aux cités. Cependant le monde est l'ouvrage de Dieu, tandis que ce sont les hommes qui ont institué les villes aussi bien que les théâtres; les dieux dont on se moque sur les théâtres ne sont pas différens de ceux que l'on adore dans les temples; et vous n'offrez point les spectacles à d'autres qu'à ceux à qui vous immolez des victimes. Combien y aurait-il eu plus de sincérité et même d'adresse dans votre division des dieux, si vous les eussiez distingués en dieux naturels et en dieux d'invention humaine, ajoutant que, bien que les poètes parlent de ces derniers autrement que les prêtres, les uns et les autres ne s'accordent pas moins toutefois en ce point que ce qu'ils en disent est également faux, et par conséquent également agréable aux démons, qui sont ennemis de la vérité?

Laissons donc un moment de côté la théologie naturelle, sur laquelle nous reviendrons, et dites-moi s'il vous semble à propos que l'on demande la vie éternelle à ces dieux des poètes et du théâtre? Dieu nous garde d'une pensée aussi sacrilège que monstrueuse ! Aurons-nous recours à ces dieux qui se plaisent à des jeux où leurs crimes sont représentés, et qui s'apaisent par ces représentations ? Je ne crois pas que personne tombe dans une si horrible impiété. La vie éternelle ne peut donc s'obtenir ni par la théologie fabuleuse, ni par la théologie civile. L'une en effet sème des opinions honteuses des dieux en les inventant, et l'autre les moissonne en les favorisant; l'une répand des mensonges, et l'autre les recueille; l'une outrage les choses divines par des crimes supposés, et l'autre met au rang des choses divines les jeux où l'on représente ces crimes; l'une fait retentir les vers des poètes, qui sont pleins de ces fictions abominables des dieux, et l'autre les consacre aux dieux même par des fêtes solennelles; l'une chante les infamies des dieux, et l'autre les aime; l'une les découvre ou les invente, et l'autre ou les atteste pour vrais, ou s'en réjouit quoiqu'ils soient faux. Toutes deux sont impures, toutes deux détestables; mais la théologie du théâtre professe une impudicité publique, et la théologie civile se pare de cette turpitude. Espérera-t-on la vie éternelle de ce qui souille cette vie courte et passagère ? ou dira-t-on que nous sommes corrompus par la compagnie des méchans qui s'insinuent dans nos cœurs et nous engagent dans leurs désordres; et que la société des démons, qui sont honorés par leurs propres crimes, ne nous corrompt pas ? Si ces crimes sont vrais, que ces dieux-là sont méchans ! et s'ils sont faux, quelle malice de les leur consacrer !

Peut-être ceux qui ignorent ces choses s'imagineront-ils, lorsque nous disons ceci, que c'est seulement sur les théâtres, ou dans les ouvrages des poètes, que l'on célèbre des choses indignes de la majesté des dieux, et que les mystères dont les prêtres sont les ministres sont exempts de ces infamies. Si cela était, jamais on n'eût jugé devoir célébrer en l'honneur des dieux les turpitudes de la scène, et jamais les dieux n'eussent commandé qu'on les leur consacrât. Ce qui fait que l'on ne rougit point de leur rendre ce culte sur les théâtres, c'est qu'on le leur rend dans les temples. Aussi, lorsque Varron tente de distinguer la théologie civile de la fabuleuse et de la naturelle, comme une troisième espèce, il donne néanmoins assez à entendre qu'elle est plutôt mêlée de l'une et de l'autre qu'elle n'en est véritablement distincte. Il dit en effet que ce que les poètes ont écrit des dieux est au-dessous de la portée des peuples, et que ce qu'en ont dit les philosophes est au-dessus; et que toutefois on a pris beaucoup de choses de l'une et de l'autre théologie pour en composer la civile. « C'est pourquoi, » ajoute-t-il, nous indiquerons, en parlant de celle-» ci, ce qu'elle a de commun avec celle des poètes; » mais il faut qu'elle nous lie davantage à celle des » philosophes. » Cependant il soutient dans un autre endroit, à propos des générations des dieux, que les peuples se sont plus attachés aux poètes qu'aux philosophes : ce qui montre qu'il a dit ici ce qu'il faut faire, et là ce que l'on fait. Il ajoute que les philosohes ont écrit pour l'utilité, et les poètes pour le plaisir. Ainsi, ce que les poètes ont écrit et que les peuples ne doivent point suivre, ce sont les crimes des dieux, et cependant c'est à quoi les peuples et les dieux se plaisent ; car les poètes, selon lui, n'écrivent pas pour l'utilité, mais pour le plaisir ; c'est ce que les dieux veulent qu'on leur consacre et ce que les peuples sont bien aises de leur consacrer.

CHAPITRE VII.

Ressemblance des théologies civile et fabuleuse.

Il est donc vrai que la théologie fabuleuse du théâtre, qui est toute pleine d'indignité et d'infamie, revient à la théologie civile ; et que celle que l'on blâme et que l'on rejète avec tant de raison, fait partie de celle que l'on juge digne d'être cultivée et entretenue. Quand je dis qu'elle en fait partie, je n'entends pas une partie hétérogène et qu'on y attache de force, ainsi que je me propose de le démontrer ; mais elle y est jointe d'une liaison naturelle comme un membre à son corps. Que représentent les statues des dieux, leurs figures, leur âge, leur sexe et leurs ornemens, sinon ce qu'en disent les poètes ? Si ces derniers ont un Jupiter barbu et un Mercure sans barbe, les pontifes ne les ont-ils pas de même ? La figure de Priape est-elle moins honteuse chez les uns que chez les autres ; et se présente-t-il autrement dans les temples où on l'adore, que sur les théâtres où l'on en rit ? Saturne n'est-il pas vieux et Apollon jeune, aussi bien sur les autels que sur la scène ? Pourquoi Forculus qui préside aux portes, et Limentin qui préside au seuil des portes, sont-ils des dieux mâles, et Cardée, qui est avec eux et veille sur les gonds, est-elle femelle ? Ne lit-on pas cela dans les livres des choses divines, tandis que les poètes graves ont dédaigné d'en parler ? N'y a-t-il que la Diane des théâtres qui soit armée, et celle de la ville est-elle vêtue simplement en vierge ? Apollon n'est-il joueur de lyre qu'à la comédie, et renonce-t-il à cet instrument lorsqu'il visite Delphes ? Mais tout ceci est honnête en comparaison du reste. Quel sentiment ont eu de Jupiter même ceux qui ont placé sa nourrice (1) dans le capitole ? N'ont-ils pas confirmé celui d'Évemère qui a écrit, non comme une fable, mais comme une vérité certaine et historique, que tous ces dieux ont été des hommes mortels ? De même ceux qui ont donné à Jupiter des dieux commensaux et parasites, n'ont-ils pas tourné le culte des dieux en bouffonnerie ? Véritablement, si un bouffon eût dit que Jupiter avait appelé des écornifleurs à sa table, on aurait cru qu'il l'aurait dit pour faire rire ; cependant Varron l'a dit, et il ne l'a pas dit pour se railler des dieux, mais pour leur faire honneur ; remarquez en outre qu'il ne l'a pas dit dans les livres où il traite des choses humaines, mais dans ceux où il parle des divines, ni à propos des jeux de théâtre, mais lorsqu'il nous instruit des droits du Capitole. Enfin il avoue, tant cela lui a paru fort, que comme les peuples ont

---

(1) Une chèvre.

LIVRE VI.   659

donné aux dieux une forme humaine, ils ont cru aussi qu'ils étaient touchés des mêmes plaisirs que les hommes.

Les malins esprits ne manquaient pas de leur côté de confirmer par leurs prestiges ces opinions pernicieuses. C'est ainsi qu'un concierge du temple d'Hercule, n'ayant rien à faire un jour de fête, joua aux dés tout seul, d'une main pour Hercule et de l'autre pour lui-même, à condition que, s'il gagnait, il se préparerait à souper et louerait une maîtresse aux dépens du temple; et que si Hercule gagnait, il lui donnerait la même chose à ses propres dépens. Comme Hercule eût gagné, il le régala suivant sa promesse, et lui amena une fameuse courtisanne nommée Laurentine. Celle-ci, s'étant endormie dans le temple, vit en songe Hercule qui la caressait, et qui lui dit que le premier jeune homme qu'elle rencontrerait au sortir de là lui donnerait la récompense qu'elle aurait cru devoir lui être payée par Hercule. Le premier qu'elle rencontra fut un jeune homme fort riche nommé Tarutius, qui, après l'avoir tenue long-temps auprès de lui, la laissa par sa mort héritière de tous ses biens; de sorte que Laurentine, pour n'être pas ingrate de cette faveur, institua le peuple romain son héritier, dans l'idée que cela serait fort agréable aux dieux; et, comme elle ne parut plus ensuite, on trouva son testament, en faveur duquel on lui décerna les honneurs divins.

Si les poètes inventaient de pareilles choses, et que des bouffons les représentassent, on ne manquerait pas de dire qu'elles appartiennent à la théologie fabu-

leuse, et qu'elles n'ont rien de commun avec la gravité de la théologie civile. Mais lorsqu'un auteur si
célèbre rapporte ces infamies, non comme des fictions
de poètes, mais comme la religion des peuples, non
comme des bouffonneries de comédiens, mais comme
des cérémonies sacrées, non comme des choses qui
doivent être réléguées sur les théâtres, mais comme
des mystères qui s'accomplissent dans les temples,
c'est-à-dire, du moment qu'il les attribue, non à la
théologie fabuleuse, mais à la théologie civile, ce n'est
pas sans raison que les comédiens représentent sur la
scène de si honteuses actions des dieux ; mais c'est en
vain que les prêtres veulent feindre dans leurs mystères une honnêteté qui n'y est pas. Il y a des mystères
de Junon, qui se célèbrent dans son île chérie de Sa-
mos, où l'on fête son mariage avec Jupiter. Il y en a
de Cérès, où l'on cherche Proserpine enlevée par
Pluton. Il y en a de Vénus, où l'on pleure la mort du
bel Adonis, son amant, tué par un sanglier. Il y en a
de la mère des dieux, où des eunuques (1) déplorent,
par leur propre infortune, celle du charmant Atys,
dont elle était éprise, et qu'elle mutila par jalousie.
Représente-t-on rien de plus obcène sur le théâtre ?
Pourquoi donc vouloir séparer les fictions des poètes
qui sont destinées à la scène, de la théologie civile qui
appartient à la ville, comme on séparerait les choses
impures et honteuses de celles qui sont pures et
honnêtes ? Il faut plutôt remercier les histrions de
ce qu'ils ont épargné la pudeur des hommes, en ne

(1) On les appelait Galles, Curètes ou Corybantes.

découvrant pas sur les théâtres toutes les impuretés que cachent les temples. Quelle opinion peut-on avoir des mystères qui se passent dans les ténèbres, lorsque ceux qui paraissent au jour sont si détestables ? C'est à eux à voir ce qui se passe dans l'ombre entre eux et ces hommes mous et efféminés, qui ne sauraient après tout cacher la honte de leur impuissance et de leur corruption. Qu'ils persuadent à qui ils pourront qu'ils font quelque chose de saint par ces hommes qu'ils ne peuvent nier avoir mis au rang des choses saintes. Nous ne savons pas ce qu'ils font ; mais nous savons par qui ils le font. Nous savons aussi ce qui se fait sur les théâtres, et qu'il s'y commet des infamies plus grandes que dans les lieux de débauches ; mais enfin les eunuques ne s'y mêlent point aux chœurs des courtisanes, quoique ceux qui y paraissent soient des infames. Quels sont donc ces mystères où l'on choisit pour acteurs des gens qui ne sont pas même dignes de monter sur le théâtre (1) ?

(1) Le *thimèle*, dit le latin ; c'est *le pupitre*, qui était un lieu élevé où les acteurs venaient réciter.

CHAPITRE VIII.

Des explications tirées des choses naturelles, dont les payens se servent pour défendre leur théologie civile.

Mais, dit-on, toutes ces choses ont un sens mystique et des raisons naturelles : comme s'il était question ici de physique et non de théologie, et que nous traitassions de la nature et non pas de Dieu. De ce que le vrai Dieu est réellement Dieu par nature et non par opinion, il ne s'ensuit pas que toute nature soit Dieu; l'homme, les bêtes, les arbres, les pierres sont de la nature, et cependant rien de tout cela n'est Dieu. D'ailleurs, si par les mystères de la mère des dieux on veut principalement signifier la terre, qu'est-il besoin d'une plus longue discussion ? Y a-t-il rien qui confirme davantage le sentiment de ceux qui disent que tous ces dieux ont été des hommes ? Puisque la terre est leur mère, il est clair qu'ils en ont été engendrés. Or, dans la vraie théologie, la terre n'est pas la mère de Dieu, mais son ouvrage. Qu'ils donnent tel sens qu'il leur plaira à ses mystères, et qu'ils les rapportent tant qu'ils voudront aux choses naturelles, il sera toujours vrai de dire qu'il n'est pas dans la nature, mais bien contre la nature que des hommes servent de femmes. Cette faiblesse, ce crime, dont on fait profession dans ces mystères, est si infame, que les plus vicieux ont honte de le confesser même au milieu des tortures. Bien plus, si ces mystères, où il se commet constamment plus de turpitudes que sur les théâtres, peuvent s'excuser, sous prétexte qu'ils sont des emblêmes de la nature, ne peut-on pas excuser de même tout ce que disent les poètes ? En effet, ils ont expliqué eux-mêmes plusieurs choses de la sorte, et prétendent par exemple (pour ne parler que de leur assertion la plus cruelle et la plus exécrable) que quand ils disent que Saturne a dévoré ses enfans, cela doit s'entendre du temps qui consume tout ce qu'il produit, ou, selon l'opinion de Varron, des semences qui retombent sur la terre d'où elles sont sorties.

Voilà cependant ce que l'on appelle théologie fabuleuse; et malgré toutes ces belles interprétations, on ne laisse pas de la condamner, comme ayant inventé des choses indignes des dieux, et de la séparer, non-seulement de la théologie naturelle, qui est celle des philosophes, mais encore de la théologie civile dont il est ici question, et qui est, à ce qu'on dit, celle des villes et des peuples. Le dessein qu'ont eu en cela les hommes savans et subtils qui ont traité de ces matières, est que comme ils les improuvaient toutes deux, c'est-à-dire, la fabuleuse et la civile, et que néanmoins ils n'osaient condamner celle-ci, ils ont condamné la première et ont montré d'ailleurs que l'une et l'autre étaient semblables, afin de les faire rejeter de même et de pouvoir sans danger proposer la théologie naturelle, comme seule digne des bons esprits. En effet, et la théologie civile, et la théologie fabuleuse sont toutes deux fabuleuses, et toutes deux civiles: Que l'on considère les folies et les obcénités de l'une et de l'autre, on se convaincra aisément que l'une et l'autre sont fabuleuses ; et si l'on fait attention, d'un autre côté, que les jeux de théâtre, qui appartiennent à la fabuleuse, font partie des fêtes des dieux et entrent dans le culte que les villes leur rendent, on reconnaîtra aussi que toutes les deux sont civiles. Comment donc attribuer à aucun de ces dieux le pouvoir de donner la vie éternelle, lorsque leurs statues et leurs mystères les convainquent d'être semblables aux dieux de la fable que l'on rejète ouvertement, et d'en avoir la figure, l'âge, le sexe, l'habit, les mariages, les générations et les cérémonies; circonstances qui établissent clairement que ces dieux ont été des hommes à qui l'on a consacré des fêtes et des mystères par l'instigation des démons, selon les accidens de leur vie ou de leur mort, ou du moins que ces esprits immondes se sont servis de toutes sortes d'occasions pour engager les hommes dans ces erreurs?

CHAPITRE IX.

Des emplois attribués aux dieux.

CES emplois même des dieux divisés en tant de petites et misérables parties, pour lesquelles on prétend qu'il faut s'adresser à chacun d'eux, et dont nous avons déjà beaucoup parlé, quoique nous n'ayions pas tout dit, ne sont-ils pas plus dignes des bouffonneries théâtrales que de la majesté divine ? Si quelqu'un donnait deux nourrices à un enfant, dont l'une ne fût que pour le faire manger, et l'autre pour le faire boire, comme nos adversaires ont employé deux déesses à cela, Educe et Potine, ne le prendrait-on pas pour un fou qui joue chez lui une espèce de comédie ? Ils veulent que Liber soit ainsi appelé, de ce qu'il aide les hommes à engendrer, et Libéra, de ce qu'elle assiste les femmes dans la même occasion : raison pour laquelle il y a un temple où l'on offre le sexe de l'homme à l'un, et à l'autre celui de la femme. Ils ajoutent que l'on assigne les femmes et le vin à Liber, pour allumer le feu de la concupiscence. Ainsi l'on célèbre les Bacchanales avec d'étranges emportemens, et Varron lui-même avoue que les Bacchantes ne peuvent faire ce qu'elles font sans avoir l'esprit troublé. Cette fête toutefois déplut dans la suite au sénat, qui l'abolit. Peut-être au moins reconnurent-ils en cela ce que peuvent les esprits immondes sur l'esprit des hommes, quand ils les adorent comme des dieux. Quoiqu'il en soit, il est certain que l'on n'oserait rien faire de pareil sur les théatres. On y joue, il est vrai, mais on n'y est point épris de fureur ; encore que ce soit une espèce de fureur de reconnaître pour dieux des esprits qui se plaisent à de tels jeux.

Mais que veut dire Varron, lorsque, après avoir établi entre le dévot et le superstitieux une différence qu'il fait consister en ce que celui-ci craint les dieux, au lieu que l'autre les honore comme pères, et ne les redoute point comme ennemis, parce que leur bonté les porte à pardonner au coupable, plutôt que de punir l'innocent, il remarque néanmoins que l'on donne trois dieux aux accouchées pour les garder, de peur que le dieu Sylvain ne les tourmente la nuit ; et pour signifier ces trois dieux, trois hommes font la ronde à l'entour du logis, et frappent d'abord le seuil de la porte d'une cognée, ensuite d'un pilon, et enfin le nétoyent avec un balai, afin que ces emblêmes de l'agriculture empêchent Sylvain d'entrer ; vu qu'en effet on emploie le fer pour couper les arbres, le pilon pour moudre la farine, et le balai pour ramasser les bleds ; et que ces dieux prennent de là leurs noms, Intercidone, de l'ouverture que fait la cognée, Pilumnus, du pilon, et Déverra, du balai ? Il suit de là que la protection des bonnes divinités serait inutile contre la violence d'une mauvaise, si elles n'étaient plusieurs contre une, et ne résistaient à une divinité sauvage et champêtre par des symboles d'agriculture qui lui sont contraires. Est-ce là l'innocence et la concorde des dieux ? Sont-ce là ces divinités qui veillent au salut des villes, et qui sont plus ridicules que toutes les folies du théâtre ?

Le dieu Jugatin préside à la conjonction de l'homme et de la femme : à la bonne heure ; mais, pour conduire la mariée dans la demeure de son époux, il y a un dieu Domiduque ; le dieu Domice sert à l'y retenir, et l'on ajoute encore la déesse Manturne pour la faire demeurer avec son mari. En veut-on davantage ? Épargnez, je vous prie, la pudeur des mariés ; que le reste s'achève dans le secret. Pourquoi remplir leur chambre d'une troupe de dieux, lorsque les paranymphes même s'en vont ? Et on ne l'en remplit pas afin que l'idée de leur présence rende les époux plus retenus, mais afin qu'ils facilitent à une fille timide, que cette nouveauté épouvante, la perte de sa virginité. En effet, la déesse Vierge, le père Subigue, la mère Préma, la déesse Pertunda, Vénus et Priape, assistent à cette action. Qu'est-ce cela ? S'il fallait que les dieux aidassent le mari à consommer son mariage, ne suffisait-il pas d'un dieu ou d'une déesse ? N'était-ce pas assez de Vénus, qui n'y est appelée, dit-on, que parce que sans elle une fille ne peut cesser d'être vierge ? S'il reste aux mariés une pudeur que n'ont pas les divinités, ne doivent-ils pas, à la seule pensée de tant de dieux et de déesses présens et occupés à cette affaire, demeurer tellement confus, que l'un en soit moins ému et que l'autre oppose plus de résistance ? D'ailleurs, si la déesse Vierge est présente pour dénouer la ceinture de l'épousée, le dieu Subigue pour la mettre au lit, la déesse Préma pour l'empêcher de résister aux caresses de son mari, que fait là Pertunda ? Qu'elle rougisse de honte, qu'elle sorte, et qu'il reste quelque chose à faire au mari. Il n'est pas convenable qu'un autre que lui s'acquitte de ce devoir. Mais peut-être la souffre-t-on parce que c'est une déesse et non pas un dieu ; car si c'en était un, le mari appellerait plus de secours contre lui que les accouchées contre Sylvain. Que dis-je ? lorsque Priape, dont le sexe n'est point douteux, y est aussi, et que même, par une coutume très décente et très pieuse des dames romaines, on fait asseoir l'épousée sur ses genoux.

Après cela, qu'ils viennent nous distinguer par de vaines subtilités la théologie civile de la théologie fabuleuse; les villes, des théâtres; les temples, de la scène ; les livres des pontifes, de ceux des poètes, comme l'on distinguerait l'honnêteté de la turpitude, la vérité du mensonge, la gravité du badinage, les choses sérieuses, des folâtres, et celles que l'on doit rechercher, de celles qu'il faut fuir. Nous devinons leur intention : ils sont bien persuadés que cette théologie fabuleuse des théâtres dépend de la civile; mais ils proposent au monde l'une qu'ils n'osent condamner, et condamnent hardiment l'autre, qui en est l'image; afin que ceux qui pénètrent leur dessein détestent la civile, quoique les dieux aiment tellement la fabuleuse, où ils se regardent comme dans un miroir, qu'il faut les considérer toutes deux pour les bien voir. C'est pour cela qu'ils ont forcé leurs adorateurs, sous de terribles menaces, à leur dédier les infamies de la théologie fabuleuse, à les célébrer en leur honneur, et à les mettre au rang des choses divines : par où ils ont montré clairement qu'ils sont des esprits impurs; et ils ont fait de cette théologie des théâtres, toute méprisable et condamnée qu'elle est, un membre et une partie de la théologie des villes, qui, selon eux, est une théologie choisie et approuvée, en sorte qu'étant aussi honteuse et toute aussi fausse, une partie s'en trouve comprise dans les livres des pontifes, et l'autre dans ceux des poètes. De savoir si elle a encore d'autres parties, c'est une autre question ; il me suffit, je pense, d'avoir montré, en me tenant à la division de Varron, que la théologie de la ville et celle du théâtre appartiennent à la théologie civile. Or, puisqu'elles sont toutes deux également impures et absurdes, que toutes les personnes pieuses se gardent bien d'attendre la vie éternelle ni de l'une ni de l'autre.

Enfin, Varron fait un dénombrement des dieux qu'il commence dès que l'homme est conçu ; il met en tête Janus, expose la longue suite des divinités qui ont soin de l'homme jusqu'à l'extrême vieillesse, et ferme cette pompe par la déesse Nénie, qui n'est autre que la chanson lugubre que l'on chante aux funérailles des vieillards. Ensuite il passe en revue d'autres dieux dont les emplois ne se rapportent pas directement à l'homme, mais aux choses qui le concernent, comme le vivre, le vêtement et les autres besoins de cette vie, et sur sa route il désigne les fonctions de chacun d'eux, ainsi que les objets pour lesquels il convient de les invoquer ; mais malgré toute cette minutieuse exactitude, il n'a marqué aucune divinité à qui l'on doive demander la vie éternelle, pour laquelle seule proprement nous sommes chrétiens. Quel serait donc l'insensé qui ne verrait pas que quand Varron condamne d'un côté la théologie fabuleuse, et témoigne assez de l'autre que la théologie civile qu'il n'osait condamner lui ressemble et en est une partie, il a voulu faire entendre aux gens éclairés qu'il faut les rejeter toutes deux, et se tenir à la théologie naturelle, dont nous parlerons ailleurs plus en détail avec l'aide de Dieu ?

CHAPITRE X.

Sénèque a repris plus fortement la théologie civile, que Varron n'a blâmé la fabuleuse.

Mais si Varron n'a osé proscrire ouvertement la théologie des villes, comme il a fait celle des théâtres, malgré l'extrême ressemblance de l'une et l'autre, le philosophe Sénèque, que nous croyons sur quelques conjectures avoir fleuri du temps des apôtres, a été plus hardi, en quelque sorte, sinon dans sa vie, au moins dans ses écrits. En effet, dans le livre qu'il a publié contre les superstitions, il reprend la théologie civile avec beaucoup plus de force et de profondeur que Varron n'en a montré dans ses attaques contre la théologie fabuleuse. Il dit à propos des statues : « Ils
» consacrent les dieux immortels en une matière vile
» et insensible ; ils les représentent sous la figure
» d'hommes, de bêtes et de poissons ; quelques-uns
» même donnent à plusieurs de ces simulacres un
» double sexe, et il appellent dieux des choses qui se-
» raient des monstres si elles devenaient animées. »
Passant ensuite à la théologie naturelle, après avoir rapporté les opinions de quelques philosophes, il se fait cette objection : « Ici quelqu'un me dira : Croirai-je
» que le ciel et la terre sont des dieux, et qu'il y a
» des dieux au-dessus de la lune, et d'autres au-des-
» sous ? Peut-on souffrir Platon ou Straton le péripa-

» téticien, dont l'un veut que Dieu soit un esprit sans
» corps, et l'autre, que ce ne soit point un esprit? »
Et il répond à cela : « Quoi ! est-ce que les rêveries de
» Titus Tatius, ou de Romulus, ou de Tullus Hosti-
» lius vous semblent plus vraies ? Titus Tatius a con-
» sacré la déesse Cloacine, Romulus Pic et Tibérin,
» et Hostilius la Crainte et la Pâleur, deux passions
» hideuses, dont l'une est un mouvement de l'ame
» étonnée, et l'autre, qui provient des esprits animaux,
» est moins une maladie qu'une couleur. Croirez-vous
» plutôt à ces divinités, et leur donnerez-vous place
» dans le ciel ? » Avec quelle liberté surtout n'a-t-il
point parlé de ces mystères également cruels et infames ? « L'un, dit-il, se prive des marques de sa vi-
» rilité, l'autre se tire du sang des bras. Comment
» peuvent craindre la colère des dieux, des hommes
» qui se les rendent favorables par de telles actions ? Si
» les dieux demandent un culte de cette espèce, on ne
» leur en doit véritablement aucun. Ils ont l'esprit si
» troublé, et la fureur les met tellement hors de sens,
» qu'ils pensent pouvoir fléchir les dieux par des
» choses dont les hommes même les plus cruels, et qui
» font les sujets des tragédies, ne se sont pas servis
» pour satisfaire leur cruauté. Les tyrans ont fait dé-
» chirer les membres de quelques personnes, mais ils
» n'ont jamais obligé personne à déchirer ses propres
» membres. Quelques-uns ont été mutilés pour servir
» aux plaisirs des rois ; mais jamais aucun esclave ne
» s'est mutilé soi-même sur un ordre de son maître.
» Ces misérables se font des incisions au milieu des
» temples ; leurs plaies et leur sang implorent l'assis-

« tance des dieux. Si l'on voulait considérer ce qu'ils
» font et ce qu'ils souffrent, on y trouverait des choses
» si honteuses à des hommes d'honneur, si indignes
» de personnes libres, si contraires à la raison, que
» personne ne douterait qu'ils ne fussent furieux, s'ils
» avaient moins de compagnons de leur fureur; et il
» n'y a que le grand nombre des fous qui mette leur
» folie à couvert. »

Croira-t-on que ce qui se passe dans le Capitole même, au rapport de Sénèque, qui exhale encore à ce sujet une généreuse indignation, puisse se faire, sinon par des bouffons ou des furieux? Dans les mystères d'Egypte, on pleure Osiris perdu, et l'on se réjouit ensuite de l'avoir retrouvé; et sans avoir, après tout, rien perdu ni rien retrouvé, ils font paraître la même douleur, la même joie que si tout cela était le plus vrai du monde. « Toutefois, dit Sénèque, cette fureur
» a un temps limité: on peut être fou une fois l'année.
» Mais montez au Capitole, vous aurez honte des ex-
» travagances qui s'y commettent et de l'audace avec
» laquelle la folie se donne en public. L'un rapporte
» à Jupiter les noms des dieux qui viennent le saluer,
» l'autre lui annonce l'heure qu'il est; celui-ci fait
» l'office d'huissier, celui-là de parfumeur, et imite,
» par un vain mouvement des bras, l'action d'une
» personne qui répand des parfums sur une autre. Il
» y a des femmes qui coiffent Junon et Minerve, et
» bien qu'éloignées de la statue et même du temple,
» elles remuent les doigts comme ferait une coiffeuse,
» ou elles tiennent le miroir. Il y en a qui prient les
» dieux d'assister à la plaidoirie de leurs causes, qui

» leur présentent des requêtes et les instruisent de
» leurs affaires. Le chef décrépit d'une troupe d'his-
» trions jouait tous les jours son rôle dans le Capitole,
» comme si les dieux eussent pris plaisir à le voir, lui
» que les hommes ne pouvaient plus souffrir. On
» trouve là toutes sortes d'artisans qui travaillent pour
» les dieux immortels. » Et un peu après : « Toute-
» fois, dit-il, quoique ces gens là rendent à Dieu des
» services inutiles, au moins ne lui en consacrent-ils
» point d'infames. Mais il est des femmes qui se tien-
» nent au Capitole dans la persuasion que Jupiter est
» amoureux d'elles, sans être retenues par la consi-
» dération de Junon, qui, si l'on en croit les poètes,
» est une déesse jalouse et colère. »

Varron n'a pas parlé avec cette liberté; il n'a osé réprouver que la théologie fabuleuse, sans toucher à la civile que Sénèque condamne hautement. Cepend-ant, si l'on y fait attention, on trouvera que les temples où se passent ces actions sont plus abomina-bles que les théâtres où on les feint. C'est pourquoi Sénèque exige du sage, en ce qui concerne les mys-tères de cette théologie civile, non qu'il les embrasse par principe de conscience et de religion, mais qu'il agisse comme s'il y croyait. Voici ses propres paroles :
« Le sage observera toutes ces choses parce que les
» lois le commandent, et non parce qu'elles sont
» agréables aux dieux. » Et quelques lignes après :
« Que dirai-je de ce que nous marions les dieux, et
» que nous ne gardons pas même la bienséance dans
» ces sortes de mariages, où nous joignons des frères
» à des sœurs? Nous donnons Bellone à Mars, Vénus

» à Vulcain, Salacie à Neptune. Nous en laissons
» aussi quelques-uns dans le célibat, comme s'ils
» n'avaient pu trouver de parti sortable, bien qu'il y
» ait des veuves parmi eux, comme Populonie, Ful-
» gore et Rumine, dont l'abandon au reste ne m'é-
» tonne point. Nous adorerons donc toute cette vile
» populace de dieux qu'une longue superstition a in-
» finiment accrue; mais nous n'oublierons pas, ajou-
» te-t-il, que nous leur rendons ce culte plutôt pour
» satisfaire à la coutume que par toute autre considé-
» ration. » Il est donc vrai que ni les lois ni la coutume n'ont rien établi dans la théologie civile qui fût agréable aux dieux, ni même qui les concernât. Mais ce philosophe, que les autres veulent faire passer pour un modèle de liberté, ne laissait pas d'honorer ce qu'il censurait, de faire ce qu'il désapprouvait, d'adorer ce qu'il proscrivait ; et cela par la raison qu'il était sénateur. A la vérité la philosophie lui avait appris à n'être pas superstitieux ; mais les lois et la coutume le tenaient asservi ; il ne montait pas sur le théâtre, mais il imitait les comédiens dans les temples : d'autant plus coupable en cela, que le peuple croyait qu'il faisait sérieusement ce qu'il ne faisait que par feinte, au lieu qu'un comédien visait plutôt à réjouir le peuple qu'à le tromper.

CHAPITRE XI.

Sentiment de Sénèque sur les Juifs.

Entre autres superstitions de la théologie civile que ce philosophe condamne, il blâme aussi les cérémonies des Juifs, et surtout leur sabbat, dont l'observation leur était inutile, attendu, selon lui, que demeurer le septième jour sans rien faire, c'était perdre la septième partie de sa vie, outre le tort qu'ils en recevaient dans les nécessités urgentes. Il n'a toutefois osé parler ni en bien ni en mal des chrétiens déjà grands ennemis des Juifs, soit de peur de les louer contre la coutume de son pays, soit aussi qu'il ne voulût peut-être pas les blâmer contre sa propre inclination. Il s'explique en ces mots sur les Juifs : « Les » coutumes de cette nation perverse se sont tellement » propagées, qu'elles sont reçues par tout le monde, » et les vaincus ont donné la loi aux vainqueurs. » Cela le surprenait, parce qu'il ignorait les secrets de la Providence. Il témoigne ensuite ce qu'il pensait de leurs cérémonies : « Il y en a cependant parmi eux, » dit-il, qui connaissent les raisons de leurs mystè- » res ; mais la plus grande partie du peuple ne saurait » dire pourquoi il fait ce qu'il fait. » Quant aux mystères des Juifs, en quel temps ou pour quelle raison ils ont été établis par l'autorité divine, et comment, par la même autorité, ils ont été ôtés au peuple de

Dieu à qui le secret de la vie éternelle a été révélé, nous en avons parlé ailleurs, principalement dans nos livres contre les manichéens, et nous en parlerons encore dans un autre endroit de cet ouvrage.

CHAPITRE XII.

L'impuissance des dieux une fois établie, en ce qui concerne la vie temporelle, il est clair qu'ils ne sauraient donner la vie éternelle.

Si ce livre ne suffit pas pour prouver que l'on ne doit espérer la vie éternelle ni de la théologie fabuleuse, ni de la théologie civile (1), qu'on y joigne ce que nous avons dit dans les livres précédens, et surtout dans le quatrième, où nous nous sommes appliqués à démontrer que Dieu seul peut donner la félicité. Si la Félicité était en effet une déesse, quel autre divinité les hommes devraient-ils servir pour obtenir la vie éternelle? Mais comme elle est un don de Dieu et non pas une déesse, quel autre devons-nous invoquer que le Dieu dispensateur de la félicité, nous qui soupirons après la vie éternelle où se trouve la félicité véritable et parfaite? Or, je pense qu'après ce que j'ai dit, personne ne doute qu'aucun de ces dieux, honorés par de si grandes infamies, et encore plus infames eux-mêmes de se mettre en colère quand on

(1) Il y a ici quelques redites au latin, que j'omets.

ne les honore pas de la sorte, ne saurait donner la félicité que nous cherchons. S'il est ainsi, comment peuvent-ils donner la vie éternelle, qui n'est autre chose qu'une félicité sans fin? En effet, la vie que l'ame conservera dans les peines éternelles dont ces esprits impurs seront aussi tourmentés, est plutôt une mort qu'une vie, vu qu'il n'y a point de mort pire que celle où la mort ne peut mourir. Comme l'ame a été créée immortelle, elle ne peut être sans quelque sorte de vie; de sorte que sa mort consiste à être privée de Dieu qui est sa vie, et à souffrir une éternité de supplices. Il n'y a donc que celui qui donne la vraie félicité qui puisse donner la vie éternelle, c'est-à-dire une vie éternellement heureuse. Ainsi, puisque nous avons montré que les dieux de la théologie civile ne sauraient la donner, il s'ensuit qu'on ne les doit adorer ni pour les biens temporels, ce que nous avons fait voir dans les cinq livres précédens, ni beaucoup moins pour la vie éternelle, ce que nous avons principalement prouvé dans celui-ci. Mais, attendu que cette coutume invétérée est enracinée trop profondément, si quelqu'un n'est pas encore satisfait de ce que nous avons dit pour faire rejeter la théologie civile, qu'il lise avec attention le livre suivant.

REMARQUES

SUR

LE LIVRE VI.

Page 638, ligne 1.ʳᵉ « Les philosophes, qui ont désap-
» prouvé les erreurs populaires touchant les dieux, sont plus
» supportables. » Ou, « les erreurs des peuples. » Le latin
ajoute : « Lesquels peuples ont dressé des statues aux dieux,
» et ont ou feint de croire ou cru aux impostures fabriquées
» sur ceux qu'ils nomment dieux immortels, et, après les
» avoir crues, les ont mêlées à leur culte et à leurs cérémo-
» nies sacrées. C'est donc avec ces hommes qui ont témoi-
» gné, sinon tout haut, au moins sourdement et dans leurs
» disputes, qu'ils improuvaient de telles opinions, etc. »
Mais ou cela a été dit aux livres précédens, ou est compris
dans mon expression.

Page 640, l. 30. « Nous aurions toujours raison de dire
» que ces déesses ont leurs fonctions limitées. » Les manus-
» crits ont *limitatas* pour *limitari*.

Page 643, l. 13. « A dit dans un élégant phaleuque. »
Elegantissimo versiculo breviter ait. Nous avons mieux aimé
traduire en indiquant la mesure du vers employé par Térentianus que d'écrire avec Lombert : « A dit élégamment qu'il
» était savant. » Il n'y a point d'élégance dans cette phrase
française, tandis que l'on en peut supposer dans le vers latin.
(*Note des nouveaux éditeurs.*)

Page 650, l. 6. « En théologie fabuleuse, théologie natu-
» relle, théologie civile. » Le latin dit : « En théologie my-
» tique, théologie physique et théologie civile. Si la langue
» le permettait, nous exprimerions la première espèce par
» le mot *fabulaire*; mais nous nous en tenons à celui de
» *fabuleuse*, parce que le mot *mytique* vient des fables qui
» en grec s'appellent *mythes*. Quant à la seconde espèce,
» l'usage nous autorise à la nommer *naturelle*, et Varron
» lui-même désigne l'autre par le mot latin *civile*. » Lombert
a supprimé avec raison tous ces détails que nous avons cru
devoir rappeler en note. (*Note des nouveaux éditeurs.*)

Page 651, l. 13. « Seulement il remarque la diversité de
» leurs opinions. » J'ôte le *quod* avec cinq manuscrits, et
lis : *Tantùm eorum inter se controversias commemoravit*;
ce qui me paraît plus clair.

Page 661, l. 12. « Nous savons aussi ce qui se fait sur les
» théâtres, et qu'il s'y commet des infamies plus grandes que
» dans les lieux de débauches : mais enfin les eunuques ne
» s'y mêlent point aux chœurs des courtisanes, quoique ceux
» qui y paraissent soient des infames. » Je lis *quæ* avec les
imprimés, le *quo* des manuscrits ne me paraissant pas si
bien. Au reste, ce passage est un peu obscur, mais la suite
du raisonnement le fait entendre.

Page 665, l. 8. « Et Libéra, de ce qu'elle assiste les fem-
» mes dans la même occasion. » Tous les manuscrits ont
quod et ipsas perhibeant pour *ipsam*.

Page 671, l. 9. « Dont l'une est un mouvement de l'ame
» étonnée, et l'autre, qui provient des esprits animaux, est
» moins une couleur qu'une maladie. » C'est ainsi qu'il faut
le traduire en lisant *nec* comme les imprimés ; mais si l'on
aime mieux lire *ne* avec dix manuscrits (car l'une et l'autre
leçon me paraît bonne), il faut traduire : « Dont l'une est un

» mouvement de l'ame étonnée, et l'autre plutôt une couleur
» qu'une maladie du corps. »

Page 672, l. 21. L'un rapporte à Jupiter les noms des
» dieux qui viennent le saluer. » *Nomina deorum subjicit*, portent cinq manuscrits. C'est peut-être l'explication de quelque copiste, de ces autres paroles de nos livres, qui ont à mon avis la véritable leçon : *Alius numina deo subjicit.*

FIN DU TOME PREMIER.

TABLE

DU

TOME PREMIER.

Avis sur cette nouvelle édition.	Page 5.
Avertissement du traducteur.	8.
Approbation des docteurs.	19.
Vie de saint Augustin.	21.
Notice des écrits de saint Augustin.	194.
Argument des livres de la Cité de Dieu.	231.

LIVRE PREMIER.

CHAPITRE Iᵉʳ. Dessein de cet ouvrage. Ceux qui se plaignaient des chrétiens, comme étant cause de la prise de Rome, ne s'étaient eux-mêmes sauvés de la fureur des ennemis qu'en feignant de l'être et se retirant dans leurs églises. 233.

CH. II. Il n'y a point d'exemples de guerres précédentes où les ennemis, dans la prise d'une ville, aient épargné ceux qui se réfugiaient dans les temples de leurs dieux. 237.

CH. III. Imprudence des Romains d'avoir mis leur ville sous la protection des dieux de Troye, que les poètes même appellent des dieux vaincus. 238.

CH. IV. Le temple de Junon ne sauva personne de ceux qui

s'y réfugièrent dans la prise de Troye, au lieu que les basiliques des apôtres garantirent tous ceux qui s'y retirèrent dans la prise de Rome. *Page* 241.

Ch. V. Coutume de piller les temples dans les prises de villes, confirmée par César. 243.

Ch. VI. Les Romains même n'ont jamais épargné les temples des villes qu'ils ont forcées. 244.

Ch. VII. On ne peut attribuer qu'au nom de Jésus-Christ, que les Goths, à la prise de Rome, épargnèrent ceux qui se sauvèrent dans les églises des apôtres. 246.

Ch. VIII. Les biens et les maux de ce monde sont communs aux bons et aux méchans; mais l'usage que les uns et les autres en font est bien différent. 247.

Ch. IX. Des sujets de réprimande pour lesquels les gens de bien sont affligés dans ce monde avec les méchans. 250.

Ch. X. Les gens de bien ne perdent rien en perdant les biens temporels. 254.

Ch. XI. De quelque façon qu'on meure, on meurt toujours bien quand on a bien vécu. 260.

Ch. XII. Le défaut de sépulture n'apporte aux chrétiens aucun préjudice. 262.

Ch. XIII. Pourquoi il faut enterrer les corps des fidèles. 265.

Ch. XIV. Les consolations divines n'ont jamais manqué aux chrétiens dans leur captivité. 267.

Ch. XV. La piété de Régulus envers les dieux n'empêcha pas les Carthaginois de le faire mourir. 268.

Ch. XVI. La violence que les vierges ont soufferte dans la captivité a-t-elle pu porter atteinte à leur vertu? 272.

Ch. XVII. De la mort volontaire par crainte du châtiment ou du déshonneur. 273.

Ch. XVIII. De la violence que souffre le corps sans que l'ame y participe. 275.

TABLE.

Ch XIX. De Lucrèce, qui se donna la mort pour avoir été déshonorée. Page 277.

Ch. XX. Le précepte qui défend de tuer défend de se tuer soi-même. 281.

Ch. XXI. En quelles rencontres l'on peut tuer un homme sans être homicide. 283.

Ch. XXII. Il n'y a point de générosité à se tuer soi-même. 285.

Ch. XXIII. Caton ne se tua point par courage, mais parce qu'il ne voulut pas que César eût la gloire de lui pardonner. 287.

Ch. XXIV. Les chrétiens l'emportent autant en généreux courage sur Régulus, que Régulus sur Caton. 288.

Ch. XXV. On ne doit point éviter un péché par un autre. 291.

Ch. XXVI. Ceux qui se tuent par un mouvement du saint Esprit ne sont point homicides. 292.

Ch. XXVII. Si la mort volontaire est à désirer comme un refuge contre le péché. 294.

Ch. XXVIII. Pourquoi Dieu a permis que les ennemis aient déshonoré ses servantes. 296.

Ch. XXIX. De la réponse que les serviteurs de Jésus-Christ doivent faire aux payens, lorsque ceux-ci leur reprochent que Jésus-Christ ne les a point assistés contre leurs ennemis. 299.

Ch. XXX. Les payens n'imputent aux chrétiens les calamités publiques, que parce qu'ils voudraient que rien ne les traversât dans la jouissance de leurs plaisirs criminels. 301.

Ch. XXXI. Par quels degrés Rome est devenue esclave de sa propre ambition. 303.

Ch. XXXII. De l'établissement des théâtres. 305.

Ch. XXXIII. La ruine de Rome n'a pas corrigé les vices des Romains. Page 306.

Ch. XXXIV. La bonté de Dieu a tempéré dans Rome les horreurs qui accompagnent ordinairement la prise d'une ville. 308.

Ch. XXXV. L'Église a des enfans parmi ses ennemis, et des ennemis parmi ses enfans. 309.

Ch. XXXVI. Plan des livres suivans. 310.

Remarques sur le livre premier. 312.

LIVRE II.

Chapitre Ier. Les disputes n'auraient point de fin si l'on répondait toujours. Page 329.

Ch. II. Récapitulation de ce qui a été traité dans le premier livre. 331.

Ch. III. Il suffit de lire l'histoire pour voir quels maux sont arrivés aux Romains lorsqu'ils servaient leurs dieux, et avant l'établissement de la Religion chrétienne. 333.

Ch. IV. Les idolâtres n'ont jamais reçu de leurs dieux aucun précepte de vertu, et les honneurs qu'ils leur rendent sont accompagnés de mille infamies. 334.

Ch. V. Des indécences qui se commettaient dans le culte de la mère des dieux. 336.

Ch. VI. Les dieux des payens ne leur ont jamais donné des lois pour bien vivre. 338.

Ch. VII. L'exemple des dieux a plus de force pour porter les payens aux vices, que les instructions des philosophes pour les en détourner. 340.

Ch. VIII. Loin que les dieux s'offensent de ce que l'on publie leurs vices sur les théâtres, cela sert au contraire à les apaiser. 342.

Ch. IX. Les anciens Romains ont refréné la licence des poètes; mais les Grecs, suivant l'inclination de leurs dieux, leur ont donné plus de liberté. Page 343.

Ch. X. Pourquoi les démons sont bien aises par malice qu'on publie d'eux des crimes véritables ou supposés. 345.

Ch. XI. Les Grecs avaient raison d'admettre aux charges publiques les comédiens, puisque leurs dieux aimaient ou approuvaient la comédie. 347.

Ch. XII. Les Romains, en ôtant aux poètes la liberté de médire des hommes, et en leur permettant de diffamer les dieux, ont eu meilleure opinion d'eux-mêmes que des dieux. 349.

Ch. XIII. Les Romains devraient reconnaître que des dieux qui demandaient à être honorés par les infamies du théâtre, étaient indignes des honneurs divins. 351.

Ch. XIV. Platon, qui n'a pas voulu admettre les poètes dans une ville bien policée, valait mieux que les dieux qui ont voulu être honorés par des jeux de théâtre. 353.

Ch. XV. Les Romains se sont choisis certains dieux plutôt par flatterie que par raison. 357.

Ch. XVI. Les Romains n'ont eu recours aux lois des Athéniens que parce qu'ils n'en ont pu recevoir de leurs dieux. 358.

Ch. XVII. De l'enlèvement des Sabines, et des autres injustices des Romains, dans les temps les plus vantés de leur république. 359.

Ch. XVIII. Témoignages de Salluste sur les mœurs des Romains, tour-à-tour refrénées par la crainte et relâchées par la sécurité. 361.

Ch. XIX. De la corruption où était tombée la république avant que Jésus-Christ abolît le culte des faux dieux. 365.

Ch. XX. De la félicité et du genre de vie qui plairaient le plus aux ennemis de la Religion chrétienne. Page 367.

Ch. XXI. Quelle opinion Cicéron avait de la république romaine. 370.

Ch. XXII. Les dieux des Romains n'ont jamais pris soin d'empêcher que les mauvaises mœurs ne ruinassent la république. 375.

Ch. XXIII. Les bons et les mauvais évènemens ne dépendent pas de la faveur et de la colère des démons, mais de la providence du vrai Dieu. 378.

Ch. XXIV. Des cruautés de Sylla, dans lesquelles il fut assisté par les faux dieux. 381.

Ch. XXV. Les faux dieux ont tâché, dans toutes les rencontres, d'autoriser les crimes des hommes par leurs propres exemples. 384.

Ch. XXVI. Les faux dieux donnaient en secret des préceptes pour les bonnes mœurs, et en public des exemples d'impudicité. 387.

Ch. XXVII. Les jeux infames que les Romains consacraient à leurs dieux pour les apaiser, étaient des désordres publics. 390.

Ch. XXVIII. De la sainteté de la Religion chrétienne. 392.

Ch. XXIX. Exhortation aux Romains, pour renoncer au culte des dieux. 393.

Remarques sur le livre II. 397.

LIVRE III.

Chapitre I.er Des seuls maux que craignent les méchans, et que le monde a toujours soufferts lorsqu'il adorait les dieux. 403.

Ch. II. Les dieux que servaient en commun les Grecs et les Romains, ont-ils eu des raisons pour permettre la ruine de Troye ? Page 405.

Ch. III. Les dieux n'ont pas pu être irrités par l'adultère de Pâris, puisque ce crime est commun parmi eux. 407.

Ch. IV. Sentiment de Varron sur l'utilité pour les hommes de se prétendre issus des dieux. 408.

Ch. V. Il n'est pas probable que les dieux aient puni l'adultère de Pâris, et qu'ils aient laissé impuni celui de la mère de Romulus. 409.

Ch. VI. Les dieux n'ont pas vengé le parricide de Romulus. 410.

Ch. VII. De la ruine de Troye par Fimbria, l'un des capitaines de Marius. 412.

Ch. VIII. Rome a-t-elle dû se mettre sous la protection des dieux de Troye. 414.

Ch. IX. Doit-on attribuer aux dieux la paix dont jouirent les Romains sous le règne de Numa ? 415.

Ch. X. Il n'était pas besoin de tant de guerres pour accroître l'empire romain, puisque les dieux qui l'avaient fait fleurir sous Numa pouvaient toujours le maintenir en paix et en sûreté. 417.

Ch. XI. De la statue d'Apollon de Cumes, dont on prétend que les larmes présagèrent la défaite des Grecs qu'il ne pouvait secourir. 419.

Ch. XII. Combien de dieux les Romains ajoutèrent à ceux de Numa, sans que cela leur ait servi de rien. 421.

Ch. XIII. Quels maux causa aux Romains l'enlèvement des Sabines. 423.

Ch. XIV. De la guerre impie que les Romains déclarèrent aux Albains, et du succès qu'en recueillit leur ambition. 426.

Ch. XV. Quelles ont été la vie et la fin des rois de Rome ?
Page 431.

Ch. XVI. De Rome sous ses premiers consuls, dont l'un exila l'autre, et fut tué lui-même par un ennemi blessé, après s'être souillé des plus horribles parricides. 435.

Ch. XVII. Des maux qui affligèrent les Romains depuis qu'ils eurent chassé leurs rois, sans que les dieux qu'ils adoraient se missent en peine de les en délivrer. 438.

Ch. XVIII. Malheurs arrivés aux Romains pendant la première guerre punique, sans qu'ils aient pu obtenir l'assistance des dieux. 445.

Ch. XIX. État déplorable des Romains pendant la seconde guerre punique, qui épuisa les forces des deux partis. 448.

Ch. XX. De la ruine de Sagonte, qui périt pour n'avoir point voulu quitter l'alliance des Romains, sans que les dieux des Romains la secourussent. 450.

Ch. XXI. De l'ingratitude de Rome envers Scipion, son libérateur, et de ses mœurs à l'époque où Salluste en fait le tableau le plus flatteur. 453.

Ch. XXII. De Mithridate, qui fit tuer dans le même jour tous les citoyens romains qui se trouvèrent en Asie. 456.

Ch. XXIII. Des maux intérieurs qui affligèrent la république romaine à la suite d'une rage soudaine dont furent atteints tous les animaux domestiques. 457.

Ch. XXIV. De la discorde civile qu'allumèrent les séditions des Gracques. 458.

Ch. XXV. Du temple élevé à la Concorde par arrêt du sénat, au lieu même où il s'était fait un horrible massacre des citoyens pendant la sédition. 459.

Ch. XXVI. Des guerres qui suivirent la construction du temple de la Concorde. 461.

Ch. XXVII. De la guerre civile de Marius et de Sylla. 462.

TABLE.

Ch. XXVIII. Quelle fut la victoire de Sylla, qui vengea les cruautés de Marius. Page 464.

Ch. XXIX. Rome eut moins à souffrir de l'irruption des Goths que de l'invasion des Gaulois et des guerres civiles. 465.

Ch. XXX. De l'enchaînement des guerres civiles qui précédèrent la naissance de Jésus-Christ. 467.

Ch. XXXI. Impudence des Gentils, d'attribuer les malheurs présens au christianisme qui interdit le culte des dieux, lorsqu'il est constant que tant de calamités sont arrivées quand ce culte était en vogue. 469.

Remarques sur le livre III. 472.

LIVRE IV.

Chapitre I.ᵉʳ Récapitulation des livres précédens. 477.

Ch. II. Récapitulation du second et du troisième livres. 479.

Ch. III. Doit-on réputer heureux un empire qui ne s'accroît que par la guerre? 481.

Ch. IV. Les royaumes, sans la justice, ne sont que des ramas de brigands. 484.

Ch. V. La puissance des gladiateurs fugitifs fut presque égale à celle des souverains. 485.

Ch. VI. De l'ambition du roi Ninus, qui le premier déclara la guerre à ses voisins afin d'étendre son empire. 487.

Ch. VII. Doit-on attribuer à l'assistance ou à l'abandon des dieux l'établissement ou la décadence des royaumes de la terre? 488.

Ch. VIII. Il y a une infinité de dieux parmi les Romains à qui ils n'oseraient attribuer l'accroissement et la conservation de leur empire, puisqu'ils ne les croient pas capables d'avoir soin en même-temps de deux bagatelles. 490.

Ch. IX. Doit-on attribuer la grandeur et la durée de l'empire romain à Jupiter, que ses adorateurs regardent comme le roi des dieux ? Page 494.

Ch. X. Des opinions qui attribuent des dieux différens aux différentes parties de l'univers. 495.

Ch. XI. Les plus savans d'entre les payens soutiennent que tous les dieux ne sont autres que Jupiter. 499.

Ch. XII. De l'opinion de ceux qui ont cru que Dieu est l'ame du monde, et le monde le corps de Dieu. 503.

Ch. XIII. De ceux qui allèguent qu'il n'y a que les animaux raisonnables qui soient des parties de Dieu. 504.

Ch. XIV. On attribue faussement à Jupiter l'accroissement des états, puisque si la Victoire est une déese, comme ils le prétendent, elle a pu seule suffire à cette affaire. 505.

Ch. XV. Il n'est pas d'un peuple vertueux de chercher à étendre ses limites. 506.

Ch. XVI. Pourquoi les Romains avaient placé hors de la ville le temple du Repos, pendant qu'ils en avaient élevé dans l'intérieur à tant d'autres divinités. 508.

Ch. XVII. Si la toute-puissance réside en Jupiter, la Victoire doit-elle être estimée déesse ? 509.

Ch. XVIII. Raisons qui ont porté les payens à mettre la Fortune et la Félicité au nombre des déesses. 510.

Ch. XIX. De la Fortune des femmes. 512.

Ch. XX. Il n'y avait pas plus de raisons pour faire des déesses de la Vertu et de la Foi que des autres qualités estimables. 513.

Ch. XXI. Les payens qui n'avaient pas la connaissance des dons de Dieu devaient au moins se contenter de la Vertu et de la Félicité. 514.

Ch. XXII. Varron se vante à tort d'avoir appris aux Romains à servir les dieux. 517.

TABLE.

Ch. XXIII. Les Romains ont été long-temps sans adorer la Félicité, quoiqu'ils adorassent tant de dieux et qu'elle seule dût leur tenir lieu de tous les autres. Page 519.

Ch. XXIV. Des raisons qu'apportent les payens pour se défendre de ce qu'ils adorent les dons de Dieu comme des dieux. 524.

Ch. XXV. On ne doit adorer qu'un Dieu, que ceux même qui ignorent son nom ne peuvent s'empêcher de reconnaître pour l'unique distributeur de la félicité. 525.

Ch. XXVI. Des représentations théâtrales que les dieux ont exigées de leurs adorateurs. 526.

Ch. XXVII. Des trois espèces de dieux distinguées par le pontife Scévola. 528.

Ch. XXVIII. Le culte des dieux a-t-il servi aux Romains pour obtenir et étendre leur empire? 531.

Ch. XXIX. De la fausseté du présage sur lequel les Romains fondaient la force et la stabilité de leur empire. 532.

Ch. XXX. Idée que les payens se font de leurs dieux. 535.

Ch. XXXI. Bien que Varron n'ait pas connu le vrai Dieu, il a cru qu'il ne fallait en adorer qu'un, regardant le polythéisme comme une misérable superstition. 537.

Ch. XXXII. Pour quel genre d'utilité les chefs des gouvernemens ont introduit le culte des faux dieux. 540.

Ch. XXXIII. La durée des royaumes de la terre ne dépend que de la volonté et de la puissance du vrai Dieu. 541.

Ch. XXXIV. Du royaume des Juifs qui fut institué par le vrai Dieu, et conservé par lui tant qu'ils persévérèrent dans la véritable Religion. 542.

Remarques sur le livre IV. 545.

LIVRE V.

Préface. 549.

CHAPITRE I.er Le sort de l'empire romain, comme celui de tous les autres états, n'a jamais dépendu ni de la fortune, ni de la position des astres. Page 550.

Ch. II. Ressemblance et diversité des maladies de deux jumeaux. 552.

Ch. III. De l'argument de la roue du potier, allégué par Nigidius, pour trancher la question qu'on lui proposait sur deux jumeaux. 555.

Ch. IV. Des deux jumeaux Ésaü et Jacob, si différens de mœurs et d'actions. 556.

Ch. V. L'astrologie judiciaire convaincue de fausseté. 558.

Ch. VI. Des jumeaux de sexe différent. 571.

Ch. VII. Du choix des jours, soit pour se marier, soit pour semer ou planter. 573.

Ch. VIII. De ceux qui appellent destin, non la position des astres, mais l'enchaînement des causes dépendantes de la volonté de Dieu. 575.

Ch. IX. Réfutation d'une opinion de Cicéron, touchant la prescience de Dieu et le libre arbitre de l'homme. 577.

Ch. X. S'il y a quelque nécessité qui domine les volontés des hommes. 585.

Ch. XI. De la providence de Dieu, qui soumet tout à ses lois. 588.

Ch. XII. Par quelles vertus les Romains ont mérité que le vrai Dieu accrût leur empire, quoiqu'ils ne le servissent pas. 589.

Ch. XIII. L'amour de la gloire, quoique vice, passe pour vertu parce qu'il surmonte des vices plus grands. 597.

Ch. XIV. Il faut tâcher de surmonter la vaine gloire, parce que toute la gloire des justes est en Dieu. 599.

Ch. XV. De la récompense temporelle que Dieu a donnée aux vertus morales des Romains. 602.

TABLE.

Ch. XVI. De la récompense des citoyens de la Cité éternelle, à qui peut être utile l'exemple des vertus morales des Romains. Page 603.

Ch. XVII. A le bien prendre, les victoires des Romains ne les ont pas rendus meilleurs que ceux qu'ils avaient vaincus. 604.

Ch. XVIII. Les chrétiens n'ont pas lieu de se glorifier s'ils font quelque chose pour l'amour de la céleste patrie, lorsque les Romains ont tant fait pour une patrie terrestre et pour la gloire humaine. 607.

Ch. XIX. En quoi l'amour de la gloire diffère de l'amour de la domination. 613.

Ch. XX. Il n'est guères moins honteux d'asservir les vertus à la gloire humaine qu'à la volupté. 617.

Ch. XXI. C'est le vrai Dieu, souverain et unique dispensateur des royaumes, qui a donné l'empire aux Romains. 619.

Ch. XXII. La durée et l'issue des guerres dépendent de la volonté de Dieu. 621.

Ch. XXIII. Défaite de Radagaise, roi des Goths, qui fut vaincu dans une seule action avec toute son armée. 623.

Ch. XXIV. Le bonheur des princes chrétiens est le seul véritable. 625.

Ch. XXV. Prospérités que Dieu répandit sur Constantin, empereur chrétien. 626.

Ch. XXVI. De la félicité et de la piété de Théodose. 628.

Remarques sur le livre V. 633.

LIVRE VI.

Préface. 636.

Chapitre Ier. De ceux qui disent qu'ils ne servent pas les dieux pour cette vie, mais pour la vie éternelle. 637.

Cн. II. Quelle a été l'opinion de Varron sur les dieux dont il a découvert tant et de telles choses, qu'il leur eût mieux prouvé son respect, s'il n'en eût pas parlé du tout. Page 642.

Cн. III. Plan des antiquités romaines de Varron. 644.

Cн. IV. Il résulte des dissertations de Varron que les adorateurs des faux dieux regardaient les choses humaines comme antérieures aux divines. 646.

Cн. V. De la science des dieux, divisée par Varron en théologie fabuleuse, en théologie naturelle et en théologie civile. 650.

Cн. VI. Réfutation de Varron touchant les théologies fabuleuse et civile. 653.

Cн. VII. Ressemblance des théologies civile et fabuleuse. 657.

Cн. VIII. Des explications tirées des choses naturelles, dont les payens se servent pour défendre leur théologie civile. 662.

Cн. IX. Des emplois attribués aux dieux. 664.

Cн. X. Sénèque a repris plus fortement la théologie civile que Varron n'a blâmé la fabuleuse. 670.

Cн. XI. Sentiment de Sénèque sur les juifs. 675.

Cн. XII. L'impuissance des faux dieux une fois établie, en ce qui concerne la vie temporelle, il est clair qu'ils ne sauraient donner la vie éternelle. 676.

Remarques sur le livre VI. 678.

ERRATA.

PAGE 18, ligne 9 : 1645, lisez 1675.
— 28, l. 2 : *Ses*, lis. *Ces*.
— 53, l. 13 : *punis*, lis. *punies*.
— 54, l. 13 : *interposait*, lis. *interpolait*.
— 118, l. 16 : *le*, lis. *les*.
— 166, l. 25 : *d'Harles*, lis. *d'Arles*.
— 227, l. 19 : *consistent*, lis. *consiste*.
— 268, l. 24 : *par le serment*, supprimez *le*.
— 269, l. 8 : *savaient*, lis. *avaient*.
— 271, l. 10 : *d'impuder*, lis. *d'impudeur*.
— 273, l. 9 : *peut-être n'a pu s'en passer*, lis. *peut-être, n'a pu se passer*.
— 275, l. 13 : *S'y refuser. Y*, lis. *s'y refuser ; y*.
— 288, l. 6 : *Est-ce qu'il avait plus de honte d'être vaincu*, lis. *Est-ce qu'il y avait plus de honte à être vainqueur*.
— 306, l. 10 : effacez *du sac*.
— 308, l. 19 : *faite*, lis. *fait*.
— 332, l. 25 : *des vertus du moment, où*, lis. *des vertus, du moment où*.
— 339, l. 24 : *avait accoutumé à*, lis. *avait coutume de*.
— 416, l. 22 : *les dieux, qui avaient été invités par là*, lis. *et les dieux invités par là*.
— 421, l. 22 : *qu'elle*, lis. *quelles*.
— 506, l. 7 : *eussent*, lis. *eût*.
— 511, l. 26 : *si elle sait*, lis. *ou si elle sait*.
— 580, l. 1.re : *adorons*, lis. *admettons*.

www.ingramcontent.com/pod-product-compliance
Lightning Source LLC
Chambersburg PA
CBHW052335230426
43664CB00041B/1371